2021年资产评估师资格全国统一考试辅导教材

资产评估实务

（二）

中国资产评估协会 编

中国财经出版传媒集团
中国财政经济出版社

图书在版编目（CIP）数据

资产评估实务. 二／中国资产评估协会编. --北京：中国财政经济出版社，2021.3
2021年资产评估师资格全国统一考试辅导教材
ISBN 978-7-5223-0386-4

Ⅰ.①资… Ⅱ.①中… Ⅲ.①资产评估-资格考试-自学参考资料 Ⅳ.①F20

中国版本图书馆 CIP 数据核字（2021）第032333号

责任编辑：闫 娟　庄 莉　　　　责任校对：胡永立　　　　责任印制：刘春年

资产评估实务（二）
ZICHAN PINGGU SHIWU（ER）

中国财政经济出版社 出版

URL：http://www.cfeph.cn
E-mail：cfeph@cfeph.cn

（版权所有　翻印必究）

社址：北京市海淀区阜成路甲28号　邮政编码：100142
营销中心电话：010-88191522
天猫网店：中国财政经济出版社旗舰店
网址：https://zgczjjcbs.tmall.com
北京时捷印刷有限公司印刷　各地新华书店经销
成品尺寸：185mm×260mm　16开　18.5印张　443 000字
2021年3月第1版　2021年7月北京第2次印刷
定价：50.00元
ISBN 978-7-5223-0386-4
（图书出现印装问题，本社负责调换，电话：010-88190548）
本社质量投诉电话：010-88190744
打击盗版举报热线：010-88191661　QQ：2242791300

前　言

根据《资产评估法》和《人力资源社会保障部　财政部关于修订印发〈资产评估师职业资格制度暂行规定〉和〈资产评估师职业资格考试实施办法〉的通知》（人社部规〔2017〕7号）的有关规定，中国资产评估协会负责资产评估师资格考试的组织和实施工作。

为指导考生复习备考，我们组织专家根据《2021年资产评估师资格全国统一考试大纲》编写了《资产评估基础》《资产评估相关知识》《资产评估实务（一）》《资产评估实务（二）》4个考试科目的辅导教材。教材以资产评估师应具备的专业知识和基本技能为基准，力求体现全面性与系统性、实用性与时效性，旨在培养考生运用资产评估理论及相关专业知识解决资产评估实际问题的能力。教材作为指导考生复习备考之用，不作为资产评估师资格全国统一考试的指定用书。

对于本教材中的疏漏、错误之处，恳请读者指正。

中国资产评估协会
2021年3月

目　　录

第一部分　无形资产评估

第一章　无形资产评估概述 （3）
　　第一节　无形资产与无形资产评估 （3）
　　第二节　无形资产评估要素 （9）

第二章　无形资产评估程序 （13）
　　第一节　无形资产评估信息收集 （13）
　　第二节　无形资产清查核实 （18）
　　第三节　无形资产评估信息分析 （21）
　　第四节　无形资产评估方法选择 （23）

第三章　收益法在无形资产评估中的应用 （26）
　　第一节　收益法的评估技术思路 （26）
　　第二节　主要参数指标的确定 （32）

第四章　市场法和成本法在无形资产评估中的应用 （43）
　　第一节　市场法在无形资产评估中的应用 （43）
　　第二节　成本法在无形资产评估中的应用 （50）

第五章　专利资产评估 （56）
　　第一节　专利资产相关知识 （56）
　　第二节　专利资产评估概述 （63）
　　第三节　专利资产评估案例 （71）

第六章　商标资产评估 （76）
　　第一节　商标资产相关知识 （76）
　　第二节　商标资产评估概述 （81）
　　第三节　商标资产评估案例 （85）

第七章　著作权资产评估 （90）
　　第一节　著作权资产相关知识 （90）

第二节　著作权资产评估概述 …………………………………………（96）
　　第三节　著作权资产评估案例 …………………………………………（101）

第二部分　企业价值评估

第一章　企业价值评估概述 …………………………………………（107）
　　第一节　企业价值与企业价值评估 ……………………………………（107）
　　第二节　企业价值评估要素 ……………………………………………（112）

第二章　企业价值评估信息的收集和分析 …………………………（125）
　　第一节　企业价值评估中的信息 ………………………………………（125）
　　第二节　企业价值评估中的信息收集 …………………………………（129）
　　第三节　企业价值评估中的宏观环境分析 ……………………………（133）
　　第四节　企业价值评估中的行业发展状况分析 ………………………（145）
　　第五节　企业价值评估中的企业发展状况分析 ………………………（152）

第三章　收益法在企业价值评估中的应用 …………………………（164）
　　第一节　收益法的评估技术思路 ………………………………………（164）
　　第二节　未来收益预测 …………………………………………………（188）
　　第三节　折现率的确定 …………………………………………………（207）
　　第四节　收益法评估案例 ………………………………………………（221）
　　第五节　收益法的适用性和局限性 ……………………………………（231）

第四章　市场法在企业价值评估中的应用 …………………………（233）
　　第一节　市场法的评估技术思路 ………………………………………（233）
　　第二节　可比对象的选择 ………………………………………………（238）
　　第三节　价值比率的选择及确定 ………………………………………（241）
　　第四节　市场法评估案例 ………………………………………………（251）
　　第五节　市场法的适用性和局限性 ……………………………………（263）

第五章　资产基础法在企业价值评估中的应用 ……………………（266）
　　第一节　资产基础法的评估技术思路 …………………………………（266）
　　第二节　资产基础法评估案例 …………………………………………（276）
　　第三节　资产基础法的适用性和局限性 ………………………………（287）

参考文献 ……………………………………………………………………（289）

第一部分

无形资产评估

第一章 无形资产评估概述

第一节 无形资产与无形资产评估

知识创新和技术创新已成为当今世界经济增长的关键因素。伴随着无形资产的广泛利用,无形资产评估的重要性日益凸显。

一、无形资产

(一) 无形资产的概念

无形资产是一个在会计学、经济学、资产评估等学科和专业里均被广泛使用的概念。不同专业领域对无形资产有不同的说明和范围界定。我国资产评估准则《资产评估执业准则——无形资产》(中评协〔2017〕37 号)将无形资产定义为"特定主体拥有或者控制的,不具有实物形态,能持续发挥作用并且能带来经济利益的资源",包括专利权、商标权、著作权、专有技术、销售网络、客户关系、特许经营权、合同权益、域名等可辨认无形资产和商誉这一不可辨认无形资产。《国际评估准则》将无形资产定义为"一种能通过经济属性来证明其自身价值的非货币性资产。它不具有实物形态,但能为所有者产生经济利益",包括营销相关类、客户或供应商相关类、技术相关类、艺术相关类等可辨认无形资产和商誉这一不可辨认无形资产。二者均强调了无形资产不具实物形态和能给其拥有者带来经济利益这两个显著特征。

本教材采用的无形资产的概念与我国资产评估准则中的无形资产概念相同,即:无形资产是指特定主体拥有或者控制的,不具有实物形态,能持续发挥作用并且能带来经济利益的资源。

(二) 无形资产的分类

根据不同的分类方法,无形资产可以被分为不同类别。

1. 按取得无形资产的方式分类

按无形资产的取得方式,可将其分为自创无形资产和外购无形资产。

(1) 自创无形资产。自创无形资产是指企业通过自行研究、开发、设计或在生产经营活动过程中形成的无形资产,如自创专利权、自创商标权、自创技术秘密及客户关系等。

(2) 外购无形资产。外购无形资产是指企业从外部购入或接受投资形成的无形资产。

其中，企业外购的无形资产是指以货币资产或可以变现的其他资产相交换，或以承担债务方式从企业外部获得的无形资产，如外购专利权、外购商标权、外购技术秘密及著作权等；接受投资的无形资产是指投资者以投资方式将持有的无形资产如专利权、专有技术、商标权等投入企业而形成的无形资产。个别情况下，企业也有接收捐赠无形资产的可能，企业接收的捐赠无形资产也归并到外购无形资产之中。

这里应当注意的是，无形资产的此种分类意味着不同获得方式下的无形资产价值在企业账面上的反映有较大的不同，即企业无形资产可能包括账面无形资产和账外无形资产两部分。根据现行会计准则及制度，企业自创无形资产有可能并不反映在企业账面上，或者入账价值只反映了自创无形资产全部价值中的一部分。如自创专利权，如果研发费用全部当期费用化，反映在企业账面上的价值部分可能只是专利申请费用和律师费用，这并不是自创专利权价值的全部。但是外购无形资产的取得成本一般会通过企业账面反映出来，以实际取得成本作为入账价值。

2. 按无形资产能否辨认分类

按照无形资产是否可以辨认划分，可将其分为可辨认无形资产和不可辨认无形资产。

（1）可辨认无形资产。可辨认无形资产是可分割的，即能够从实体企业中分离或拆分出来，并且可以单独进行或与一个相关的合约、一项可辨认资产或负债共同出售、转让、许可使用、租赁或交换。可辨认无形资产一般具有专门名称，如专利权、商标权、著作权、专有技术、销售网络、客户关系、商业特许权、合同权益、域名等。另外，此类无形资产一般来源于合同性权利或其他法律权利，受专门法律保护。

（2）不可辨认无形资产。不可辨认无形资产不可单独取得，离开企业整体就不复存在，如商誉。商誉是源于一个企业、企业中的一项权益或使用一个不能分割的资产组所形成的未来经济收益。它的价值包含在企业整体价值之中，其评估通常需基于企业整体价值评估而进行。

此种分类形式可以提示评估专业人员在具体评估实务中需要考虑不同的价值影响因素。由于可辨认的无形资产可以独立存在、单独转让，评估中作为独立的评估对象并具有独立价值影响因素和单独的评估值；而不可辨认无形资产不能单独转让，此类资产的评估则不能脱离企业整体而单独进行。

3. 按无形资产是否有专门法律保护分类

按无形资产是否有专门法律保护，可将其分为有专门法律保护的无形资产和无专门法律保护的无形资产，前者主要依托于法律得以保护，而后者主要受企业自身保密原则的保护。

（1）有专门法律保护的无形资产。有专门法律保护的无形资产即法定无形资产，一般需要按照一定的法定程序才能取得，在一定期限内受到国家法律的保护。例如经过国家专利部门登记、批准认可并按期交纳专利费用，在专利保护期内的专利权，经商标管理部门批准公布的商标权（注册商标）等，它们分别受《中华人民共和国专利法》和《中华人民共和国商标法》保护。此类资产一旦失去法律保护，就将失去其资产属性和价值。

（2）无专门法律保护的无形资产。此类无形资产受法律保护的力度远远小于受到专门法律保护的无形资产，如专有技术（非专利技术）、经营秘密等。一旦该类无形资产被公开，有可能失去其原有的价值。

此种分类形式将无形资产划分为有专门法律保护的无形资产和无专门法律保护的无形资产，有助于提醒评估专业人员在实务操作中，对于有专门法律保护的无形资产的评估，需要关注特定法律法规及保护条件对无形资产的约束以及企业是否已经依法及时获取法律保护，这是此类无形资产具有价值的基础条件；对于没有专门的法律保护的无形资产，评估专业人员应当关注无形资产拥有主体对无形资产的保护程度，这将决定没有专门的法律保护的无形资产是否有价值以及价值量的大小。

4. 按无形资产的性质和属性分类

按照无形资产的性质和属性分类，可将其分为知识型无形资产、权利型无形资产、关系型无形资产和组合型无形资产。

（1）知识型无形资产。知识型无形资产通常是指通过人类智力劳动创造形成的成果，以及包含、凝结和体现人类智力劳动成果的无形资产。典型代表有知识产权范畴的无形资产。知识产权通常包括工业产权和著作权。

（2）权利型无形资产。权利型无形资产是指特定当事人经由他人授权，并通常会通过书面（也有非书面的）契约的形式，以特定当事人付费（也有不付费的）为代价，获得的能给特定当事人带来超额收益的相关权利，例如租赁权、特许经营权和专卖权等。

（3）关系型无形资产。关系型无形资产是指特定主体通过提高企业经营管理水平、商品质量、服务质量和商业信誉等方面逐渐建立起来的经济资源。与权利型无形资产不同的是，关系型无形资产主要依赖于与相关业务当事人建立非契约性的信任关系。这种能够持续给特定权利主体带来经济利益的非契约型商业信任关系构成了关系型无形资产的基本内容，例如销售网络、客户关系和专家网络等。

（4）组合型无形资产。组合型无形资产指由多种因素综合形成的无形资产，如商誉。这类资产的价值源泉无法和具体的因素对应起来，不能一一区分各种因素的综合结果，因此通常被称为组合型无形资产。组合型无形资产是各种难以独立存在和辨识的无形资产的总和，如属于企业管理和企业文化范畴的无形资产。随着社会经济的发展、科技水平的提高，以及市场化程度的提高，包括在组合无形资产中的某些过去难以单独存在或难以辨识的无形资产，有可能会转变为可以独立存在或可以辨认的无形资产。这些无形资产会从组合型无形资产中逐渐分离出来，成为一种独立的可以辨认的无形资产。从一个较长的时间周期来看，组合型无形资产的边界并不确定，具有动态变化的特征。

（三）无形资产的特征

无形资产作为一类专门的资产形式，有其自身的特征，具体体现为无形资产的形式特征和无形资产的功能特征。

1. 无形资产的形式特征

（1）非实体性。无形资产的非实体性是其最显著的基本特征。无形资产不具有实物形态，不需要存放空间，也无法使人们直观判断出它是否存在，因而不存在实体性贬值。另外，无形资产发挥作用的形式也是无形的，具体表现在无形资产在生产经营过程中不直接作用于劳动对象发挥作用，而是以特殊的方式将其作用体现在有形资产和企业生产经营过程中。需要指出的是，无形资产的非实体性是相对的，因为它可以依附于一定载体而呈现实体性。无形资产与有形资产的根本区别在于有形资产的价值主要取决于有形要素的贡献，而无形资产的价值取决于无形要素的贡献。

(2) 排他性。排他性也称为垄断性或独占性，是指无形资产特定权利只与特定主体有关。排他性是基于无形资产特定权利的垄断性而言，强调的是特定主体对无形资产排他性独占。凡不能排他或者不需要任何代价就能获得的，都不属于无形资产。无形资产的此种特性可以分别通过特定主体自身保护取得、获得法律保护取得和获取社会公认的信誉取得。

(3) 效益性。无形资产的效益性在于其能够以一定方式，直接或间接地为其控制主体（所有者、使用者或投资者）创造效益，并且必须能够在较长时间内持续产生经济效益。这一经济效益很大程度上属于超额盈利，它的使用能为企业带来超过一般企业的盈利水平。无形资产能够创造效益，反映了无形资产最本质的特征，也代表了无形资产的自身价值。

(4) 成本的不完整性。无形资产不同于有形资产，尽管有些无形资产的形成是可以进行成本核算的，但无形资产的购建成本在会计账目上往往不完整。因为与购建无形资产相对应的各项费用是否计入无形资产的成本，是以费用支出资本化为条件的。目前我国会计准则把无形资产在研究阶段的支出作为生产经营费用处理，由当期的经营收益直接补偿；而开发阶段的支出实行有条件的资本化处理，这使得企业会计账目中缺乏无形资产的完整成本资料，甚至形成账外无形资产。并且，与无形资产研发有关的许多费用如培训费、试验费以及企业基础设施的利用等，很难准确计入和分摊到某项无形资产中。所以，即使是按规定进行费用支出资本化的无形资产，其成本核算也可能是不完整的。

(5) 成本与价值的弱对应性。无形资产属于创造性智力劳动成果，其研发往往需要较长的时间，研究成果的出现还带有很大的不确定性。这种不确定性，一方面表现在研发投入与研发成果之间的投入产出关系的不确定，另一方面表现在研发投入的数量与研发成果质量之间的不确定。无形资产常常是在一系列努力与失败、投入与浪费后才取得的一些成果，而失败的损失代价很难预计和确切量化。因此，无形资产价值与其研发成本之间往往缺乏明确的对应性，即无形资产的成本与价值具有弱对应性。

2. 无形资产的常见功能特征

(1) 依附性。无形资产没有实物主体，所以必须依附于一定的实物载体才能够发挥作用。无形资产所依附的载体主要分为直接载体和间接载体。直接载体包括专利证书、商标标记、注册商标、图纸资料、工艺文件、软盘、标牌等实物主体，间接载体是与此项无形资产相关的有形资产及其他资产，主要通过内容和价格来表现整体的价值。专利技术或非专利技术的优越性及其获利能力通常需要借助于单台设备、机组、生产线及其工艺发挥出来；商标及品牌的知名度、市场影响力及其获利能力通常需要借助于商品或服务表现出来；著作权无形资产的获利能力通常需要借助于影视作品、小说、图书、软件等物质载体表现其客观存在；而商誉则需要通过整体企业的经营管理水平和效益体现。无形资产虽然是一种独立的且没有物质实体的资产，但其作用的发挥及其价值的体现却与相关实体资产或载体有着密切的联系。

(2) 共益性。无形资产有别于有形资产主要体现在它可能作为共同财产存在，即一项无形资产可以在不同的地点、同一时间、由不同的主体所使用，一项有形资产一般不可能在不同地点、同一时间、由不同的主体所使用、控制，因此有形资产的界定是通过物质实体直接界定的，而无形资产的界定则需要根据其权益界限来判断。无形资产特有的共益性表明，其权益边界是不固定的，因此需要在评估过程中慎重考虑。例如，一项先进技术可以使一系列企业提高产品质量、降低产品成本；一项技术专利在一个企业使用的同时，并不影响将其转让给其他企业使用。但应当注意的是，无形资产的共益性也受到市场有限性和竞争性的制约，例如，由于追求自身利益的需要，各主体对无形资产的使用还必须受相关合约的限制。

（3）积累性。无形资产的积累性主要体现在以下两个方面：一是无形资产总是在生产经营的一定范围内发挥特定的作用，其形成一定程度上基于其他无形资产的发展。二是无形资产的形成不是一蹴而就的，而是展现出一个动态的发展过程。无形资产的成熟程度、影响范围和获利能力也处在变化之中，不断积累和演进。

（4）替代性。无形资产除以上几点重要特征外，还存在替代性，具体表现为一种技术取代另一种技术、一种工艺替代另一种工艺等。无形资产的创造和产生是替代性和积累性共同作用的结果，新产品需要在原有积累的基础上继承并进一步创造出新理念的先进产品，从而替代原有老旧的技术。社会的发展会不断地产生新的知识和技术而替代原有的知识和技术，新的市场需求会不断地替代旧的市场需求，新的营销模式经常要取代传统的营销模式，所有这些变化都将影响无形资产的获利能力，甚至是无形资产本身的内涵。无形资产的这一特性也反映了其获利不稳定的一面，在评估中会涉及预测无形资产的有效作用期间，尤其是尚可使用年限，这要取决于该领域内技术进步的速度和无形资产所面临的竞争。

二、无形资产评估

（一）无形资产评估的概念

无形资产评估是对评估基准日特定目的下的待评估无形资产的价值进行评定和估算，并出具资产评估报告的专业服务行为。正确理解无形资产评估的概念，需关注以下两个要点。

1. 无形资产评估必须基于无形资产的具体属性

资产具有物理属性、功能属性、经济属性等多种属性，一项无形资产会因为考量角度不同、处理方法不同、评价侧重点不同而显现出一定的差异性。无形资产评估中主要考虑的是无形资产的经济属性，尤其是众多经济属性中的价值属性。在实际评估时，无形资产的价值有多种表现形式，需要评估专业人员根据实际情况，运用专业判断来确定。

2. 确定无形资产的价值量必须基于特定时间点

资产评估是在特定评估基准日的条件下对某项资产进行评估。若存在不同的时间节点，则无形资产的价值不同，也没有比较基准可言。在考量无形资产的经济属性时，如果没有将价值量和时间点相联系，则是没有意义的。另外，对于资产评估报告使用者来说，不确定的时间节点无法评估出某项资产的价值量，更无法结合评估目的解读评估结果，此类评估报告不仅不具有使用价值，还会影响评估报告使用者制定下一步决策。

（二）无形资产评估的特征

无形资产评估与有形资产评估存在市场性、公正性、专业性、咨询性等共性，但无形资产的自身属性决定了无形资产评估独有的特征。

1. 复杂性

从无形资产的属性来看，虽然种类众多，但是无形资产之间可比性差，需要结合每项无形资产的特征确定其最终价值。从无形资产的评估方法来看，无形资产大多采用收益法进行评估。收益法评估涉及多种参数的确定，每一个参数的微小偏差都可能对最终结果造成巨大差异。尤其是在预测无形资产未来预期收益时，其获得收益的持续时间、收益额和折现率都存在大量不确定因素，因此在进行评估工作时要做大量精细复杂的研究才能够保证最终结果的准确度。除此之外，无形资产发挥作用与否、作用大小与宏观经济环境有着较为密切的联系。但对于宏观经济环境的研究和把握需要考量多种相关因素，进行全面、系统的分析和测算，并且需要大量数据和资料作为支撑，计算工作量大，耗费时间长。

2. 动态性和预测性

由于市场更新换代较快，无形资产所能够带来的超额收益也在不断变化之中。除宏观经济环境以外，政策因素也有可能对该项无形资产的收益时间和收益额造成影响。在这种情况下，利用收益法进行无形资产评估，需要合理预测无形资产的未来预期收益时间和收益额等，并根据宏观政策环境调整无形资产的属性参数，所以无形资产评估具有明显的动态性和预测性。

3. 需要结合无形资产的载体和作用空间进行评估

无形资产对于企业来说其作用是巨大的，尤其是对于轻资产类高新技术企业，无形资产能为其拥有者带来经济利益。无形资产若要发挥作用，必须依附于有形资产或者相关载体。而且无形资产作用的大小与其依附的有形资产及相关载体的质量、规模等都有着密切的联系，无形资产价值与其附着载体以及无形资产发挥作用的空间具有较强的对应性。例如，专利权或非专利技术作用的发挥需要借助于专用设备、特殊的工艺和特定的企业，而这些载体的数量、质量、工艺、先进水平都会影响专利权及非专利技术作用的发挥和价值的实现。不仅如此，载体的软实力，如工艺流程的水平和合理性、运用技术的企业生产经营规模、管理水平和市场营销能力等都会对无形资产价值产生一定影响。因此，在评估无形资产时需要结合载体和作用空间综合分析其作用及价值大小。

4. 需要结合无形资产的法律保护状况进行评估

无形资产中大部分都是受专门法律保护的无形资产，其权利的存在与维持都需要法律作为支撑和保护。以专利权为例，根据其权利状态与法律保护之间的关系可以分为专利权、申请专利和申请中的专利，分别对应专利权的不同进程。其中，专利权是指已经获得政府相关主管部门的认可和授权的专利，其权益受国家法律保护。申请专利是指已经通过政府相关主管部门的实质性审查，但尚未获得政府相关主管部门正式授权的专利。申请专利的权益还存在着一定的不确定性，这种不确定性会直接影响其价值和评估值。申请中的专利指专利持有者已经向政府相关主管部门申报了自己的专利，而且已经被政府相关部门受理，正处于审核阶段的专利。申请中的专利受法律保护的程度最低，其权益也最不易确定。从资产评估的角度，上述三种不同法律状态下的专利都可以作为评估对象，但其对应的价值却存在非常大的差异，在评估过程中需考虑其权益的确定程度、受法律保护的程度，综合确定无形资产价值。

5. 需结合无形资产所属行业性质进行评估

所属行业性质不同，无形资产对产品和服务收益的贡献程度也会产生差异。以文化企业无形资产评估为例，评估专业人员需要了解文化企业是提供精神产品、传播思想信息、担负文化传承使命的特殊企业，必须始终坚持把社会效益放在首位、实现社会效益和经济效益相统一，关注文化企业社会效益对文化企业无形资产价值的影响，如关注不同类型的文化企业在政治导向、文化创作生产和服务、受众反应、社会影响、内部制度和队伍建设等方面产生的社会效益对其无形资产价值的影响。

6. 广泛应用收益法

从无形资产的特征来看，每一项无形资产都是独特的，所以无法简单复制或者批量生产。鉴于此，评估时将不同无形资产进行类比的要求和难度同时加大，导致市场法评估受到较大限制。与此同时，由于无形资产的成本与其价值之间存在弱对应性，在评估无形资产时，成本法的适用性也大幅降低。而对于收益法来说，其估算原理与无形资产的特征相吻合。具有获利能力是无形资产体现价值的根本原因，收益法能够合适地度量无形资产所贡献的经济收益。因此，收益法成为评估无形资产最为重要的技术方法，也是使用频率最高的技术方法。

第二节 无形资产评估要素

资产评估的基本要素通常包括评估主体、评估对象和范围、评估目的、评估程序、评估方法、评估基准日、价值类型及评估假设等。对于无形资产评估，其在评估目的、评估对象和范围、评估假设等要素方面也表现出一定的特殊性[①]。

一、评估目的

评估目的是无形资产评估过程中的关键评估要素。评估目的既可以规范无形资产评估报告的使用，避免无形资产评估报告被误用，又能够直接决定和制约无形资产评估的价值类型与评估方法的选择，还会对无形资产评估其他后续流程产生关键性影响。伴随着无形资产被广泛重视和利用，无形资产出资、交易、质押等经济活动日益活跃，无形资产评估的目的也具有多种情形。

（一）出资

无形资产出资即出资人根据《公司法》规定将无形资产作为非货币性资产出资设立公司或向公司增资。在实务中可以作为出资的无形资产主要有专利资产、专有技术资产、商标资产、著作权资产等。

（二）交易

以交易为目的的无形资产评估主要表现为单项无形资产或无形资产组合的所有权或使用权转让。其中，无形资产的使用权转让还可进一步细分为独占使用权、排他使用权、普通使用权等不同类型的使用权转让。

（三）质押

企业在利用无形资产质押向金融机构贷款时需要对无形资产价值进行评估。可用来质押的无形资产种类具体包括可以转让的商标权、专利权、著作权等知识产权。一般情况

---

① 无形资产评估程序、评估方法等要素将在本部分后续章节进行介绍。

下，以质押为目的的无形资产评估选用市场价值作为价值类型，同时结合质押率进行无形资产价值确定。

（四）法律诉讼

以法律诉讼为目的而涉及无形资产评估的情形主要包括以下几种：一是因无形资产侵权损害而导致的无形资产纠纷，此种情形在以法律诉讼为目的无形资产评估中最为常见；二是因违约导致的无形资产损失纠纷；三是因无形资产买卖交易等引起的仲裁；四是因公司、合伙关系解散或者股东不满管理层的经营、决策等而涉及的无形资产纠纷等。

（五）财务报告

以财务报告为目的的无形资产评估主要涉及商誉减值测试、可辨认无形资产减值测试等业务情形。以财务报告为目的的无形资产评估已成为企业资产管理的重要环节。对此，中国资产评估协会专门出台了《以财务报告为目的的评估指南》（中评协〔2017〕45号），对以财务报告为目的的评估进行指导和规范。

（六）税收

以税收为目的的无形资产评估主要适用于企业重组涉税、内部无形资产转移等情形。根据税法规定或合理避税需要，以税收为目的的无形资产评估能够为企业提供无形资产公允价值的合法证据。

（七）保险

以保险为目的的无形资产评估主要包括两种情形：一是在投保前，对被保险无形资产的价值进行评估，可以为投保人确定投保额；二是一旦发生损失，通过评估被毁损无形资产的价值，可以确定赔偿额，为保险机构提供依据。

（八）管理

以管理为目的的无形资产评估主要服务于政府部门和企业主体。前者体现为政府部门基于行政事业单位资产管理、国有资产保值增值等需要所产生的无形资产评估需求；后者体现为企业基于资产经营管理、实现价值提升等需要所产生的无形资产评估需求。

（九）租赁

租赁根据具体目的可分为融资租赁和经营租赁两种类型。以融资租赁为目的的无形资产评估主要有两种情形：一种是在承租期满后，无形资产所有者将无形资产所有权转给承租方；另一种是在租赁期满后，无形资产出租方将无形资产收回。以经营租赁为目的的无形资产评估，主要是为出租方将无形资产使用权租赁给承租方时提供价值参考。在评估实务中，评估专业人员须区分具体租赁形式，并根据具体形式判断无形资产状态和选择合适的评估方法。

二、评估对象和范围

（一）评估对象

1. 无形资产的界定标准

无形资产评估对象需要依据明确的标准对其进行界定。以下主要介绍经济学、法律、市场三种不同的界定标准。

（1）界定的经济学标准。界定无形资产评估对象的经济学标准重点体现为无形资产的获利能力与获利方式等经济属性。根据无形资产的概念，无形资产是由特定主体所拥有或者控制的，不具有实物形态，能持续发挥作用并且能带来经济利益的资源。据此，如果无形资产不能带来显著、持续的可辨识经济利益，则其不能被认定为无形资产。

（2）界定的法律依据。界定无形资产评估对象的法律依据主要体现在法律法规对无形资产的认定和保护上。一部分无形资产处于法律法规保护范围内，例如知识产权类无形资产，对于这类无形资产来说，法律所规定的保护范围则是界定无形资产的基本条件之一。《中华人民共和国专利法》《中华人民共和国商标法》《中华人民共和国著作权法》《中华人民共和国民法典》等法律法规使得无形资产在可以带来经济利益的同时被赋予了相关法律权益。一旦这类无形资产失去法律保护及认可，也就不再被认定为无形资产。

（3）界定的市场标准。许多学者都曾围绕无形资产的资产交易、投资、质押等方面提出过市场界定依据，并根据国家有关无形资产的制度和规定进行无形资产范围和分类的研究。此类研究体现了市场对无形资产的认可和接受程度，属于经济、法律方面的扩展和补充，能够使我们更好地认识无形资产，并且扩大我们对无形资产认识的视野。例如，有学者将无形资产划分为市场类无形资产、知识类无形资产、组织管理类无形资产三类；或在此基础上将前两类进一步细分为人力型无形资产、智力型无形资产、市场及客户型无形资产。

2. 无形资产的性质和特征

综合以上三种界定标准，在实际操作中，可以从以下三个方面综合分析判断无形资产的性质、特征：

（1）从无形资产目前和历史上的发展状况以及无形资产实施的地域范围、领域范围、获利能力与获利方式，判断无形资产是否能带来显著、持续的可辨识经济利益。

（2）从委托人提供的法律文件、权属有效性文件或者其他证明资料，来判断无形资产的存在、剩余经济寿命和法定寿命。

（3）从无形资产以往的评估及交易情况或相关无形资产的市场转让、出资、质押等情况，判断市场对被评估无形资产的认可程度。

（二）评估范围

在进行无形资产评估业务时，需明确无形资产的评估范围，即关于被评估无形资产对象的具体内容，它不仅包含无形资产具体名称的内涵和外延，也包括被评估无形资产的具体数量。根据无形资产的类型可以分为单项无形资产的评估范围、可辨认无形资产组的评估范围和其他无形资产组的评估范围。

1. 单项无形资产的评估范围

单项无形资产主要指单项可辨认无形资产，其评估范围包括该无形资产权属的不同种类、同种权属的不同限制条件下的权利以及该无形资产使用所受到的具体限制等内容。

2. 可辨认无形资产组的评估范围

可辨认无形资产组的评估范围除了含有与单项无形资产评估一致的评估范围之外，还需要考虑其包含的单项无形资产的种类和数量。

3. 其他无形资产组的评估范围

其他无形资产组的评估范围除包含不同单项无形资产的种类和数量外，还包括不可辨认无形资产——商誉的有关内容，同时也可能涉及所依托的有形资产的种类、数量等具体内容。

三、评估假设

无形资产总是处于不断变化之中,其最终估算价值会因经营环境和评估条件的变化而改变,因而通常需要建立一系列评估假设作为评估结果合理的前提条件。评估假设是评估结论成立的前提和基础,一般分为基本假设和具体假设。

(一) 基本假设

目前与无形资产相关的常见的评估基本假设主要包括持续使用假设、公开市场假设和清算假设等。

1. 持续使用假设

持续使用假设是对无形资产使用状态的一种假定性描述,是假设无形资产能够为企业持续经营所使用,并且它能够对企业整体价值做出贡献。在做出这一假设时,需考虑无形资产是否尚有显著的剩余使用寿命。

2. 公开市场假设

公开市场假设是假设无形资产可以在公开的市场上出售,买卖双方地位平等,并且有足够的时间收集信息。只有在公开市场假设的前提下,运用市场法等方法进行评估才能具有有效的参考依据,才能对无形资产的市场价值进行合理的评估。

3. 清算假设

当企业面临被迫出售时,单项无形资产不是作为持续经营企业的一部分出售,而是分开出售。清算假设是假设无形资产在非公开市场条件下被迫出售或快速变现条件的假定说明或限定。通常,在面对破产企业或单项无形资产出售价值大于企业整体出售价值的情况下,无形资产评估应采用清算假设。

(二) 具体假设

与无形资产相关的评估具体假设是针对具体的无形资产评估项目和评估对象进行价值判断时所做的假设。例如,与被评估无形资产相关的国家法律法规和政策在预测期无重大变化;国家现行银行信贷利率、外汇汇率无重大不可预见变化;国家目前的税收制度除社会公众已知变化外,无其他重大变化;被评估无形资产所在企业的经营模式、盈利模式在预测期内无重大变化;被评估单位会计政策与核算方法在评估基准日后无重大变化。

第二章　无形资产评估程序

无形资产评估程序与其他资产评估程序就工作环节而言基本相同，因此本章将根据无形资产本身的特征着重介绍无形资产评估程序中的无形资产评估信息收集、无形资产清查核实、无形资产评估信息分析和无形资产评估方法选择等重要环节和步骤涉及的内容。

第一节　无形资产评估信息收集

无形资产评估过程就是对与无形资产价值相关的信息资料进行收集、归纳、整理和分析的过程。不论采用什么样的技术途径和方法，都要有充分的信息资料支持。因此，从什么渠道收集信息资料、对收集来的信息资料如何分类整理、怎样归纳与分析，都将决定无形资产评估的质量，影响评估结果的合理性和可用性。

按照信息来源渠道不同，可分为内部和外部两大类信息。内部信息主要是指委托人或其他相关当事人提供的涉及评估对象和评估范围等信息资料。外部信息主要是指从政府部门、各类专业机构及市场等渠道获取的信息资料。

一、无形资产相关的内部信息

（一）与无形资产权利相关的法律权属资料

评估专业人员在执行无形资产评估业务时，应当要求委托人和相关当事人提供无形资产的所有权或者其他财产权利的法律权属资料，并对法律权属资料及其来源予以必要的查验。

无形资产权利的法律文件或者其他证明资料是确定无形资产存在以及以何种方式存在的主要依据，也是评估无形资产价值的重要出发点。在评估时，评估专业人员应当采取必要措施检查、复核相关法律文件或其他证明资料，并在评估过程中充分考虑这些文件所载明的无形资产权利对价值的影响。对无形资产权利的法律文件或其他证明资料不仅要核实，同时也要收集作为工作底稿保存。在核实无形资产权利的法律文件或其他证明资料时，还应注意掌握其真实性和可靠性程度。

不同类型的无形资产有不同的权利法律文件或其他证明资料。如专利资产的权利法律文件是专利主管部门颁发的专利证书、权利要求书等；商标资产的权利法律文件是商标主管部门颁发的注册商标证书、商标图案等。无形资产的性质决定了它不同于有形资产，除所有权外，无形资产的用益权——即许可使用权也可以不受物理限制为多人使用，因此同一无形资产会有不同权利的法律文件或者相当于法律文件的其他证明资料，如专利资产的所有者权利的法律文件是专利证书、权利要求书；专利资产的许可使用权的法律文件是专利许可合同等。评估专业人员应当收集并查验获取的权属资料，验证权属资料的真实性和可靠性，方能恰当判断无形资产评估对象是完全权利的所有权，还是限制权利的所有权或者许可使用权，并从相关权属证明及契约、合同中正确把握评估对象的权利状况、有效期限、交易条件等信息。在评估过程中，评估专业人员要充分考虑这些文件所载明的具体无形资产权利对价值的影响，避免高估或者低估无形资产的价值。

（二）反映无形资产获利能力的相关资料

评估专业人员执行无形资产评估业务时，应关注并收集反映无形资产获利能力的相关资料。比如反映专利资产的实施及获得利益情况的资料，体现专有技术应用及产生效益的资料，商标资产与相同产品的竞争优势资料等。评估专业人员执行无形资产评估业务，应当辨别申报的智力成果是否能带来显著、持续的可辨识经济利益，是否符合"资产"的经济学含义，从评估对象中剔除无经济利益的智力成果，以恰当地确定被评估对象的范围，避免陷入"无形"的陷阱。

（三）反映无形资产性质和特征、目前和历史发展状况的相关资料

评估专业人员在执行无形资产评估业务时，应当收集无形资产的性质和特征、目前情况和历史发展状况相关资料。

无形资产的性质是无形资产本质特征的表现，通过对无形资产性质的了解和掌握，有利于把握其本质，并可对其进行科学的分类和价值构成要素的分析。不同类型的无形资产，其性质和特征存在差异，在企业经营活动中发挥作用的角度也不同。专利资产、专有技术从发明新产品、技术创新方面对企业的经营活动发挥作用，以全面提升企业技术实力和产品竞争力。商标资产从企业形象、产品知名度方面对企业的经营活动发挥作用，以扩大企业产品市场占有率和潜在购买力。销售网络与客户关系从企业市场营销、物流管理方面对企业的经营活动发挥作用，以节约企业采购和销售环节的资金及时间成本。评估专业人员执行无形资产评估业务，应当关注所评估无形资产属于哪一类无形资产，具有什么样的特征。只有把握各种无形资产的性质和特征，才能抓住重点并采取针对性的评估程序和方法，客观、有效率地完成评估工作。

无形资产历史发展状况是指无形资产的形成、发展、管理过程，如专利的开发或者申请过程、商标的申请注册过程等。无形资产的目前状况反映其管理现状，如使用情况、维护情况、法律保护情况等。评估专业人员执行无形资产评估业务，要收集无形资产的目前和历史发展状况的信息，对其形成过程、成熟程度、发展状况和开发支出等情况进行分析，以合理测算研制开发无形资产的成本、利润和相关税费，对比分析无形资产预期收益、收益期限、成本费用、配套资产、现金流量、风险因素，从而正确评估其价值。

（四）反映无形资产的剩余经济寿命和法定寿命、保护措施的相关资料

评估专业人员在执行无形资产评估业务时，应当关注并收集无形资产的收益年限相关资料。作为智力成果的无形资产的价值在于权利人拥有的特殊权利能带来比他人更多的经济利益。为了鼓励开拓创新、促进科技进步、加快经济发展，《中华人民共和国专利法》《中华人民共和国商标法》《中华人民共和国著作权法》等法律对智力成果的申请、实施、

保护期限均做出规范，对智力成果的权益进行法律保护，保障权利人在合法的地域、范围、时间期限内独享权益以促进智力成果转化应用。这些法律对专利权、注册商标、著作权等授予的保护期限即是此类智力成果的法定寿命。

知识形态的智力成果，其研制、开发主要是通过管理人员和科研人员的脑力劳动来完成的，这种智力成果开发成功获得法律赋予的权利，并不意味着智力成果已经形成生产力，还需进行产业化应用，例如专利资产的产业化试验等。智力成果产业化的时间周期有时可能相当长，并存在开发失败的风险。因此开发成功并能够带来经济利益的无形资产，其能够获得独享收益的期间常低于法律保护期限。

因无形资产具有无形性，所以无法采取有形资产的保全模式，无形资产的泄露和侵权使用较有形资产更不易为人所知，因此无形资产一旦发生侵权行为，侵权判断及损失认定比较困难。无形资产权利人为了杜绝侵权，常常会采取各种主动保护措施对无形资产进行保护，有效地延长无形资产的获利期限。如专利权人在专利申请过程中，对专利涉及的技术中最核心部分不予申报，将其作为专有技术进行保护，避免因专利公开产生的技术泄密，增加侵权行为的技术门槛；在商标注册中对相类似或者近似的文字、图形、标识同时注册登记，以扩大覆盖保护范围。

无形资产权利人利用法律保护能够独享专属、领先的收益，这种垄断性的技术领先产生的收益通常会超过所属行业平均收益水平。为了追求专属、领先产品带来的高收益，行业内更多的企业将会增加技术、人力、资本投入，或取得许可授权或独立开发相同功能的产品。充分竞争的结果必然是替代产品的出现和技术进步，无形资产保护期满，该无形资产成为公知智力成果，原无形资产专属、领先收益或者不再独享，或者利润不再领先，无形资产收益随之接近于行业平均水平。无形资产的独享收益从开始实施获取专属、领先利润到行业平均收益率水平的时间阶段，即是该无形资产的经济寿命。评估专业人员在采用收益法执行无形资产评估业务时，应当了解无形资产的法定寿命及相关保密措施，根据无形资产相关行业、技术发展情况估计无形资产剩余经济寿命，恰当选择无形资产的收益期限。

无形资产的寿命可能是受合同或自身生命周期限制的有限的一段时间。使用寿命的确定将包括法律规定、技术、功能和经济因素。例如，一项药物专利资产可能在其专利有效期内有五年的法律寿命，但竞争对手的更高效药物预期在三年内进入市场并可完全替代该药物。这可能会导致评估该药品专利资产的剩余年限只有三年，在法律寿命和经济寿命之间应选取较低的一个。

（五）无形资产实施的范围、获利方式、限制条件的相关资料

评估专业人员在执行无形资产评估业务时，应当关注并收集无形资产实施范围相关的信息。无形资产是受到法律保护的，虽然无形资产的实施不受地域限制，但法律的效力是有地域限制的。专利法、商标法、版权法等法律对智力成果的保护仅限于其主权所辖的地域及相关国际公约所规定的范围。如一项专利如需在更多的范围内获得独享权益，需向更多国家分别申请并获得审核通过方可。不同无形资产，其实施领域范围也有所不同，如有些专利只能在所属行业很小的产品范围内实施，有的专利能够在很大的产品范围甚至跨行业实施，如商标权利人是大型综合性企业集团，同一商标可能使用在权利人所拥有的众多不同行业的产品中。无形资产使用的地域范围、领域范围不同，其获利能力与获利方式也不同。使用范围、领域范围决定了无形资产的获利范围，对其价值有着重要影响。评估专业人员在进行无形资产评估时，要对有关无形资产的应用范围和收益情况的信息进行收集分析，不仅要把握无形资产的现时应用范围，也应当了解无形资产可能的应用地域和领域，在此基础上分析无形资产的潜在获利能力，方能正确评估其价值。

（六）无形资产交易、质押、出资情况、市场交易的相关资料

评估专业人员在执行无形资产评估业务时，要了解并收集其过去的交易情况、质押、出资情况以及类似无形资产的市场价格信息的相关资料，并结合本次评估的有关情况加以考虑和分析。

同一项无形资产，在不同时期可能存在多次交易的情形，也可能存在质押、出资情况。此外，同一无形资产在未经许可与排他许可使用或者多家许可使用情形下，其所有权的经济价值是不同的。同一无形资产在排他许可使用或者多家许可使用情形下，其许可使用权的经济价值也不同。因此，了解无形资产以往的交易情况对于其本次评估是很有必要的，一方面可以进一步了解该无形资产的历史状况和有关资料，另一方面可以进行分析，为本次评估积累有用的资料，提高评估结果的可靠性。如采用市场法评估无形资产许可使用权时，收集无形资产以往的交易情况，可帮助了解无形资产的可交易性、实施范围、交易条件、目前权利状况的限制，并且历史交易信息就是最好的参考交易案例。

二、无形资产相关的外部信息

在无形资产分析中，除依据委托人或被评估企业提供的内部信息外，还需要尽量获得外部信息对内部分析预测资料进行独立验证。同时，外部信息在帮助评估专业人员进行无形资产收益预测、经济寿命期限确定、未来风险判断等方面也具有重要参考价值。

（一）外部信息的类型

1. 宏观经济资料

无形资产需要通过企业实施，企业的运营受国民经济宏观环境影响。国家出台的财政、货币、税收、产业政策等宏观调控措施，不仅会影响到无形资产所形成产品的市场供求关系，也会影响到实施企业的经营成本，所以宏观经济环境直接和间接地影响着无形资产价值的实现。宏观经济和行业前景的好坏，通过对实施无形资产企业的经营前景的影响，对该无形资产的价值产生重大影响。

可能影响无形资产价值的宏观经济前景主要是国家产业政策、国家宏观调控手段和有关的经济体制改革等方面。评估专业人员执行无形资产评估业务时，应当在评估基准日宏观经济环境的基础上，收集宏观经济信息资料并进行分析，以合理判断未来预测期间宏观经济环境可能的变化，得出宏观经济环境基本评估假设，特别是在运用收益法评估时应考虑宏观经济环境对无形资产未来盈利预测及折现率的影响。

2. 无形资产实施应用的行业状况及发展前景资料

无形资产实施应用涉及的行业在国民经济中的地位、行业发展水平、技术发展水平及未来发展前景，决定了该行业在国民经济生活中的重要性及竞争力、抗风险能力、成长性、经济周期波动性。实施无形资产的企业作为行业一员，不可避免地受行业发展状况的影响。所属行业景气，则无形资产的实施前景向好；所属行业经济前景不乐观，则行业竞争加剧，无形资产的实施前景不乐观或者经济价值大幅降低。评估专业人员执行无形资产

评估业务时，应当收集行业相关资料并进行分析，对评估基准日行业状况及未来发展前景做出合理假设，特别是在运用收益法评估时，应考虑行业状况及发展前景对无形资产未来盈利预测、收益期间及折现率的影响。

3. 无形资产所属领域（技术、艺术）发展水平、市场交易、替代无形资产、竞争对手相关资料

国家对行业的产业政策影响无形资产实施企业的未来发展前景，行业发展及竞争带来的技术更新及产品升级换代影响无形资产产品寿命周期，企业的自身经营条件决定了实施无形资产的生产规模、装备水平、市场地位、收益水平。评估专业人员执行无形资产评估业务时，应当关注行业（产业）政策、经营条件、生产能力、市场状况、产品生命周期等因素变化对无形资产效能的制约，收集相关资料并分析上述因素对无形资产产品的销售数量、销售收入、销售价格、销售成本、期间费用的影响程度，把握盈利预测期间的未来发展趋势，合理判断其对无形资产价值的影响。

4. 无形资产相关外部监管、法律法规资料

无形资产的权利受到法律保护，但是并不意味其权利可以被滥用，法律同时也对无形资产权利进行了制约，如不允许利用专利权阻碍科技进步、不允许在贸易中利用专利实施垄断等行为，对于关乎国防的重大专利在一定条件下国家可进行强制许可。无形资产的实施应当借助于其他资产，实施无形资产的企业要满足所在地法律、税收、原材料供应、交通、环保等要求。评估专业人员执行无形资产评估业务时，应当了解无形资产实施过程中所受到的国家法律、法规或者其他资产限制的具体情形，收集并分析相关资料，把握实施条件限制对无形资产价值的影响。

（二）外部信息的获取途径

外部信息获取的渠道多种多样，评估专业人员要注意对相关信息渠道的积累。一般来说，这些外部资料来源主要包括以下一些渠道。

1. 学术及法律出版物

已经出版的无形资产评估和经济分析的文章可以通过图书馆、中国知识网（www.dnki.net）检索查询。

2. 行业出版物或相关网站

随着信息化的发展，相关网站成为无形资产信息外部获取的重要渠道。综合性的知识产权信息网站如国家知识产权战略网（www.nipso.cn）、中国保护知识产权网（www.ipr.gov.cn）、中国专利信息网（www.patent.com.cn）、中国科学院知识产权网（www.casip.ac.cn），知识产权学/协会网站如中国知识产权研究会（www.cnips.org）、中华商标网（www.cta.org.cn），港澳台地区重要知识产权网站如政治大学智慧财产研究所（iip.nccu.edu.tw）、香港知识产权服务中心（www.ipsc.org.hk），美国重要知识产权网站如美国专利资源网（www.uspatentresource.com）、全球专利门户网站（www.globalpatents.com）、斯坦福大学技术许可办公室（otl.stanford.edu），其他国家如德国的专利门户（www.patware.com）、澳大利亚知识产权导航（www.ipaustralia.gov.au）、日本专利情报机构（www.japio.or.jp）、韩国专利信息协会（eng.kipris.or.kr）等。[①] 这些网站对外部信息查

---

① 方曙等编著：《知识产权信息资源使用指南》，科学出版社，2011年版。

询可提供一定帮助。

3. 新闻来源

关于无形资产交易的相关新闻报道，可以作为分析的信息来源，但要注意新闻的时效性、可靠性以及交易细节的信息收集。

4. 法庭案例

目前国内专门设立了知识产权法庭，国外相关司法判例也有很多，相关审判案例可以作为无形资产侵权诉讼赔偿评估的参考。

5. 政府监管部门

相关政府部门信息公开越来越充分，这些渠道获得的信息可靠性、权威性更高，因此应该作为重要的外部信息获取渠道。比如国家版权局主要涉及著作权、国家知识产权局涉及专利、国家知识产权局商标局涉及商标等类别的知识产权管理、登记、查询和处罚等职能，可以通过这些政府部门获得评估所需要的相关信息。

6. 专业数据提供商

目前国内外已经有很多的专业数据提供商能够提供经济、技术等多方面的数据，充分利用专业数据也是无形资产评估分析的重要渠道。

需要注意的是，不同渠道的数据来源可靠性存在差异。来源于政府部门网站、法庭、专业数据提供商的信息可靠性会更高。

第二节 无形资产清查核实

一、无形资产清查核实的目的

对于没有实物形态的无形资产，清查核实的目的主要是明确评估对象，了解评估对象特征，核实其价值实现的方式、途径和可行性，分析对应的价值影响因素，收集内外部信息，为分析量化这些价值影响因素并形成最终评估结论提供支持。

(一) 明确评估对象和评估范围

无形资产评估对象比较复杂，一般可以从三个层次来识别：

第一个层次是无形资产评估对象所属的类型，如专利资产、专有技术、著作权资产等。对于专利资产，需要明确是属于实用新型、外观设计还是发明专利等。对于著作权资产，需要明确是哪些项财产权益，如复制权、发行权、信息网络传播权等。比如，委托人拟以某电视剧作品著作权资产进行质押，评估对象通常包括该作品著作权的全部财产权。实务中，为避免出现评估对象与经济行为不一致等风险，需由委托人按照经济行为要求和评估目的，明确评估对象是该电视剧作品著作权资产的全部财产权益，还是部分财产权益，并在评估委托合同中约定。清查核实也需要围绕所涉及的相应权利开展。又比如，影视企业的人力资源通常纳入商誉范畴进行评估，但是影视企业与著名导演、演员等签署的经纪服务合同，在特定情形下也可能作为合同权益进行评估。

第二个层次是被评估的无形资产是单项无形资产，还是两个或者多个无形资产的组合。例如，资产评估师执行广播电视电影服务企业专利、专有技术资产评估，涉及互联网数据传输、存储、防盗链等专利、专有技术资产时，应当根据评估目的、评估对象的具体情况，对专利和专有技术资产进行分类、整合，并在此基础上恰当采取单项专利或者专利组合、单项专有技术资产或者专有技术资产组合、专利与专有技术资产组合的形式进行评估。

第三个层次是被评估无形资产的权属状态，如所有权、使用权（独占、非独占等）以及其他权利等。

从理论上讲，评估对象和范围的确定是委托人的责任，但实务中由于无形资产评估对象的复杂性和专业性，很多委托人需要评估专业人员协助其完成这项工作。评估专业人员此时需要注意以下几个问题：一是对无形资产评估对象界定要符合相关准则要求，这就要求评估专业人员自己对无形资产有比较清晰的概念。二是不要越位，针对某一特定经济行为评估专业人员需要按照准则要求，建议无形资产可能的评估对象有哪些。最终该经济行为需要评估哪些、能够评估哪些对象，还是要由委托人确定，在评估委托合同中明确约定，由委托人进行申报确认。

（二）了解评估对象特征

明确无形资产评估对象后，评估专业人员还需要进一步了解评估对象特征，这也是无形资产清查核实的重要环节。

1. 确认无形资产的存在

首先应验证无形资产来源是否合理，产权是否明确，关注其经济行为是否合法、有效。具体可以从以下几个方面入手：

（1）查询被评估资产的内容、国家有关规定、专业人员评价情况、法律文书（如专利证书、商标注册证、著作权登记证书等），核实有关资产的真实性和可靠性。

（2）分析无形资产的使用要求及与之相适应的特定技术条件和经济条件，鉴定其应用能力。

（3）核查无形资产的归属是否为委托人所拥有或为他人所有。

（4）分析评估委托的资产是否形成了无形资产。当商标没有被使用时，即并没有在消费者之间产生影响力时，不可认定为无形资产。

2. 确认无形资产的种类

在确认无形资产真实存在性之后，应对其种类、具体名称、存在形式加以明确。有些无形资产由若干项无形资产组合而成，应通过合并或分离的形式进行资产确认，避免重复评估和遗漏评估。

3. 确认无形资产的有效期限

无形资产存在时效性，只在有效期限内发挥作用。对于专利权来说，一旦超过法律保护年限，就不能再确认为无形资产。若存在未交专利年费的情况，等同于专利被撤回，同样不能确认为无形资产。一般来说，有效期限对无形资产的价值也会产生一定影响，对于一部分商标，随着商标的有效期限延长，其知名度增加，价值也随之提高。

（三）验证收集信息资料的支持性

清查核实的过程，也是对所收集的无形资产评估信息进行分析和验证的过程。比如经过清查核实，可以验证委托人提供的无形资产对应产品销售量、销售收入数据的真实性。

经过清查核实可以验证其他贡献资产的作用方式、贡献水平。对于无形资产经济寿命期限的清查核实，可以对其法律保护期限、经济寿命期限等有更好的判断。因此，经过清查核实，可以进一步验证收集信息资料的支持性，同时也满足了评估准则"对评估活动中使用的有关文件、证明和资料进行核查和验证"的要求。

二、无形资产清查核实的主要方法

无形资产清查核实的主要方法包括查验资料、访谈、函证、现场查勘等，方法本身与其他资产没有差别，只是在方法的具体应用过程中要符合无形资产特征。

（一）查验资料

1. 查验权属证明资料

在进行无形资产评估时，要检查核实评估对象有关权利的情况。有关无形资产权利的法律文件或其他证明资料是确定无形资产是否存在以及以何种方式存在的主要依据，也是评估无形资产价值的重要出发点。在评估时，我们需采取必要措施检查、复核相关法律文件或其他证明资料，并在评估过程中充分考虑这些文件所载明的无形资产权利对价值的影响。在核实有关无形资产权利的法律文件或其他证明资料时，还应注意掌握其真实性和可靠性程度。

权属证明查验除采用通常的核对原件外，还可以充分利用政府网络平台，通过查询知识产权局、商标局、版权局的信息等进行。

2. 查验生产经营资料

评估专业人员在进行无形资产评估时，应当对无形资产实施相关的生产经营资料进行查验。无形资产不能单独产生收益，需要其他贡献资产共同作用，比如需要有生产经营的场地、厂房、设备及配套资金，还需要有生产、技术、经营管理及市场营销人员的配备。对于已经实施应用的无形资产，需要查验提供的资料与实际情况的一致性。对于尚未实施的无形资产，则需要分析相关资料的可行性。通过对无形资产的生产经营条件的了解，才能对其形成过程、成熟程度、发展状况和开发支出等情况进行分析，有利于正确评估其价值。

3. 查验财务资料

与企业经营财务资料不同，无形资产相关财务资料往往不是单独核算，需要从相关账、表甚至原始凭证等财务资料中筛选获取。因此，如果委托人提供了相关无形资产财务资料，对这些资料的真实性、合理性进行核实查验，是下一步合理利用财务资料的基础工作。比如无形资产成本构成，可能涉及资本化的研发支出科目，也可能涉及费用化的管理费用、主营成本等科目。不进行查验就无法直接判断无形资产成本构成的内容、金额，也难以合理测算其重置成本。

（二）访谈

评估专业人员为了获得完整准确的无形资产信息资料，常常要走访无形资产所有者及相关人员。从无形资产开发创造、使用、管理、无形资产产品（或服务）的使用几个角度，访谈一般包括对管理人员的访谈、对无形资产研发人员的访谈、对利用无形资产进行加工生产人员的访谈、对客户的访谈等。对管理人员的访谈，主要侧重于无形资产实施的总体目标、市场定位、开发规划、无形资产实施的财务绩效等方面的内容。对开发研究人员的访谈侧重于开发投入过程、无形资产功能、技术、替代性、技术及经济寿命等方面。对生产人员的访谈侧重于无形资产实际实施与设计开发是否存在差异，是否存在功能性或经济性贬值，实际使用效率、效果等内容。对客户的访谈则侧重于无形资产产品（或服务）被市场接受的程度。

（三）函证

在无形资产评估中，函证并不是必需的。但在一些情况下，为核实无形资产销售收入的真实性，或核实无形资产许可费的合理性，评估专业人员可能需要采用函证的方法。

（四）现场调查

在实务中，对无形资产的现场调查往往容易被忽视。由于无形资产无实物形态，让人感觉无"现场"可去，而把调查只局限在非现场调查部分。实际上，无形资产与相关硬件设施、原材料、运营资金、人力资源、市场渠道等相结合，才能为企业创造经济利益。对无形资产进行科学合理的评估，必须全面了解并充分掌握这些相关情况，所以应当视具体情况，考虑赴相关资产所在地现场开展适当的实地调查。

实地调查的目的可能是为获得对目标企业及其经营范围的总体感性认识，也可能是为补充必要的细节。一般来说，对无形资产研发、实施或将要实施的企业进行现场查勘，通过观察其日常经营，可能会得到一些更具实质性的内容。

第三节　无形资产评估信息分析

一、信息资料的分类整理

对所收集的无形资产信息资料，需要进行必要的筛选、分类和分析。

（一）定性分析资料的整理与分析

评估专业人员收集的宏观经济、行业情况、无形资产所属领域（技术、艺术）发展水平、市场交易、替代无形资产、竞争对手相关资料等，大部分属于对无形资产未来预期收益预测、风险判断、寿命期确定、交易因素调整等进行定性分析相关的资料。对这些资料需要按照相关性、信息来源级别、资料时效性进行分类整理，合理使用。

通常，能够为确定评估对象、评估范围、无形资产收益预测、经济寿命分析提供直接支持的资料，相关性最高。

一级信息是从信息源得来的未经处理的事实，可靠性高，是评估专业人员进行分析最重要的资料。二级信息是处理过的信息，如证券分析师的投资分析报告等可帮助评估专业人员更全面地了解目标公司及所处产业的状况，对这类信息，评估专业人员应做去伪存真和去粗取精的分析。

资料时间越接近评估基准日，时效性越好。评估专业人员应该尽量使用接近评估基准日的相关资料。一些历史交易数据可以作为分析评估结论合理性的参考，但由于交易时间的影响，作为定价依据可能不一定适用。

（二）定量分析资料的整理与数据提取

客户申报的无形资产评估范围，通常体现在无形资产评估申报表中。在该申报表中，可能会涉及评估所需要的定量数据,如无形资产的数量(评估范围中单项无形资产的数量)、规模标准(如软件的编码数量、电视剧集数、文字作品的字数等)、使用年限(如开发日期、投入使用日期等)、原始成本(如开发成本、改进成本)、退废数据(如剩余时间、历史更新率和终止率)。而收益预测表则会包含历史和预测的销售收入,销售收入增长率,成本费用金额、比率等。

评估专业人员需要通过实施查验程序,确保数据准确完备,并可用于评估分析。定量数据查验通常包括数据准确性检查(追溯数据项目的原始来源文件,以确保数据被正确记录和总结)、数据完整性检查(重建和调整某些数据,以确保没有遗漏重要的信息)、数据的记录(清楚各账目或数据中包含和不含哪些要素,如成本构成要素内容)。

其他定量数据的分析还包括对收益预测增长率与历史趋势一致性的分析、与宏观经济及行业发展趋势一致性的分析等。超额收益、许可费率等是否处于行业同类无形资产的合理区间,是否能够体现无形资产自身特征和市场供需状况。无形资产法定寿命、经济寿命以及预测周期的分析过程;对无形资产实行的保护措施有效性及对无形资产生命周期的影响的分析过程等。

定量分析要围绕"量化数据"开展,分析数据的来源及可靠性、合理性,分析量化方法的可靠性,保证量化数据逻辑支持链条的完整性、一致性。并且要确保各数据之间的一致性。比如税前现金流应该采用税前折现率,税后现金流要采用税后折现率。成本法剩余经济寿命与收益法收益预测期限应该一致。

二、建立信息资料与评估方法、评估参数之间的关联

无论是定性分析还是定量分析,最终目的是选择合适的评估方法、确定评估模型的各种参数,得出无形资产评估值。因此,评估信息分析的过程,就是建立"评估信息资料—评估方法—评估模型—评估参数—评估结果"这个支持性逻辑链条的过程。

(一)评估对象相关信息资料的分析

虽然评估对象、评估范围应当根据经济行为要求,由客户申报,但评估专业人员仍然需要确定作为评估对象的无形资产的存在性。与确认评估对象存在性相关的资料包括权属证明材料、相关开发协议合同、相关许可使用合同、政府部门公告等信息资料。当然,除具有权属关系外,作为资产还应该具有预期带来收益的能力。因此,关于无形资产能够实施并带来经济收益的资料也应该在此考虑。

(二)评估方法选择相关信息资料的分析

无形资产评估方法的选择主要取决于评估目的、评估对象及方法应用所需要资料的完备性。

当评估对象是无形资产所有权时,信息资料应该是与所有权相关的。当评估对象是使用权时,信息资料应当是对应使用权的。对于著作权资产,当评估对象是财产权益中的某一项或几项的所有权或使用权时,信息资料也应该是对应财产权益相关的。

无形资产成本构成明细、开发研究时间、无形资产预期经济寿命数据、各种贬值的确认和量化资料是采用成本法所必需的。无形资产未来预期收益是否能够合理预测、贡献资产收益是否可以合理扣除、未来预期收益期限是否明确及收益实现风险是否能够量化,这些相关资料也是能否采用收益法的基础。可比信息是无形资产市场法应用的关键。

(三) 评估参数确定的相关信息资料的分析

如果各种方法所需的相关资料可以满足，则需要进一步分析这些信息，确定是否能够直接确定各方法中的参数，或者可以采用合理的量化工具得出参数数据。比如，根据相关资料统计的许可费率数据可能是区间值，对于特定无形资产，则需要考虑市场竞争状况、替代品、交易各方议价能力、无形资产功能等因素，采用合适方法对区间值进行修正，然后得出评估对象的许可费率。或者，对于无形资产剩余经济寿命，可以根据同类无形资产寿命统计数据，结合对无形资产研发人员的访谈情况，对比分析其法律保护年限来确定。又如，对于客户关系相关的特定无形资产，如果能够获取客户合同或合同续签年龄资料，就可以运用一定方法进行定量分析，估计目标资产的寿命特征。

(四) 限制及瑕疵事项相关信息资料的分析

相关法律法规、合同协议、质押担保、法律诉讼等事项对无形资产使用的限制，制约了无形资产权利运用的程度、范围、期限、方式等，对于比较明确的事项，可以分析其对评估参数的影响；对于难以量化的事项，可以定性分析并在评估报告中进行披露。

(五) 建立索引关系，形成完整逻辑链条

上述不同类别的评估资料需要与分析形成的结论建立对应关系，编制索引是一种比较有效的方法。索引可以按照逻辑推理方式分为不同层级，对于支持多个分析结论的材料还可以进行交叉索引。建立索引关系，能把所有收集的资料与相关结论之间形成完整的逻辑链条。

第四节　无形资产评估方法选择

一、无形资产评估的基本方法

无形资产与其他资产一样，都可以用三种基本方法进行评估，即收益法、市场法和成本法。应根据评估无形资产的具体类型、特征、评估目的、评估前提条件、评估原则及外部市场环境等具体情况，选用合适的评估方法。

(一) 收益法

采用收益法时，要注意合理分析获利能力及预期收益，分析与之有关的预期变动、受益期限，以及与收益有关的资金规模、配套资产、现金流量、风险因素和货币时间价值。注意被评估无形资产收益额的计算口径与折现率口径保持一致，不要将其他资产带来的收益误算到被评估无形资产收益中；要充分考虑法律法规、宏观经济环境、技术进步、行业发展变化、企业经营管理、产品更新和替代等因素对无形资产收益期、收益额和折现率的影响，当与实际情况明显不符时，要分析产生差异的原因。

(二) 市场法

采用市场法评估无形资产，特别要注意被评估无形资产必须确实适合运用市场法的前提，确定具有合理比较基础的类似无形资产交易参照对象，收集类似无形资产交易的市场信息和被评估无形资产以往的交易信息。当与类似无形资产具有可比性时，根据宏观经

济、行业和无形资产变化情况，考虑交易条件、时间因素、交易地点和影响价值的其他各种因素的差异，调整确定评估值。

（三）成本法

采用成本法进行评估时，要注意根据现行条件下重新形成或取得该项无形资产所需的全部费用（含资金成本和合理利润）确定评估值，在评估中要注意扣除实际存在的功能性贬值和经济性贬值。

二、无形资产评估方法选择的考虑因素

（一）评估方法选择与评估要素相一致

无形资产评估的目的一般包括出资、交易、质押、法律诉讼、财务报告、税收、管理等，评估方法的选择要与评估目的一致。

评估目的决定了评估对象。比如以 A 发明专利权交易为目的进行无形资产评估，其评估对象为"A 技术发明专利所有权"。在此情况下，评估方法可以选择收益法、成本法、市场法这三种基本方法。如以 B 文字作品著作权许可交易为目的进行无形资产评估，其评估对象如果是"B 文字作品复制权、发行权、信息网络传播权的许可使用权"，此时针对其中部分财产权的使用权进行评估，与收益法相比，成本法、市场法的应用都会受到较大限制。因为重置成本通常对应全部 B 作品的全部财产权益的所有权，对于部分财产权利的使用权需要考虑重置成本的分割问题。市场法不仅需要能够找到与 B 作品类似的作品的交易情况，还需要这些类似作品的交易也是针对同样几项权利，或者能够分割出这些权利的交易价。

无形资产评估价值类型一般包括市场价值和市场价值以外的价值两大类。假如评估目的涉及法律诉讼，针对特定诉讼对象，价值类型可能是投资价值，此时收益法的适用性高于成本法和市场法。

（二）可收集资料是评估方法选择的基础

可以收集的资料是指与评估对象相关的各种资料，如可比交易案例资料，被评估无形资产应用行业的行业发展规划、远景资料，拟实施无形资产的企业的现状以及未来发展情况，可以预计的未来利率、投资回报率等各类重要参数等。

可以收集到的资料是我们选择恰当评估方法的基础。评估方法的适用性往往与可以收集到的资料紧密相关。例如，只有能够收集到可比的交易案例，市场法才有适用的基础；只有充分了解被评估无形资产应用行业的发展状况，并且进一步了解拟实施无形资产的企业状况，才能做出可信的无形资产未来实施的预测，这是采用收益法评估的基础。因此，具体选择评估方法时需要关注这些影响因素（详见表 2-1）。

（三）评估方法选择需要综合分析三种基本方法的适用性

对于一项无形资产评估，原则上需要综合分析三种基本方法的适用性，恰当选择一种或者多种方法。

一般情况下，具有以下特性的无形资产可以采用成本法评估：一是具有可替代性，即其功能作用易于被其他无形资产替代；二是重置该无形资产技术上可行，重置其所需要物化劳动易于计量，也就是重置该无形资产的成本易于计量；三是重置该无形资产法律上可行，也就是法律上没有对重新研发该无形资产或者其替代物进行限制。通常，成本法比较

适合评估第三方购买、内部开发和使用的计算机软件著作权资产。此外，由于自创的无形资产往往不能将其全部的研发费用计入账面价值中，因此在实务中就会出现一种需求，这种需求是委托人希望知道，如果目前重新研发这项无形资产需要多少人力、物力的投入。这种情况也会使得成本法在无形资产评估中被选用。

表 2-1　　　　　　　　　　相关资料对无形资产评估方法选择的影响

评估方法	具体方法	关键参数	资料要求	方法影响
市场法	—	可比交易信息或价值乘数	收集可比交易案例，交易案例数量、信息公开程度及可比性需要满足要求	在交易信息不完全、案例差异性超过可比性的情况下，难以采用
收益法	通用方法	收益额	能够合理预测未来预期收益	满足这两个条件后，判断收益法能否采用还取决于其他资料
		折现率	风险可以确定并量化	
	许可费节省法	许可费率	获取许可费率数据。获取方式通常包括可比许可协议的详细资料、统计的行业平均数据、行业经验值、市场投资回报率分析资料等	贴近市场交易，获取数据途径较多，数据可观察性较好
	增量收益法	增量收益	需要在市场上找到一个没有无形资产的类似企业，但可能无法获得该企业的财务预测数据	通常难以找到仅存在被评估无形资产差异的可比企业
	超额收益法	超额收益	需要获取其他资产对现金流贡献的资本成本、所占比重数据	当贡献收益来源于较多类型无形资产时，较难合理扣除其他无形资产的贡献
成本法	—	重置成本	需要获得确切的成本投入资料，特别是人力资本的创造性投入	重置成本一般对应所有权价值。无形资产使用权、著作权财产权利的某一项权利很难进行重置

收益法一般适合评估技术、顾客关系、商标、特许经营权等类无形资产。通常，这些无形资产不具有替代性或者替代性很弱，主要是因为这些无形资产或者是一些特定主体的创造性劳动的结晶，不是可以随意获取的，如专利、专有技术和著作权等；或者是由经营者经过长时间积累出来的，如老字号商标、商誉等，不是可以在短时间内重新积累的；或者是由特定权力许可的，其他人员不具有该许可的权力，如特许经营权。这些无形资产或者无法重置，或者其价值不能以其研发凝聚的一般物化劳动来衡量，因此这些无形资产不适用成本法，一般较为适合采用收益法。

市场法的适用性主要依赖可比案例的可获得性，如果可以收集到相关可比案例，则市场法适用，否则市场法就没有适用性。市场法通常适合评估技术或专利资产、域名等无形资产。

可见，虽然三种方法均适用于无形资产评估，但基于无形资产的价值特征——成本与效用的非对应性和无形资产难以复制性以及无形资产的非实体性、共益性、价值形成的累积性、开发成本界定的复杂性等特征，收益法、成本法、市场法评估无形资产的适用程度依次降低。虽然在具备一定条件的情况下，可以采用成本法和市场法，但评估无形资产价值的首选方法通常是收益法。

第三章 收益法在无形资产评估中的应用

第一节 收益法的评估技术思路

采用收益法评估无形资产一般是通过测算该项无形资产所产生的未来预期收益并折算成现值,借以确定被评估无形资产的价值。收益法评估无形资产的具体应用形式包括许可费节省法、增量收益法和超额收益法。

一、许可费节省法

(一)许可费节省法相关概念

1. 许可费节省法的评估思路

许可费节省法(Relief from Royalty Method)的基础是虚拟许可使用费,以此作为收益测算无形资产价值,因此采用许可费节省法评估无形资产的价值实际上是通过参考虚拟的许可使用费价值而确定的。具体思路是,测算由于拥有该项资产而节省的向第三方定期支付许可使用费的金额,并对该无形资产经济寿命期内每年节省的许可费支出通过适当的折现率折现到评估基准日时点,以此作为该项无形资产的价值。在某些情况下,许可使用费可能包括一笔期初入门费和建立在每年经营业绩基础上的分成费。

2. 许可费节省法的计算公式

许可费节省法的计算公式形式与收益法基本公式形式相似,通过在后者基础上进行调整,具体如下:

$$\text{无形资产评估值} = Y + \sum_{t=1}^{n} \frac{KR_t}{(1+r)^t}$$

其中:

Y——入门费/最低收费额;

K——无形资产分成率,即许可费率;

R_t——第 t 年分成基数;

n——许可期限;

r——折现率。

(二) 许可费节省法的操作步骤

1. 确定入门费

入门费即最低收费额,是指在无形资产转让过程中,视购买方实际生产和销售情况收取转让费的场合所确定的一笔可能的"旱涝保收"的收入,并在确定比例收费时预先扣除,有时称之为"保底费"。

2. 确定许可费率

许可费率即虚拟的许可费比率。虚拟许可费率的取得一般有两种方式:第一种是以市场上可比的或相似的许可费使用费率为基础确定。使用这一方式的先决条件是,必须存在可比较的无形资产,且这些无形资产是在公平市场上定期被许可使用的。第二种是基于收益的分成确定,该收益分成是指假设在一个公平交易中,一个自愿的被许可方为获取使用目标无形资产的权利而愿意支付给一个自愿的许可方的金额,通常包括边际分析法、经验数据法等不同确定方法。因此,许可费节省法也经常被称为收益分成许可法。

3. 确定许可期限

无形资产的许可期限一般短于其经济寿命年限。如果是针对有专门法律保护的无形资产,无形资产的许可期限还会短于其法定保护期限。在资产评估实践中,通常依据与被评估无形资产相同或相近无形资产在法律或合同、企业申请书中规定的许可使用期限确定被评估无形资产的许可期限。

4. 确定折现率

折现率是将未来有限期预期收益折算成现值的比率,用以衡量获得未来预期收益所须承担的风险大小。采用许可费节省法评估无形资产价值时,折现率就是用于将该项资产假定的许可费转换成现值的比率,通常可以采用风险累加法、回报率拆分法等方法测算折现率。

5. 许可使用费折现

许可费节省法的上述公式隐含着这样一个假设:建立在每年经营业绩基础上的分成费是在各年年末产生的,即进行年末折现。在具体评估实务中,如果假设被评估无形资产建立在每年经营业绩基础上的分成费并非在每年年末产生,则应当对上述具体模型中的折现年期进行调整。比如,如果节省的许可使用费在年度中差不多是均匀产生的,可使用年中折现法进行调整,即将分母中的折现年期减去半年。本书如无特别说明均采用年末折现法。

【例 3 - 1】 本次评估对象为一电影作品,评估目的是为电影作品版权人进行院线市场发行放映提供价值参考依据,即给出其在国内院线的放映权价值。

该电影预计在国内院线放映共可获得 20 000 万元的票房收入,放映期限为 40 天,则日均收益 $P_{日均}$ 计算如下:

$$P_{日均} = 20\,000 \div 40 = 500 \text{ (万元)}$$

许可费率按照行业平均方法确定,按照统计的电影行业许可费平均值,取 $K = 40\%$。假设日折现率为 0.03%,在没有保底费,且不考虑税收影响时,该电影作品放映权的价值 V 为:

$$V = \sum_{i=1}^{40} (500 \times 40\%)/(1 + 0.03\%)^i = 7\,951.01 \text{ (万元)}$$

(三) 许可费节省法使用的注意事项

1. 许可费率的可获得性与可靠性

采用许可费节省法评估无形资产时,对许可费率的使用需要注意以下几点:

(1) 对于相关财务数据的预测,应注意所取得的适当收益以及对该项无形资产寿命年限的估计应当与所采用的许可费率相对应。

(2) 应注意所采用的许可费率是否可以使许可费在税前抵扣。

(3) 应注意所采用的许可费率是否包括对营销成本和被许可方所承担的使用该项资产的任何成本的考虑。

(4) 市场上明显相似的资产的许可使用费率可能会存在显著不同,此时以经营者所要求的毛利率作为许可费率参数衡量的参考基准是较为谨慎的做法。

2. 许可费节省法的适用情形

许可费节省法多用于无形资产使用权转让、出租的评估,主要包括商标、专利以及技术特许。许可费节省法须在可比资产存在、经济行为双方独立、熟悉情况并且自愿的情形下适用。

需要注意,由于无形资产许可费通常情况下只能反映无形资产的部分权利收益,即被许可部分的价值,因此利用许可费节省法得到的评估结果一般只反映无形资产的使用权价值,比无形资产的所有权价值低。然而这并不意味着许可费节省法对于无形资产评估毫无意义,相反这一方法的相关数据可以成为重要的参考依据,尤其是在无形资产侵权损失评价过程中。

除此以外,无形资产评估对象存在"权利束",加之在涉及具体经济行为时,无形资产评估具有明确的标的设定,这种情况下采用许可费节省法较为可行。在无形资产评估实务中,评估对象可能也并不是无形资产的所有权利,而是组成"权利束"的部分或许可权利,故许可费节省法在实务中具有重要意义。

二、增量收益法

(一) 增量收益法相关概念

1. 增量收益法的评估思路

增量收益法 (Premium Profits Method) 实际上是基于对未来增量收益的预期而确定无形资产价值的一种评估方法。该增量收益来自对被评估无形资产所在的企业和另一个不具有该项无形资产的企业的财务业绩进行对比,即预测由于使用该项无形资产而使企业得到的利润或现金流量,与一个没有使用该项无形资产的企业所得到的利润或现金流量进行对比,将二者的差异作为被评估无形资产所创造的增量收益。随后,再采用适当的折现率,将预测的每期的增量利润或现金流量转换成现值,或者运用一个资本化倍数,将恒定的增量利润或现金流量进行资本化,以得到无形资产的价值。增量收益法也被称为"溢价利润法"。

2. 增量收益法的计算公式

增量收益法的计算公式与收益法基本公式大致相同,具体如下:

$$\text{无形资产评估值} = \sum_{t=1}^{n} \frac{R_t}{(1+r)^t}$$

其中：

R_t——第 t 年无形资产预期增量收益；

r——折现率或资本化率；

n——收益年限。

（二）增量收益法的操作步骤

1. 确定增量收益

增量收益是企业拥有被评估无形资产时所产生的收益与不拥有该无形资产时所产生的收益的差异，即被评估无形资产所在的企业由于使用该项无形资产而相比于不使用该项无形资产或另一个不具有该项无形资产的相似（或模拟）企业多获得的利润或现金流量。增量收益是假定其他资产因素不变的情况下，通过将未使用无形资产与使用无形资产的前后收益情况对比分析得出，具体分为收入增长型和费用节约型两种效果。评估专业人员应根据情况，明晰无形资产形成增量收益的来源情况，对其进行综合性运用和测算。

2. 确定收益期限

采用增量收益法评估无形资产价值时，无形资产具有获得增量收益能力的期限才是真正的无形资产收益期限。在资产评估实践中，通常依据法律或合同、企业申请书的规定确定无形资产的有效期限。对无形资产收益期限可以采用法定年限法、更新周期法以及剩余经济寿命预测法等具体方法进行确定。

3. 确定折现率或资本化率

采用增量收益法评估无形资产价值时，折现率或资本化率就是用于将该项资产的未来增量收益转换成现值或进行资本化的比率，用以衡量获得增量收益所须承担的风险大小，可以采用风险累加法、回报率拆分法等方法进行测算。

4. 增量收益折现

增量收益法的上述公式隐含着这样一个假设：被评估无形资产的增量收益是在各年年末产生或实现的，即进行年末折现。在具体评估实务中，如果假设被评估无形资产的增量收益并非在每年年末产生，则应当对上述具体模型中的折现年期进行调整。比如，如果增量收益在年度中差不多是均匀产生的，可使用年中折现法进行调整。本书如无特别说明均采用年末折现法。

【例 3-2】 A 企业价值评估过程中，评估范围包含一项注册商标。该商标已经使用 10 年。根据历史资料，该企业近 5 年使用这一商标的产品比同类产品的价格每件高 0.7 元，该企业每年生产 100 万件。该商标目前在市场上有良好发展趋势，产品基本上供不应求。根据预测估计，如果在生产能力足够的情况下，这种商标产品每年生产 150 万件，每件可获增量利润 0.5 元，预计该商标能够继续获取增量利润的时间是 10 年。前 5 年保持目前增量利润水平，后 5 年每年可获取的增量利润为 32 万元。评估这项商标权的价值。

（1）首先计算其预测期内前 5 年中每年的增量利润：$150 \times 0.5 = 75$（万元）。

（2）根据企业的资金成本率及相应的风险率，确定其折现率为 20%。

（3）确定该项商标权的价值：

商标权的价值 $= 75 \times (P/A, 20\%, 5) + 32 \times (P/A, 20\%, 5) \times (P/F, 20\%, 5)$

$\qquad\qquad\quad = 75 \times 2.9906 + 32 \times 1.1992$

$\qquad\qquad\quad = 224.30 + 38.37$

= 262.67（万元）

如果不考虑税收影响，由此确定商标权评估值约为262.67万元。

（三）增量收益法使用的注意事项

1. 增量收益的合理性

在使用增量收益法的过程中，合理判断和计算被评估无形资产所产生的增量收益至关重要。尤其是企业因战略管理需要或多种因素的综合影响，在未来可能对生产经营规模进行调整，这些都可能导致预期收益出现异动。评估专业人员应根据情况，对增量收益进行综合性的运用和测算，既不能简单地把增量收益归为仅由无形资产形成的增量收益，也不能将实际由无形资产带来的增量收益错误归属于其他因素，从而避免"多评"或"漏评"。

2. 增量收益法的适用情形

增量收益法多用于评估两种情形下的无形资产价值，即可以使企业产生额外的现金流量或利润的无形资产，以及可以使企业获得成本节约的无形资产。

三、超额收益法

（一）超额收益法相关概念

1. 超额收益法的评估思路

超额收益法（Excess Earning Method）是用归属于目标无形资产所创造的收益的折现值来确定该项无形资产价值的评估方法。具体是先测算无形资产与其他相关贡献资产共同创造的整体收益，在整体收益中扣除其他相关贡献资产的相应贡献，将剩余收益确定为超额收益，并作为目标无形资产所创造的收益，再将上述收益采用适当的折现率转换成现值，或者运用一个资本化倍数，将恒定的超额收益进行资本化，以获得无形资产价值。这里其他相关贡献资产一般包括流动资产、固定资产、其他无形资产和组合劳动力成本等。

2. 超额收益法的计算公式

超额收益法的计算公式与收益法基本公式也是大致相同，具体如下：

$$无形资产评估值 = \sum_{t=1}^{n} \frac{R_t}{(1+r)^t}$$

其中：

R_t——第t年无形资产预期超额收益；

r——折现率或资本化率；

n——收益年限。

3. 超额收益法的分类

超额收益法按照超额收益的预测期间可分为单期超额收益法和多期超额收益法。

（1）单期超额收益法。单期超额收益法的超额收益是由单一期间的现金流量预测得出。这一方法仅以一期超额收益的预测判断被评估无形资产的价值，预测期限过短，因此较少被采用。

（2）多期超额收益法。多期超额收益法（Multi-cycle Excess Earnings Method，MEEM）的超额收益使用多个期间的现金流量进行预测。相比单期超额收益法，多期超额收益法更为常用。这是因为在一般情况下无形资产将在较长（超过一年）的时间范围内产生经济收益，其适用于对现金流量有较大影响的无形资产或无形资产组合的情形。

(二) 超额收益法的操作步骤

1. 确定超额收益

如果一项或多项无形资产与相关联的资产对企业整体或资产组收益的贡献是可以分割的，贡献之和与企业整体或资产组正常收益相比后仍有剩余，这个剩余收益就被称为超额收益，借以反映无形资产对收益的贡献。其收益方式主要分为三类：一是直接收益方式，通过直接销售无形资产产品获取收益，例如著作权、计算机软件等多是直接收益方式。二是间接收益方式，主要利用无形资产设计、制造生产出产品，通过销售无形资产产品或提供服务获取收益，例如专利权、专有技术、商标等多是间接收益方式。三是混合收益方式，将上述两种收益方式混合使用。

确定超额收益需要将被评估无形资产与其他共同发挥作用的相关资产组成资产组，然后调整溢余资产（包括资产能力溢余），完成后对资产组的预期经营业绩进行估计，并且剔除非正常项目的收益及费用，调整经营业绩预期，以便预测固定资产折旧及无形资产摊销并预测未来资本性支出，从而确定贡献资产、贡献资产贡献率，并估计贡献资产的全部合理贡献，最后从经营收益中扣除被评估无形资产以外的其他贡献资产的贡献，得出超额收益。

2. 确定收益期限

采用超额收益法评估无形资产价值时，无形资产具有获得超额收益能力的期限才是真正的无形资产收益期限。在资产评估实践中，通常依据法律或合同、企业申请书的规定确定无形资产的有效期限。与增量收益法中对收益期限的确定相同，这里对无形资产收益期限可以采用法定年限法、更新周期法以及剩余经济寿命预测法等具体方法进行确定。

3. 确定折现率或资本化率

采用超额收益法评估无形资产价值时，折现率或资本化率就是用于将该项资产的未来超额收益转换成现值或进行资本化的比率，用以衡量获得超额收益所须承担的风险大小，可以采用风险累加法、回报率拆分法等方法进行测算。

4. 超额收益折现

超额收益法的上述公式隐含着这样一个假设：被评估无形资产的超额收益是在各年年末产生或实现的，即进行年末折现。在具体评估实务中，如果假设被评估无形资产的超额收益并非在每年年末产生，则应当对上述具体模型中的折现年期进行调整。比如，如果增量收益在年度中差不多是均匀产生的，可使用年中折现法进行调整。本书如无特别说明均采用年末折现法。

(三) 超额收益法使用的注意事项

1. 超额收益与组合收益

在使用超额收益法的过程中，合理判断和计算目标无形资产所产生的超额收益至关重要。尤其是从组合收益中扣除来源于其他有贡献的资产的相应贡献过程中，评估专业人员应根据情况，对超额收益进行综合性的运用和测算，既不能简单地把组合收益归为仅由无形资产创造的超额收益，也不能将实际由无形资产带来的超额收益错误归属于其他资产的贡献，从而避免"多评"或"漏评"。此外，在应用多期超额收益法时，还须注意同一超额收益在多个预测期间是否重复归集至不同的资产。

2. 可辨认无形资产与不可辨认无形资产的超额收益

无形资产在使用上区别于有形资产，在一定的时空范围内可多次、多主体使用；无形资产的获利能力必须从其所依附资产的获利中体现，不同的无形资产具有不同的附着特性，所以无形资产可进一步分为可辨认无形资产和不可辨认无形资产。不可辨认无形资产一旦脱离依附对象便失去了使用价值，此时应以其当前使用所产生的超额收益为基础进行评估，比如商誉；而对于可辨认无形资产，评估时可适当考虑其更大范围内的使用价值，比如商标及通用性较强的技术型无形资产等，无形资产此时创造的超额收益可能不再等同于其在原有组合收益中的贡献幅度。这一点可以通过市场价值类型评估中的最高最佳使用原则得以解释。

3. 超额收益法的适用情形

超额收益法在特许经营权、公路收费权、矿权等无形资产的评估中特别适用，也常用于企业合并对价分摊、商誉减值测试、可辨认无形资产减值测试等以财务报告为目的的无形资产评估。

第二节　主要参数指标的确定

无论是许可费节省法、增量收益法，还是超额收益法，在应用这些收益法的具体形式进行无形资产评估时，都会涉及对收益期限、收益额和折现率等主要参数指标的确定问题。

一、收益期限的确定

（一）无形资产的收益期限

无形资产收益期限或称有效期限与其寿命年限密切相关，是在寿命年限内持续发挥作用并产生经济利益流入的期限。无形资产寿命包括以下常见类型。

1. 法定寿命

法定寿命即法定有效期限。一般情况下，有形资产的经济生命周期不会受到法律条文及合同条款的影响，其可以根据管理层的决策一直存在，而大部分无形资产拥有在注册时规定的法定寿命。这类无形资产包括商标、专利、著作权等。

2. 合同有效期限

与无形资产相关的商业合同期限可能会影响其经济分析。这些商业合同包括使用、开发利用合同，境内和境外的许可证合同及转让价格协议。此外，已公开合同更新条款及其历史更新情况都应纳入决定合同有效期的影响因素中。

3. 经济寿命

无形资产的经济寿命是指无形资产处于尚可取得利润的期间，由无形资产产生经济收入的能力决定的寿命年限。当使用某项无形资产不能取得收益（未来效益终止）或利用其他资产可获得更高收益时，即可认为无形资产已超出经济寿命年限。无形资产经济寿命并不取决于其使用过程中其他资产的盈利能力。经济寿命受很多因素的影响，包括一些无形资产的所有者或经营者所不能控制的因素。由于法律条文及合同条款中对于大多数无形资产的经济寿命并没有规定，故须对此类无形资产进行分析，以确定法律条文及合同条款对其剩余经济寿命是否构成限制。

4. 其他类型寿命

（1）司法寿命。司法寿命是指由法院或类似的权力机构判决的经济损失期限。如法院规定：由于版权侵权所造成的损失始于某日终于某日（作为历史损失的度量），在判决后的某一具体期限内，须支付版权所有者合理的特许费（作为未来损失的度量）。

（2）技术寿命。技术寿命是一项无形资产所承载的技术被新技术替代过程中所经历的期间。相比旧技术，新技术提供了更好、更快、更便宜的产品及服务。当新开发的技术优于该无形资产时，就会发生技术替代。如一项专利的所有者拥有一种磁带式收音机的专利，当引进CD等随身听后，该磁带式收音机的市场需求逐渐下降，导致该专利在合法期限到期之前就在技术层面被淘汰了。

（3）功能寿命。功能寿命是指一项无形资产发挥其功能的期间。相比其他类型的寿命，无形资产功能寿命受到的限制较少。例如某种流行酱料的配方是一个很有价值的商业机密，直到科学家发现该酱料的某种成分可能诱发癌症。虽然配方仍具有其原有的功能，即功能寿命不变，但该种酱料的销售量将急剧下降，配方的经济寿命也将受到不利影响。与此类似，与某个特殊产品相关的专利也可能会在其整个法定寿命内发挥其功能（能够阻止其竞争者使用该专利技术），然而如果一种更新的技术使这种专利产品的功能过时了，那么该专利较长的法律期限也就失去了意义。

（二）无形资产收益期限的确定原则

有些无形资产在发挥作用的过程中，其损耗是客观存在的。无形资产损耗的价值量是确定无形资产收益期限的前提。无形资产因为没有物质实体，所以，它的价值不会由于其使用期的延长发生实体上的变化，即它不像有形资产那样存在由于使用或自然力作用形成的有形损耗，无形资产价值降低的原因主要是无形损耗形成的，具体来说，主要由下列三种情况造成。

一是新的、更为先进、更经济的无形资产出现，这种新的无形资产可以替代旧的无形资产，使采用原无形资产无利可图时，原有无形资产价值就丧失了。

二是因为无形资产传播面扩大，其他企业普遍合法掌握了这种无形资产，使拥有这种无形资产的企业获取超额收益的能力降低，它的价值也就减小了。

三是企业拥有的某项无形资产所决定的产品需求大幅度下降时，这种无形资产价值就会减少，以致完全丧失。

以上说明的是确定无形资产的收益期限的理论依据。需要强调的是，无形资产具有获得超额收益能力的时间才是真正的无形资产收益期限。在资产评估实践中，可依照下列方法预计和确定无形资产的收益期限：

一是法律或合同、企业申请书分别规定有法定有效期限和受益年限的，可按照法定有效期限与受益年限孰短的原则确定。

二是法律未规定有效期，企业合同或企业申请书中规定有受益年限的，可按照规定的受益年限确定。

三是法律和企业合同或申请书均未规定法定有效期限和受益年限的，按预计收益期限确定。预计收益期限可以采用统计分析或与同类资产比较得出。

同时应该注意的是，无形资产的收益期限可能比其法定有效期限短，因为它们要受许多因素的影响，如废弃不用、人们爱好的转变以及经济形势变化等，特别是科学技术发达的今天，无形资产更新周期加快，使得其经济寿命缩短。评估时，对这些情况都应给予足够的重视。

（三）无形资产收益期限的确定方法

1. 法定年限法

相当一部分无形资产由于受到法律或合同的特定保护才形成了企业控制的资产，因此法定有效期限就是其经济寿命的上限。著作权、专利权、专营权、租赁权等均具有法律或合同规定的期限。但是需要注意的是，法定（合同）期限内是否还具有盈利能力是分析收益期限的关键点之一。

2. 更新周期法

更新周期法根据无形资产的更新周期确定其剩余寿命，适用于部分专利权、著作权和非专利技术。无形资产更新周期分为产品更新周期和技术更新周期。前者适用于高技术和新兴产业，由于这类行业的产品与科学技术联系紧密，产品更新周期从根本上决定了依附其上的无形资产的更新周期。特别是针对产品的实用新型设计，必然随着产品的更新而更新；技术更新周期适用于产生新一代技术并替代原有技术的情况，通常需运用同类无形资产的历史经验数据进行统计分析。

3. 剩余经济寿命预测法

剩余经济寿命预测法根据产品竞争情况、可替代技术和更新趋势综合确定无形资产尚可使用的经济寿命。运用该方法时应与向技术专家、市场营销专家进行咨询相结合，并根据企业特征对个别因素进行修正。

二、收益额的确定

评估专业人员在采用收益法评估无形资产时，无论使用哪种评估技术思路，都需要对无形资产的收益额进行预测。无形资产收益额的测算是采用收益法评估无形资产的关键步骤。具体测算方法如下：

（一）增量收益估算

估算增量收益，主要通过未使用无形资产与使用无形资产前后收益情况的对比分析，确定无形资产带来的增量收益额。从无形资产为特定持有主体带来的经济利益上看，我们可以将无形资产划分为由于产品价格的提高形成的收入增长型和由于企业成本的节约形成的费用节约型。

1. 收入增长型

收入增长型无形资产是指无形资产应用于生产经营过程，能够使得产品的销售收入大幅度增加。具体包括两种情形：

（1）生产的产品能够以高出同类产品的价格销售。在销售量不变、单位成本不变的情况下，无形资产增量收益额可以参考下式：

$$R = (P_2 - P_1) \times Q$$

其中：

R——无形资产增量收益额；

P_2——使用被评估无形资产后单位产品的价格；

P_1——使用被评估无形资产前单位产品的价格;

Q——产品销售量。

如果无形资产中所包含的创新价值得到开发和运用,则能给企业产品带来较高的市场价格,而且可能在一段时期内一直具备这一优势,而无须考虑竞争者的行为。如果消费者支付的溢价超出企业为无形资产开发所付出的支出(设计费、广告费等),企业就可以从中获利。

(2)生产的产品采用与同类产品相同价格的情况下,销售数量大幅度增加,市场占有率扩大。在单位价格和单位成本不变的情况下,无形资产增量收益额可以参考下列公式:

$$R = (Q_2 - Q_1) \times (P - C)$$

其中:

R——无形资产增量收益额;

Q_2——使用被评估无形资产后产品的销售量;

Q_1——未使用被评估无形资产的产品的销售量;

P——产品价格;

C——产品的单位成本。

【例3-3】A企业主要生产某种电子产品甲,2018年A企业通过使用一项专有技术,使得甲电子产品的销售量增加到100 000件。已知未使用该技术时,甲产品的销售量为80 000件,并假设A企业的甲产品在使用该技术前后的单位销售价格和单位成本保持不变。甲产品销售价格为120元/件,成本为50元/件。不考虑税收的影响,试计算A企业因使用该专有技术形成的增量收益额。

该专有技术的增量收益额 = (100 000 - 80 000) × (120 - 50) = 1 400 000 (元)

如果不考虑税收影响,由此确定A企业因使用此专有技术形成的增量收益额为140万元。

2. 费用节约型

费用节约型无形资产是指无形资产的应用使得生产产品中的成本费用降低,从而形成增量收益。当假定销售量不变、价格不变时,可以参考下列公式计算无形资产增量收益额:

$$R = (C_1 - C_2) \times Q$$

其中:

R——无形资产增量收益额;

C_1——未使用被评估无形资产产品的单位成本;

C_2——使用被评估无形资产后产品的单位成本;

Q——产品销售量。

许多无形资产的使用都可降低企业成本,从而给企业带来超额盈利。无形资产的使用可以通过以下途径节约成本:

(1)在不影响产品质量和功能的前提下,减少人工、机械、材料的成本,比如提高每单位劳动投入的产出、降低机器保养费用和缩短检修的时间、使用更低成本的原材料。

(2)提高产品质量,减少产品召回、废品及次品。

(3)提高经营效率,比如简化生产程序、降低资产维护费用。

(4) 降低管理费用、广告费用、销售及促销费用、坏账支出等。

(5) 减少或消除环境污染。

有些成本节约方式很容易被识别和量化，有些方式需要会计或其他相关知识来估计成本的节约额。

实际上，收入增长型和费用节约型无形资产的划分，是假定其他资产因素不变的情况下，为了明晰无形资产形成收益来源情况的人为划分方法。通常，在实际中，应用无形资产后，其资产因素也会发生变化，其收益是各资产因素共同作用的结果。评估人员应根据情况，进行综合性地运用和测算，以科学地测算无形资产收益额。

【例3-4】A企业通过购买一项专利技术，使其生产产品的平均单位成本从50元降低至30元。假设该企业产品的销售量常年保持在500 000件的水平，且不考虑税收的影响。试估算由该专利技术带来的增量收益额。

该专利技术的增量收益额 = (50 - 30) × 500 000 = 10 000 000（元）

如果不考虑税收影响，由此确定A企业因使用此专利技术形成的增量收益额为1 000万元。

3. 与行业平均水平比较

当无法将使用无形资产和没有使用无形资产的收益情况进行对比时，采用无形资产和其他类型资产在经济活动中的综合收益与行业平均水平进行比较，也可以得到无形资产的增量收益。

在这种情况下，首先需要收集有关使用无形资产的产品生产经营活动的财务资料，进行盈利分析，得到经营利润和销售利润率等基本数据；其次是分析上述生产经营活动中的各种资金占用情况，对企业总收益和净资产总额等进行统计；再次需要收集行业平均收益率等指标；最后是计算无形资产带来的增量收益。上述步骤可以用公式表示为：

无形资产增量收益额 = 企业收益额 - 净资产总额 × 行业平均收益率

增量收益额计算的核心在于对"正常收益率"的确定。从字面上理解，正常的收益水平是指在无形资产缺失的情况下该行业业务经营的收益率。因此在上式中用"行业平均收益率"作为"正常收益率"。然而，尽管行业相同、产品及客户类型一致，各公司的获利能力仍可能具有很大差异，这导致在确定行业的标准化收益率时会相当困难。除此以外，一家公司的正常收益也难以统一。因此，在无形资产评估中使用行业平均收益应当谨慎并有充分的理由。

在计算出企业无形资产的增量收益额后，还需要判断该增量收益额是否完全由被评估无形资产带来。如果被评估企业还存在其他无形资产，则需要进一步分离出被评估无形资产的收益额。

【例3-5】A企业欲购买一项专利技术，预测购入该专利后年收益额为160万元。该企业净资产总额为600万元，企业所在行业的平均收益率为20%，试估算该专利带来的增量收益额。

该专利的增量收益额 = 160 - 600 × 20% = 40（万元）

（二）超额收益估算

估算超额收益主要通过在企业的全部收益中，扣除归属于企业有形资产带来的收益，以确定企业无形资产带来的超额收益额。

该方法原理下，企业无形资产的超额收益额可以参考下列公式计算：

$R = P - T$

其中：

R——企业无形资产的超额收益额；

P——企业的全部收益；

T——企业有形资产的收益。

企业的全部收益可以通过计算企业的息税前利润或现金流而获得，有形资产收益则是用相应有形资产价值乘以该类有形资产在经济社会中使用的投资回报率而得到。

在计算出企业无形资产的超额收益额 R 后，还需要判断该超额收益额是否完全由被评估无形资产带来，如果被评估企业还存在其他无形资产，则需要进一步分离出被评估企业的无形资产的收益额。

【例 3-6】 A 企业拟评估其拥有的无形资产的价值，评估基准日为 2018 年 12 月 31 日。经审计，A 企业 2018 年剔除非正常因素后的收益合计为 555 万元，A 公司拥有流动资产和固定资产等有形资产的价值合计为 4 500 万元。已知 A 企业有形资产回报率的加权平均值为 8.5%，试估算无形资产为企业带来的超额收益额。

首先，企业有形资产的收益 = 4 500 × 8.5% = 382.5（万元）

其次，企业无形资产的超额收益额 = 555 - 382.5 = 172.5（万元）

（三）收益分成估算

收益分成可以采用分成率法进行估算。

1. 分成率法相关概念

无形资产的价值来源于其创造的经济收益中无形资产的贡献。分成率法通过分成率获得无形资产收益，是目前国际和国内技术交易中常用的一种实用方法。分成率法首先计算使用无形资产的总收益，然后再将其在目标无形资产和产生总收益过程中做出贡献的所有有形资产和其他无形资产之间进行分成。分成率包括销售利润分成率和销售收入分成率两种。有些利润分成分析使用的是经济收益毛指标，如总收益，但大多数利润分成方法使用的是净收益指标，比如营业利润、营业现金流量或净现金流量。在我国的实际无形资产交易中更多的是使用收入分成率。由于各种分成率是可以相互转换的，因此不论采用何种分成率，都要特别注意不同分成率口径的差异及其数据统计口径的差异。

通常企业可能拥有多种无形资产，因此确定目标无形资产在总收益中的收益分成时，需要同时考虑其他无形资产的收益贡献率。在收益分配过程中，首先需要将收益额合理分配给非无形资产，该过程涉及两个重要因素：一是企业资产构成中每项资产所占的比重；二是每项资产对应的合适投资回报率。一般更倾向于采用现金流量分成率，它可以避免企业会计政策差异的影响，也可以避免考虑特定企业成本费用预测的误差。

确定分成率是分成率法中最为重要的一个步骤，在选择分成率时，评估专业人员应考虑以下因素：一是被评估无形资产的具体类型；二是被评估无形资产所在企业的经营类型；三是被评估无形资产所在企业的行业状况；四是被评估无形资产所在企业的实际经营能力分析；五是被评估无形资产所在企业其他资产为创造收益所做贡献的相对重要性分析；六是市场上相同或类似无形资产转让协议中已知的分成情况；七是分析中选择的测算经济收益指标应该以被评估无形资产所在企业其他有形及无形资产的公允价值为基础。

无形资产分成率法公式如下：

无形资产收益额 = 销售收入（利润）× 销售收入（利润）分成率

对于销售收入（利润）的测算已不是较难解决的问题，重要的是确定无形资产分成率。

既然分成对象是销售收入或销售利润，那么就有两种不同的分成率。而实际上，由于销售收入与销售利润有内在的联系，可以根据销售利润分成率推算出销售收入分成率，反之亦然。因为：

收益额 = 销售收入 × 销售收入分成率
     = 销售利润 × 销售利润分成率

所以：

销售收入分成率 = 销售利润分成率 × 销售利润率
销售利润分成率 = 销售收入分成率 ÷ 销售利润率

在无形资产转让实务中，一般是确定一定的销售收入分成率，俗称"抽头"。例如，在国际市场上一般技术转让费不超过销售收入的 1%~10%，如果按社会平均销售利润率 10% 推算，当技术转让费为销售收入的 3% 时，则相当于销售利润分成率为 30%。从销售收入分成率一般很难看出转让价格是否合理，换算成销售利润分成率则相对容易判断。国际上技术转让常用的行业销售收入分成率如表 3-1 所示。

表 3-1　　　　　　　　　国际上技术转让常用的行业销售收入分成率

行业名称	销售收入分成率（%）
石油化学工业	0.5~2.0
日用消费品工业	1.0~2.5
机械制造业	1.5~3.0
制药工业	2.5~4.0
电气工业	3.0~4.5
木材加工业	3.5~5.0
精密机器工业	4.0~5.5
汽车工业	4.5~6.0
光学及电子产品等高技术	7.0~10.0

资料来源：Investing, Licensing and Trading Conditions. New York：Business International Corporation，1985.

2. 常用的分成率测算方法

除上述分成率选择和分析思路以外，下面简要介绍约当投资分成法、经验数据法、要素贡献法等常用的分成率测算方法。

（1）约当投资分成法。在大部分情况下，有形资产与无形资产共同发挥作用，很难单独确定无形资产的贡献，因此考虑使用约当投资分成法确定无形资产利润分成率。该法根据等量资本获得等量报酬的原则，将共同发挥作用的无形资产及有形资产换算为相应的投资额，将无形资产的折合约当投资与总约当投资的比例作为利润分成率。

具体步骤为：

① 确定无形资产的约当投资量。计算时使用的成本利润率按照转让方无形资产带来

的利润与其成本之比计算。无法获取企业实际数时按社会平均水平确定。

无形资产的约当投资量 = 无形资产的重置成本 × (1 + 适用成本利润率)

② 计算无形资产购买方的约当投资量。其适用的成本利润率按购买方的现有水平测算。

购买方的约当投资量 = 购买方投入总资产的重置成本 × (1 + 适用成本利润率)

③ 计算无形资产利润分成率。

$$无形资产利润分成率 = \frac{无形资产约当投资量}{购买方约当投资量 + 无形资产约当投资量} \times 100\%$$

【例 3-7】 A 企业将一项专利使用权转让给 B 企业，拟采用对利润分成的方法，该专利系三年前从外部购入，账面成本 80 万元，两年间物价累计上升 5%，该专利法律保护期 10 年，已过 4 年，尚可保护 6 年。经专业人员测算，该专利成本利润率为 400%。B 企业资产重置成本为 4 000 万元，成本利润率为 12.5%。则利润分成率计算如下：

首先，专利重置成本 = 80 × (1 + 5%) = 84（万元）

其次，专利约当投资量 = 84 × (1 + 400%) = 420（万元）

再次，B 企业资产约当投资量 = 4 000 × (1 + 12.5%) = 4 500（万元）

最后，利润分成率 = 420/(4 500 + 420) × 100% = 8.54%

（2）经验数据法。经验数据法是常被采用的一种利润分成法，一般根据"三分"分成法、"四分"分成法或其他经验比例等原则估计无形资产的利润分成率。以"三分"分成法、"四分"分成法为例，在无形资产许可中，许可方会得到被许可方因使用无形资产所获得总利润的 33% 或 25%。其中，"三分"分成法是假设企业的收益是资金、劳动力和技术三项因素共同创造的，技术占比 33%，因此分成率为 33%；"四分"分成法是假设企业的收益是资金、劳动力、技术和管理四项因素共同创造的，技术占比 25%，因此分成率为 25%。

特别需要注意的是，经验数据法中的"三分"（33%）和"四分"（25%）都是基于利润计算的分成率。实务中也可以通过计算转换为收入分成率。

经验数据法作为一种基准，体现了过去的许可惯例和行业平均水平，具有一定的经验可信性和参考性，可用于对无形资产利润分成率的粗略估计。但是，在现代企业中，技术已不再是唯一的无形资产，因此，采用该方法获得的"分成"收益应当被理解为企业全部无形资产所创造的收益，而不能简单地视为技术无形资产所创造的收益。经验数据法的优势在于测算简单，容易理解，比较适合传统行业的评估；劣势则在于方法的理论基础薄弱，在对部分单项无形资产进行评估时需要进行修正。

（3）要素贡献法。要素贡献法可视为经验数据法的一种特殊表现形式。与经验数据法的适用情形类似，部分无形资产已经成为生产经营的必要条件，由于某些原因不可能或很难确定超额收益，这时可衡量生产经营要素在生产经营活动中的贡献，利用经验估计无形资产带来的超额收益。

我国通常将企业生产经营活动分成资金、技术和管理三大要素的贡献，企业总收益由资金收益、技术收益以及管理收益组成。一般认为技术收益是由企业无形资产的运用所产生。在不同行业，这三种要素的贡献程度也有差别。三者对利润的贡献程度一般可参考表 3-2，并且应根据企业实际再进行调整。这种要素贡献法在普通的"三分"分成法的基础上，进一步考虑了无形资产所属行业的差异。

表3-2 不同行业三种要素贡献程度

行业	资金比例（%）	技术比例（%）	管理比例（%）
资金密集型行业	50	30	20
技术密集型行业	40	40	20
一般企业	30	40	30
高科技企业	30	50	20

三、折现率的确定

无形资产的折现率需要在合理考虑无形资产运营风险的基础上进行适当测算和使用。

（一）无形资产运营中的风险

1. 宏观风险

无形资产占比高的行业一般具有市场供求关系不确定、无形资产保护难度大及国内外竞争激烈等特征。此类行业进行无形资产产品投资时，风险较之传统产业更高，其风险因素应体现在无形资产折现率中。具体来讲，宏观风险可进一步体现为政策风险、法律风险、市场风险、技术（替代）风险等几类。政策风险意味着财政、货币、税收、汇率和产业等因素的变动可能导致社会总需求、市场利率及无形资产筹资成本的变化；法律风险意味着在评估无形资产时要考虑无形资产法律保护的种类、范围、期限和程度等问题；市场风险意味着无形资产评估需要重视对无形资产所处产业的成长前景、产品的市场需求、市场扩散速度、市场占有率及目前同类产品供求状况等市场指标的分析；技术（替代）风险则意味着无形资产的创新性、先进性、可替代性及其产品和服务的更新速度等因素会显著影响无形资产的预期收益。

2. 微观风险

无形资产运营的微观风险对无形资产评估而言同样是至关重要，其具体可分为研发风险、资产管理风险、财务风险和商业化风险等几类。对于研发风险，无形资产的研发需要大量的资金投资和时间消耗，但如果外部条件在资金投入后即发生变化，则研发成果会失去商业价值；对于资产管理风险，企业试图通过无形资产获得超额收益，就必须具备更高的管理能力，这对于资产管理者而言是一个巨大的挑战；财务风险虽然不直接影响无形资产价值，但也是无形资产评估的间接考虑因素，因为许可人和被许可人的财务状况是否稳定对双方而言都非常重要；对于商业化风险，无形资产处于研发和商业化的不同阶段时，对应的风险大小不同，对应的风险报酬率也呈现出不同的特征，所以只有全面综合分析其处于不同时期的具体风险特征状态，才能合理测算无形资产折现率。

（二）无形资产折现率的测算方法

无形资产折现率的常用测算方法包括风险累加法和回报率拆分法。

1. 风险累加法

风险累加法是指将无形资产的无风险报酬率和风险报酬率量化并累加，进而确定无形资产折现率的一种方法。无风险报酬率是指在正常条件下的获利水平，是所有的投资都应该得到的投资回报率。风险报酬率是指投资者承担投资风险所获得的超出无风险报酬率以上部分的投资回报率,根据风险的大小确定,随着投资风险的递增而加大。其公式可表示为:

无形资产折现率 = 无风险报酬率 + 风险报酬率

在计算风险报酬率时,评估人员应特别注意分析无形资产所面临的具体风险。特别是对无形资产可能面临的政策风险、法律风险、市场风险、技术(替代)风险等宏观风险以及研发风险、资产管理风险、财务风险和商业化风险等微观风险,评估人员应进行逐项分析并通过经验判断等方式予以量化。

【例 3-8】 A 企业拟评估其拥有的专利技术的价值。评估专业人员应用收益法时,判断风险报酬率的测算根据技术和产品市场综合因素确定,欲采用风险累加法确定企业无形资产的折现率;在确定风险报酬率的过程中重点考虑技术风险、市场风险、管理风险和财务风险因素的影响。经分析,与该专利技术相关的技术风险取值为 2.90%,市场风险取值为 3.21%,管理风险取值为 2.80%,财务风险取值为 3.75%。若无风险报酬率取值为 2.96%,试估算被评估专利技术的折现率。

被评估专利技术的风险报酬率 = 2.90% + 3.21% + 2.80% + 3.75% = 12.66%
被评估专利技术的折现率 = 2.96% + 12.66% = 15.62%

2. 回报率拆分法

大多数情况下,无形资产与企业的其他贡献资产密不可分,这加大了无形资产折现率量化的难度。回报率拆分法采用逆向研究的方式,从企业整体回报率出发,对其他有形资产、无形资产的回报率逐一量化,从而倒推出被评估无形资产的回报率,以此测算无形资产折现率。这一逆向分析方法在对一些特定的无形资产进行评估分析时具有较好的适用性。

回报率拆分法的公式可表示为:

$$R_i = \frac{全部资产市场价值}{无形资产市场价值}\left(WACC - R_c \frac{营运资金市场价值}{全部资产市场价值} - R_f \frac{固定资产市场价值}{全部资产市场价值}\right)$$

其中:

WACC——整个企业平均投资回报率;

R_c——营运资金的投资回报率;

R_f——固定资产的投资回报率;

R_i——无形资产的投资回报率。

回报率拆分法的第一步是分析企业利润来源。企业向客户提供产品或服务时涉及投资和成本,当收入大于费用时即形成企业利润。但仅靠利润来衡量无形资产的价值并不充分,也不具有针对性。经济业务收益应基于企业在持续经营情况下,由无形资产或其他贡献资产的投资期间所能产生的较高回报率。企业资产包括固定资产、无形资产、流动资产等,每项资产均能产生经济收益,最终实现企业的全面盈利。所以,企业经济效益来自于对这些资产的整体利用。根据各项资产的重要性及风险,企业总收益可按一定比例分配给各组成部分。在分配企业盈利之前,须从企业的整体回报率入手,确定各组成部分恰当的回报率。

第二步是确定企业整体回报率。被投资企业的回报率应等于投资者期望获得的回报率。企业整体回报率可采用加权平均资本成本（WACC）确定。

第三步是根据业务中不同资产价值的相关投资风险大小，将无形资产收益分离出来。这一步是回报率拆分法应用的关键。由于企业整体回报建立在加权平均资本成本上，所以需要事先估计固定资产和营运资金的合适回报率以及各项资产的比重，然后通过分割加权平均资本成本以推算得到无形资产回报率。无形资产由于灵活性小，变通利用能力差，通常被认为是企业经营中风险最高的部分，一般应有较之固定资产和流动资金更高的回报率。

第四步是根据无形资产收益口径确定并计算对应的折现率。由于加权平均资本成本（WACC）通常是采用税后口径计算的，所以按照上述公式计算出的无形资产投资回报率R_i也是税后口径。当无形资产收益为税前收益时，要将计算出的税后无形资产的投资回报率R_i换算为税前口径，与收益口径保持一致，从而得到无形资产折现率。

（三）折现率确定的注意事项

1. 无形资产评估中的折现率一般高于有形资产评估中的折现率

折现率一般包括无风险报酬率和风险报酬率。一般来说，无形资产投资收益高，风险性强，因此，无形资产评估中的折现率往往要高于有形资产评估的折现率。

2. 无形资产评估中的折现率有别于企业价值评估中的折现率

企业价值评估中的折现率是对固定资产、无形资产和流动资产等各类资产回报率的综合体现，因此不可直接作为无形资产评估的折现率。评估专业人员应根据无形资产的不同种类情况，对未来预期收益的风险影响因素及收益获得的其他外部因素进行分析，科学地测算其风险报酬率，以进一步测算出其适合的折现率。

3. 折现率口径应与收益额口径保持一致

收益法的基本原则之一，就是对收益额进行折现时，应当使用口径一致的折现率。如果无形资产收益额预测口径为利润口径，则折现率也应该是利润口径；如果无形资产收益额预测口径为现金流量口径，则折现率也应该是现金流量口径；如果无形资产收益额预测口径为税前收益口径，则折现率也应该是税前收益口径。

第四章 市场法和成本法在无形资产评估中的应用

第一节 市场法在无形资产评估中的应用

一、市场法的评估技术思路

在采用市场法对无形资产进行评估时，评估专业人员需要考虑现实交易中无形资产价值的计量方式和不同的价值计量方式会产生不同的评估技术思路。

(一) 总价计量方式与从价计量方式

无形资产价值计量方式可以划分为总价计量方式与从价计量方式两种。

1. 无形资产的总价计量方式

所谓总价计量方式，也可以称为绝对计量方式，就是以一个总价值计量一项无形资产的价值，这种计量方式也是目前国内资产评估界采用较为普遍的计量方式，如一项专利资产转让价500万元、一项商标资产转让价1 000万元等都是以总价计量方式计量其价值的。

对于一项有形资产，由于通常其可以单独发挥作用，不需要与其他资产组成业务资产组，同时其发挥的能力可以单独确定并且其产生的预期收益可以合理确定，因此采用这种总价计量方式相对较为合理。

例如：一台车床，其加工能力是确定的，无论将其用于年产量为100万台的汽车厂，还是年产量为1 000万台的汽车厂，该车床的加工能力不会改变，因此其可以产生的预期收益也是不会改变的。对于这台车床资产采用总价计量是合理的。

一项无形资产，例如一项专利技术，往往不能单独发挥作用，一定需要与其他有形资产组成一个业务资产组共同发挥作用。该资产组发挥作用的能力通常是由资产组中的有形资产决定的。因此，该专利技术的价值，如果采用总价方式计量，需要与这个业务资产组所产生的总收益一起计量，即该专利技术的价值总量与该专利技术和其他有形资产可能组成的业务资产组的规模、大小是密切相关的，只有在这个有效的前提下，对该专利技术的评估才具有采用总价计量方式的可能。

例如：对于一项用于生产汽车的专利无形资产，将其用于年产100万台的汽车厂和用于年产1 000万台的汽车厂，其发挥的作用就会有差异，其可以产生的预期收益也会存在变化。对于这样一项专利无形资产，如果需要采用总价计量方式，就需要明确这项无形资产将要用于年产 100 万台的汽车制造企业，还是将要用于年产 1 000 万台的汽车制造企业。

2. 无形资产的从价计量方式

与总价计量方式相对应的是从价计量方式，也可以称为相对计量方式。所谓从价计量方式就是按照无形资产所组成的业务资产组可以获得的"单位收益"计量无形资产的价值。这种计量方式最典型的形式包括以收入分成率为核心参数的从价计量方式和以利润分成率为核心参数的从价计量方式。

从价计量方式来源于特定业务资产组，但是又可以超出该特定业务资产组运用，即从某特定业务资产组中测算的分成率也可以应用到其他规模的业务资产组中。因此该种计量模式实际上可以摆脱特定业务资产组的束缚，不局限于特定能力的业务资产组。

例如：一项专利无形资产的转让协议中规定，专利资产的受让方将受让的专利资产用于自身的生产业务中后，需要每年按照专利产品销售收入 5% 的费用支付给专利的出让方，或者是按照专利产品生产经营利润 30% 的费用支付给转让方，这种按照销售收入 5%，或者按照经营利润的 30% 支付转让费的专利资产转让定价模式就是最典型的无形资产的从价计量方式。

需要说明的是，在无形资产转让实务中还会见到一种总价与从价相结合的计量方式，也就是通常所说的"入门费 + 分成"的计量方式。这种计价方式实际是采用总价计算方式测算一个入门费，然后再外加一个从价计量方式的销售收入分成或者经营利润的分成。

（二）总价计量方式下的市场法评估技术思路

总价计量方式下的市场法评估程序与市场法基本评估程序大致相同，但是总价计量方式下的市场法评估技术思路需要结合总价计量方式和无形资产自身的特征，考虑可比对象选择和差异分析调整的特殊要求。

1. 可比对象选择

在总价计量方式下，不但要求标的无形资产和可比无形资产具有可比性，也就是用于比较的无形资产应该是相同或相似的无形资产，还要求标的无形资产与可比无形资产两个无形资产相关的业务资产组具有可比性，也就是这两个业务资产组要规模相同或相似，因此在总价计量方式下，无形资产可比对象的选择一般需要关注以下条件：

（1）无形资产的可比条件。

① 标的无形资产与可比无形资产相同或相似，也就是标的无形资产与可比无形资产功效相同或类似。

② 标的无形资产与可比无形资产权力状态相同或相似，也就是标的无形资产与可比无形资产包含的"权利束"相同或类似，或者说使用、收益和处分的权利内容及状态相同或类似。

③ 标的无形资产与可比无形资产所处的发展阶段相同或相似，也就是标的无形资产与可比无形资产在其经济寿命周期内所处的发展阶段相同或类似。

（2）无形资产相关业务资产组的可比条件。

① 标的无形资产与可比无形资产相关的资产组功效相同或相似。标的无形资产相关的资产组与可比无形资产相关的资产组具有相同或相似的经营业务，标的无形资产与可比

无形资产在各自的资产组中所发挥的作用相同或相似。

② 标的无形资产与可比无形资产相关的资产组大小、规模相同或相似。由于不同的无形资产受让方，生产规模可能是不一样的，因此愿意接受的转让价就会存在差异，这样在采用总价计量方式确定无形资产的价值时，就需要考虑与无形资产相关业务资产组规模的因素。

2. 差异分析调整

总价计量方式的调整包含以下两个方面的内容：一是标的无形资产与可比无形资产的差异调整；二是标的无形资产与可比无形资产相关资产组的差异调整。

（1）标的无形资产与可比无形资产的差异调整。

从实务的可操作角度分析，标的无形资产与可比无形资产的差异调整主要是针对标的无形资产与可比无形资产所处发展阶段的差异，也就是标的无形资产与可比无形资产的剩余经济寿命的差异，可以通过分析相关业务资产组的寿命周期进行调整。

（2）标的无形资产与可比无形资产相关资产组的差异调整。

从实务的可操作角度分析，这种差异调整主要包括：对标的无形资产与可比无形资产相关的业务资产组规模、大小的差异进行调整；对标的无形资产与可比无形资产相关的业务资产组产品毛利的差异进行调整；对标的无形资产与可比无形资产相关的业务资产中其他有形资产的维护支出成本的差异进行调整等。

（三）从价计量方式下的市场法评估技术思路

从价计量方式下的市场法评估程序与市场法基本评估程序大致相同，但是从价计量方式下的无形资产评估通常不需要评估出无形资产的绝对价值，而是给出一个相对的比率，如收入分成率或利润分成率。同时，从价计量方式下的市场法评估技术思路也需要结合从价计量方式和无形资产自身的特征，考虑可比对象选择和差异分析调整的特殊要求。

1. 可比对象选择

在从价计量方式下，标的无形资产与可比无形资产可比的要求主要包括标的无形资产与可比无形资产相同或相似，也就是标的无形资产与可比无形资产功效相同或类似。

对于采用"入门费+分成"计量方式的，需要合理地分别测算入门费和分成率，或者采用一种合理的方式将入门费换算成分成，或者相反，将分成换算为总价计量的入门费。

实务中"入门费"经常可能是根据无形资产的转让方转让无形资产过程中所需要的成本估算，例如，转让一项医药产品的制造技术，通常需要在转让协议中约定，转让方需要派员对受让方的人员进行技术培训、操作培训，确保受让方可以掌握该技术连续生产出三批合格产品。转让方的上述成本需要受让方以"入门费"的形式支付给转让方。

2. 差异分析调整

从实务可操作角度分析，从价计量方式的调整主要包括标的无形资产与可比无形资产对各自产品收益贡献的差异调整以及入门费绝对值大小对分成影响的差异调整。

标的无形资产与可比无形资产在各自经济寿命期内所处的位置决定了其剩余经济寿命期，同时也决定了其目前及以后产品销售利润率水平。处于发展上升期的无形资产，一般其产品价格高，销售利润率也会高，反之，处于下降期的无形资产，一般其产品价格会下降,销售利润率也会降低。因此可以参考销售利润率差异,调整标的无形资产与可比无形资产对各自产品收益贡献的差异。此外,对于无形资产使用权的转让,还需关注转让协议中关于转让期限的约定对无形资产价值的影响。

二、主要参数指标的确定

在从价计量方式下采用市场法评估无形资产,关键是对分成率的测算。通过市场途径测算分成率的方法主要有两种。

(一) 采用对比公司法测算分成率

所谓对比公司法就是在国内上市公司中选择与被评估无形资产拟实施企业处于同行业的公司作为"对比公司",由于该类对比公司与被评估无形资产拟实施的企业处于同行业,因此该对比公司中应该也存在相关无形资产,其发挥作用的方式以及功能与被评估无形资产在拟实施企业中发挥作用的方式及功能相同或相似,具有可比性。因此我们可以通过对比公司中可比无形资产所创造收益占全部收入的比例来测算对比公司无形资产的分成率。计算公式如下:

$$对比公司无形资产分成率 = \frac{对比公司无形资产对总收益的贡献}{对比公司总收益}$$

由于对比公司中可比无形资产与被评估企业的标的无形资产具有"可比性",因此我们可以通过计算对比公司可比无形资产分成率的平均值,并进行相关影响因素的调整后,测算出被评估企业标的无形资产的分成率。即:

$$被评估企业无形资产分成率 = 对比公司平均无形资产分成率 \times 调整系数$$

其中,调整系数反映了影响该类无形资产分成率高低的关键因素,如技术类无形资产分成率的高低通常与技术类无形资产对应产品的销售利润率的大小有关,高利润率的技术产品,体现出的技术分成就高,反之则低。因此,被评估企业技术类无形资产分成率的计算公式为:

$$被评估企业技术类无形资产分成率 = 对比公司平均技术类无形资产分成率$$
$$\times \frac{被评估企业技术类无形资产产品销售利润率}{对比公司平均技术类无形资产产品销售利润率}$$

【例4-1】A公司为某化学原料及化学品制造业公司,为了能测算出A公司所拥有的H技术对所生产的化工产品收益的分成率,评估专业人员拟选用在国内同行业中的上市公司作为对比公司,通过分析该行业中代表性公司的经营情况来确定委估H技术的分成率。

1. 对比公司的选取

在本次评估中对比公司的选择标准如下:

- 对比公司近年为有盈利的公司;
- 对比公司为化学原料及化学品制造业公司;
- 至评估基准日至少已上市两年。

根据上述原则,评估专业人员选取了B、C、D三家上市公司作为对比公司。

2. 对比公司平均H技术分成率的测算

根据B、C、D三家对比公司2014—2018年度的财务报告,评估专业人员分别计算出各家历年的资产结构,如表4-1所示。

表4-1　对比公司资产结构计算表

序号		1	2	3	4	5
对比对象		B公司	C公司	D公司	平均值	五年平均
营运资金比重（%）	2014年12月31日	-1.1	2.7	5.0	2.2	6.2
	2015年12月31日	-1.6	12.8	15.8	9.0	
	2016年12月31日	-0.9	4.2	6.1	3.1	
	2017年12月31日	0.2	7.7	11.0	6.3	
	2018年12月31日	0.2	13.2	17.4	10.3	
有形非流动资产比重（%）	2014年12月31日	32.6	5.5	3.8	14.0	26.6
	2015年12月31日	70.0	22.3	16.9	36.4	
	2016年12月31日	44.6	13.7	6.0	21.4	
	2017年12月31日	45.5	21.6	10.5	25.9	
	2018年12月31日	61.3	27.7	17.5	35.5	
无形非流动资产比重（%）	2014年12月31日	68.5	91.8	91.1	83.8	67.2
	2015年12月31日	31.6	64.9	67.0	54.6	
	2016年12月31日	56.2	82.1	87.9	75.4	
	2017年12月31日	54.3	70.7	78.5	67.8	
	2018年12月31日	38.5	59.1	65.2	54.3	

评估专业人员进一步分析了上述对比公司的主营业务收入、利润和现金流水平，认为公司的现金流是由公司所有资本共同创造的，因此无形资产创造的现金流应该是无形资产在资本结构中所占比率与主营业务现金流的乘积。另一方面，评估专业人员还发现上述无形资产实际上是组合无形资产，包括技术、商标和商誉等。其中，H技术对产品收益的贡献相对较大，H技术的先进性与成熟性在很大程度上决定了企业的竞争力。因此，通过客观的分析和判断，评估专业人员认为，在上述组合无形资产中H技术对现金流的贡献至少应该占据70%的份额。因此，对比公司H技术分成率的计算详见表4-2。

表4-2　对比公司H技术分成率测算表

序号	对比公司名称	年份	无形非流动资产在资本结构中所占比例（%）	无形非流动资产中H技术所占比重（%）	H技术在资产结构中所占比重（%）	息税折旧及摊销前利润EBITDA	H技术对主营业务现金流的贡献	主营业务收入	H技术分成率（%）
			E	F	G = E * F	H	I = G * H	J	K = I/J
1	B公司	2014年12月31日	68.5	70	48.0	15 121.9	7 251.3	112 086.5	6.47
		2015年12月31日	31.6	70	22.1	18 174.3	4 018.0	104 510.8	3.84
		2016年12月31日	56.2	70	39.4	11 571.1	4 555.2	89 105.1	5.11
		2017年12月31日	54.3	70	38.0	56 481.2	21 450.7	212 792.2	10.08
		2018年12月31日	38.5	70	27.0	37 036.9	9 991.2	244 879.4	4.08

续表

序号	对比公司名称	年份	无形非流动资产在资本结构中所占比例（%）	无形非流动资产中H技术所占比重（%）	H技术在资产结构中所占比重（%）	息税折旧及摊销前利润EBITDA	H技术对主营业务现金流的贡献	主营业务收入	H技术分成率（%）
			E	F	G=E*F	H	I=G*H	J	K=I/J
2	C公司	2014年12月31日	91.8	70	64.3	260 372.1	167 378.8	780 358.4	21.45
		2015年12月31日	64.9	70	45.5	190 706.1	86 681.8	770 439.3	11.25
		2016年12月31日	82.1	70	57.4	146 891.7	84 377.1	649 292.0	13.00
		2017年12月31日	70.7	70	49.5	188 022.8	93 057.8	942 977.7	9.87
		2018年12月31日	59.1	70	41.4	365 670.5	151 258.0	1 366 230.7	11.07
3	D公司	2014年12月31日	91.1	70	63.8	10 963.2	6 994.1	73 650.5	9.50
		2015年12月31日	67.2	70	47.1	11 623.8	5 470.7	88 990.5	6.15
		2016年12月31日	87.9	70	61.6	16 288.9	10 027.4	92 353.3	10.86
		2017年12月31日	78.5	70	55.0	15 864.3	8 720.3	138 705.8	6.29
		2018年12月31日	65.2	70	45.6	13 933.2	6 357.8	169 947.3	3.74

经计算，对比公司2014—2018年平均H技术分成率为8.85%。

3. A公司H技术分成率的确定

本次评估我们采用销售利润率调整的方式对对比公司平均H技术的分成率予以调整，测算A公司H技术的分成率，即：

A公司H技术的分成率 = 对比公司平均H技术的分成率

$$\times \frac{\text{A公司H技术对应产品的销售利润率}}{\text{对比公司平均H技术对应产品的销售利润率}}$$

对比公司前5年H技术对应产品的销售利润率数据如表4-3所示。

表4-3   对比公司前5年销售利润率分析表   单位：%

序号	对比公司	2014年12月31日	2015年12月31日	2016年12月31日	2017年12月31日	2018年12月31日
1	B公司	20.59	22.90	18.07	26.98	14.98
2	C公司	40.39	31.28	29.05	25.33	30.55
3	D公司	19.70	17.44	22.87	16.44	13.67
	平均值	26.89	23.87	23.33	22.92	19.73

经计算，三家对比公司2014—2018年销售利润率平均值为23.35%，A公司H技术对应产品的销售利润率约为14.78%。因此，根据上述公式可得：

$$\text{A公司H技术的分成率} = 8.85\% \times \frac{14.78\%}{23.35\%} = 5.6\%$$

（二）采用市场交易案例测算分成率

在从价计量方式下采用市场法评估无形资产时，还可以通过获取市场许可费交易案例数据对分成率进行测算。美国 ktMINE 的无形资产许可费数据库即可作为一个有效的交易数据的获取途径,该数据库目前收集了超过 13 000 多个无形资产的许可费交易案例,是目前国际上最为全面的无形资产许可费专业数据库之一。

例如,根据 ktMINE 数据库的分类标准及搜索方式,将选择的搜索标准设定为:

1. 协议类型(Agreement Type):生产、制造类无形资产(Manufacturing/Process Intangible)。

2. 对价方式(Remuneration):以销售收入百分比计算的许可费率(Licence based on Gross Sales,Net Sales)。

3. 无形资产许可类型(Exclusivity):独家许可或多地区独家许可(Exclusive,Multi-exclusive)。

4. 协议执行日期(Execution Date):从 2000 年 1 月 1 日到 2011 年 12 月 31 日(from 01/01/2000 to 31/12/2011)。

5. (美国)标准产业分类代码(SIC):2860(Industrial Organic Chemicals)。

则根据上述搜索标准,经进一步筛选后即得到相关的可比案例,如表 4-4 所示。

表 4-4　　　　　　　　　　　无形资产协议许可案例表

序号	协议代码	许可方	被许可方	行业代码	许可费率(%)	许可费率基础
1	801	BRELSFORD ENGINEERING INCORPORATED	SRS ENERGY INCORPORATED	2860	4	Net Sales
2	27606	HFTA	CLEANTECH BIOFUELSINCORPORATED	2860	4	Net Sales
3	12497	HFTA	SRS ENERGY INCORPORATED	2860	4	Net Sales
4	38331	WILLIAM T ALDRICH	TIETEK INCORPORATED	2860	1.25	Net Revenue
5	9564	NORTH AMERICANTECHNOLOGIES GROUP INCORPORATED	DUNE HOLDINGS LLC	2860	1.25	Net Revenue
6		平均值			2.90	
7		中位值				

从案例数据看,许可费率应该在 1.25% ~ 4%,平均值为 2.9%。

需要注意的是,采用市场许可费交易案例查询许可费率时,需要根据搜索标准明确许可费率的计算口径。如按照上述搜索标准得到的许可费率 2.9% 是以销售收入百分比计算的许可费率,是税前口径。

三、市场法使用的注意事项

(一)总价计量方式的适用性问题

无论是总价计量方式下的无形资产市场法评估还是从价计量方式下的无形资产市场法评估,找到"可比"的可比对象都非常困难,特别是针对目前国内评估无形资产最为常用的总价计量方式，因为这不但需要找到"可比"的无形资产，还需要找到"可比"的相关的业务资产组。这几乎是难以完成的，因此通过总价计量方式的市场法评估一般不具有适用性。

（二）从价计量方式与许可费节省法的关系

相比于总价计量方式，从价计量方式下的无形资产评估结果可以不是一个绝对的价值量，而是以一个相对比率（利润分成率/收入分成率）的形式表现，因此可操作性更强，可比对象也可以通过市场案例获得或者采用逻辑推算过程推算获得。但是这种形式的评估结果在目前国内实务中很少被接受，市场往往在获得一项无形资产从价计量方式的分成率后，仍要将其与一个特定的业务资产组相结合，估算出一个绝对的价值量。目前实务中，无形资产收益法评估中的许可费节省法就是采用这样一种逻辑，因此在这样的情况下，无形资产的从价计量方式的市场法评估与其说是一种独立的评估方法，还不如说是许可费节省法中的一个步骤。

（三）调整分成率应关注的问题

在无形资产市场法评估中，通常需要对可比对象的分成率进行调整。在对分成率进行调整时需要特别关注分成率的实质是单位产品收益中应该分给无形资产的比率，这是一个分配比例指标而不是一个绝对价值指标，是一项针对无形资产贡献率的指标而不是针对无形资产相关业务资产组的获利能力的指标。无形资产相关资产组获利能力强并不一定代表无形资产的贡献率高，即并不一定代表无形资产的分成率会高，这两者之间没有必然联系。

第二节　成本法在无形资产评估中的应用

一、成本法的评估技术思路

根据成本法评估的概念，其基本计算公式可以表述为：

被评估资产的评估值 = 重置成本 − 实体性贬值 − 功能性贬值 − 经济性贬值

或：

被评估资产的评估值 = 重置成本 ×（1 − 贬值率）

公式中涉及的各项经济技术指标确定如下：

（一）无形资产的重置成本及其测算

1. 无形资产成本的特征

（1）不完整性。企业自行研发的无形资产通常没有完整的成本记录。与购建无形资产相对应的各项费用是否计入无形资产的成本，是以费用支出资本化为条件的，在企业生产经营过程中，科研费用一般都比较均衡地发生，并且比较稳定地为生产经营服务，因而我国现行财务制度一般把科研费用从当期生产经营费用中列支，而不是先对科研成果进行费用资本化处理，再按无形资产折旧或摊销的办法从生产经营费用中补偿。因此，企业账簿上反映的无形资产成本是不完整的，大量账外无形资产的存在是不可忽视的事实。即使是按国家规定进行费用支出资本化的无形资产的成本核算一般也是不完整的。因为无形资产的创立具有特殊性，有大量的前期费用，如培训、基础开发或相关试验等往往不计入该无形资产的成本，而是通过其他途径进行补偿。

（2）弱对应性。技术型无形资产的创建会经历基础研究、应用研究和工艺生产开发等漫长过程，成果的出现带有较大的随机性、偶然性和关联性。有时有这类情形发生：在一系列的研究失败之后偶尔出现一些成果，由其承担所有的研究费用显然不够合理。而在大量的先行研究（无论是成功还是失败）成果的积累之上，往往可能产生一系列的无形资产，然而，这些研究成果是否应该以及如何承担先行研究的费用是很难判断的，因而开发无形资产的费用测算比较困难。

（3）虚拟性（象征性）。无形资产的成本具有不完整性、弱对应性的特征，因而无形资产的成本往往是相对的，特别是一些无形资产的内涵已经远远超出了其外在形式的含义，这种无形资产的成本只具有象征意义。例如商标，其成本核算的是商标设计费、登记注册费、广告费等。而商标的价值内涵是标示商品的质量信誉，这种无形资产的价值是很难用商标设计费、登记注册费、广告费度量的，商标形式本身所耗费的成本只具有象征性。

无形资产所具有的成本特性使得其实际价值与重置成本之间可能严重脱节，这些因素会导致在评估一些无形资产时成本法不适用。

2. 无形资产重置成本的测算

测算无形资产的重置成本，要分清是自创无形资产还是外购无形资产。自创无形资产的重置成本根据无形资产生产过程中所消耗的费用测算，外购无形资产的重置成本则根据购买的相关费用测算，二者所依据的数据信息来源不同。

（1）自创无形资产的重置成本。自创无形资产的重置成本由创制该无形资产所消耗的物化劳动和活劳动费用构成，具体方法有两种：

① 重置核算法。将无形资产开发的各项支出按现行价格和费用标准逐项累加核算，注意将资金使用成本和合理利润考虑在内。其计算公式为：

重置成本 = 直接成本 + 间接成本 + 资金成本 + 合理利润

其中，直接成本按无形资产发明创造过程中实际发生的材料、工时消耗量的现行价格和费用标准进行测算，即：

$$无形资产直接成本 = \sum (物质资料实际消耗量 \times 现行价格) + \sum (实耗工时 \times 现行费用标准)$$

直接成本不能按现行消耗量计算而按实际消耗量计算，因为无形资产是发明创造，无法模拟现有条件的成本费用。

② 倍加系数法。对于投入智力比较多的技术型无形资产，考虑到科研劳动的复杂性和风险，可以利用以下公式测算无形资产的重置成本：

$$重置成本 = \frac{C + \beta_1 V}{1 - \beta_2} \times (1 + L)$$

其中：

C——无形资产研发中的物化劳动消耗；

V——无形资产研发中活劳动消耗；

β_1——科研人员创造性劳动倍加系数；

β_2——科研的平均风险系数；

L——无形资产投资报酬率。

活劳动与物化劳动（Living Labour and Materialized Labour）是物质资料生产中所用劳动的一对范畴。前者指在物质资料生产过程中发挥作用的能动的劳动力，是劳动者加进生产过程的新的、流动状态的劳动；后者亦称死劳动，又称过去劳动或对象化劳动，指保存在一个产品或有用物中凝固状态的劳动，是劳动的静止形式。

【例4-2】被评估对象为一项专有技术，在该项技术的研制过程中消耗材料12万元，动力消耗22万元，支付科研人员工资25万元。评估专业人员经过市场调查论证，确定科研人员创造性劳动倍加系数为1.5，科研的平均风险系数为0.5，该项无形资产投资报酬率为20%，行业基准收益率为30%，试采用倍加系数法测算该项专有技术的重置成本。

$$无形资产的重置成本 = \frac{12 + 22 + 25 \times 1.5}{1 - 0.5} \times (1 + 20\%) = 172（万元）$$

（2）外购无形资产的重置成本。

外购无形资产的重置成本包括无形资产的购买价和购置费用。具体可以采用以下两种方法计算：

① 市价类比法。在无形资产交易市场中选择类似的参照物，再根据功能和技术先进性、适用性对参照物的价格进行适当调整，从而确定其现行购买价格的一种方法。

② 价格指数法。以无形资产的账面历史成本为依据，用价格指数进行调整，进而测算其重置成本。

$$重置成本 = 无形资产账面历史成本 \times \frac{评估基准日价格指数}{购建时价格指数}$$

无形资产涉及两类费用：一类是物质消耗费用；另一类是人工消耗费用。前者与生产资料价格指数相关度较高，后者与生活资料价格指数相关度较高，并且最终通过工资、福利标准体现出来。不同无形资产两类费用的比重可能有较大差别，在生产资料价格指数与生活资料价格指数差别较大的情况下，应按两类费用的大致比例分别适用生产资料、生活资料价格指数测算。两种价格指数比较接近，且两类费用比重有较大倾斜时，可按比重较大的费用适用的价格指数测算。价格指数法测算的重置成本仅仅考虑了价格变动因素，对于更新速度比较快的无形资产采用价格指数法测算的重置成本往往会偏高一些。

【例4-3】A企业2016年外购的一项专利技术账面价值为800万元，经鉴定，该专利技术是运用现代先进的实验仪器经反复试验研制而成的，物化劳动耗费的比重较大，可适用生产资料价格指数。根据资料，此项专利技术2015年3月31日购置时和评估基准日2017年3月31日时相同基期的定基比价格指数分别为120和150，故该项专利技术的重置成本为：

$$800 \times \frac{150}{120} = 1\,000（万元）$$

（二）无形资产的贬值率及其测算

1. 无形资产贬值的特征

一项或一组无形资产的贬值是指其数量或效用随时间变化而预期的损失。从评估理论上说，由于无形资产没有实体，因此一般不适用实体性贬值概念，但是可能会具有功能性贬值和经济性贬值。功能性贬值是指由于无形资产无法完成其最初设计功能，随着时间的推移，由于设计或工程技术的改进或者替代，效用降低，从而使价值降低。经济性贬值是指由于无形资产现行使用以外的事件或者条件以及无法控制的影响造成目标无形资产价值降低,如国家相关发展政策的影响、市场需求的变化等。

但也存在一些特定的无形资产在评估时可能不需要考虑贬值因素,例如商标资产。商标随着使用年度的增加,其"知名度"可能越来越高,知名度的提高不但不会使得商标贬值,反而可能提高商标的价值。因此对于这类商标在采用成本法评估时可能不需要考虑贬值因素。

2. 无形资产贬值率的测算

预测无形资产的收益时,其中一项很重要的工作是预测与之相关的产品/服务的生命周期,当产品/服务的生命周期结束时,无形资产的价值就会降低,如果无形资产未能有其他的用途,其生命将随之结束。因此对于无形资产而言,一般是利用其效用随时间的变化来预测一个贬值率。

通常,无形资产贬值率的确定可以采用专家鉴定法和剩余经济寿命预测法等。

(1) 专家鉴定法。专家鉴定法是指邀请有关技术领域的专家,对标的无形资产的先进性、适用性等做出判断,从而确定其贬值率的方法。

(2) 剩余经济寿命预测法。该种方法是评估专业人员通过对标的无形资产剩余经济寿命的预测和判断以确定标的无形资产贬值率的一种方法,其计算公式为:

$$贬值率 = \frac{已使用年限}{已使用年限 + 剩余使用年限} \times 100\%$$

公式中的已使用年限比较容易取得,剩余使用年限需要评估专业人员通过专家访谈调查了解,特别是关注可替代标的无形资产的替代资产出现的时间等因素分析、判断获得。

需要注意的是,该公式计算贬值率的前提是被评估无形资产的贬值在其经济寿命期内呈现直线型变化。实务中存在许多无形资产贬值趋势不是呈现直线型的,因此无法直接采用上述公式计算贬值率,例如影视作品著作权资产,按照相关法律规定经济寿命期可能超过 50 年,但是其经济利益的 80% ~ 90% 可能在其第一轮放映期内就实现了,其后的剩余经济寿命期内仅有 10% ~ 20% 的经济利益,对于这种无形资产,显然也不能采用上述贬值率公式计算其贬值率。

【例 4 - 4】 A 公司由于经营管理不善,企业经济效益不佳,亏损严重,将要被同行的 B 公司兼并,现在需要对 A 公司资产进行评估。该公司有一项专利技术(属于实用新型),两年前自行研制开发并获得专利证书,法律保护期限为 10 年,但根据专家鉴定分析和预测,该项专利技术的剩余使用期限仅为 6 年,由此可以计算贬值率为:

贬值率 = 2/(2 + 6) × 100% = 25%

二、成本法使用的注意事项

(一) 组合劳动力价值的测算问题

无形资产发挥作用的模式都是需要与其他资产组成业务资产组,在业务资产组中必然包括组合劳动力。一般认为组合劳动力属于商誉的组成部分,因此属于无形资产范畴,不能单独交易与转让,但是组合劳动力可以采用成本法评估其市场价值。组合劳动力的价值组成包括劳动力的招募成本和劳动力的培训成本两部分,这两部分成本都是可以采用重置成本测算的。

（二）改编权价值的测算问题

对于一部小说作品的改编权（不是该作品的全部著作权），显然不适合采用成本法，因为重置成本应该是"重置"该小说作品，即便我们认为该部小说具有替代性，可以测算出其重置成本，但是该重置成本应该包含该部小说作品的全部著作权的财产权。如果评估标的仅是改编权，不是全部著作权，成本法很难适用于这种类型无形资产的评估。

三、成本法评估案例

（一）评估案例基本情况

B 企业拟进行股权转让，并将自行开发用于内部管理的 A 计算机软件著作权资产作为账外无形资产进行申报，纳入相应的评估范围。B 企业有专门的团队对 A 软件进行维护和技术更新。

作为账外无形资产，A 软件著作权资产评估对象为其全部财产权益。具体范围包括该软件的目标程序、源程序和相关文档（包括程序设计说明书、流程图、用户手册等）。本次评估的价值类型为市场价值，评估基准日为 2016 年 12 月 31 日。

（二）评估过程和结果

该软件为 B 企业自行组织开发，应用于内部管理，专用性较强，在市场上无法找到类似软件销售案例，难以采用市场法。同时，作为企业经营管理工作内容的一部分，该软件使用中产生的直接收益或成本节约难以与其他各类有形、无形资产贡献明确区分并量化，也无法采用收益法。但企业有明确的开发过程记录，并且因为评估对象是 A 软件著作权资产的全部财产权益，其重置成本能够与该权益相对应。因此，本次评估采用成本法。

评估专业人员在采用成本法对 A 软件著作权资产价值进行评估的过程中，与公司的开发人员、财务人员和管理人员进行了沟通，对软件的内部文件进行了查阅审核，并通过对该软件开发期间的财务数据进行核实分析，然后结合成本法的评估思路和主要参数的确定原则进行评定估算，最终形成了评估结果。

1. 主要参数的确定

（1）测算重置成本。基本公式和原理如下：

$$P = C_1 + C_2$$

其中：

P——计算机软件重置成本；

C_1——计算机软件开发成本；

C_2——计算机软件维护成本。

① 计算机软件开发成本 C_1 由计算机软件工作量 M 和单位工作量成本 W 所决定，其公式为：

$$C_1 = M \times W$$

其中：

C_1——计算机软件开发成本；

M——工作量，单位为人·月；

W——单位工作量成本。

经核实分析，该软件的源程序有效代码行数 K 为 35 千行，经管理人员统计开发维护该软件单位工作量成本为 8 000 元/人·月，包括与开发相关的直接费用、间接费用和期间费用，假设开发与维护单位工作量成本相同。在不同应用领域中，软件的源程序有效代码行数 K 与计算机软件开发工作量 M 的对应关系可以用表 4-5 中的 Doty 模型表示。

根据表 4-5 中 Doty 模型的测算公式，该软件属于商业领域，计算其开发工作量：
$$M = 4.495K^{0.781} = 4.495 \times 35^{0.781} = 72.22（人·月）$$

表 4-5   Doty 模型

应用领域	测算公式	
	目标代码	源代码
综合	$M = 4.790K^{0.991}$	$M = 5.258K^{1.057}$
控制	$M = 4.573K^{1.228}$	$M = 4.089K^{1.263}$
科学	$M = 4.495K^{1.068}$	$M = 7.054K^{1.019}$
商业	$M = 2.895K^{0.784}$	$M = 4.495K^{0.781}$

注：①M 为工作量，单位为人·月；②K 为千行源程序代码条数或目标代码条数，目标代码指经过编译后生成的代码。

则开发成本 C_1 为：
$$C_1 = M \times W = 72.22 \times 8\,000 = 577\,760.00（元）$$

② 计算机软件维护成本 C_2。软件的维护是指修正现有可运行软件并维护其主要功能不变的过程。软件的维护包括三类：改正性维护、适应性维护和完美性维护。改正性维护是为了纠正软件使用过程中所暴露的问题以及隐含的缺陷。适应性维护是指为使该软件与操作系统和硬件环境相兼容而进行的维护。完美性维护是为扩充功能、提高性能而进行的维护，在软件资产评估中一般不计入该系统软件的成本。

软件的维护成本也主要由技术人员的工资以及软硬件的投入构成，在大型软件的维护阶段，影响软件维护工作量的因素与开发阶段的影响因素基本相同。因此，软件系统的可靠性越强，规模越大，隐患就越难发现，纠错就越难。软件越复杂，要使其适应软硬件环境变化而进行的适应性维护也越困难。基于以上分析，系统软件维护成本的测算，可以按照系统软件开发成本乘以一个该系统软件的维护参数来获得，这一参数可按系统的复杂程度，分别取不同的值。

目前，该系统由于不断维护更新，能在较高水平的硬件和软件环境下运行，维护成本大约等于开发成本的 20%，因此维护成本 C_2 为：
$$C_2 = C_1 \times 20\% = 577\,760.00 \times 0.2 = 115\,552.00（元）$$

（2）测算贬值率。计算机软件著作权资产作为无形资产，一般不存在实体性贬值，主要存在非实体贬值。但由于已考虑了维持软件功能不变的维护成本，因此可以视同目前该软件类似于新完成的软件，不存在贬值因素，即贬值率为 0%。

2. 评估结果

根据成本法公式，计算 A 软件著作权资产全部财产权益价值 P，即：
$$\begin{aligned}P &= 重置价值 \times (1 - 贬值率) \\ &= (C_1 + C_2) \times (1 - 0\%) \\ &= 577\,760.00 + 115\,552.00 \\ &= 693\,312.00（元）\end{aligned}$$

第五章　专利资产评估

第一节　专利资产相关知识

一、专利与专利权

(一) 专利与专利权的概念

专利（Patent）是一个法律概念，一般情况下是专利权的简称。专利是指由国家专利局或代表几个国家的地区机构认定，根据法律批准授予专利所有人在一定期限内对其发明创造享有的独占使用权、转让权、许可权等权利。在我国，专利权由申请人向国家知识产权局提出申请，经国家知识产权局依法定程序审查批准后获得。根据《中华人民共和国专利法》（以下简称《专利法》）的规定，专利可分为发明专利、实用新型专利和外观设计专利。

1. 发明专利

发明专利是指以发明为保护客体的专利权。发明是指对产品、方法或者改进所提出的新的技术方案。发明一般分为产品发明和方法发明两类。产品发明是指人们通过研究开发出来的关于各种新产品、新材料、新物质等的技术方案，如电子计算机、超导材料等。方法发明是指人们为制造产品或者解决某个技术课题而研究开发出来的关于操作方法、制造方法以及工艺流程等的技术方案，如汉字输入方法、无铅汽油的提炼方法等。

发明具有如下特征：第一，发明必须利用自然规律。发明是一种技术方案，必须是在利用自然法则的基础上发展，因此，发明是利用自然规律或自然现象的结果。没有利用自然规律和自然现象的方案则不属于技术方案，如财务结算办法、体育比赛规则、逻辑推理法等，均不属于专利法意义上的发明。但是，自然规律本身不是发明。第二，发明是具体的技术性方案。所谓具体是指发明必须能够实施，达到一定效果并具有可重复性。第三，发明是新的技术方案。与现有技术相比，要求发明必须是前所未有的，如果只是重复前人的成果而没有任何创新，不能被称为发明。

2. 实用新型专利

实用新型专利是指以实用新型为客体的专利权。实用新型是指对产品的形状、构造或者其结合所提出的适于实用的新的技术方案。实用新型具有如下特征：第一，实用新型是一种新的技术方案。第二，实用新型仅限于产品，不包括方法。第三，实用新型要求产品必须是具有固定的形状、构造的产品。气态、液态、凝胶状或颗粒粉末状的物质或者材料，不属于实用新型的产品范围。

3. 外观设计专利

外观设计专利是指以工业品外观设计工作为保护客体的专利权。外观设计是指对产品的整体或者局部形状、图案或者其结合以及色彩与形状、图案的结合所做出的富有美感并适于工业应用的新设计。外观设计具有如下特征：第一，外观设计必须与产品相结合。外观设计是产品的外观设计，外观设计必须以产品的外表为依托，构成产品与设计的组合。第二，外观设计必须能在产业上应用。外观设计必须能够用于生产经营目的的制造或生产。如果设计不能用工业的方法复制出来，或者达不到批量生产的要求，就不是专利法意义上的外观设计。第三，外观设计富有美感。外观设计包含的是美术思想，即解决产品的视觉效果问题，而不是技术思想。

此外，在其他国家还设有植物专利、产品专利、方法专利、改进专利、独立专利、从属专利、输入专利等。

（二）专利权产生的条件

能否被授予专利权，需要从积极条件和消极条件两个方面探讨。积极条件是如果要被授予专利权必须具备的条件，包括新颖性、创造性和实用性；消极条件是不能被授予专利权的情形。

1. 专利权产生的积极条件

（1）新颖性。新颖性是指在申请日以前没有同样的该发明或者实用新型，即不属于现有技术；没有在国内外出版物上公开发表过、在国内外公开使用过或者以其他方式为公众熟知；也没有任何单位或者个人就同样的发明或者实用新型在申请日以前向国务院专利行政部门提出过申请，并且记载在申请日以后公布的专利申请文件或者公告的专利文件中。

（2）创造性。创造性是指与现有技术相比，该发明具有突出的实质性特点和显著的进步，该实用新型具有实质性特点和进步。"实质性特点"是指发明创造具有一个或者几个技术特征，与现有技术相比较有本质的区别。因此，凡是发明创造所属技术领域的普通技术人员都不能直接从现有技术中得出构成该发明创造的全部必要技术特征的，都应当被认为具有实质性的特点。在评定一项发明创造是否具有实质性特点时，不仅要考虑技术方案本身的内容，而且还要考虑它的目的和效果，并把它们作为一个整体来理解。在创造性的要求上，对发明要求有"突出"的实质性特点和"显著"的进步，与实用新型的要求相比较，显然，对发明的创造性要求要高得多。

（3）实用性。实用性是指该发明或者实用新型能够制造或者使用，并且能够产生积极效果。一般而言，实用性包括技术属性和社会属性两个方面。从技术属性而言，发明创造要具有在工业上被付诸应用的技术上的可能性。从社会属性而言，发明创造要具有一定的社会效果，能够对社会有用。实用性一般具备三个条件：①属于技术课题的解决方案；②具有再现性，在工业上能够制造和使用的现实可能性；③具有有益性，能够产生有益的社会效益。

2. 专利权产生的消极条件

（1）违反国家法律、社会公德或者妨害公共利益的发明创造，不授予专利权。

（2）以下对象，不得被授予专利权：①科学发现；②智力活动的规则和方法；③疾病的诊断和治疗方法；④动物和植物品种；⑤原子核变换方法以及用原子核变换方法获得的物质；⑥对平面印刷品的图案、色彩或者二者的结合做出的主要起标识作用的设计；⑦对违反法律、行政法规的规定获取或者利用遗传资源，并依赖该遗传资源完成的发明创造。

（三）专利权的申请

1. 专利权申请的原则

（1）诚实信用原则。申请专利和行使专利权应当遵循诚实信用原则，不得滥用专利权损害公共利益或者他人合法权益。

（2）书面原则。该原则是指专利申请人提出专利申请、办理任何手续都应当采用书面形式。

（3）单一性原则。也称"一发明一申请"原则，即一项申请只能要求保护一项发明创造或者与属于一个总的发明构思有联系的一组两项以上的发明创造。但是，单一性原则允许申请人就属于一个总的构思或者有联系的技术方案提出发明专利或实用新型专利申请。对于外观设计来说，允许在一份申请中就同一产品两项以上的相似外观设计或者用于同一类别并且成套出售或者使用的产品的两项以上的外观设计提出专利申请。

（4）先申请原则。两个以上的申请人分别就同样的发明创造申请专利的，专利权授予最先申请的人。两个以上的申请人在同一日期分别就同样的发明创造申请专利的，应当在收到国务院专利行政部门的通知后自行协商确定专利申请人。

（5）优先权原则。专利申请人就其发明创造自第一次提出专利申请后，在法定期限内，又就相同主题的发明创造提出专利申请的，根据有关法律规定，其在后申请以第一次申请的日期作为其申请日。专利申请人依法享有的这种权利就是优先权，其在先申请的日期称为优先权日。申请人要求发明、实用新型专利优先权的，应当在向国务院专利行政部门提交专利申请时提出书面声明，并且在第一次提出申请之日起 16 个月内，提交第一次提出的专利申请文件的副本；申请人要求外观设计专利优先权的，应当在申请的时候提出书面声明，并且在 3 个月内提交第一次提出的专利申请文件的副本。申请人未提出书面声明或者逾期未提交专利申请文件副本的，视为未要求优先权。申请人在一件专利申请中，可以要求一项或者多项优先权；要求多项优先权的，该申请的优先权期限从最早的优先权日起算。

2. 专利申请文件

专利申请人申请发明或者实用新型专利的申请文件包括请求书、说明书及其摘要、权利要求书等；申请外观设计专利的申请文件包括请求书、该外观设计的照片或图片以及对该外观设计的简要说明等，并且应当写明使用该外观设计的产品及其所属的类别。

3. 专利申请的审查与批准

（1）发明专利的审查与批准。发明专利的审查实行"早期公开，延迟审查"的制度，程序比较复杂，分以下三个阶段：①初步审查。国务院专利行政部门收到发明专利申请后，经初步审查认为符合《专利法》要求的，自申请日起满 18 个月，即行公布其申请。②早期公布。在初步审查合格后，自申请日起满 18 个月，或者根据申请人提前公开申请的请求，即行公布申请人的发明，将申请内容发表在《专利发明公报》上。国务院专利行政部门可以根据申请人的请求早日公布其申请。早期公布的发明没有经过实质审查，不能授予专利权，但法律为其提供了一种临时保护，即发明专利申请公布后，申请人可以要求实施其发明的单位或者个人支付适当的费用。③实质审查。自申请日起 3 年内，国务院专利行政部门可以根据申请人随时提出的请求，对申请进行实质审查；申请人无正当理由逾期不请求实质审查的，该申请即被视为撤回。国务院专利行政部门认为必要的时候，可以自行对发明专利申请进行实质审查。经实质审查没有发现驳回理由的，由国务院专利行政部门做出授予发明专利权的决定，发给发明专利证书，同时予以登记和公告。

（2）实用新型和外观设计专利的审查与批准。实用新型和外观设计专利的审查程序只采用初步审查制，即只要经过初步审查，没有发现驳回理由，国务院专利行政部门就做出授予专利权的决定，发给专利证书，并予以登记和公告。

（四）专利权的权属

1. 专利权的一般归属

原则上，申请专利的权利属于发明人或者设计人；申请被批准后，该发明人或者设计人为专利权人。

（1）发明人。《专利法》所称发明人或设计人，指对发明创造的实质性特点做出了创造性贡献的人。在完成发明创作的过程中，有三种人不能被认为是发明人或设计人：①只负责组织工作的人；②为物质条件的利用提供方便的人；③其他从事辅助性工作的人。两个以上的人对同一发明创造共同构思，并且都做出了创造性贡献的人，为共同发明人或共同设计人，其发明创造称为共同发明。发明创造是一种思维活动，具有人身性，因此，发明人、设计人只能是自然人。发明人、设计人的资格不受年龄限制，只要该主体完成了发明创造，就是发明人或者设计人。

（2）申请人。专利申请人指有资格就发明创造向国务院专利行政部门申请专利的人，或者是已经向国务院专利行政部门提出专利申请的自然人、法人或其他组织。专利申请人可以是发明人、设计人，也可以不是发明人、设计人。

（3）专利权人。专利权人是指依法在特定期限内对特定发明创造享有专有权利的主体。专利申请人的专利申请获得国务院专利行政部门批准后，就成为专利权人。专利权人也可以通过转让、继承获得专利权。

2. 职务发明的权利归属

职务发明创造的专利申请权、专利权属于发明人、设计人所在单位，该单位可以依法处置其职务发明创造申请专利的权利和专利权，促进相关发明创造的实施和运用。但要注意以下几点：（1）如果是"利用本单位物质技术条件完成的发明创造"，单位与发明人、设计人之间就专利申请权、专利权归属有约定的，从约定。（2）职务发明创造的发明人、设计人享有受奖励或获得报酬的权利，包括基于发明创造的完成应得到的奖励和基于发明创造的实施应得到的报酬。职务发明创造专利实施后，专利权人应当根据其推广应用的范围和取得的经济效益，对发明人或者设计人给予合理的报酬。国家鼓励被授予专利权的单位实行产权激励，采取股权、期权、分红等方式，使发明人或者设计人合理分享创新收益。（3）职务发明创造的发明人、设计人享有署名权，即发明人、设计人有权表明他是该项发明创造的发明人或设计人。（4）法人或者其他组织转让职务发明创造时，职务发明创造的完成人享有以同等条件优先受让的权利。

3. 合作发明的权利归属

如果发明创造属于共同发明创造，即两个以上单位或者个人合作完成的发明创造，申请专利及专利权归属按以下规定办理：（1）如果双方另有协议约定专利申请或专利权归属的，按约定办理。(2) 如果没有约定，则申请专利与获得专利的权利属于各方共同所有，其中一方不得剥夺其他方的权利；如果一方转让其专利申请权的，其他各方在同等条件下优先受让；如果一方声明放弃其共有的专利申请权的，以后不再享有专利权，但可以免费实施该专利；如果任何一方不同意申请专利，则其他方均不得申请专利。

4. 委托发明的权利归属

发明创造属于委托发明创造，即一个单位或者个人接受其他单位或者个人委托所完成的发明创造，申请专利及专利权归属按以下规定办理：(1) 如果双方另有协议约定专利申请或专利权归属的，按约定办理。(2) 如果没有约定，则申请专利的权利及专利权归受托人所有；受托人转让其专利申请权的，委托人在同等条件下优先受让；受托人取得专利权的，委托人可以免费实施该专利。

（五）专利权的保护范围

专利权人的专利权受法律保护。下列行为会构成专利侵权：(1) 未经专利权人许可，为生产经营目的制造专利产品。(2) 未经专利权人许可，为生产经营目的而使用专利产品、使用专利方法以及使用依照该专利方法直接获得的产品，构成侵犯专利权。使用人不知道是侵权产品而使用的，同样构成侵权行为，但使用人能证明其产品合法来源的，不承担赔偿责任。使用人在已知或有充分理由应知是侵权产品时仍继续使用的，则不能免除赔偿责任。(3) 未经专利权人许可，为生产经营目的许诺销售和销售专利产品或依专利方法直接获得的产品的，不论"不知"还是"明知"，均构成侵权。但是使用者或销售者在"不知"的情况下，能证明其产品合法来源的，可免除其赔偿责任。(4) 进口专利产品或进口依照专利方法直接获得的产品。进口商未经许可，将专利权人已在中国取得专利的产品或者依其在中国已取得专利的方法生产的产品输入境内，这种进口行为即构成侵犯专利权的侵权行为。(5) 假冒他人专利。

下列行为不经专利权人许可而实施其专利不视为侵犯专利权：(1) 专利权用尽。专利权人制造、许诺销售、进口或者经专利权人许可制造、进口的专利产品或者依照专利方法直接获得的产品由专利权人或者经其许可的单位、个人售出后，其他人使用、许诺销售、销售、进口该产品的，不视为侵犯专利权。(2) 先用权规则。在专利申请日以前已经制造相同产品、使用相同方法或者已经做好制造、使用的必要准备，并且仅在原有范围内继续制造、使用的，不属于侵犯专利权的行为。(3) 临时过境规则。临时通过中国领陆、领水、领空的外国运输工具，依照其所属国同中国签订的协议或者共同参加的国际条约，或者依照互惠原则，为运输工具自身所需要而在其装置和设备中使用有关专利，不用得到专利权人许可。(4) 合理使用规则。专为科学研究和实验而使用有关专利不属于侵权行为。即在实验室条件下，为了在已有专利技术的基础上探索新的发明创造，演示性地利用有关专利，或者考察验证有关专利的技术效果而利用有关的专利技术。(5) 为提供行政审批所需要的信息，制造、使用、进口专利药品或者专利医疗器械的，以及专门为其制造、进口专利药品或者专利医疗器械的，不视为侵犯专利权。

二、专利资产

（一）专利资产的概念

专利资产是专利权资产的简称，指专利权人拥有或者控制的，能持续发挥作用并且能带来经济利益的专利权益。专利需要满足以下三点关键要素才能成为专利资产：

其一，能持续发挥作用，也就是该项专利在经营活动中可以在一段时间内持续发挥作用，而不是偶然一次或几次发挥作用，在其他时间内闲置不发挥作用。其二，能带来经济利益，也就是该项专利在发挥作用的过程中可以为专利权拥有人带来经济利益，这是非常重要的一点。其三，专利的获利能力是通过法律保护获得的。法律在对专利提供保护的同时，也对专利获得保护的条件做出了明确的规定，也就是说，专利权成为资产，必须符合法律的相关规定。另外，法律同时还对专利获得保护的范围及时限做出了明确规定。因此，专利资产一定是已经经过法定程序审查批准并在专利权保护有效期内的一项专利权。

可见，并不是所有的专利权都可以形成专利资产。对于那些已失效的专利申请或专利，由于已不受专利法的保护，就不能构成专利资产。没有经济价值的专利，也不能构成专利资产。只有那些可以持续发挥作用并能产生收益的专利才能形成专利资产。

现实中还存在其他与确定专利资产不同的情况，包括：

一是该专利已经提出申请，但是尚没有完成专利的审查批准程序，处于申请阶段的专利，这种专利是否能成为正式专利尚不能确定，当然能否形成专利资产也不能确定。例如：专利申请已经受理，正在处于公告阶段，这样的专利是否能形成专利资产尚不能确定。

二是该专利虽然已经经过法定审查程序并且已经被批准成为专利，但是该项专利发挥作用尚需要经过其他法律、法规规定的审查程序，如新药方面的专利，一项新药专利可能已经通过《专利法》规定的审查程序并获得批准成为一项专利，但是该专利发挥作用还需经过国家药品管理法律、法规规定的审查程序，在未获得药品生产许可证之前，该专利不能实施，能否获得药品生产许可证尚不能确定，因此该专利未来能否持续发挥作用并为权利人产生收益尚不能确定。

例如，一种新药专利，专利证书已经获得，但是该新药正在进行"一期临床"试验，"一期临床"完成后还有"二期临床"和"三期临床"试验，三期临床研究全部完成后，该新药才可能获得上市资格，因此正处于"一期临床"研究阶段的新药未来能否完成临床研究目前不能确定，因此此时虽然专利已经获得批准，但是该项专利仍不能形成确定的专利资产，仅能成为或有专利资产。

对于上述两种情况下的专利，未来是否可以持续发挥作用并能产生经济利益，目前尚不能最终确定，我们称此类专利资产为或有专利资产，对于或有专利资产评估需要采用一些特殊的评估方法。

（二）专利资产的特征

1. 法律特征

专利资产的法律特征主要由于专利资产是依专利权而形成的资产，而专利权是依《专利法》而界定的权利，因此，这些特性包括以下几个方面：

（1）专利资产的时效性。专利资产的时效性是指其权利的时限是由法律规定的。《专利法》对三种专利的保护期限都有明确的规定。发明专利权的法律保护期限为20年，实用新型专利权的期限为10年，外观设计专利权的期限为15年，均自申请日起计算。也就是说，一旦超过规定的保护期限，《专利法》将不再提供保护，专利将不再为其权利所有者带来超额经济收益，也就不具有无形资产价值。

不过，自发明专利申请日起满四年，且自实质审查请求之日起满三年后授予发明专利权的，国务院专利行政部门应专利权人的请求，就发明专利在授权过程中的不合理延迟给予专利权期限补偿，但由申请人引起的不合理延迟除外。另外，为补偿新药上市审评审批占用的时间，对在中国获得上市许可的新药相关发明专利，国务院专利行政部门应专利权人的请求给予专利权期限补偿。补偿期限不超过5年，新药批准上市后总有效专利权期限不超过14年。

(2) 专利资产的地域性。专利资产的地域性是指一项技术仅在其获得专利权的国家或地区依当地专利法的规定获得保护。这主要是由于专利法是一个国内法，专利资产的地域性特征对国外专利技术及国内专利技术在国际市场的价值有决定性作用。

(3) 专利资产的约束性。根据我国《专利法》的规定，专利权垄断的法定边界是"专利权利要求书"记载的范围，即专利资产的范围是由"权利要求书"确定的。由于有形资产具有确定的形态，它的资产范围是直观的，一般不需要通过额外的法律文件进行确认。对于专利资产而言，它的资产范围是依法获得的保护范围，因此需要通过对专利文件——"权利要求书"进行分析，确定它的资产范围。如果没有对"权利要求书"进行全面的分析，将导致评估对象与实际情况相差甚远。

2. 技术特征

专利法保护的对象是具有新颖性、创造性和实用性的技术方案，因此专利资产也相应地具有技术特征。具体包括以下几种：

(1) 专利资产的技术公开性。专利法的实质是以给予专利权人一段时期的技术垄断换取技术的公开，从而促进技术进步及科技创新，因此专利资产具有技术公开性。

(2) 专利资产的技术可能存在着不完整性。专利资产的技术不完整性主要是由于企业及个人在申请专利过程中，会或多或少保留一些技术诀窍。这种技术诀窍可能不会妨碍该项专利权的获得，但对专利资产的技术完整性产生影响，从而影响技术的价值。

(3) 专利资产的技术可能存在不成熟性。根据《专利法》的规定，每项专利的批准均需要相当一段时间，如我国发明专利的获得一般需要2~3年时间，因此企业及个人在申请专利时，技术方案可能并不完善、不成熟。另外，随着专利战略日益获得各个国家及企业的重视，"产品未到，专利先行"已成为当今各企业的基本战略之一，这也使得很多专利技术在申请时并不成熟。

3. 经济特征

(1) 专利资产具有垄断收益。专利权是一种法定的垄断权，其他企业及个人未经专利权人的许可，不能使用该专利技术，这是该专利获得超额经济收益的保证，专利权人因此享有相应的垄断收益权。

(2) 专利资产的收益不稳定性。技术资产与有形资产相比，其收益能力的确定具有一定的难度，这种难度主要体现为技术资产在应用过程中存在的风险，包括技术风险、市场风险、资金风险及管理风险。另外，由于技术资产属于无形资产，与有形资产相比，在交易过程中存在一定的困难，增加了技术价值实现的难度。这些困难包括技术交易价格的不确定性、技术移植的难度及技术交易的多样性。

(3) 专利资产的研发成本不易界定。一般而言，技术研制开发的成本往往与技术价值没有直接的对应关系，而且研制的成本难以核算。根据我国的财务制度，专利资产的研究开发成本不能完全资本化，各个企业一般将其中部分成本费用化，已计入历史各期损益，很难重新剥离。另外，由于各个企业往往从事多项研究，难以分离某一特定专利资产的成本，从而导致专利资产的研发成本较难界定。

（4）专利资产之间的可比性弱。专利资产作为一项无形资产，通常很难找到相同或类似的可比对象。因为专利资产应具有新颖性、创造性和实用性，每项专利均具有独特性，通常不同专利资产之间的可比性不强。

第二节　专利资产评估概述

一、专利资产评估对象的界定

专利资产评估业务的评估对象是指专利资产权益。评估对象的确认需要明确专利资产的基本状况并核实专利权的有效性。

（一）明确专利资产的基本状况

明确专利资产的基本状况通常包括以下内容：

1. 专利种类及名称。专利的种类包括发明、实用新型和外观设计三种。专利的名称是指专利申请保护的主题名称，即被评估专利的名称。

2. 专利申请号或专利号。专利申请号或专利号是指专利申请经国务院专利行政部门受理后，授予其申请号，即在提交专利申请时给出的编号。专利申请审查没有发现驳回理由的，做出授予专利的决定，同时授予专利号，即在授予专利权时给出的编号，其专利号沿用其申请号。

3. 专利的法律状态。专利的法律状态通常包括所有权人（在申请阶段为专利申请人，授权后为专利权人）及其变更情况、专利所处的专利审批阶段、年费缴纳情况、专利权的终止、专利权的恢复、专利权的质押，以及是否涉及法律诉讼或者处于复审、宣告无效状态。

4. 专利权利要求书所记载的权利要求。发明或者实用新型专利权的保护范围以其权利要求的内容为准，说明书及附图可以用于解释权利要求，因此权利要求是发明和实用新型专利保护范围的依据。专利权利要求书所记载的权利要求包括产品权利要求和方法权利要求。外观设计专利权的保护范围以表示在图片或者照片中的该外观设计专利产品为准。

5. 专利资产的权利形式。专利权资产的权利形式一般包括所有权和许可使用权等。

（1）所有权。根据《中华人民共和国民法典》第二百四十条的规定，所有权是所有权人对自己的不动产或者动产，依法享有占有、使用、收益和处分的权利。专利资产属于无形资产，一般不涉及占有的概念，但是会涉及使用、收益和处分的概念。专利的使用权一般是指专利权人自己使用专利的权利，或者说自行实施专利的权利；专利的收益权是指许可他人使用专利并取得收益的权利；专利的处分权是指转让上述使用和收益权的权利。

专利所有权转让应当注意以下问题：①专利资产只能作为一个整体转让。根据"一申请一发明"原则，每项专利只涉及一项发明创造，因此，专利权人不能将其专利权分割转让。②中国单位或者个人专利权人向外国人、外国企业或者外国其他组织转让专利申请权或者专利权的，应当依照有关法律、行政法规的规定办理手续。必须经过国务院有关主管部门批准。③转让专利申请权或者专利权的，当事人应当订立书面合同，并向国务院专利行政部门登记，由国务院专利行政部门予以公告。④专利申请权或专利权的转让自经国务院专利行政部门登记之日起生效。专利所有权转让，需要在国家知识产权局变换专利登记证书。

（2）许可使用权。根据我国《专利法》的相关规定，专利的许可使用权可以分为授权许可和特别许可两部分。其中，授权许可是指专利所有权人通过合同、协议授权许可他人使用专利；特别许可又可分为开放许可和强制许可。

授权许可又包括独占许可使用权、排他许可使用权和一般许可使用权三种具体形式。独占使用权是指在双方合同规定的时间和地域范围内，专利权人只把专利技术转让给某一特定受让方，受让方不得再转让，转让方也不得在合同规定范围内使用和销售该专利技术生产的产品；排他使用权（独家使用权）是指转让方在合同规定的时间和地域范围内只把技术授予受让方使用，同时转让方自己保留使用权和该专利产品销售权，但不再将该技术转让给其他人使用；一般使用权是指转让方在合同规定的时间和地域范围内向受让方转让技术，转让方自己也保留技术使用权和产品销售权，同时，转让方还可以将专利权许可给其他人使用。

开放许可是指权利人在获得专利权后自愿向国务院专利行政部门提出开放许可声明，明确许可使用费，由国务院专利行政部门予以公告，在专利开放许可期内，任何单位或个人可以按照该专利开放许可的条件实施专利技术成果。实行开放许可的专利权人可以与被许可人就许可使用费进行协商后给予普通许可，但不得就该专利给予独占或者排他许可。

强制许可是根据《专利法》的相关规定，在某种特定前提下，国家可以对某些专利进行强制许可，取得实施强制许可的单位或者个人不享有独占的实施权，并且无权允许他人实施，被许可方还需要向专利权人支付许可使用费。

在专利评估实务中还存在一种许可使用权情况，我们将其称为"具有再许可使用权的许可使用权"，这种许可使用权通常以授权许可方式来实现。所谓具有再许可使用权的许可使用权是指在特定时间内，在特定区域内，根据许可协议约定，被许可人除自己实施专利权外，可以再许可他人实施专利的许可使用权。这种再许可的规定完全是一种协议、合同的约定。目前在我国专利相关法规中没有明确规定这种情况，但是在实务中会出现这种情况，如一般认为专利许可使用权是不能作为出资的，如果要作为出资，应该至少需要具有再许可权利。

6. 专利申请日和专利授权日。

专利申请日指国务院专利行政部门收到专利申请的请求书、说明书（实用新型必须包括附图）和权利要求书的日期。专利申请日是专利保护期限的起始时间，也是专利审查员及评估人员判断申请技术新颖性及创造性的时间点，因而是一个很重要的时间点。该日期记录在专利申请受理通知书和专利证书上。

专利授权日是指实用新型专利申请和外观设计专利申请经过初步审查合格后，国务院专利行政部门所指定的法定公告的日期以及发明专利申请根据发明专利申请人的请求，经过实质审查合格后，国务院专利行政部门所指定的法定公告的日期，是专利权（发明专利权、实用新型专利权、外观设计专利权）的生效日。

7. 单项专利或专利资产组合。在评估实务中会出现单项专利资产的情况，但是更经常出现的是多种、多项专利资产组合成一个功能资产组的情况，有些时候甚至是部分专利资产与部分其他类型的无形资产，如专有技术、软件著作权、商标权等共同组合的资产组，这些无形资产的共同组合不可分割或者没有必要分割，可以合并在一起组成一个评估对象。在这种情况下，需要说明评估对象的具体组成内容和形式。

特别需要关注的一种情况是带有有效的许可使用权协议的专利所有权。所谓带有有效许可协议的专利所有权是指专利所有人已经许可他人使用其专利，并且这种许可协议不因所有权转移而失效。单独的一项专利所有权与带有许可他人使用协议的专利所有权应该视为不同的专利评估对象。仅自用的专利所有权应该界定为专利所有权，而带有有效许可他人使用的专利所有权应该界定为专利所有权与一个合同权益（合同义务）的组合。实务中常见的带有许可协议的专利所有权评估情况包括：专利所有权转让中包括条款，所有权受让方在受让专利所有权时，必须要同时许可专利给出让方使用；专利所有权人已经将专利许可给第三方使用，现在要将该专利转让给其他方；专利已经许可他人使用，现在要进行质押目的的评估等。

（二）核实专利权的有效性

专利资产凭借法定的垄断权，为特定权利主体带来经济收益。对专利资产有效性的分析，是对专利权的核实，也就是判断该技术是否享有法定的垄断权。对专利技术有效性的判断包括以下两个层次：

1. 核实该专利是否为有效专利，著录项目是否属实

对专利权的核实，不能仅凭"专利证书"确认该专利的有效性。"专利证书"虽是依法授予专利权的凭证，但在授权以后，专利权随时可能因各种原因而失效，如未交年费或是经过无效程序都可能导致丧失专利权。根据我国专利管理制度，失效后的"专利证书"国家并未收回，而是在《专利公报》上予以公告作废，但是作废的"专利证书"仍保留在原专利权人手中。因此，不能仅以"专利证书"证明专利权的有效性，还必须要求委托人提供有关省、直辖市、自治区、国务院有关部委专利管理机关出具的确权证明，或通过检索，确认该专利权的法律状态是否为有效。对于已向专利部门提出专利申请并正在受理中的专利申请权，要核实专利部门发出的"受理通知书"和缴费凭证等。

2. 核实该专利是否具有专利性

由于我国对实用新型专利实行初步审查制度，很多已授权的实用新型专利是不符合专利法的实质性要求的。因此，即使是有效的实用新型专利，仍可能因不具备"三性"（新颖性、创造性和实用性），经过无效程序，丧失专利权。在无效程序中，关键是对技术专利性的判断。实用新型专利的稳定性是不足的。评估专业人员在评估之前，必须对委估对象的权利稳定性进行分析。专利技术的专业性较强，在必要的情况下，应咨询该技术领域的专家，对专利技术进行分析。只有在确定专利权有效的前提下，才能够开展对专利技术的评估。丧失专利权的技术，实质上也就丧失了作为资产的条件，不再具有评估意义上的价值。对于评估专业人员而言，在对专利资产进行评估的过程中，应首先判断委估对象权利的有效性。

二、专利资产价值影响因素

(一) 专利权的法律状态

专利权是依法而获得的权利,而相关法律规定不仅确定了保护对象、保护期限及相应权利,而且对权利的获得及要求均做出了详细的规定,这些不仅决定了专利资产的法律特性,同时对专利资产的价值有着显著的影响。

专利权具有多种法律状态,不同的法律状态对应不同的法律意义,对专利资产价值的影响也不同。按照现行专利法律、法规的规定,我国专利权的法律状态主要涉及以下几个方面:

1. 申请专利的权利、专利申请权和专利权

目前在我国,发明专利申请的审批程序主要包括受理、初步审查、公布、实质审查以及授权五个阶段。实用新型或者外观设计专利申请的审批程序主要包括受理、初步审查和授权三个阶段。

申请专利的权利是指在发明创造完成后,权利人有权决定是否要申请专利以及如何申请专利。例如,权利人可以决定对其发明创造不申请专利,而是采取秘密的手段保护其发明创造;或者权利人可以决定对其发明创造申请专利,并有权决定申请何种类型的专利,向哪些国家或地区申请专利。

专利申请权是指在就发明创造向国家知识产权局提出专利申请之后,专利权申请人享有的是否继续进行专利申请程序、是否转让专利申请的权利。例如,专利申请权人可以决定撤回专利申请,或者将其专利申请转让给其他单位或者个人等。

专利权是指发明创造被授予专利权后,专利权人享有禁止他人实施其专利权、许可他人实施其专利权、向他人转让或者质押其专利权的权利。

从以上概念可以看出,申请专利的权利、专利申请权和专利权这三种权利既有关联,也存在明显的区别,它们是对专利的法律状态处于不同阶段的称谓。在发明创造提出专利申请前,称之为申请专利的权利;在发明创造提出申请后获得授权前,称之为专利申请权;在发明创造获得授权后,称之为专利权。我们评估的专利可能是已经确权的专利权资产,也可能是尚在申请阶段的专利,因此在评估对象中应该明确说明被评估对象的专利权是已经确权的专利权还是正在申请阶段的专利申请权,或者是需要进一步批准才可以实施的专利。一项专利处于哪一阶段是决定该专利价值的首要因素。对于发明创造正处于申请阶段的专利,其专利的授权具有较大的不确定性,也就是具有较高的风险,因此对于正处于申请阶段的专利,其价值一般要低于已经授权的专利。

2. 专利权的无效宣告、终止与恢复

专利的无效宣告是指自国务院专利行政部门公告授予专利权之日起,任何单位或者个人认为该专利权的授予不符合《专利法》及其实施细则有关规定的,可以请求国务院专利行政部门宣告该专利权无效。专利权无效宣告的理由具体包括:不符合《专利法》规定的实质性要件;专利说明书、权利要求书的撰写不符合法律规定;对专利申请文件的修改不符合法律规定;被授予专利权的智力成果不属于可授予专利权的范围;有在先申请等。宣告无效的决定,由国务院专利行政部门登记和公告。原则上,被宣告无效的专利权自始即不存在。但宣告专利权无效的决定,对在宣告专利权无效前人民法院作出并已执行的专利

侵权的判决、调解书，已经履行或者强制执行的专利侵权纠纷处理决定，以及已经履行的专利实施许可合同和专利权转让合同，不具有追溯力。

专利权的终止是指期限届满依法终止、专利权人没有按照规定缴纳年费的终止以及专利权人以书面声明放弃其专利权的情况。

专利权的恢复是指专利因某些特定因素导致权利终止后，专利权人可以按照规定程序申请恢复权利的情况。根据专利法实施细则的规定，如有下面情况的，可以向专利局申请恢复权利：第一，当事人因不可抗拒的事由延误专利法或者本条例规定的期限或者国务院专利行政部门指定的期限，导致其权利丧失的，可以自障碍消除之日起2个月内，最迟自期限届满之日起2年内，向国务院专利行政部门请求恢复权利；第二，除前款规定的情形外，当事人因其他正当理由延误专利法或者本条例规定的期限或者国务院专利行政部门指定的期限，导致其权利丧失的，可以自收到国务院专利行政部门的通知之日2个月内，向国务院专利行政部门请求恢复权利。

从上面对专利不同法律状态的分析可以看出，一项专利技术可能因未通过实质性审查而根本得不到《专利法》的保护，也就不能成为专利资产评估对象。无效请求的审查结果可以是全部无效、部分无效或维持专利权，在对某项专利权进行价值评估的时候，应该事先了解该项专利是否经过无效请求等程序的审查、审查的结果是什么，据此对评估对象的内容进行相应的修正和调整。

3. 专利权的对外许可

实施许可权指权利人许可他人实施其专利并收取专利使用费的权利。任何单位或者个人实施他人专利的，应当与专利权人订立实施许可合同，向专利权人支付专利使用费。专利权人与他人订立专利实施许可合同的，可以向国务院专利行政部门备案。未经备案的，不得对抗第三人。实施许可合同必须采用书面形式，并在合同生效之日起3个月内向国务院专利行政部门备案。

许可实施合同的备案经常容易被忽略，但是也是十分重要的，一项专利如果已经有有效的对外许可合同，则这项专利原则上与没有对外许可合同的专利是不一样的专利，在进行专利评估时，评估对象的确定是不一样的。这些有效的对外许可合同可能会对专利价值产生正面影响，也可能会产生负面影响，例如，如果对外许可专利全部是按照市场价值收取许可费用，则可能会因为专利的价值发挥充分而对标的专利价值产生正面影响，但是如果这些对外的许可合同不是按照市场价值收取许可费，或者根本不收取费用，则由于这些许可合同会增加竞争对手、瓜分市场份额等因素，将对标的专利产生负面影响。因此对于具有有效许可合同的专利需要根据具体情况具体分析。

此外，专利权的时效性、地域性和约束性等特征，以及在持有期内的质押、保全和解除也会对相应专利资产的价值产生影响。

（二）专利权利要求内容与保护

专利的权利要求是指该项专利要求法律保护的核心内容，如果一项专利的权利要求恰当，则可以有效避免被竞争者轻易"绕"过去的可能，也就是可以有效保护专利的核心，避免出现侵权的可能，因而增加专利应有的价值。质量高的专利权利要求应该使得权利保护范围大且没有非必要技术特征，权利要求清晰有条理，对出现侵权产品也容易取证。

另外，权利的稳定性也是十分重要的因素，权利稳定性一般是指专利权授权后对抗无效请求的能力。因为任何专利都是经政府审查后授权的,但是审查的力度和条件有限,有可能使一些实际上不符合专利要求的申请得到授权,这样的专利稳定性就差。

例如,发明专利由于经过实质审查,其稳定性就高;而实用新型和外观设计专利有可能没有进行实质性审查,因此稳定性就低。一般来说,稳定性高的专利的价值要高于稳定性低的专利的价值。

(三) 专利的创新性及实用性

如果一项专利,其竞争对手通过成本差不多的其他技术途径或方法也可实现与该专利一样的效果,这样的专利经济价值是不高的,因为其创新性不够,但是如果一项专利其竞争对手无法采用其他方式轻易地达到同样的效果,这样的专利其创新较高,价值也会较高。

另外,专利的实用性也会对价值产生影响。实用性表现为两个方面,其一是可靠,其二是实施成本尽可能低。可靠性高的技术价值一定会高于可靠性低的技术,同样的技术,实施成本低的技术价值一定会高于实施成本高的技术。

(四) 专利产品的发展前景

专利的价值是需要通过专利实施,也就是使用专利生产专利产品或者提供专利服务来实现,因此专利的价值与可以生产的专利产品或提供的专利服务是否具有良好的市场前景密切相关。具有良好市场前景的专利产品其价值一定要高于不具有市场前景的专利,例如,目前数码存储产品已经替代磁介质产品,因此对于磁介质产品的生产技术专利,无论其有多"先进",由于磁介质产品即将被淘汰,其专利也不会有很高的价值;又比如,物美价廉的签字笔已越来越多被人们使用,钢笔的使用越来越少,如果现在有一项更好地生产钢笔的专利技术,从行业发展因素来讲这项专利的价值一般也不可能很高。

(五) 专利的应用领域与保护力度

专利的保护期被称为专利的"长度",专利的应用领域和专利的保护力度被称为专利的"宽度",专利宽度就是专利的应用和保护范围,也是对侵权行为的惩罚力度,专利的宽度可以用侵权惩罚金或者在专利保护范围内专利权人获得的超额垄断利润来代表。专利宽度越大,对侵权的惩罚额越高,这样竞争者就会越少,专利权人获得的超额垄断利润就越大,因此专利的价值也越高。这一点在生物领域可看出,许多大公司在生物领域申请了大量技术宽度大的专利,有效地遏制了竞争对手的发展,迅速占领了市场。评估一项专利价值前,我们有必要考虑这项技术是只能用于某一个很窄的领域还是能用于很多领域。如果一项专利技术能用于很多领域并能够为之带来效益,那么它的价值肯定是比较高的。

三、专利资产评估的注意事项

(一) 共有专利资产的评估问题

按照《民法典》的相关规定,物权的共有形式可以分为按份共有和共同共有,专利权的共有形式也可以分为共同共有和按份共有。

专利权共有是指专利权的权利人包括两个或者两个以上的自然人、法人或其他组织。如果没有协议约定,一般标的的专利共有人是共同共有的,如果有协议约定按份共有,则从其约定。无论是哪种共有方式,专利资产的处置一般需要得到共有人的书面同意,这种处置一般包括所有权转让、质押等。

对于专利许可行为共有人对权利的行使有约定的,从其约定;没有约定的,共有人可以单独实施或者以普通许可方式许可他人实施该专利，许可他人实施该专利的，收取的使用费应当在共有人之间分配。

（二）被评估专利资产实施中需要用到其他专利资产或无形资产时需要关注的问题

当被评估专利资产实施需要使用其他专利资产或相关专有技术资产时，需要确认被评估专利资产是否已经获得上述其他专利资产权利人的许可，如果涉及强制许可的，需要确认是否获得国家知识产权局的批准，同时还需要恰当考虑其对被评估专利资产价值的影响，也就是说需要将其他专利资产或专有技术资产等的贡献进行恰当的扣除。对于专利资产实施中尚需要支出的其他费用等也要作为一项现金流出考虑。

（三）评估专业人员评估专利资产时需要关注的"价值"问题

一般而言，评估专业人员对专利资产价值的评估仅涉及专利资产的经济价值，不应该包括其他领域的"价值"，如军事、国家安全、科技发展等领域的"价值"。

（四）质押目的的专利资产评估问题

1. 可以用于质押的专利资产权利类型

《担保法》规定，专利资产的质押包括所有权质押和正在许可他人实施的专利资产的收益权的质押，对于正在许可他人实施的专利资产的收益权的质押实质类似专利资产许可他人使用权的质押。

2. 质押目的评估的操作要点

专利资产质押评估的操作主要需要关注以下问题：

（1）价值类型及前提的选择。由于质押权实现时需要将被质押的无形资产拍卖变现，受让方经常不能确定，因此一般情况下无形资产质押评估应该选择市场价值，不选用投资价值。

（2）质押目的专利资产评估权属核实的特殊要求。专利资产质押评估需要提交由国家知识产权局出具的专利登记簿副本，实用新型专利在进行质押目的评估时需要关注专利检索情况，需要委托人提供国家知识产权局系统提供的专利检索报告。

（3）专利资产质押目的评估存在一个"怪圈"。由于专利资产价值（绝对价值）经常与被使用企业的生产能力有关，因此在确定参与拍卖质押专利资产的企业生产能力时往往存在现实困难。以市场需求量为基础测算，理论上可行，实际上难以实施；以目标企业的产能为基础测算（假定专利资产购买者会整体接受该企业）也有牵强之嫌。目前这个问题仍在进一步研究之中。

（4）共有的专利资产质押需要征得共有人的书面同意。专利资产的共有分"共同共有"和"按份共有"，对于共同共有的专利资产质押需要共有方书面同意；按份共有如果各共有人不能独立行使其拥有的专利资产份额，则也需要共有人书面同意。

（5）质押目的评估时应当区别出质人自用的专利资产与已经许可他人使用的专利资产的差异。对于自用专利资产，如果出质人自身经营出现困难，则专利资产就要停止实施；已经许可他人使用的专利资产的许可协议，一般不会因专利资产的所有权转让而灭失，通常被许可人仍可以继续按协议使用，因此两者之间应该加以区分。

（五）出资目的的专利资产评估问题

1. 可以用于出资的专利资产权利类型

可以作为出资的专利资产一般都是指"所有权"，专利资产的所有权包括使用、收益和处分的权利。

与专利资产出资相关的权利主要是使用权和处置权，公司法要求出资的资产需要具有依法转让的权利，因此专利资产的单独使用权一般不能出资，使用权加使用权的处置权是否可以出资，没有明确规定，需要与工商部门沟通。

2. 出资目的评估的操作要点

（1）评估对象界定。可以出资的单项专利资产或多项专利资产组合，专利资产与专有技术、注册商标、著作权的财产权等组成的资产组。

（2）权属类型一般为专利资产的所有权。许可使用权加许可使用权的处置权出资需要另行沟通。

（3）价值类型。目前建议选择"市场价值"类型。

（4）出资目的专利资产评估操作中的一些特殊要求。专利资产出资目的评估可以参考质押目的评估，要求委托人提交由国家知识产权局出具的专利登记簿副本，对于实用新型、外观设计专利在进行出资目的评估时，关注专利检索情况，可以要求委托人提供国家知识产权局系统提供的专利检索报告。

（六）专利资产评估权属资料核实问题

为了确定被评估专利的法律状态，需要评估专业人员核实被评估专利的相关产权资料。专利资产权属核实应当遵循"孤证不立"的原则，需要引入"证据链"的概念，核查多种指向相同的证据资料。

1. 发明专利资产评估的权属资料核实

根据《专利资产评估指导意见》的相关要求，发明专利评估权属资料核实应该根据不同的评估目的核实以下资料：

（1）一般许可/转让目的的评估。这方面需要核实的资料包括专利证书、专利维持费缴费凭证等。

（2）质押、诉讼等目的的评估。这方面需要核实的资料包括专利证书、专利维持费缴费凭证、专利登记簿副本等。

专利登记簿是国家知识产权局进行专利权属登记的账簿。

2. 实用新型专利资产评估的权属资料核实

对于实用新型专利评估权属资料核实包括以下几项：

（1）一般许可/转让目的的评估。一般许可/转让目的评估需要核实专利证书、专利维持费缴费凭证等。

（2）质押、诉讼等目的的评估。质押、诉讼目的的评估需要核实专利证书、专利维持费缴费凭证、专利登记簿副本和专利检索报告等。

专利检索报告是指通过对现有技术进行检索，反映检索结果的文件。实用新型在专利申请阶段没有强制要求进行专利检索，因此对于实用新型专利，如果不进行专利检索报告的核实，有可能会存在被评估专利由于没有进行检索而造成其新颖性遭到破坏而被宣告无效的风险。

实用新型检索一般可以由国家知识产权局或其省级相关机构承担。

3. 外观设计专利资产评估的权属核实

外观设计专利的权属核实一般包括以下几项：

（1）一般许可/转让目的的评估。需要核实的资料包括专利证书、专利维持费缴费凭证等。

（2）质押、诉讼目的的评估。需要核实的资料包括专利证书、专利维持费缴费凭证和专利登记簿副本和专利检索报告等。

无论发明、实用新型或者外观设计专利在进行权属资料核实环节中都可以通过国家知识产权局网站查询相关权属资料，进行进一步的验证工作。

在进行出资和与上市公司交易等目的的专利资产评估时，可以参考质押、诉讼目的的评估进行专利权属资产的核实工作。

第三节 专利资产评估案例

一、评估案例基本情况

A 化工公司拟将其拥有的无形资产——10 万吨/年 HYC 装置和 12.5 万吨/年 YES 装置技术与 B 化工公司合资设立新公司，因此需要对其拥有的这两项无形资产所有权进行评估。具体评估范围为 10 万吨/年 HYC 装置和 12.5 万吨/年 YES 装置设计、生产等环节涉及的部分专利技术组成的无形资产组合。

上述两套装置技术中包含的专利情况详见表 5-1，其中：已授权专利 5 项，本次评估的范围中不包含终止或视为撤回的专利，相关专利的专利权人为 A 化工有限责任公司。

表 5-1　　　　　　　　　　标的专利一览表

序号	类别	名称	专利号	所属装置	专利权人（申请人）	专利申请日	备注
1	发明专利	单环芳烃部分加氢生产环烯烃的催化剂，其制备方法及应用	略	HYC 装置	A 化工公司	略	已授权
2	实用新型	一种分离环芳烃中所含 DMAC 用设备	略	HYC 装置	A 化工公司	略	已授权
3	实用新型	一种钌催化剂再生装置	略	HYC 装置	A 化工公司	略	已授权
4	实用新型	环烯烃水合反应器	略	HYC 装置	A 化工公司	略	已授权
5	发明专利	一种 YES 的合成方法	略	YES 装置	A 化工公司	略	已授权

本次评估的价值类型为市场价值。评估基准日为 2014 年 6 月 30 日。

二、评估过程和结果

本次评估对象中包含发明专利和实用新型专利，这些专利一般是不满足替代原则的，也就是我们无法设想在评估基准日可以重新研发一项与被评估专利资产效果相同或相近的专利资产。此外，由于专利法保护被评估专利资产在评估基准日的唯一性，因此替代性从法律意义上也是不存在的。基于以上因素，本次评估我们没有选用成本法。

采用市场法的前提条件是要有相同或相似的交易案例，且交易行为应该是公平交易。

但据我们的市场调查及有关业内人士的介绍，目前国内没有类似技术的转让案例，本次评估由于无法找到可对比的历史交易案例及交易价格数据，故市场法也不适用本次评估。

由于本次评估的专利未来将要实施的企业是可以确定的，并且本次评估的专利目前也有实施的历史，因此对未来的收益存在可预测性。因此，本次评估我们选用了收益法，事实上是采用了收益法中的许可费节省法。

评估专业人员在采用许可费节省法对 A 化工公司 10 万吨/年 HYC 装置和 12.5 万吨/年 YES 装置技术所有权价值进行评估过程中，首先对该无形资产使用所处宏观经济环境、行业现状以及企业自身经营状况、资产和财务状况进行了分析，然后结合许可费节省法的评估思路和主要参数的确定原则进行评定估算，并最终形成了评估结果。

（一）主要参数的确定

1. 确定经济寿命

技术经济寿命不但受可以取而代之的新技术出现时间的影响，污染或国家产业政策改变等原因也会对其产生重要影响，同时，技术经济寿命还与产品的寿命周期有着密切的内在联系。

YES 和 YES 产品是重要的有机化工原料，国内目前处于产能扩张阶段，其生产工艺和技术路线大都从国外引进，国内能够完全掌握其生产工艺的厂家不多。目前已授权的关键发明专利的剩余保护年限近 13 年，因此结合目前国内 YES 和 YES 生产工艺及技术的状况，本次评估中确定该装置的技术经济寿命为 10.5 年，即从评估基准日 2014 年 6 月 30 日开始计算，至 2024 年 12 月 31 日结束。

2. 计算许可费率

许可费节省法的核心即是测算许可费率。评估专业人员通过采用对比公司法、市场交易案例法和经验数据法（"三分/四分法"）测算许可费率，最后取 3.09% 作为本次评估专利技术的许可费率。

3. 预测销售收入

结合目前该项目的实际进展情况，本次评估中，评估专业人员假设该项目于 2014 年 6 月试生产，2014 年 7 月正式投产，采用日历年度，即 2014 年 7 月至 2014 年 12 月为第一预测年限，2015 年 1 月至 2015 年 12 月为第二预测年限，以此类推。各年产品的销售收入则通过预测各年产品的销量和单价来进行测算。由于每年销售收入可以假定为在一年内均匀流入，因此本次评估采用"年中"折现原则。

（1）预测产品销量。评估专业人员通过市场分析发现 YES 市场需求较大，因此主要是从企业生产能力方面考虑各年产品的销量情况。

（2）预测产品销售单价。评估专业人员以评估基准日的不变价为基础对产品的销售单价进行预测。

具体预测的各年产品的销售收入情况如表 5-2 所示。

表 5-2　　　　　　　　　销售收入预测表　　　　　　　　　单位：万元

年份	2014 年（7~12 月）	2015 年	2016 年	2017 年	2018 年	2019 年
预测销售收入	7 257.00	15 795.00	17 076.00	17 076.00	17 076.00	17 076.00
许可费率（%）	3.09	3.09	3.09	3.09	3.09	3.09

续表

年份	2020 年	2021 年	2022 年	2023 年	2024 年
预测销售收入	17 076.00	17 076.00	17 076.00	17 076.00	17 076.00
许可费率（%）	3.09	3.09	3.09	3.09	3.09

4. 计算技术分成

通过上述许可费率的测算和对产品销售收入的预测，可以得出技术的分成 = Σ（技术产品年预测销售收入净值 × 年技术许可费率）。

5. 测算折现率

本次评估中，评估专业人员选取可比公司 E、F、G，通过计算可比公司的无形资产投资回报率，作为技术评估的折现率。

由于本次评估采用的许可费率是现金流、所得税前口径的许可费率，因此未来预测的技术分成也是现金流、所得税前口径的收益。为了使折现率与技术分成的口径保持一致，本次评估需要测算现金流、所得税前口径的折现率。

（1）测算可比公司加权资金成本（WACC）。WACC（Weighted Average Cost of Capital）代表期望的总投资回报率。分别测算各可比公司的 WACC，具体如表 5-3 所示。

表 5-3　　　　　　　　　　加权资金成本计算表

序号	对比公司名称	负息负债（万元）(D)	债权比例（%）	股权公平市场价值（万元）(E)	股权价值比例（%）	无风险收益率 (R_f)（%）	超额风险收益率 (ERP)（%）	公司特有风险超额收益率 (R_s)（%）	最近60个月的Beta值	股权收益率 (R_e)（%）	债权收益率 (R_d)（%）	适用所得税率（%）	加权资金成本 (WACC)（%）
1	E 公司	227 636	37.9	372 332	62.1	3.98	7.61	3.02	1.0353	14.88	6.00	25.00	10.94
2	F 公司	704 030	20.2	2 789 412	79.8	3.98	7.61	1.98	0.9928	13.52	6.00	25.00	11.70
3	G 公司	41 772	12.3	299 077	87.7	3.98	7.61	3.74	0.9648	15.06	6.00	25.00	13.77
4	平均值									14.49			12.14

（2）测算无形资产折现率。上述计算的 WACC 可以理解为投资企业全部资产的期望回报率，企业全部资产包括流动资产、固定资产和无形资产，各类资产的回报率和总资本加权平均回报率可以用下式表述：

$$WACC = W_c \times R_c + W_f \times R_f + W_i \times R_i$$

其中：

W_c——流动资产（资金）占全部资产比例；

W_f——固定资产（资金）占全部资产比例；

W_i——无形资产（资金）占全部资产比例；

R_c——投资流动资产（资金）期望回报率；

R_f——投资固定资产（资金）期望回报率；

R_i——投资无形资产（资金）期望回报率。

投资流动资产所承担的风险相对最小,因而期望回报率应最低。取一年内平均银行贷款利率6.00%为投资流动资产期望回报率,并且该回报率应该理解为所得税前的投资回报,因此税后的流动资产期望投资回报率即为:

$$R_c = 6.0\% \times (1 - 25\%) = 4.5\%$$

投资固定资产所承担的风险较流动资产高,因而期望回报率比流动资产高。固定资产投资应该包括自有股权资金和贷款资金两部分,股权资金与贷款资金的比例应该首先考虑被评估技术所在行业的平均水平,或者参考国家发改委固定资产投资审批中相关行业自有资金与借贷资金比例。本次评估取细分行业平均值30∶70,也就是股权资金E与债权资金D的比例为$E/D = 30/70$。其中股权投资的投资回报率按照可比公司$CAPM$平均值14.49%计算,债权投资的回报率取5年期贷款利率6.55%,则固定资产期望投资回报率为:

$$R_f = 14.49\% \times 30\% + 6.55\% \times 70\% \times (1 - 25\%) = 7.78\%$$

对于流动资产,评估专业人员在测算中采用的是可比公司的营运资金。计算公式如下:

营运资金 = 流动资产合计 - 流动负债合计 + 短期银行借款 + 其他应付款等
　　　　　+ 一年内到期的长期负债等

对于固定资产,评估专业人员在测算中采用的是可比公司的固定资产账面净值和长期投资账面净值。

根据上述公式及相关参数的测算,即可计算得出各可比公司的投资无形资产期望回报率。具体如表5-4所示。

表5-4			无形资产折现率表			单位:%
序号	对比对象	营运资金比重(W_c)	营运资金回报率(R_c)	有形非流动资产比重(W_f)	有形非流动资产*回报率(R_f)	无形资产比重(W_i)	无形资产回报率(R_i)
1	E公司	0.20	4.50	61.26	7.78	38.54	16.0
2	F公司	13.18	4.50	27.72	7.78	59.10	15.1
3	G公司	17.36	4.50	17.45	7.78	65.19	17.8
4	对比公司平均值						16.3
5	税后折现率						16.3
6	税前折现率						21.7

*:这里的有形非流动资产包括对比对象中包含的固定资产、长期股权投资以及可能的其他资产。

将各可比公司投资无形资产期望回报率的平均值16.3%作为被评估技术无形资产的税后折现率,再将其换算为税前折现率,即为21.7%。

(二) 评估结果

本次评估采用无形资产评估收益法中的许可费节省法,按照必要的评估程序,对A化工公司申报的无形资产——10万吨/年YES装置和12.5万吨/年YES装置技术的所有权于评估基准日2014年6月30日的市场价值进行了评估(采用年中折现法)。评估结果如下:

委估无形资产于2014年6月30日的市场价值为人民币2 269万元(取整)(见表5-5)。

表 5-5　　无形资产评估计算表　　单位：万元

项目名称		未来预测数据										
		2014(6~12月)	2015	2016	2017	2018	2019	2020	2021	2022	2023	2024
产品销售收入	(1)	7 257.00	15 795.00	17 076.00	17 076.00	17 076.00	17 076.00	17 076.00	17 076.00	17 076.00	17 076.00	17 076.00
产品技术分成率(%)	(2)	3.09	3.09	3.09	3.09	3.09	3.09	3.09	3.09	3.09	3.09	3.09
技术对产品收入的贡献	(3)=(1)×(2)	224.24	488.07	527.65	527.65	527.65	527.65	527.65	527.65	527.65	527.65	527.65
技术贡献合计	(4)=(3)	224.24	488.07	527.65	527.65	527.65	527.65	527.65	527.65	527.65	527.65	527.65
折现年限	(5)	0.25	1.00	2.00	3.00	4.00	5.00	6.00	7.00	8.00	9.00	10.00
折现系数(折现率 $r=21.70\%$)	$(6)=\dfrac{1}{(1+r)^{(5)}}$	0.9520	0.8215	0.6748	0.5543	0.4554	0.3741	0.3073	0.2524	0.2074	0.1703	0.1399
技术贡献现值	(7)=(4)×(6)	213.48	400.93	356.06	292.49	240.27	197.38	162.14	133.19	109.41	89.88	73.83
技术贡献现值和(取整)	(8)=∑(7)	2 269										

第六章 商标资产评估

第一节 商标资产相关知识

一、商标与商标权

(一) 商标与商标权的概念

1. 商标

商标（Trade Mark）是商品或服务的标记，是生产者或经营者为了把自己的商品或服务区别于他人的同类商品或服务，在商品上或服务中使用的一种特殊标记。根据《中华人民共和国商标法》（以下简称《商标法》）的规定，任何能够将自然人、法人或者其他组织的商品与他人的商品区别开的标志，包括文字、图形、字母、数字、三维标志、颜色组合和声音等，以及上述要素的组合，均可以作为商标申请注册。

商标可以根据其构成、作用、功能、享誉程度以及是否享受法律保护等标准划分为若干种类。

（1）按商标的构成分类，商标可以划分为文字商标、图形商标、符号商标、文字图形组合商标、色彩商标、三维标志商标、声音商标等。

（2）按商标的作用分类，商标可分为商品商标、服务商标、集体商标和证明商标等。其中，集体商标是指以团体、协会或者其他组织名义注册，供该组织成员在商事活动中使用，以表明使用者在该组织中的成员资格的标志；证明商标是指由对某种商品或者服务具有监督能力的组织所控制，而由该组织以外的单位或者个人使用于其商品或服务，用以证明该商品或服务的原产地、原料、制造方法、质量或者其他特定品质的标志。

（3）按商标的功能分类，商标可以分为经常使用的商标、防御商标、联合商标、扩展商标、备用商标。经常使用的商标是指单位在生产经营中经常使用的商标；防御商标是为了防止他人侵犯而申请使用一系列与自己商标近似而又相互联系的商标；联合商标是将同一商标在不同商品上注册，阻止别人在其他商品上使用自己已经注册的商标；扩展商标是指在同一商标的基础上，进行一系列的扩展注册，如注册汉字商标后，还注册英文的意译商标、音译商标。

（4）按商标的享誉程度分类，商标可以分为普通商标和驰名商标。普通商标是相对于驰名商标的一种对商标的称谓，通常是指没有特别的市场影响力及公众知晓程度不是很高的商标；驰名商标一般是指具有较大市场影响力、广为公众知晓并享有较高声誉的商标。在我国，驰名商标是国家知识产权局商标局根据企业的申请而认定的。

（5）按商标是否享受法律保护分类，商标可以分为注册商标和非注册商标。注册商标是指满足《商标法》的规定，经政府商标管理行政主管部门批准注册的商标。非注册商标则是指未经政府商标管理行政主管部门批准注册的商标。普通的非注册商标不受法律保护。我们所说的商标资产的评估，指的是注册商标专用权的评估。

2. 商标权

商标权是指商标经注册或被认定为驰名商标而获得法律保护，形成了排他使用等权利。绝大部分的商标权是通过商标注册获得的。商标经注册后，商标所有者依法享有商标权权益，并受到法律保护。因《驰名商标认定和保护规定》的存在，驰名商标可能是个例外，即注册和非注册的驰名商标都会受到法律保护。从某种意义上讲，驰名商标本身就是一种商标权。

（二）商标注册的条件

1. 商标注册的积极条件

商标应当具有显著特征，便于识别。商标显著性实际上是商标的可识别性。商标的区别性越明显，就越便于人们识别。商标的显著性可以通过两种方式获得：一是商标本身具有显著性，二是通过长期的使用获得商标的显著性。

2. 商标使用与注册的消极条件

（1）禁止作为商标使用的情形。《商标法》规定了禁止使用的具体情形：①同中华人民共和国的国家名称、国旗、国徽、军旗、勋章相同或者近似的以及同中央国家机关所在地特定地点的名称或者标志性建筑物的名称、图形相同的；②同外国的国家名称、国旗、国徽、军旗相同或者近似的，但该国政府同意的除外；③同政府间国际组织的名称、旗帜、徽记相同或者近似的，但经该组织同意或者不易误导公众的除外；④与表明实施控制、予以保证的官方标志、检验印记相同或者近似的，但经授权的除外；⑤同"红十字""红新月"的名称、标志相同或者近似的；⑥带有民族歧视性的；⑦夸大宣传并带有欺骗性的；⑧有害于社会主义道德风尚或者有其他不良影响的；⑨县级以上行政区划的地名或者公众知晓的外国地名，不得作为商标。但是，地名具有其他含义或者作为集体商标、证明商标组成部分的除外；已经注册的使用地名的商标继续有效。

（2）禁止作为商标注册的情形。与禁止使用不同，禁止注册的标志虽然不得作为商标注册，但仍有可能被未注册商标使用。禁止注册的情形主要有：仅有本商品的通用名称、图形、型号的；仅仅直接表示商品的质量、主要原料、功能、用途、重量、数量及其他特点的；其他缺乏显著特征的标志。前述所列标志经过使用取得显著特征，并便于识别的，可以作为商标注册。此外，以三维标志申请注册商标的，仅由商品自身的性质产生的形状、为获得技术效果而需有的商品形状或者使商品具有实质性价值的形状，不得注册。

（3）其他禁止注册和使用的情形。在下列情况下，标志既不能由特定当事人作为商标注册，特定当事人作为商标使用也是禁止的：①就相同或者类似商品申请注册的商标是复制、模仿或者翻译他人未在中国注册的驰名商标，容易导致混淆的，不予注册并禁止使用。②就不相同或者不相类似商品申请注册的商标是复制、模仿或者翻译他人已经在中国注册的驰名商标，误导公众，致使该驰名商标注册人的利益可能受到损害的，不予注册并禁止使用。③未经授权，代理人或者代表人以自己的名义将被代理人或者被代表人的商标进行注册，被代理人或者被代表人提出异议的，不予注册并禁止使用。④商标中有商品的地理标志，而该商品并非来源于该标志所标示的地区，误导公众的，不予注册并禁止使用；但是，已经善意取得注册的继续有效。

（三）商标权的取得

1. 商标注册申请的原则

（1）自愿注册原则。当事人是否申请商标注册，由商标使用人自己决定。根据《中华人民共和国烟草专卖法》，卷烟、雪茄烟和有包装的烟丝必须申请商标注册，未经核准注册的，不得生产、销售。

（2）先申请原则。两个或两个以上的申请人先后在就同一种类的商品或者类似商品上，以相同或近似的商标申请注册，商标局初步审定并公告申请在先的商标，对申请在先者予以审核和注册，并驳回其他人的申请。申请先后的确定以申请日为准。申请日的确定以商标局收到申请文件的日期为准。如果是同一天申请的，商标局初步审定并公告使用在先的商标。同日使用或者均未使用的，由申请人自行协商，不愿协商或者协商不成的，商标局通知各申请人以抽签的方式确定一个申请人，驳回其他人的注册申请。

（3）优先权原则。商标注册申请人自其商标在外国第一次提出商标注册申请之日起6个月内，又在中国就相同商品以同一商标提出商标注册申请的，依照该外国同中国签订的协议或者共同参加的国际条约，或者按照相互承认优先权的原则，可以享有优先权。商标在中国政府主办的或者承认的国际展览会展出的商品上首次使用的，自该商品展出之日起6个月内，该商标的注册申请人可以享有优先权。

2. 商标注册的申请文件

商标注册申请人应当按规定的商品分类表填报使用商标的商品类别和商品名称提出注册申请，向商标局送交《商标注册申请书》一份。商标注册申请人可以通过一份申请就多个类别的商品申请注册同一商标，需注意名义、章戳应当与核准或者登记的一致。

3. 商标注册的审查与核准

对申请注册的商标，商标局自收到商标注册申请文件之日起九个月内审查完毕，符合《商标法》有关规定的，予以初步审定公告。在审查过程中，商标局认为商标注册申请内容需要说明或者修正的，可以要求申请人做出说明或者修正，申请人未做出说明或者修正的，不影响商标局做出审查决定。

（四）商标权的保护

1. 注册商标专用权的保护范围

注册商标的专用权，以核准注册的商标和核定使用的商品为限。注册商标所有人无权任意改变商标的构成要素，也无权任意扩大商标的使用范围。

2. 侵犯商标权的表现形式

（1）商标相同商品相同的侵权行为。未经商标注册人的许可，在同一种商品上使用与其注册商标相同的商标的，属于相同商标的侵权行为，此种行为不论出于故意还是过失，均构成对他人注册商标专用权的侵犯。

（2）商标近似或者商品类似商标相同的侵权行为。未经商标注册人的许可，在同一种商品上使用与其注册商标近似的商标，或者在类似商品上使用与其注册商标相同或者近似的商标，容易导致混淆的，属于侵犯商标权的行为。

（3）销售侵犯注册商标专用权的侵权行为。此类侵权行为不局限于销售假冒注册商标商品的行为，也包括销售"在类似商品上使用相同商标或者近似商标"商品及"在相同商品上使用近似商标"商品的行为。但是，销售不知道是侵犯注册商标专用权的商品，能证明该商品是自己合法取得的并说明提供者的，不承担赔偿责任。

（4）伪造、擅自制造和销售注册商标标识。伪造注册商标标识是指仿造他人的商标图案及物质实体印制出商标标识；擅自制造是指未经注册商标所有人的同意而印制商标标识。

（5）反向假冒。反向假冒是指未经商标注册人同意，更换其注册商标并将该更换商标的商品又投入市场的。

（6）帮助侵权。故意为侵犯他人注册商标专用权提供仓储、运输、邮寄、隐匿等便利条件的行为，在性质上属于帮助侵权的情形，应当与直接侵权人共同承担连带责任。

（7）给他人的注册商标专用权造成其他损害的侵权行为。

二、商标资产

（一）商标资产的概念

商标资产是指商标权利人拥有或者控制的，能够持续发挥作用并且能带来经济利益的注册商标权益。商标需要满足以下两个关键要素才能成为商标资产：其一，商标区别企业商品或服务的功能及作用能够通过营销在消费者意识中形成独特的联想并产生经济利益；其二，以法律保护的形式将商标标识作用所带来的经济利益赋予了商标权利人。

（二）商标资产的特征

1. 形式特征

（1）商标资产通常为商品商标权和服务商标权。按照《商标法》对商标的分类和定义，集体商标和证明商标都存在着商标使用不具有专有性和排他性，难以单独交易转让，不具备成为商标资产的基本要素。而商品商标和服务商标则是自然人、法人或其他经济组织对其生产经营的商品或提供的服务项目申请注册的商标，具有专有性和排他性的特征。当商品商标和服务商标得到消费者的认可，并在经济上有所体现时，商品商标和服务商标就能转化为商标资产。

（2）商标资产通常为驰名商标。不论是商品商标，还是服务商标，如果它们仅仅具有区别商品或服务提供者的功能，并不能自然而然地成为商标资产。商标资产必须同时具备区别商品或服务提供者的功能，以及因其使用能够带来超额收益的能力。驰名商标基本具备了区别商品和服务提供者的功能和获得超额收益的能力，它们在获得法律保护之后是最典型的商标资产。

（3）商标资产可以是独立的商标权或以商标权为核心的资产组合。从商标资产的存在形式上看，商标资产可以是独立商标权，如某些驰名商标的信誉已经超出或游离于所标识的商品或服务之外，该驰名商标本身就代表着品质和信誉，成为相对独立的"商标资产"。而在更多的情况下，商标资产是以商标权为核心的资产组合。这种资产组合通常是以商标权为核心，辅以支撑该商标权拥有超额收益能力的相关技术和管理。例如，许多优质商品的商标，除了商标本身之外，往往有独特的配方、先进的制造技术、特殊的工艺和完善的管理予以辅佐，才使其成为商标资产。

2. 价值特征

（1）对商标标识的商品或服务的数量和质量具有相对依附性。商标的知名度、信誉度及市场影响力是通过所标识的特定商品或服务的质量逐步实现的。大部分商标资产的价值在很大程度上与其所标识的商品或服务的质量与数量水平存在着紧密的关系或依附关系。

（2）商标资产需要相关技术和管理支撑。商标资产的价值在很大程度上是由其所标识的商品或服务的品质决定的。而商品或服务的品质与其生产技术和管理紧密相关，尤其是商品商标资产，表现得更为明显。许多商标资产并不单单是一个商标权，往往是若干技术和管理围绕着一个商标权形成的商标资产组合。商标权是一种法律概念，而商标资产是一种无形资产。商标权可以通过设计和申请注册实现，而商标资产必须通过经营管理实现。

（3）广告宣传和营销管理对商标资产的价值具有维持和助推作用。商标在很大程度上发挥着广告的功能。商标是联结商品与市场、商品与消费者的桥梁和纽带，是商品展示自我、介绍自我、宣传自我的重要载体，具有极强的广告作用。商标资产的价值虽然不是由广告和营销决定的，但是，好的广告宣传和好的营销管理对于商标的市场影响力的形成是有推动作用的，进而会对商标资产的价值具有维持和助推作用。

（4）商标资产具有扩展能力。商标资产的扩展是指将现有商品或服务的商标应用在与其具有直接联系的其他商品或服务上。对于具有良好市场认可和品牌忠诚度的商标而言，商标可以延伸到相关商品或服务上。

3. 法律特征

商标资产在法律的层面上主要表现为注册商标，其特性主要包括以下几个方面：

（1）商标资产的时效性。在我国，注册商标的有效期为 10 年。有效期满需要继续使用的，商标注册人应当在期满前 12 个月内按照规定办理续展手续；在此期间未能办理的，可以给予 6 个月的宽展期。每次续展注册的有效期为 10 年，自该商标上一届有效期满次日起计算。10 年届满如果没有申请续展，则商标的注册将被注销，商标权失效，不再具有经济价值。商标注册人按期提出续展申请，经商标局核准，商标权可以无限续展，即在合法续展的情况下，商标权可成为永久性收益的无形资产。老牌商标权的价值一般与其寿命成正比，寿命越长，价值越高。

（2）商标资产的地域性。商标权的地域范围对商标资产的价值有很大影响。商标资产具有严格的地域性，商标权只有在法律认可的一定地域范围内受到保护。由于不同国家存在着不同的商标保护原则，商标权并不是在任何地方都受到保护。如果需要得到其他国家的法律保护，必须按照该国的法律规定，在该国申请注册，或向世界知识产权组织国际局申请商标国际注册。国际上一些经济学家在评估"可口可乐"商标权价值为 434.27 亿美元时，并未注意说明该商标权是在美国转让还是在世界各国转让的价值，而这两者之间可能相差 100 倍。因此，商标注册的地域范围也是影响商标权价值的因素。

（3）商标资产的约束性。注册商标的专用权以核准注册的商标和核定使用的商品为限。因此，评估商标资产价值时，要注意商标注册的商品种类及范围，要考虑商品使用范围是否与注册范围相符合，商标权只有在核定的商品上使用时才受法律保护，对超出注册范围部分所带来的收益不应计入商标资产的预期收益中。根据"一标多类"商标注册申请制度，某一项商标权的价值可能承载了多类商品或服务，评估专业人员在对某一商标进行评估时，需要重点关注该商标所对应的商品类别以及相应的商品/服务项目名称，必要时还需要在商品或服务的内容间进行分割。

第二节 商标资产评估概述

一、商标资产评估对象的界定

商标资产评估对象是指受法律保护的注册商标权益。其经济价值体现为它能否获得超额收益，不能带来超额收益的商标权难以成为商标资产，也难以成为评估对象。

评估对象应当是被赋予了评估约束条件的评估客体。就商标资产而言，应该是在某种约束条件下的商标权。商标资产评估对象界定涉及评估客体的界定和评估客体约束条件的界定两个方面。

（一）评估客体的界定

评估客体的界定是指针对商标权本身特征进行的调查分析。评估客体的界定主要包括以下工作：

1. 核实商标的法律状态。核实商标的法律状态，主要包括判断商标是否已经注册，以及注册商标是否有效两个方面。由于非注册商标不受法律保护，一般不能成为评估客体。如果已经注册的商标长时期不使用也会失效而不受法律保护，不能成为评估客体。因此，核实商标的注册情况、商标权的使用情况以及商标权的续展续权情况，是核实标的商标的法律状态的基本工作。

2. 明确注册商标是普通商标还是驰名商标。由于普通商标与驰名商标的市场影响力存在较大的差异，两者的价值影响因素也不完全相同，因而在评估客体界定的时候，就需要明确被评估商标是普通商标还是驰名商标，以便按照不同的评估思路、考虑不同市场影响力因素进行评估。

3. 明确商标的盈利模式。商标的盈利模式有多种，包括因驰名商标的使用而形成商品或服务价格溢价或因商标的使用致使商标商品或服务的销量增加等。因为商标盈利模式的不同，商标在增加商品或服务超额收益中的作用也不完全相同，在某些情况下，商标自身的作用更为明显和突出；而在另外一些情况下，商标需要借助于某种技术或某些技术才能发挥作用，以及商标需要借助于其他相关资产的辅助才能发挥作用。明确被评估商标的盈利模式不仅有助于恰当选择评估技术方法评估商标资产价值，而且有助于合理界定商标资产评估中的评估对象。换一个角度说，在某些情况下，商标资产评估对象就是商标资产本身；而在另外一些情况下，商标资产的评估对象可能是以商标资产为核心辅以与其共同发挥作用而又难以分割的相关资产组成的资产组，或组合无形资产。

（二）评估客体约束条件的界定

评估客体的约束条件是指引起评估的经济事项以及这些经济事项涉及的相关法律法规、制度规定等对商标评估的条件限定或约束。评估客体的约束条件主要形成于引起商标资产评估的特定经济事项或经济行为，需要从引起商标资产评估的特定经济事项涉及的相关法律法规等对商标资产权属、评估结果用途和使用者等的约束方面，来分析确定其对评估客体的约束。评估客体约束条件的界定主要包括以下工作：

1. 明确评估特定目的。根据引起商标资产评估的经济事项，分析评估结果的期望用途和评估报告的期望使用者以及与该经济事项有关的法律法规对评估客体和评估过程的总体约束。不同的评估结果期望用途会导致相同评估客体的不同评估视角和评估价值水平。不同的评估结果期望使用者可能会对相同评估客体提出不同的评估要求。与引起商标权评估经济事项有关的法律法规，也会直接或间接地约束评估的价值水平以及评估值的影响因素。引起商标资产评估的经济事项包括但并不限于以下各项：转让、投资、质押融资、侵权赔偿、财务核算等。

2. 明确被评估商标权利形式。根据引起商标权评估的经济事项和相关委托协议，进一步明确评估客体的具体权属是商标所有权还是商标使用权。商标所有权转让是指商标权所有者通过转让放弃商标权，将其转让给受让方所有。我国《商标法》规定："转让注册商标的，转让人和受让人应当签订转让协议，并共同向商标局提出申请。受让人应当保证使用该注册商标的商品质量。转让注册商标的，商标注册人对其在同一种商品上注册的近似的商标，或者在类似商品上注册的相同或者近似的商标，应当一并转让。对容易导致混淆或者有其他不良影响的转让，商标局不予核准，书面通知申请人并说明理由。转让注册商标经核准后，予以公告。受让人自公告之日起享有商标专用权。"商标权许可使用是指商标权所有者在不放弃商标所有权的前提下，特许他人按照许可合同规定的条款使用商标。商标权权属转让内容不同，评估值也不同。一般来说，商标所有权转让的评估值高于商标权许可使用的评估值。如果评估客体的权属是商标的使用权，其权属界定还需要进一步明确使用权特许的程度，如是独家许可还是普通许可。

3. 明确被评估商标使用对象范围与空间范围。被评估商标的使用对象范围和空间范围也是约束评估对象商标的条件之一。被评估商标的价值高低与其标识的商品或服务的范围以及在多大空间范围内使用有着极为密切的关系。界定商标权标识的商品范围或服务范围以及地域空间范围等是界定商标评估对象的重要工作之一。

二、商标资产价值影响因素

商标权作为一种无形资产，其经济价值并非简单地由设计、制作、申请、保护等方面所耗费用而形成的，广告宣传有利于扩大商标的知名度，并需要花费高额费用，但这些费用对商标资产价值起影响作用，而不是决定作用。商标资产的经济价值体现为它能获得超额收益，不能带来超额收益，商标权也就不具有经济价值。商标权带来超额收益的原因，是它所代表的企业的商品质量、性能、服务等效应因素的综合性、重复性的显示，甚至是一定的效用价格比的标志。它实际上是对企业生产经营的素质，尤其是技术状况、管理状况、营销技能的综合反映。另外，商标资产的评估值还与评估基准日的社会、经济状况以及评估目的等密切相关。因此，商标资产价值的评估应重点考虑如下几个方面。

（一）宏观经济状况

商标资产的价值与宏观经济形势密切相关。在评估基准日宏观经济景气高涨时，评估值相对较高，低迷时评估值较低。另外，宏观经济政策对商标价值评估也有一定影响。财政政策、货币政策是紧是松，尤其是与所评估商标的行业相关的政策走向，也是商标评估必须考虑的因素。

（二）商标的市场影响力

商标的市场影响力是影响商标资产价值最重要的因素。反映商标资产市场影响力的具体指标主要包括商标的知名度和信誉度。

1. 商标的知名度。商标的知名度是指消费者对商标商品或服务的认知认可程度。商标的知名度越高，商标商品或服务就越受消费者的青睐，商标商品或服务进入市场的阻力就越小，商标商品或服务的市场竞争力越强。例如，驰名商标因其知名度较高，不但具有较高的市场竞争力，而且法律保护的强度也大于普通商标。很多国家对驰名商标的保护力度远大于非驰名商标，对驰名商标的认定一般也有着苛刻的条件和复杂的手续。一般情况下，同一行业，驰名商标价值高于非驰名商标价值。是否完成驰名商标认定影响着商标资产的价值。

2. 商标的信誉度。商标的信誉度是指商标商品或服务的质量及其相关服务得到消费者肯定和信任程度的指标。商标的信誉度可能是与商标商品或服务的知名度相伴而生，也可能是由商标商品或服务长期良好的性价比或相关服务形成。商标的信誉度能大大提升商标商品和服务的市场竞争力，也是商标资产具有价值的重要基础。

（三）商标声誉的维护

商标资产的价值与商标声誉的维护有关。商标资产维护时间越长，价值越大。但如不维护商标的声誉，商标的价值就会贬值。商标的广告宣传是扩大商标知名度、影响力及维护商标的重要因素。通过广告宣传使大众熟悉该种商品或服务，刺激和维持消费需求，从而扩大商品销量，为企业带来更多超额利润。对于大部分商标资产而言，广告投入的数量及广告宣传的密度与媒介的层次会在很大程度上影响商标的知名度和市场影响力。另外，商标的广告宣传费用也是商标成本的重要组成部分。因而商标的广告宣传会对其价值产生重大影响。需要注意的是，商标资产的价值与商标的广告宣传费的多少有关，但商标资产的价值并不等于商标的广告宣传费用。

（四）商标权所依托的商品

商标权本身不能直接产生收益，其价值大都是依托有形资产来实现的。商标资产的经济价值是由商标所带来的效益决定的，带来的效益越大，商标资产价值越高。商标所带来的效益是依托相应的商品或服务（以下统一称为"商品"）来体现的，主要与以下因素有关：

1. 商品所处的行业及前景。商标所依托的商品所在的行业发展情况，对商标资产的价值能产生重大影响。行业的状况直接影响到商品的生产规模、价格、利润率等经济指标，进而影响到商标的价值。另外，一个行业很难保持长久的繁荣与稳定。总有一些新兴的行业不断产生，一些陈旧的行业不断衰退，甚至消亡。商标资产的价值在于其获得超额利润的能力，在销量相同的情况下，新兴行业往往是产品附加值高的行业，其商标资产价值也高。

2. 商品的生命周期。商标资产的价值与所依附的商品所处的生命周期有关。商品的生命周期一般有四个阶段：研制阶段、发展阶段、成熟阶段、衰退阶段。处于不同阶段的商标商品的市场影响力不同，商标资产的价值也不相同。通常，处于发展或成熟阶段的商标商品具有较强的超额利润能力，其相应的商标资产价值就高；若处于衰退阶段，获得超额利润的能力弱，其商标资产价值相对较低；若处于研制阶段，则要考虑商品是否有市场、单位产品可获得的利润等因素综合确定商标资产的价值。

3. 商品的市场占有率及竞争状况。商品的市场占有率标志着商标资产的价值范围。商标资产的价值体现在获得超额利润的能力上。同样的单价，其市场占有率越大，商品销量越大，利润及超额利润也越大，商标资产的价值也就越高。正常情况下，商标商品的市场占有率应该是商标商品知名度和信誉度及其市场竞争力等的综合反映。商标商品的市场占有率高低将直接影响商标商品的销售量和营业收入。此外，竞争状况同样影响着商标资产价值，竞争越激烈、其他知名商标越多，商标资产价值越小。

4. 商品经营企业的素质和管理水平。商标资产的价值基础是商标商品的质量，以及由此形成的知名度和信誉度。从商标商品具备较高质量到获得较高知名度和信誉度需要有较长时间的积累。在这个过程中，商标商品经营企业的管理水平和经营之道将发挥巨大的作用。一个商标在有些企业手中可能是价值连城的无形资产，而在另一些企业手中可能变得一文不值。良好的企业经营素质和优秀的管理是形成良好的商品质量及其较高知名度和信誉的保证。

5. 商品的获利能力。所有影响商标资产价值的因素最终都会体现在商标商品的获利能力上，即能给拥有者带来超额收益的能力上。商标商品的获利能力越强，超额利润更多，商标资产的价值也就更高。因此，商标商品的获利能力是决定商标资产价值的根本性因素。

（五）商标权的法律状态

1. 商标的注册。我国实行的是"不注册使用与注册使用并行，仅注册才能产生专用权"的商标专用权制度。按照这种制度，只有获得了注册的商标使用人才享有专用权，才有权排斥他人在同类商品上使用相同或相似的商标，也才有权对侵权活动起诉。因而只有注册了的商标才具有经济价值。未注册的商标即便能带来经济效益，其经济价值也得不到确认。

2. 商标权的无效宣告、撤销以及注销。已经注册的商标，违反《商标法》关于注册商标标志范围规定的，或者是以欺骗手段或者其他不正当手段取得注册的，由商标局宣告该注册商标无效；其他单位或者个人可以请求商标评审委员会宣告该注册商标无效。

已经注册的商标，违反《商标法》有关注册规定的，自商标注册之日起五年内，在先权利人或者利害关系人可以请求商标评审委员会宣告该注册商标无效。对恶意注册的，驰名商标所有人不受五年的时间限制。

商标注册人在使用注册商标的过程中，自行改变注册商标、注册人名义、地址或者其他注册事项的，由地方工商行政管理部门责令限期改正；期满不改正的，由商标局撤销其注册商标。此外，注册商标成为其核定使用的商品的通用名称或者没有正当理由连续3年不使用的，任何单位或者个人还可以向商标局申请撤销该注册商标。

注册商标有效期满，需要继续使用的，商标注册人应当在期满前12个月内按照规定办理续展手续；在此期间未能办理的，可以给予6个月的宽展期。每次续展注册的有效期为10年，自该商标上一届有效期满次日起计算。期满未办理续展手续的，注销其注册商标。

注册商标被撤销、被宣告无效或者期满不再续展的，自撤销、宣告无效或者注销之日起一年内，商标局对与该商标相同或者近似的商标注册申请，不予核准。可见，无论是注册商标被撤销、被宣告无效或者是期满不再续展的，原商标所有人都不再享有商标专用权。丧失了注册商标专用权，也就失去了商标评估的对象，也就不再具有经济价值。

（六）商标的使用方式

商标的使用既可以是商标所有人的自行使用，也可以是商标所有人以外的第三人的被许可使用。商标的注册、使用、购买成本、商标注册时间、有无许可使用等都是影响商标资产价值的重要因素。

（七）类似商标的交易情况

商标的交易情况也影响商标资产的价值。当使用市场法进行商标价值评估时，可比交易案例及其交易情况对商标价值评估起决定性作用。这些因素包括可比交易案例的交易价格、交易情况、本身情况、交易日期等。

三、商标资产评估的注意事项

（一）商标资产评估对象的确定

评估专业人员执行商标资产评估业务，应当根据具体情况将评估对象确定为单一商标权益或者商标组合权益。

对商标专用权进行评估时，应当将商标注册人在相同或者类似商品和服务上注册的相同或者近似的商标作为商标组合。

（二）其他资产共同发挥作用时商标资产贡献的确定

评估专业人员执行商标资产评估业务，应当了解商标资产与相关有形资产以及专利权、专有技术和著作权等无形资产共同发挥作用的情况，并考虑其对商标资产价值的影响。

（三）商标注册人和使用者分离时商标权益主体贡献的确定

评估商标资产价值，当商标的注册人和使用者分属于不同的主体时，应当考虑商标使用者所投入的维护成本对商标资产价值的贡献。

第三节 商标资产评估案例

一、评估案例基本情况

A集团公司委托评估机构对其拥有的"X"系列注册商标专用权进行评估。A集团公司的核心产业为中西医药生产和销售。A集团公司在生产经营过程中创建了"X"系列注册商标，目前使用相关商标生产和销售药品的企业主要是A集团公司下属的B上市公司。现在A集团公司拟将其拥有的"X"系列注册商标转让给B上市公司。

本次评估对象是A集团公司创建并拥有的"X"系列注册商标专用权。委估商标是在中国境内注册的第x类商标，共10个。A集团公司出于保护性目的，在医药类别内注册了这10个外形相类似的商标。10个商标中有一部分为常用的主要商标，还有一部分从未使用过。评估时将这10个具有相关性的商标作为一个整体来考虑。

本次评估范围包括使用"X"系列注册商标的所有产品。截至评估基准日,只有B上市公司在使用"X"商标生产和销售药品,并且B上市公司生产的产品全都采用了"X"商标,所以评估范围包括B上市公司的所有产品。

本次评估的价值类型为市场价值,评估基准日为2016年12月31日。

二、评估过程和结果

本次评估采用收益法中的超额收益法对A集团公司的"X"系列注册商标专用权价值进行评估。评估过程具体是先测算商标与其他相关贡献资产共同创造的整体收益,在整体收益中扣除其他相关资产的相应贡献,将剩余收益确定为商标超额收益,再通过适当的折现率折现到评估基准日时点,以此作为该项商标资产的价值。计算公式具体如下:

$$商标资产评估值 = \sum_{t=1}^{n} \frac{R_t}{(1+r)^t}$$

其中:

R_t——第 t 年商标预期超额收益;

n——收益期限;

r——折现率。

评估专业人员在采用超额收益法对A集团公司的"X"系列注册商标专用权价值进行评估过程中,首先对该无形资产使用所处宏观经济环境、行业现状以及企业自身经营状况、资产和财务状况进行了分析,然后结合超额收益法的评估思路和主要参数的确定原则进行评定估算,并最终形成了评估结果。

(一)主要参数的确定

1. 测算超额收益率

通过考察目前使用委估商标的B上市公司的利润水平,以及商标资产对利润的贡献程度,来确定超额收益率。

$$商标超额收益率 = 销售利润率 \times (1 - 有形资产贡献率) \\ \times 商标资产占全部无形资产的贡献比例$$

(1)有形资产贡献率。调查B上市公司调整后的有形资产市值与其所有者权益加债权人权益市值之间的比率,从而得出有形资产对公司价值的贡献率,并假设该贡献率与对利润的贡献率一致。

根据调查分析,B上市公司平均有形资产贡献率为70%,即B上市公司的利润中约70%来自于有形资产的贡献,其余30%归功于无形资产的贡献。

(2)商标资产占全部无形资产的贡献比例。访谈和调查发现,B上市公司无形资产主要包括商标、专利和销售网络。根据商标资产占全部无形资产的贡献比例来确定商标资产对整体利润的贡献程度。经调查分析,B上市公司商标资产占全部无形资产的贡献比例为30%。

(3)销售利润率。利润口径取利润总额,根据调查分析,B上市公司预期的销售利润率(利润总额/销售收入)为16%。

(4)超额收益率。将商标对利润的贡献程度乘以有关业务的利润率,从而获得商标超额收益率。

商标超额收益率 = 销售利润率×(1 – 有形资产贡献率)×商标占全部无形资产的比例
= 16%×(1 – 70%)×30% = 1.4%

2. 预测超额收益

根据调查分析，明确的预测期间确定为2017—2023年。评估专业人员对B上市公司采用"X"注册商标的产品在2017—2023年的销售收入进行了预测，将预测的销售收入总额乘以商标超额收益率，即可得到税前超额收益。具体数据如表6 – 1所示。

表 6 – 1　　　　　　　　　　未来商标超额收益预测表　　　　　　　　　　单位：万元

项目	2017年	2018年	2019年	2020年	2021年	2022年	2023年
销售收入	5 000.00	6 000.00	7 000.00	8 000.00	9 000.00	10 000.00	11 000.00
商标超额收益率（%）	1.4	1.4	1.4	1.4	1.4	1.4	1.4
超额收益	70.00	84.00	98.00	112.00	126.00	140.00	154.00

3. 测算折现率

折现率是用于将委估商标资产超额收益转换成现值的比率，采用回报率拆分法进行测算。回报率拆分法的公式可表示为：

$$R_i = \frac{全部资产}{无形资产} \times \left(WACC - R_c \times \frac{营运资金}{全部资产} - R_f \times \frac{固定资产}{全部资产} \right)$$

其中：

$WACC$——整个企业平均投资回报率，即加权平均资本成本；

R_c——营运资金（流动资产）的投资回报率；

R_f——固定资产的投资回报率；

R_i——无形资产的投资回报率。

（1）测算整个企业平均投资回报率。整个企业平均投资回报率即加权平均资本成本。加权平均资本成本计算公式为：

$$WACC = \frac{E}{D+E} \times R_e + \frac{D}{D+E} \times R_d \times (1 - T)$$

其中：

$WACC$——加权平均资本成本；

E——权益的市场价值；

D——付息债务的市场价值；

R_e——权益资本的投资回报率；

R_d——债务资本的投资回报率；

T——企业的所得税率。

① 确定企业的目标资本结构。权益的市场价值和债务的市场价值决定着企业的资本结构。选取企业的目标资本结构来计算加权平均资本成本，即从医药类上市公司中选取具有可比性的参照公司，然后根据其权益市场价值和债务市场价值的相关比率进行加权平均来确定目标资本结构。

② 预测债务资本的投资回报率。债务成本的预期收益率与企业的经营风险和财务风险有关，在企业的经营风险一定的情况下，企业的财务杠杆越高，财务风险越高，其债务

资本的预期收益率也越高。评估时选用该上市公司平均贷款利率作为债务资本的预期收益。

③ 预测权益资本的投资回报率。采用资本资产定价模型确定可比企业权益资本的投资回报率。计算公式如下：

$$R_e = R_f + \beta \times (R_m - R_f) + R_s$$

其中：

R_e——股权资本成本，即权益资本的投资回报率；

R_f——无风险报酬率；

β——企业风险系数；

R_m——市场的预期报酬率；

$(R_m - R_f)$——市场风险溢价；

R_s——企业特有风险调整系数。

a. 无风险报酬率。评估专业人员选择了5年期的国债到期收益率作为无风险收益率。

b. 市场的预期报酬率。评估专业人员选取彭博咨询提供的2015年1月1日至评估基准日的上海证券市场和深圳证券市场各自的周风险收益率，换算成年收益率，扣除相应的历史无风险收益率后，用上海证券市场和深圳证券市场评估基准日的市值对其进行加权平均，进而求得评估基准日中国证券市场的年收益率。

c. 企业风险系数。评估专业人员采用彭博咨询提供的沪、深两地各参考上市公司股票相对于整个市场收益的系统风险系数 β，并进行了显著性检验（t 检验），以确定其统计结果的显著性。

d. 确定企业特有风险调整系数。因为使用"X"注册商标的B公司为上市公司，所以不再另行考虑企业特有风险调整。

e. 权益资本的投资回报率。根据资本资产定价模型计算出公司的权益资本投资回报率。

④ 加权平均资本成本的确定。根据上述公式及参数计算出加权平均资本成本为9%。

（2）测算其他资产的投资回报率。B上市公司的资产主要包括流动资产、建筑物、机器设备、专利、商标等。企业的经济效益来自于对这些资产的整体利用。根据各项资产的重要性及风险，企业总收益可按一定比例分配给各组成部分。

① 确定流动资产投资回报率。由于流动资产具有较强的流动性，其投资风险低于其他类别资产，参照银行存款利率水平确定。

② 确定建筑物、机器设备投资回报率。建筑物、机器设备的流动性低于运营资本，其投资风险高于流动资产，参照银行贷款利率水平确定。

（3）测算商标折现率。分割WACC得到无形资产回报率10%。无形资产变通利用能力差，通常被认为是企业经营中风险最高的资产。B上市公司的无形资产主要由专利和商标构成。经调查分析，评估专业人员取10%作为商标的折现率。因为商标超额收益为税前口径，因此折现率也相应换算成税前口径：$10\% \div (1 - 25\%) \times 100\% = 13\%$。

（二）评估结果

经计算，委估商标权在明确的预测期内收益现值为494.76万元。具体如表6-2所示。

表 6-2　　　　　　　　　　　预测期收益现值　　　　　　　　　　单位：万元

项目	2017 年	2018 年	2019 年	2020 年	2021 年	2022 年	2023 年
超额净收益	70.00	84.00	98.00	112.00	126.00	140.00	154.00
折现率（%）	13.00	13.00	13.00	13.00	13.00	13.00	13.00
折现期（年中折现）	0.50	1.50	2.50	3.50	4.50	5.50	6.50
收益现值	65.85	69.93	72.20	73.02	72.70	71.48	69.58
收益现值合计	494.76							

在预测期后，市场整合将趋于平稳，增长会相对放慢，根据中国经济发展以及医药行业平均水平，评估专业人员预测商标在永续期间产生的净收益流的增长率为 1%。

$$预测期后的收益现值 = 明确的预测期最后一年净收益 \times \frac{1 + 预测期后增长率}{折现率 - 预测期后增长率} \times \frac{1}{(1 + 折现率)^{6.5}}$$

经计算，预测期后的收益现值为 585.67 万元。

基于以上分析和计算，测算出相关商标所有权的市场价值为 494.76 + 585.67 = 1 080.43（万元）。

第七章 著作权资产评估

第一节 著作权资产相关知识

一、著作权

（一）著作权及相关概念

1. 著作权的概念

著作权也称版权，是指文学、艺术作品和科学作品的创作者依照法律规定对这些作品所享有的各项专有权利。著作权属于民事权利，是知识产权的一个重要组成部分，也是现代社会发展中不可缺少的一种法律制度。著作权主要具有以下特征：（1）著作权因作品的创作而自动产生。专利权、商标权的获得必须经过申请和审批，由主管部门授权后才能产生，而著作权则因作品的创作完成而自动产生。（2）著作权突出对人身权的保护。著作权与作品的创作密切联系，因此在著作权中，保护作者对作品的人身权利是其重要的内容。

根据《中华人民共和国著作权法》（以下简称《著作权法》）的规定，著作权包括下列人身权和财产权：

（1）发表权，即决定作品是否公之于众的权利。

（2）署名权，即表明作者身份，在作品上署名的权利。

（3）修改权，即修改或者授权他人修改作品的权利。

（4）保护作品完整权，即保护作品不受歪曲、篡改的权利。

（5）复制权，即以印刷、复印、拓印、录音、录像、翻录、翻拍、数字化等方式将作品制作一份或者多份的权利。

（6）发行权，即以出售或者赠与方式向公众提供作品的原件或者复制件的权利。

（7）出租权，即有偿许可他人临时使用视听作品、计算机软件的原件或者复制件的权利，计算机软件不是出租的主要标的的除外。

（8）展览权，即公开陈列美术作品、摄影作品的原件或者复制件的权利。

（9）表演权，即公开表演作品，以及用各种手段公开播送作品的表演的权利。

（10）放映权，即通过放映机、幻灯机等技术设备公开再现美术、摄影、视听作品等的权利。

（11）广播权，即以有线或者无线方式公开传播或者转播作品，以及通过扩音器或者其他传送符号、声音、图像的类似工具向公众传播广播的作品的权利,但不包括本款第十二项规定的权利。

(12) 信息网络传播权,即以有线或者无线方式向公众提供作品,使公众可以在其个人选定的时间和地点获得作品的权利。

(13) 摄制权,即以摄制视听作品的方法将作品固定在载体上的权利。

(14) 改编权,即改变作品,创作出具有独创性的新作品的权利。

(15) 翻译权,即将作品从一种语言文字转换成另一种语言文字的权利。

(16) 汇编权,即将作品或者作品的片段通过选择或者编排,汇集成新作品的权利。

(17) 应当由著作权人享有的其他权利。

其中,第(1)项至第(4)项规定的权利为著作权的人身权。第(5)项至第(17)项规定的权利为著作权的财产权,具有可以转让、继承、交易等商品属性。著作权人可以许可他人行使著作权的财产权,并依照约定或者《著作权法》有关规定获得报酬。此外,著作权人还可以全部或者部分转让著作权的财产权,并依照约定或者《著作权法》有关规定获得报酬。

作品传播的广度、深度和效果对其著作权价值实现具有较大影响。因此,从价值评估角度,按照与传播相关还是与使用方式相关,可以对著作权资产财产权进行分类(见图7-1)。

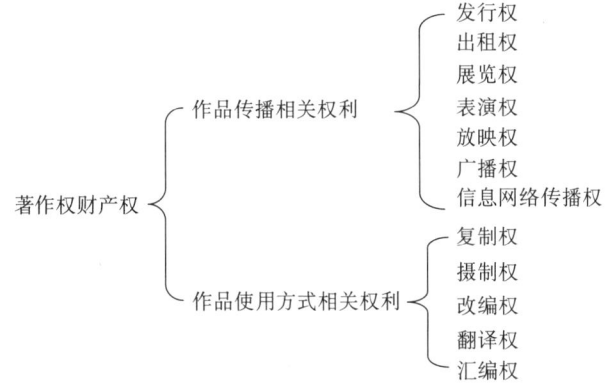

图7-1 著作权财产权权利分类

发行权、出租权、信息网络传播权等7类权利均涉及作品的传播方式,而作品的传播也是著作权价值得以实现的手段和途径,我们称其为"作品传播相关权利"。复制权、摄制权等5类权利,主要涉及作品表现和使用形式的变化,我们称其为"作品使用方式相关权利",行使这些权利的目的也是为进行传播,并需要通过上述各种传播相关权利来实现著作权价值。

2. 著作权相关联作品

著作权的客体为作品。作品是指文学、艺术和科学领域内具有独创性并能以一定形式表现的智力成果。作品具有以下特征:(1)作品是一种智力成果。作品必须是自然人劳动创作的。(2)作品具有独创性。独创性是智力创作成果成为作品最重要的构成条件,是区别"作品"与"制品"的标准。作品受著作权保护,制品受与著作权有关的权利保护。(3)作品具有一定表现形式。作品必须能以一定形式表现。通常作品的表现形式具有可复制性,可以较低成本实现再现、传播,产生效益,从而需要保护。

《著作权法》对与著作权相关联作品的形式进行了界定,通常包括以下几种:文字作品,口述作品,音乐、戏剧、曲艺、舞蹈、杂技艺术作品,美术、建筑作品,摄影作品,视听作品,工程设计图、产品设计图、地图、示意图等图形作品和模型作品,计算机软件,符合作品特征的其他智力成果。政府文件,单纯事实消息,历法、通用数表、通用表格和公式等作品不受著作权法保护。

3. 与著作权有关的权利

与著作权有关的权利,也称作品传播者权,是指作品传播者等因其在传播作品过程中所做出的创造性劳动、投资或其他贡献而被法律赋予的权利。按照《中华人民共和国著作权法实施条例》的规定,与著作权有关的权利主要包括出版者对其出版的图书和期刊的版式设计享有的权利,表演者对其表演享有的权利,录音录像制作者对其制作的录音录像制品享有的权利,广播电台、电视台对其播放的广播、电视节目享有的权利。与著作权有关的权利与著作权密切相关,又是独立于著作权之外的一种权利。

与著作权有关的权利作为传播者的权利,与著作权相比,有着诸多的区别:(1)主体不同。著作权主体主要是作品的创作者,与著作权有关的权利的主体是作品的传播者。(2)权利内容不同。著作权包括人身权和财产权,与著作权有关的权利除了表演者权中包含的两项人身权以外,其他的与著作权有关的权利在性质上都是财产权。

(二)著作权的权属

一般来说,著作权属于作者,但其他的自然人、法人或者非法人组织也可以依法成为著作权人。

1. 合作作品的著作权归属

合作作品是两人以上合作创作的作品。除主体为"两人以上"外,构成合作作品必须符合下列条件:一是有共同创作的意图;二是有共同的创作活动。合作创作的作品,著作权由合作作者共同享有,没有参加创作的人,不能成为合作作者。合作作品的著作权由合作作者通过协商一致行使;不能协商一致,又无正当理由的,任何一方不得阻止他方行使除转让、许可他人专有使用、出质以外的其他权利,但是所得收益应当合理分配给所有合作作者。合作作品可以分割使用的,作者对各自创作的部分可以单独享有著作权,但行使著作权时不得侵犯合作作品整体的著作权。

2. 职务作品的著作权归属

职务作品一般是作为雇员的自然人为完成所在单位的工作任务而创作的作品。职务作品可以是新闻作品、美术设计作品、计算机软件或作品分类中的任何一种作品形式。认定职务作品时应考虑的条件主要有两个:一是作者和所在单位存在劳动关系,二是作品的创作属于作者的职责范围。

一般职务作品的著作权由作者享有,法人或者非法人组织享有在其业务范围内优先使用的权利,期限为2年。单位的优先使用权是专有的,未经单位同意,作者不得许可第三人以与单位使用的相同方式使用该作品。在作品完成2年内,如单位在其业务范围内不使用,作者可以要求单位同意由第三人以与单位使用的相同方式使用,单位没有正当理由不得拒绝,所获报酬由作者与单位按约定比例分配。

特殊的职务作品,除署名权以外,著作权的其他权利由单位享有。特殊职务作品是指主要是利用法人或者非法人组织的物质技术条件创作,并由法人或者非法人组织承担责任的工程设计图、产品设计图、地图、示意图、计算机软件等职务作品，报社、期刊社、通讯社、广播电台、电视台的工作人员创作的职务作品，或者法律、行政法规规定或者合同约定著作权由法人或者非法人组织享有的职务作品。

3. 委托作品的著作权归属

委托作品指受托人根据委托人的委托而创作的作品。受委托创作的作品，著作权的归属由委托人和受托人通过合同约定。合同未做明确约定或者没有订立合同的，著作权属于受托人。

4. 演绎作品的著作权归属

改编、翻译、注释、编辑、整理已有作品产生的作品称为演绎作品。演绎作品的著作权由改编、翻译、注释、整理人享有，但行使著作权时不得侵犯原作品的著作权。

5. 视听作品的著作权归属

视听作品中的电影作品、电视剧作品的著作权由制作者享有和行使，参加作品创作的其他人员，如导演、编剧、作词、作曲、摄影等作者享有署名权，并有权按照与制作者签订的合同获得报酬。除此以外的视听作品的著作权归属当事人约定，没有约定或者约定不明确的，由制作者享有，但作者享有署名权和获得报酬的权利。视听作品中可以单独使用的部分，如剧本、音乐等的作者可以单独行使著作权。

6. 原件所有权转移时作品著作权的归属

绘画、书法、雕塑等美术作品的原件可作为买卖、赠予的标的。然而，美术等作品原件所有权的转移，不改变作品著作权的归属，但美术、摄影作品原件的展览权由原件所有人享有。作者将未发表的美术、摄影作品的原件所有权转让给他人，受让人展览该原件不构成对作者发表权的侵犯。除美术作品之外，对任何原件所有权可能转移的作品，都要注意区分作品物质载体的财产权和作品的著作权这两种不同的权利。

7. 著作权的集体管理

著作权集体管理是指通过代表著作权人的集体组织授权使用者使用作品并收取报酬分发给著作权人的活动。著作权的集体管理制度是随着复制、传播技术的发展，作品使用形式日趋多样化，适用范围日趋扩大的新形势而产生的。著作权人和与著作权有关的权利人可以授权著作权集体管理组织行使著作权或者与著作权有关的权利。依法设立的著作权集体管理组织是非营利法人，被授权后可以以自己的名义为著作权人和与著作权有关的权利人主张权利，并可以作为当事人进行涉及著作权或者与著作权有关的权利的诉讼、仲裁、调解活动。著作权集体管理组织根据授权向使用者收取使用费，并将使用费的收取和转付、管理费的提取和使用、使用费的未分配部分等总体情况定期向社会公布，同时建立权利信息查询系统，供权利人和使用者查询。

（三）著作权的保护

著作权人享有的著作权受法律保护，侵犯著作权的行为应当依法承担相应的法律责任。不过，以下两种情形不构成对著作权的侵犯：一是合理使用，二是法定许可。

1. 合理使用

所谓合理使用，指他人依法律的明文规定，可以不经著作权人许可而无偿地使用其作品的行为。合理使用必须符合下列条件：（1）指明作者姓名或者名称、作品名称；（2）只能针对已经发表的作品；（3）不得与作品的正常使用相冲突，不得不合理地损害著作权人的合法权益。《著作权法》列举了合理使用的十三种情形。

2. 法定许可

法定许可指在法律明文规定的范围内，行为人可以不经著作权人许可使用作品，但应向著作权人支付报酬。法定许可主要涉及著作权人与作品传播者之间的关系。法定许可主要包括四种情形：编写出版教科书，报刊转载、摘编，录音制作，播放广播电视节目。

二、著作权资产

（一）著作权资产的概念

著作权资产是指权利人所拥有或者控制的，能够持续发挥作用并且预期能带来经济利益的著作权的财产权益和与著作权有关权利的财产权益。

同样，并非所有的著作权都能成为资产评估中的著作权资产，著作权中能够持续发挥作用并且预计能为权利人带来经济利益的著作权才能够成为资产评估中的著作权资产。

另外，在评估实务中，评估专业人员还需要区分著作权资产与著作权载体之间的区别。著作权资产只是著作权以及与著作权有关的权利的财产权益所形成的无形资产，而著作权载体通常是承载特定著作权作品的实物资产。例如，一本图书是承载具体作品的纸质实物，通过购买而拥有该图书的实物资产，并不代表享有了书中作品的著作权及其资产。因此，上述实物图书构成的资产不是评估中的著作权资产。同样，购买载有某办公系统软件的光盘，购买者便获得了一个载有著作权作品的实物资产，并可以占有、使用该光盘中的软件（但不准出租，计算机软件出租是《著作权法》规定的一项著作权资产），但并不能拥有该光盘包含的软件著作权，即购买者所购买、拥有的仅仅是相关的实物资产，而不是评估中的著作权资产。

（二）著作权资产的特征

1. 形式特征

著作权资产与其他无形资产如专利、专有技术和商标资产等一样，最主要的特征就是一般不能单独发挥作用，需要与其他资产共同发挥作用，这些资产通常称为贡献资产，如房屋、设备和营运资金等。例如，按照图纸"复制"建筑物，不但需要图纸著作权资产，还需要建筑设备、资金；计算机软件公司销售计算机软件，不但需要计算机软件著作权的复制权和发行权，还需要载有计算软件的载体（如光盘）的所有权等。这种共同发挥作用的特性，主要表现在如下三个方面：

（1）著作权资产与相关有形资产以及其他无形资产共同发挥作用。对于一些特殊著作权资产，其在发挥作用的过程中，不但与一些有形贡献资产共同发挥作用，甚至还可能与一些无形贡献资产共同发挥作用。例如，计算机软件著作权资产具有一个特性，即思想性与表达性的不可分割性，我们知道著作权法是保护人们表述"思想"的方式而不是"思想"本身。著作权保护的是计算机程序及其文档的表达形式，不涉及开发软件所用的思想、处理过程、操作方法、算法、功能、技术、概念等。但在进行一项计算机软件评估时，我们可能不但涉及其著作权资产，也就是计算机程序及其文档的表达方式，还会涉及该软件在设计、编制过程中的思想、处理过程、操作方式、算法、功能、技术、概念等，这些要素可能会构成专利、专有技术。在这种情况下，由于计算机软件的著作权与上述专利或专有技术本身无法分割或者不需要分割，因此在评估该计算机软件时，就可能包括上述专利、专有技术的贡献。另一种情况是著作权与商标共同发挥作用。例如，同样的计算机软件著作权，由于编制软件的公司不同，这些公司拥有不同的商标，必然反映在该公司产出的产品中，使得软件著作权产品的销售价格存在较大差异，这个差异可能就有部分是由商标等无形资产所产生的，商标的作用与软件著作权的作用是结合在一起的。

（2）著作权资产与演绎作品共同发挥作用。例如，一个文字作品为原创作品，享有著作权，如果需要将其改编为电视剧作品，则改编好的电视剧作品也享有著作权，并且电视剧作品著作权与文学作品的著作权不同，著作权权利人可能也不同。这个电视剧的著作权称为在原创作品（文字作品）著作权上演绎形成的衍生著作权。著作权法规定，演绎作品著作权人行使自身作品著作权时，不能侵犯原创作品的著作权人的权益。当演绎作品著作权人授权电视台播放改编的电视剧作品时，将会为著作权人带来收益，该收益从实质上说应该包括演绎作品著作权中的"放映权"和原创作品著作权中的"改编权""摄制权"结合在一起共同发挥作用产生的收益。演绎作品著作权人通常需要通过以下两种方式将收益进行分割：一是采用一次性支付的方式，一次支付原创作品著作权人"购买"许可将原创作品改编为电视剧的权利；二是以收益分账的方式将电视剧播放的收益在原创作品著作权人与演绎作品著作权人之间进行分割。

（3）著作权和与著作权有关的权利共同发挥作用。以一本图书的出版为例，作者创作完成作品后授权出版社出版，出版社编辑、设计加工后经印刷复制、发行，图书很畅销，图书销售所产生的收益既有作者著作权的贡献，也有出版社版式设计的贡献，是著作权和与著作权有关的权利共同发挥作用的结果。另一个案例是剧场演出的话剧，一台话剧节目的剧本是享有著作权的，演出不能没有演员，并且一般情况下，演员具有十分重要的作用。对于这台话剧演出收益来说，不但有剧本作品著作权的贡献，还包括演员的贡献，演员享有的权利是属于与著作权有关的权利范畴的，没有演员的贡献，演出收益无法实现，因此上述演出收益应该理解为是剧本著作权与演员共同贡献的结果。

2. 法律特征

（1）著作权资产的时效性。不同的著作权具有不同的法律保护期限。著作权财产权以及应当由著作权人享有的其他权利保护期为50年，截止于作者死亡后第50年的12月31日；如果是合作作品，截止于最后死亡的作者死亡后第50年的12月31日。如果是法人或者非法人组织的作品，著作权（署名权除外）由法人或者非法人组织享有的职务作品，其发表权的保护期为50年，截止于该作品创作完成后第50年的12月31日；所有的著作权财产权以及应当由著作权人享有的其他权利的保护期为50年，截止于作品首次发表后第50年的12月31日，但作品自创作完成后50年内未发表的，法律将不再保护。视听作品，其发表权的保护期为50年，截止于作品创作完成后第50年的12月31日；所有的著作权财产权以及应当由著作权人享有的其他权利保护期为50年，截止于作品首次发表后第50年的12月31日，但作品自创作完成后50年内未发表的，法律将不再保护。

著作权资产价值不仅取决于著作权的法定保护期限和剩余保护期限，对于某一具体经济行为，则会更多地关注其合同约定的使用期限。该合同期限必须是在作品著作权法定剩余保护期限内。只有在合同规定使用年限内产生的合理收益才能作为著作权价值评估的基础。

（2）著作权资产的地域性。一般来说，著作权只在授予权利的国家的管辖范围内受到该国相关法律的保护，对其他国家没有域外效力。著作权的这一性质限制了因转让或者使用著作权而产生收益的地域范围。一般来说，著作权的地域性限制越小，著作权评估值也就越大，反之越小。

比如，我国在刚刚颁布《著作权法》的时候，还没有参加著作权的国际公约，这就意味着中国作品在国外不受保护，国外的作品在中国也不受保护，除非是外国人的作品在中国首先发表或者出版，才受中华人民共和国法律的保护。但在我国参加了《伯尔尼公约》及《世界版权公约》，并且成为世界贸易组织的成员之后，这些国际公约的条款，使著作权受到保护的地域已经远远超出了一个国家的范围，国内法变成了区域性法律。特别是目前世界上绝大多数国家都是世界贸易组织的成员，如果在一个国家享有著作权，则可以在世界上绝大多数国家得到相应的保护。

第二节 著作权资产评估概述

一、著作权资产评估对象的界定

著作权资产评估对象是指著作权中的财产权益以及与著作权有关权利的财产权益。根据著作权财产权益类别和作品类别两个维度的分析，可以构建出一个"作品类别"×"财产权益类别"的著作权价值评估对象基本矩阵，其中的元素即为著作权价值评估对象——××作品××权。按照不同类别作品的特征以及各种财产权益的概念，并不是每一类作品都具有全部财产权利。

在"作品传播相关权利"中，发行、信息网络传播权利基本可体现在绝大部分作品上；广播、表演权利主要体现在文字、音乐、舞蹈等艺术类作品上；出租权仅体现在电影作品、计算机软件作品上；展览权仅体现在美术作品、摄影作品上；放映权体现在美术、摄影、电影作品上。在"作品使用方式相关权利"中，复制、摄制、改编、翻译、汇编5种权利适用于大部分作品。具体评估业务中，则需要根据特定的经济行为、评估目的确定评估对象，可能是上述矩阵中的某一个元素——单项权利，也可能是几个元素组成的集合——权利组合。

著作权资产评估对象的界定还需要关注财产权利形式。著作权资产的财产权利形式包括著作权人享有的权利和转让或者许可他人使用的权利。许可使用形式包括法定许可和授权许可；授权许可形式包括专有许可、非专有许可和其他形式许可等。

此外，著作权资产评估对象的界定还需要充分关注评估目的的影响。比如，以投资、转让为目的的著作权评估，直接关系到投资各方或者转让方与受让方之间的利益，所以应注意确认著作权各项权利的归属，明确投资、转让的权利的内涵、时间、范围等，以保持评估目的与评估对象的一致性。

二、著作权资产价值影响因素

相关无形资产评估准则要求，执行无形资产评估业务，需要关注评估对象的产权因素、获利能力、成本因素、市场因素、有效期限、法律保护、风险因素等相关因素。评估实务中，可以从以下一些方面来考虑影响著作权资产价值的因素。

（一）宏观经济状况

1. 著作权资产使用区域的社会环境

除了完善的法律制度，一个社会的著作权意识和政策导向也对著作权资产价值有重要影响。在"窃书不为偷"的社会环境中，很难会有著作权资产价值的充分实现。只有在"政府软件正版化"背景下，通过实施诸如"著作权干部工程""著作权孩子工程""著作权人才工程""著作权公益宣传工程"，构建出政府引导、社会广泛参与的著作权保护大联盟、大格局，著作权资产才能有更高的价值。

2. 著作权资产使用区域的经济环境

著作权产业的发展与区域经济发展密切相关。根据国际经验，当人均 GDP 超过 3 000 美元的时候，文化消费会持续快速增长，接近或超过 5 000 美元时，文化消费则会"井喷"，消费的增加自然会增加与文化产品密切相关的著作权资产需求，增加著作权资产收益和提高其价值。因此，如果著作权资产交易发生在经济发达区域，其价值会高于经济落后区域。但是，文化消费又不同于实物消费，满足消费者物质需求的同时，还可以满足消费者心理的需求，因此其消费对外部经济环境的反应相对具有弹性。尤其在经济出现增长缓慢的时期，著作权产业可能出现逆势增长。

（二）市场需求状况

著作权资产作为一项特殊的资产，参与市场交易时，其价值同样受到市场活跃程度及供求规律的影响。在著作权资产交易活跃的市场中，著作权资产价值就容易实现，一些畅销出版物、音像制品等，发生市场交易比较常见。当市场对某项著作权资产的供应大于需求时，其价值会降低，反之，价值会得到提升。市场相关作品的价值以及新版本作品也会影响到所估作品著作权资产的价值。市场竞争程度也会影响到著作权资产价值的大小，同类作品的竞争激烈，作品的著作权资产价值实现也会受到影响。

（三）著作权资产所依托的作品

1. 作品所处的产业及相关政策

文学、艺术作品作为文化产品的一部分，其受产业政策影响尤其明显。一方面，国家对文化产业大力扶持和发展，出台了一系列相关产业发展政策；另一方面，国家对文化产品的导向作用也有明确要求，提出文化企业提供精神产品，传播思想信息，担负文化传承使命，必须始终坚持把社会效益放在首位、实现社会效益和经济效益相统一。著作权资产对应作品大部分属于文学、艺术作品，文化产业政策对其价值的影响不可忽视。

2. 作品的类型

不同类型作品的著作权资产，价值影响因素可能差别很大。同样是录音制品，流行音乐和经典音乐就有很大差异：第一是创作投入差异；第二是顾客对象差异；第三是寿命周期差异。这些因素既影响其收益，又影响其风险。

不同类型作品的著作权资产，其法律规定也有不同。如原创作品和演绎作品的差异，演绎作品是在原创作品的基础上通过翻译、改编等方式产生的新产品，虽然也具有价值，但在转让和使用许可中受到很多法律限制，因此其价值也就和原创作品不同。

不同作品，其传播方式也不同，因此会影响其传播范围、传播效果及传播收益。比如文字作品可以通过广播方式进行传播，但美术、摄影作品就很难通过同样的方式传播，所以文字作品广播权价值就比美术作品广播权价值要大。

3. 作品的内容

作品的内容决定其使用价值，使用价值越大，相应著作权资产的价值也就越大，具体来说，作品的内容主要受其艺术性、时代性和技术水平的影响。

（1）艺术性。著作权资产所依托的作品艺术上的独特性是其获得法律保护的依据，也是形成其价值的重要因素。作品的艺术性是指作品对读者产生的一种艺术感染力量，是作品的创作投入、艺术形式、艺术技巧、作者的艺术素养和审美情趣的综合表现。艺术性强的作品，其使用价值相对艺术性低的作品要高，因此其著作权资产的价值也就比较高。如名著《红楼梦》包含了巨大的艺术价值和社会价值，被多次再版，其价值当然也就要高于一般作家的小说。

（2）时代性。作品的时代性主要是指作品与时代相呼应，顺应时代的要求，能较大程度地满足人们某方面的需求。时代性强的作品相对来说使用价值要大，著作权资产的价值也相对较高。例如，某部反映现实生活题材的电视剧本，拍摄制作完成上映后其收视率非常高，那么该著作权资产的价值也就比较大。

（3）技术水平。著作权资产所依托的作品的创作难度大，复制风险也大，技术上的保密性和反侵权能力是衡量其价值的重要标准。

4. 作品作者的知名度

有些著作权资产的价值与创作者的知名度有很大关系，如文字、摄影、动漫、音像等创意设计作品，创作者知名度高，其作品更受欢迎，市场对其需求更大，未来取得收益多，价值也就更高。名作家和刚涉足创作的人士相比，具有较高知名度，沉入作品的人力成本要高很多，所以创作者的知名度本身就是一种无形资产，其作品也就具有较高价值。

5. 作品的生产制作能力

作品是著作权资产的载体，这些作品的制作能力，决定了其供给量的大小。不同类型作品在创作人员、配套资源要求、创作流程等方面都存在差异。文字、美术、摄影等作品更多依赖于作者个人的创造性工作，这类作品生产制作能力受作者个人影响较大，提高供给量的方式是培养更多专门人才，提高创作人员基数。影视作品、计算机软件则大部分为集体工作成果，其供给量受到剧本、演员、导演、资金等多方面因素限制，提高供给量则需要企业具备比较强的资金实力和资源整合能力、著作权作品储备等。著作权资产价值评估，需要关注实施或运用著作权资产的企业供给能力的限制。

6. 作品的发表情况

尽管按照《著作权法》规定，自然人、法人或者非法人组织的作品，不论是否发表，均享受著作权。但是，在进行著作权评估业务过程中，必须考虑作品的发表状况，因为其对资产的价值有较大影响。首先，发表状态影响资产的剩余经济寿命。根据著作权法，法人或者非法人组织的作品、著作权（署名权除外）由法人或者非法人组织享有的职务作品、视听作品创作完成后50年内未进行发表，法律将不再保护。也就是说如果上述几种作品创作完成后未进行发表，其最多只具有50年的经济寿命，超过50年后其所产生的经济利益将不再归属于创作人。其次，发表状态还会影响作品的影响力和经济利益。发表是作品扩大受众范围的途径，作品通过这种方式能够被更多的受众接触，扩大其影响力，影响著作权资产能够带来的经济利益，从而影响其价值。

7. 作品的已传播情况

一般来讲，作品的已传播情况是指作品被人观看或阅读的次数及其范围，是家喻户晓还是部分人群知道，或者是无人知晓。随着网络技术的发展，优秀作品的传播速度会进一步加快。对于家喻户晓的作品，其社会影响力大，从而其著作权资产的价值相对要高。如一部好莱坞大片，因为其制作技术先进、导演与主要演员知名度高以及影片内容时代性较强，这部电影短时间内就在世界各国遍地开花，那么这部电影的使用价值达到最高，其著作权资产的价值也就相对较高。

（四）著作权资产的运营模式

不同的著作权资产运营模式对著作权资产价值的实现具有较大的影响。由于作品著作权涉及的财产权利束类型众多，而一种作品可以衍生出更多类型的作品，且这些衍生作品著作权财产权利又以原始作品著作权权利为基础，从价值上来说，原始作品与衍生作品互相影响、互为基础。因此，最优的著作权资产运营模式就是寻求实现从原始作品至全部衍生作品的全作品链的、各种财产权利价值最大化的模式。

不同的运营模式对著作权资产价值评估有不同的影响。对于产业链较长、作品著作权开发比较深入的模式，企业有比较成熟的运作模式，使得作品著作权各类权利的充分利用成为可能，同时原始作品转化为新作品也成为可能。这种情况下，如果涉及著作权资产的全部财产权利价值，就需要结合企业运营模式，充分考虑各类权利收益的实现途径和金额，并且需要考虑衍生收益的价值。

著作权财产权有两种主要的收益方式：销售型（直接收益型）和使用型（间接收益型）。前一种主要是通过销售其作品从而获得直接收益，例如图书作品即通过销售直接获得其收益。后一种是指通过使用该作品的方式间接实现其收益，例如一组机器的设计图纸，它的价值实现方式不在于直接转让，而是体现在根据该图纸制造出来的机器设备的价值收益中。对于能够通过销售实现收益的著作权资产，通常会采用法律规定的或市场上惯用的一定比例的版税或提成费用的评估方法直接获得著作权资产的评估值，其收益更容易反映在其价值中。而对于通过使用的方式实现收益的著作权资产，评估过程中涉及的问题较为复杂，需要考虑作品的社会影响力、技术发展的水平等较难可靠量化的因素，因此有可能漏计或多计其贡献，影响其价值。

（五）著作权资产的法律状态

我国《著作权法》对作品的保护采用自动保护原则，即作品一旦产生，作者便享有著作权，不论登记与否都受法律保护。随着著作权纠纷越来越多，许多作者要求将自己的作品交著作权管理部门登记备案。作品办理自愿登记后，则有了一个法律的初步证据。一旦发生侵权纠纷或权利归属纠纷，登记记录可以作为其是真实权利人的有力证明，降低著作权人在维护合法权益或对抗诉讼中的成本，从而间接影响著作权资产的价值。在著作权资产的评估实践中，作品登记证书可以作为该著作权资产稳定性、可靠性的依据。

此外，著作权资产的时效性与地域性等法律特征也会对其价值产生影响。尤其目前有许多著作权资产与专利、专有技术等其他知识产权相比具有更强的时效性，如一些音乐、歌曲、电影、电视剧在首次发表时期其收益价值较大，但随着时间的推移，其价值会有一个较大的衰减。

三、著作权资产评估的注意事项

（一）关注评估对象的识别和清晰披露

形成著作权的作品类型多样，特征各异。著作权资产财产权类型较多，不同类型权益在对作品的使用或传播方面也都存在差异。造成著作权资产评估对象识别的困难。可以从作品类别和财产权利类别两个维度来识别评估对象，完成对评估对象第一、第二两个层次的界定，如可以确定评估对象是××作品的A、B两项财产权益。再根据经济行为目的，进一步明确第三个层次的界定，如可以确定评估对象是××作品的A、B两项财产权益的普通许可使用权。对于著作权资产，作品的使用方式、使用区域、使用时间也会有比较详细的限制。评估对象识别也需要把这些限定条件披露清楚。

通常情况下，出于作者自身利益最大化考虑，涉及著作权资产的大部分经济行为涉及的都是财产权益的许可使用权。

（二）关注作品获取收益的方式

作品获取收益关键在于两大链条：一是内容信息向最终客户传递的信息流；二是客户支付向企业流动的现金流。相对于传统产业或提供实体性产品的行业，这两大链条实现的方式更加灵活多变，与信息传播技术发展密切相关。在传统模式下，受技术约束，信息传递与支付实现更多的是面对面或通过纸质等实物载体。在信息技术飞速发展的今天，互联网、移动互联网、计算机、移动终端、可穿戴设备给信息传递和支付提供了更多可选择的方式和途径，并且未来技术发展还会带来更多我们意想不到的变化，从而不断改变作品的收益方式。但可以预见的是，不论技术如何变化，其趋势应当是对作品的定位更精准，收益计量更精确，资金周转更迅捷，消费者购买支付更快捷，客户需求与作品创作结合得更加紧密，个性化作品定制会越来越多，企业的盈利模式会更加多样化。

（三）关注作品收益获取期限

文学、艺术作品是体验性产品和注意力产品，在信息处于买方市场的条件下消费者的注意力已经成为文学、艺术市场价值的决定性因素。这些特征决定了文化产品寿命期限较短。比如，电影作品院线放映一般在30~50天，电视剧作品一般在首轮播放就能够实现80%以上的收入，大部分手机游戏产品生命周期仅有2~3个月。虽然通过商业模式的创新可以延长其寿命期限，但这种延长相对于物质产品还是短得多。因此，在对著作权资产进行评估时，尤其需要关注对应作品收益期限特征及其与传统物质产品存在的差异。

（四）关注著作权资产面临的风险

文学、艺术作品作为文化产品，其消费具有较大的不确定性，主要来自以下原因：第一，文化产品主要满足消费者的精神需求，属于符号效用满足型产品。文化产品的特质成为短暂符号意义和生活形式的象征，文化消费具有主观性、易变动性、不稳定性的特征，在快速变动的社会中对文化产品的认知价值随时可能会改变。第二，政府文化政策的不稳定性也会造成文化需求波动的不确定性，比如对凡是有劣迹的导演、编剧、演员等主创人员参与制作的电影、电视节目、网络剧、微电影等暂停播出等，这种由于政府政策造成的需求变动对于文化企业而言具有更大的不可预见性和风险性，对文化市场需求影响更大。第三，文化产品不仅生命周期短，而且重复利用的价值较低，即文化产品开发支出对于文化企业而言属于沉没成本，投资所形成的资产具有很强的资产专用性。

因此，需要关注所评估著作权资产面临的制作风险、内容风险、政策风险、侵权盗版风险等方面。

（五）关注合理分割著作权资产贡献的收益

作品创作并不是单一生产要素的产物，而是若干种资源共同作用的结果。作品的生产是队生产，具有如下特征：第一，使用几种类型的资源。作品生产过程将运用到文化资源、创意、资本、人力资本、土地等资源。第二，作品不是每一参与合作的资源的分产出之和，它具有不可分性，是通过创意科技手段和商业运作将文化资源、人力资源等进行整合。第三，队生产所使用的所有资源不属于一个人。文化产品生产过程中所涉及的文化资源、创意、资本、人力资本、土地等生产资源分别属于国家、艺术家、投资者和企业家等主体。在队生产条件下如果仅仅观察最终产品，很难确定单个人对他们联合投入的产出所做出的贡献。这是因为产出应属一个队，而且它还不是每个成员的分产出之和，比如很难确定编剧、摄影、市场推广等对电影票房收入的具体边际贡献和总贡献。

因此，著作权资产评估中，在不能够直接获取被评估对象无形资产收益的情况下，需要考虑其他有形资产、被评估对象之外的其他无形资产贡献收益的分割。

具体分割的方法有很多，比如经验数据（如分成率、许可费率等统计数据）、专家打分、层次分析、模糊评判等。但无论采用何种方法，需要注意以下一些事项：首先，要知道每种方法的适用性和不足，分析是否能够采用；其次，对预测收益都来自于哪些有形和无形资产进行分析和辨识；最后，在定性分析基础上，按照所采用方法要求的步骤进行量化。

第三节 著作权资产评估案例

一、评估案例基本情况

A公司是一家专业从事字形设计、字库产品开发、汉字信息技术研究、汉字应用解决方案的文化创意与信息技术企业。该公司拟进行股份制改制，需对其净资产价值进行评估。在采用资产基础法时，涉及该公司无形资产——字体美术作品著作权资产价值的评估。

经过了解，A企业目前对该著作权资产最佳的利用方式是授权被许可方复制包含该字体的字库软件在单台电脑上使用，或通过信息网络传播使用，如类似QQ的即时通讯工具平台聊天使用。因此，其收益来源主要是该著作权资产的复制权、信息网络传播权的许可使用收益。

本次评估的价值类型为市场价值，评估基准日为2015年12月31日。

二、评估过程和结果

A公司字体美术作品著作权一般通过授权许可使用方式产生收益，具体许可使用渠道包括全媒体发布授权、互联网及嵌入式业务、出版企业发布授权、精品字库定制等。故本次评估对象的收益来源是字体美术作品的许可费收入。由于著作权资产带来的收益可以明确预测，本次对该字体美术作品著作权资产的评估采用收益法。

具体采用多期超额收益模型评估著作权资产价值，计算公式如下：

$$P = \sum_{t=1}^{n} \frac{R_t}{(1+r)^t}$$

其中：

P——评估值；

R_t——著作权资产未来第 i 个收益期的预期超额收益；

t——收益年期，$t=1, 2, 3, \cdots$，著作权经济使用年限最后一年；

r——著作权资产折现率。

评估专业人员在采用多期超额收益法对 A 公司美术作品著作权资产价值进行评估的过程中，首先对该无形资产使用所涉及宏观经济环境、行业现状以及使用企业自身经营状况、资产和财务状况进行了分析，然后结合多期超额收益法的评估思路和主要参数的确定原则进行评定估算，并最终形成了评估结果。

（一）主要参数的确定

1. 确定收益期限

虽然该字体美术作品著作权法定保护期限为 50 年，该字体自创作完成至基准日（2015 年 12 月 31 日）已使用 2 年，剩余保护期限 48 年，但根据字体特征、消费者分析并结合企业经验，确定该字体剩余经济使用年限为 7 年，即预测收益期至 2022 年年末。

2. 预测超额收益

著作权资产未来第 t 个收益期的预期超额收益采用现金流口径，计算公式为：

R_t = 著作权资产收益 - 贡献资产收益

（1）预测收入。根据历史收益方式分析，确定该美术作品收益主要获取来源为著作权资产的复制权、信息网络传播权的许可使用收益。

该著作权资产历史年度每年可授权许可 8~9 个客户使用，许可费收入约 27 000 元，最近 3 年平均增长率 5% 左右。

经对市场和用户分析，参考历史年度增长率水平，预测未来年度收入增长率变化及收入。该字体未来著作权许可收益未来先呈增长趋势，达到一定程度后，由于市场消费者喜好变化，对该类型字体的认可度逐渐降低，使用率逐渐衰减，至经济寿命结束退出市场。具体数据见收益预测表（详见表 7-1）。

（2）预测销售税金。根据《营业税改征增值税试点实施办法》，著作权许可应当缴纳增值税。假定被评估企业可以选择适用简易计税方法计税，则应纳税额 = 销售额 × 征收率，销售税金及附加为增值税的 10%。

（3）预测营业成本及期间费用。结合 A 企业历史年度数据分析，预测该著作权资产营业成本占销售收入比例为 10%，销售费用、管理费用分别为销售收入的 15%、10%，无财务费用。

（4）预测贡献资产收益。根据历史年度企业数据分析，并结合长短期银行贷款利率，预测未来年度与该著作权资产销售相关的贡献资产分别为流动资产、固定资产，各自收益分别占销售收入的 2%、4%。由于是有限期经营，假设期末固定资产正好全部损耗，无回收价值。流动资产期末按照基准日市场价值27 000元收回。

根据以上分析，计算预测期著作权资产超额收益如表7-1所示。

表7-1　　　　　　　　　预测期著作权资产超额收益表　　　　　　　　单位：元

项目	预测基础	公式	2016年	2017年	2018年	2019年	2020年	2021年	2022年
著作权资产许可费收入		①	28 350	31 200	32 800	32 800	31 200	28 100	22 500
增长率（%）			5	10	5	0	-5	-10	-20
应纳增值税（简易征收）	销售额×征收率3%		851	936	984	984	936	843	675
销售税金及附加	增值税的10%	②	85	94	98	98	94	84	68
营业成本	（成本/收入=10%）	③	2 835	3 120	3 280	3 280	3 120	2 810	2 250
销售利润		④=①-②-③	25 430	27 986	29 422	29 422	27 986	25 206	20 182
销售费用15%	占销售收入的15%	⑤=①×15%	4 253	4 680	4 920	4 920	4 680	4 215	3 375
管理费用10%	占销售收入的10%	⑥=①×10%	2 835	3 120	3 280	3 280	3 120	2 810	2 250
利润总额		⑦=④-⑤-⑥	18 342	20 186	21 222	21 222	20 186	18 181	14 557
减：流动资产期望收益	占销售收入的2%	⑧=①×2%	567	624	656	656	624	562	450
固定资产期望收益	占销售收入的4%	⑨=①×4%	1 134	1 248	1 312	1 312	1 248	1 124	900
超额收益		⑩=⑦-⑧-⑨	16 641	18 314	19 254	19 254	18 314	16 495	13 207

3. 测算折现率

折现率是将未来年度的预期收益折算成现值的比率，反映的是资产获取收益的水平。收益与风险是相对应的，因此折现率的选择要体现委估资产的相应风险，本次采用风险累加法确定字体美术作品著作权的折现率。

无风险报酬率参照基准日（2015年12月31日）对应期限（7年）国债收益率确定，即无风险报酬率为2.84%。

风险报酬率根据评估对象特有的风险来确定，该著作权资产的风险主要来自侵权盗版风险、市场风险和运营风险。

由于该美术字体可以通过互联网传播，容易被复制免费使用，这种情况不容易被发现，即使被发现通过法律手段维护自身权益也将花费较大的成本。故该项风险取值5%。

目前字体美术作品较多，不同字体间存在替代性，并且也不断会有新字体开发出来，因此市场竞争比较激烈。故风险取值4%。

此外，该字体美术作品著作权许可使用收益受被评估企业未来互联网运营模式的影响，虽然企业将该模式作为未来开拓的重点，但由于历史上缺乏相关经验支持，未来仍然存在一定风险。该项风险取值3%。

通过上述分析，结合被评估企业的实际情况，本次评估将该美术作品著作权的风险报酬率确定为12%。

无形资产折现率 = 无风险报酬率 + 风险报酬率
= 2.84% + 12% = 14.84% = 15%（取整）

（二）评估结果

根据以上预测的著作权资产超额收益及折现率，按照公式，计算评估值取整为73 188元，具体见表7-2。

表7-2　　　　　评估值计算过程　　　　　单位：元

项目	2016年	2017年	2018年	2019年	2020年	2021年	2022年
超额收益	16 641	18 314	19 254	19 254	18 314	16 495	13 207
折现率（%）	15	15	15	15	15	15	15
折现值	14 470	13 848	12 660	11 009	9 105	7 131	4 965
评估值	73 188						

第二部分

企业价值评估

第一章 企业价值评估概述

第一节 企业价值与企业价值评估

一、企业

(一) 企业的概念和主要特点

1. 企业的概念

企业是企业价值的载体,要评估企业价值,首先要理解企业的概念和特征。

企业是人类经济活动发展到一定历史阶段、社会生产力发展到一定水平的产物。企业以营利为目的,为满足社会需要,把土地、资本、劳力和管理等生产要素集合起来,依法从事商品生产、流通和服务等经济活动,实行独立核算、自主经营、自负盈亏、自我约束和自我发展。现代企业不仅是一个经济组织,它的存在还必须接受一定的法律法规的约束。世界上各个国家均对企业从法律角度进行界定,如我国有关法律对企业的界定,均强调企业是依法成立的社会经济组织,明确了企业的法律属性。理解企业的概念,一般应把握以下几点内容:

(1) 企业是一个经济组织。企业是一个投入产出系统,从事经济活动。企业具有经济性的目标,即实现盈利。所有企业都是追求盈利的,盈利是企业创造附加价值的组成部分,也是社会认可企业所生产、提供的产品或服务而给予企业的报酬。在市场经济条件下,一般来说,企业提供的产品或服务对需求者和社会的贡献越大,则取得的利润越大;反之亦然。在市场经济环境下,企业也会面临激烈的竞争,从企业成立伊始便始终处于生存与倒闭、发展与萎缩的矛盾之中。

(2) 企业是一个社会组织。企业作为一个投入产出系统,需要从外界获得生产经营活动所需的人力、物力、财力,同时又向社会提供其所需要的产品和服务。企业作为社会组织意味着不可避免地要承担社会责任,其经济绩效必然受到外界利益相关者的影响。利益相关者指的是企业环境中对企业决策有影响的有关者,比如政府机构、职工、顾客、供应商、社会公众等。随着市场竞争的加剧,公众对企业的社会期望越来越高,希望企业不仅要追求经济目标,也要追求社会目标并承担社会责任。

(3) 企业是依法设立的实体。企业作为社会组成部分进行生产经营活动时,必然会受到相关法律制度的规范。从法律角度讲,企业是具有自己独立财产的组织机构,以自己的名义进行民事活动并承担责任，享有独立的民事权利和义务。企业要依法设立主要表现为三个方面：一是要符合国家法律法规规定的设立条件；二是要依照国家法律法规规定的程序设立；三是其生产经营活动不能违反法律法规的规定。

（4）企业是自主经营的主体。企业能够根据市场的需要，独立自主地使用和支配其所拥有的人力、物力和财力，并能够对其经营成果独立享有相应的权益和承担相应的责任。自主经营是自负盈亏、独立核算的前提。企业自主经营，要求企业在享有独立决策其生产经营活动权利的同时，也要承担其决策所带来的后果。企业实行自负盈亏，可以使企业的责、权、利相统一，有利于发挥企业生产经营的积极性，增强企业活力，促进生产力的发展。

2. 企业的主要特点

（1）盈利性。企业作为一个经济组织，说明企业经营的目的就是盈利。为了达到盈利的目的，企业需要在既定的生产经营范围内，以其生产能力或服务能力为主线，将若干要素资产有机组合并形成相应的生产经营结构和功能。

（2）持续经营性。企业要获取盈利，必须进行经营，而且要在经营过程中努力降低成本和费用，延长企业生命周期。为此，企业要对各种生产经营要素进行有效组合并保持最佳利用状态。企业生产经营要素达到最佳利用状态的影响因素很多，持续经营是一个重要方面。

（3）整体性。企业的整体性是企业作为一项特殊的资产区别于其他资产的一个重要特征。构成企业的各个要素虽然具有不同性能，但只有在特定系统目标下构成企业整体，各个要素资产功能才可能会产生相互作用。因此，企业的各个要素资产可以被整合为具有良好整体功能的资产综合体。当然，即使构成企业的各个要素资产的个体功能良好，如果它们不能服务企业的特定目标，它们之间的功能也可能无法发挥最大的作用，甚至相互产生不利影响，由此组合而成的企业整体功能可能降低。

（4）权益可分性。作为生产经营能力载体和获利能力载体的企业具有整体性的特点，而与载体相对应的企业权益却具有可分性的特点。企业整体价值由股东全部权益和付息债务组成，而企业的股东权益又可进一步细分为股东全部权益和股东部分权益。

（二）企业组织形式

按照组织形式的不同，企业一般被划分为公司制企业、合伙企业和个人独资企业。

1. 公司制企业

公司是企业的一种重要组织形式。公司是企业法人，有独立的法人财产，享有法人财产权。公司以其全部财产对公司的债务承担责任。

公司制企业有别于其他类型的组织形式的最大特点，是公司具有独立法人资格，这一特征具体表现在：第一，公司拥有独立的法人财产，该财产最初由股东出资形成，并在公司存续过程中通过经营或其他途径累积，但它不同于公司股东财产，股东出资后，只享有股权或股份，对公司财产没有直接的支配权，公司对股东出资享有法律上的财产权，且以其全部财产对外承担责任；第二，公司独立承担民事责任，公司的责任与股东的责任相互独立，与管理人员和工作人员的责任相互独立；第三，公司具有独立的组织机构，这些机构包括管理机构，也包括业务机构，它们应当依照法律、公司章程或公司规章制度独立行使职权。公司的独立法人资格和股东的有限责任使得股东可以通过设立公司或者购买公司的股权或者股份，获得公司的收益，同时又可以将投资风险降低到最低限度，即使公司经营亏损或资不抵债，公司的债务也不及于股东的其他财产，这也是公司制优于其他企业组织形式的重要内容。公司股东滥用公司法人独立地位和股东有限责任，逃避债务，严重损害公司债权人利益的，应当对公司债务承担连带责任。

公司制企业主要有两种具体形式，即有限责任公司和股份有限公司。有限责任公司是指由50个以下股东出资设立，股东以其出资额为限对公司承担责任，公司以其全部财产对公司的债务承担责任的公司。股份有限公司是指其全部资本分成等额股份，股东以其所持股份为限对公司承担责任，公司以其全部财产对公司的债务承担责任的公司。有限责任公司和股份有限公司在设立条件、设立方式、股东人数限制、股权转让限制、注册资本最低限额、组织机构的设置以及信息披露的义务等方面存在着不同。

2. 合伙企业

合伙企业包括自然人、法人和其他组织依法设立的普通合伙企业和有限合伙企业。普通合伙企业由普通合伙人组成，合伙人对合伙企业债务承担无限连带责任。有限合伙企业由普通合伙人和有限合伙人组成，普通合伙人对合伙企业债务承担无限连带责任，有限合伙人以其认缴的出资额为限对合伙企业债务承担责任。国有独资公司、国有企业、上市公司以及公益性的事业单位、社会团体不得成为普通合伙人。

根据《中华人民共和国合伙企业法》，以专业知识和专门技能为客户提供有偿服务的专业服务机构，可以设立为特殊的普通合伙企业。特殊的普通合伙企业中，一个合伙人或者数个合伙人在执业活动中因故意或者重大过失造成合伙企业债务的，应当承担无限责任或者无限连带责任，其他合伙人以其在合伙企业中的财产份额为限承担责任。合伙人在执业活动中非因故意或者重大过失造成的合伙企业债务以及合伙企业的其他债务，由全体合伙人承担无限连带责任。

3. 个人独资企业

个人独资企业由一个自然人依法投资设立。企业财产为投资人个人所有，投资人以其个人财产对企业债务承担无限责任。一般而言，个人独资企业是非法人企业，并不作为企业所得税的纳税主体。其收益应与投资人的其他收益一起计入个人所得税的纳税范畴。个人独资企业一般结构简单、规模较小，经营管理方式灵活，内部机构设置简明。个人独资企业与一人有限责任公司不同。一人有限责任公司是只有一个自然人股东或者一个法人股东的有限责任公司。

二、企业价值

（一）企业价值的概念和特点

1. 企业价值的概念

企业价值是企业获利能力的货币化体现。企业价值是企业在遵循价值规律的基础上，通过以价值为核心的管理，使企业利益相关者均能获得满意回报的能力。企业给予其利益相关者回报的能力越高，企业价值就越高，而这个价值是可以通过其经济学定义加以计量的。

2. 企业价值的特点

（1）企业价值是一个整体概念。企业价值是一个整体概念，主要表现在两个方面：第一，企业的价值通常不能通过对企业所拥有的各项资产价值进行简单相加而得到，这是因为企业的各项资产是相互作用、相互补充、相互影响的，这些资产在企业中的价值大小取决于其对企业所产生贡献的多少。企业价值所体现的是将企业的人力、物力、财力等生产经营要素整合在一起的现在和未来的获利能力。第二，按评估对象进行划分，企业价值包括企业整体权益价值、股东全部权益价值和股东部分权益价值。对这些企业价值的评估对象进行评估涉及的评估方法、评估过程、评估结果及其使用方式等各方面，均贯穿和反映了企业价值作为一个整体的特征。比如，同一企业中，拥有控制权和缺乏控制权的股权，其单位价值可能存在差异，即存在着控制权的溢价和缺乏控制权的折价，对这些溢价和折价的估算，并不是通过企业的具体资产价值的差异来反映，而是在将企业作为一个整体的基础上，采用恰当的方法进行测算的。

（2）企业价值受企业可存续期限影响。企业的价值是依附于企业这一实体而存在的，企业又是具有生命周期的。在企业生命周期中的初创、成长、成熟、衰退等不同阶段，企业的价值也会有所不同。与其他资产不同，企业未来可存续的期限是不确定的，难以准确预计，这也对企业价值评估产生着影响。

（3）企业价值的表现形式具有虚拟性。金融制度的变迁导致了企业的实体价值与虚拟价值并存，它们分别依托于实体经济和虚拟经济而存在。实体经济是指在商品市场上进行生产、流通和消费活动以及自给自足等非商品的经济活动。企业的实体价值表现为企业在商品市场上的交易价值或资产价值（包括有形资产价值和无形资产价值）。虚拟经济是指金融市场上金融资产的形成和交易活动。企业的虚拟价值是指在金融市场上（特别是股票市场）形成的企业虚拟资产（股票）的市场价值。

3. 企业价值与业务价值

业务是指企业内部某些生产经营活动或资产的组合，该组合一般具有投入、加工处理过程和产出能力，能够独立计算其成本费用或所产生的收入的部分，比如，企业的分公司、不具有独立法人资格的分部等。其持有目的主要为了向投资者提供回报并且能够为企业的生产经营带来其他经济利益。业务与企业具有很多相同之处，比如，都是以获利作为出发点和归宿，都要考虑利益相关者的期望并承担社会责任以创造良好的发展环境，也都能够独立计算经营收益。业务与企业的差异主要体现在其主体资格方面：业务存在于企业内部，并非依法设立的实体，而企业是依法设立的实体；业务不构成独立法人资格，而企业中的公司具有独立法人资格，当然，合伙企业和个人独资企业也与业务一样不具有独立法人资格，从这个角度上看，业务与合伙企业和个人独资企业更具有相似性。

对于存在多种不同业务类型、经营活动涉及多种行业的企业，可以将其分拆成不同的业务（或业务单元），分拆后的各项业务之间在生产、分销和营销等方面再没有相互依赖关系，分拆后的各项业务的价值合计数一般等于分拆前的企业价值。因此，业务价值可理解为企业价值中的一部分，或是企业价值中的一种特殊形式。业务可以模拟分拆出去成为一个独立的企业，或通过契约的方式在市场上进行交易和转让。在企业并购实践中，涉及业务并购的案例层出不穷。在会计核算中，涉及业务的合并也是比照企业合并的要求进行相应处理的。因此，业务价值与企业价值的内涵和特征相类似，对业务价值进行评估的方法也与企业价值评估方法类似。

（二）企业价值的影响因素

影响或决定企业价值的因素众多，可以从不同角度识别影响企业价值的因素，且不同的因素之间可能会相互作用，呈现错综复杂的关系。在企业价值评估实务中，通常是将企业置于其发展环境中，依次从宏观环境因素、行业发展状况和企业发展状况三个方面对影响企业价值的因素进行梳理，即分别涉及宏观、中观和微观三个层次。

1. 宏观环境因素

宏观环境因素是指对所有企业的经营管理活动都会产生影响的各种因素。这些外部的、基本不可控的因素会影响到企业的经营活动，由此会对企业的发展产生持久、深远的影响。因此，企业价值评估应当充分考虑宏观环境对被评估企业及其所在行业的影响。宏观环境因素主要包括政治环境、宏观经济、法律法规、财政政策、货币政策、产业政策、技术进步以及社会和文化等因素。

2. 行业发展状况

行业发展状况是影响企业价值的中观因素。行业发展状况是指对行业内的所有企业的经营管理活动都会产生影响的各种因素，这些因素主要有行业政策环境，行业经济特征，行业市场特征，行业竞争情况，行业特有的经营模式，行业的周期性、区域性和季节性特征，企业所在行业与上下游行业之间的关联性，上下游行业发展对本行业发展的有利和不利影响等。这些因素通常对其他行业中企业的价值并不产生显著影响。

3. 企业发展状况

企业发展状况是影响企业价值的微观因素。企业发展状况是指来源于企业内部并对企业价值产生影响的各种因素，分为企业层面的因素和资产层面的因素两大类。对企业价值可能产生影响的企业层面的因素主要有企业发展、业务和经营战略，企业生产经营模式，盈利模式，业务或产品的种类及结构，生产能力，行业竞争地位，产业链关系（与供应商和客户的关系），资本结构，会计政策，生产经营管理方式，人力资源，企业管理水平以及关联交易情况等。资产层面对企业价值可能产生影响的因素，主要与企业拥有的具体资产利用方式、利用程度、利用范围以及利用效果等情况相关。这些因素通常对其他企业的价值并不产生显著影响。

三、企业价值评估

企业价值评估是现代市场经济的产物。企业价值评估是对评估基准日特定目的下的企业价值进行评定、估算，并出具评估报告的专业服务行为。

（一）评估对象载体是由多个或多种单项资产组成的资产综合体

企业是多种要素资产围绕盈利目标，发挥各自特定功能，共同构成一个有机的生产经营能力和获利能力的载体及其相关权益的集合或总称。企业价值评估的范围涵盖了被评估企业所拥有的全部资产，包括流动资产、固定资产、无形资产以及其他所拥有的资产，但企业价值的评估对象是这些资产有机结合形成的综合体所反映的企业整体价值或权益价值，而不是各项资产的简单集合。因此，无论是企业整体价值的评估，还是股东全部权益价值或股东部分权益价值的评估，评估对象载体均是由多个或多种单项资产组成的资产综合体。

(二) 企业价值评估关键是分析判断企业的整体获利能力

影响企业价值高低的因素很多,既包括外在的宏观环境因素和行业发展状况,也包括企业自身经营能力和竞争能力等,但决定企业价值高低的核心因素是企业的整体获利能力。企业价值本质上是以企业未来的收益能力为标准的内在价值。因此,评估专业人员在评估企业价值的过程中要考虑企业未来的整体获利能力。企业的获利能力通常是指企业在一定时期内获取利润或现金流量的能力,是企业生产能力、营销能力、经营能力等各种能力的综合体。从企业的角度看,企业从事经营活动,其直接目的是最大限度地获取收益并维持企业持续稳定发展,而企业未来所能获得的收益将直接影响企业的现时价值。

企业在不同的获利水平状态下价值的表现形式不同。当企业获利能力强且超过行业平均水平时,企业不仅能够形成自我更新、自我发展的良性循环,而且能够依其良好的经营管理状况或其他因素的作用而获得超额利润,这时企业价值既来源于有形资产的最佳使用价值和可确指无形资产的价值,还包括不可确指的无形资产价值,如商誉;当企业的获利能力较强但还没有达到行业平均水平时,企业创造的价值不仅能补偿资产的耗费,而且能积累并进行扩大再生产,形成投入、产出的良性循环,这时企业价值的构成既包括有形资产的最佳使用价值,也包括专有技术等可确指的无形资产价值;当企业处于微利或轻度亏损状态时,企业创造的价值仅能弥补所消耗资产的价值,生产经营处于勉强维持状态,这时企业价值的构成是其有形资产的重置成本价值;当企业处于严重亏损、即将破产或已破产时,企业不能补偿已消耗资产的价值,这时企业价值就只能体现为有形资产的破产清算价值。所有上述情况中企业的获利能力或获利水平,均指考虑了企业收益期因素的客观获利能力或客观获利水平,而非局限于企业短期的实际获利能力。因此,评估专业人员进行企业价值评估时,要在充分分析宏观环境因素、行业发展状况以及企业自身状况的基础上,判断企业的整体获利能力水平,选择合适的评估方法进行评估。

(三) 企业价值评估是一种整体性评估

整体性是企业价值评估与其他资产评估的本质区别。企业价值评估是将企业作为一个经营整体并依据其未来获利能力进行评估。因此,企业价值评估强调的是从整体上计量企业全部资产形成的整体价值,而不是简单估计单项资产的收益或估计单项资产的价值。也就是说,企业价值不是企业各项单项资产的简单相加,企业单项资产的价值之和也并不一定是企业价值。构成企业的各个要素资产虽然具有不同性能,但只有在服从特定系统目标的前提下,以恰当的方式形成有机联系构成企业整体,其要素资产的功能才能充分发挥。企业是整体与部分的统一,部分只有在整体中才能体现出其价值。因此,整体性是企业价值评估区别于其他资产评估的一个重要特征。

第二节 企业价值评估要素

企业价值评估的要素包括评估主体、评估对象和范围、评估目的、评估程序、评估方法、评估基准日、价值类型及评估假设等,本节主要介绍企业价值评估的评估目的、评估对象和范围、价值类型和评估假设这四个评估要素。

一、评估目的

企业价值评估的目的,是导致企业价值评估的经济行为。随着社会经济的发展对企业价值评估提出越来越广泛的需求,企业价值评估目的也呈现多样化特征。目前,企业价值的评估目的主要有以下几种:

(一)企业改制

企业改制是企业体制改革的简称。企业改制涉及的具体形式众多,不仅包括国有企业改制、集体企业改制和其他企业改制,也包括非公司制企业按照《中华人民共和国公司法》要求改建的有限责任公司或股份有限公司、经批准有限责任公司变更为股份有限公司等形式。

企业改制通常围绕着企业的产权进行改革,因而企业改制一般通过重组、联合、兼并、租赁、承包经营、合资、转让产权和股份制、股份合作制等方式来完成。在企业改制过程中,不论是哪种形式的企业改制,也不论具体采用哪种方式来完成企业改制,凡涉及企业产权变动、需要了解股权价值或企业整体价值的,均属于企业价值评估的范畴。如果企业改制没有涉及企业产权变动,且其评估对象界定为资产负债表上列示的净资产,则该类企业改制不属于企业价值评估的范畴。

(二)企业并购

企业并购是企业兼并与收购的简称,是企业在平等自愿、等价有偿基础上,以一定的经济方式取得其他企业产权的行为。企业并购通常包括企业合并、股权收购以及资产收购等形式。其中,企业合并又可进一步分为吸收合并、新设合并和控股合并三种方式。合并方或购买方通过企业合并取得被合并方或被购买方的全部净资产,合并后注销被合并方或被购买方的法人资格,被合并方或被购买方原持有的资产、负债,在合并后变更为合并方或购买方的资产、负债,为吸收合并。参与合并的各方在合并后法人资格均被注销,重新注册成立一家新的企业,为新设合并。合并方或购买方在企业合并中取得对被合并方或被购买方的控制权,被合并方或被购买方在合并后仍保持其独立的法人资格并继续经营,合并方或购买方应确认企业合并形成的对被合并方或被购买方的投资,为控股合并。

在企业并购活动中,通常需要进行企业价值评估。当然,也有一些例外,比如,在资产收购行为中,通常只需对被收购的资产进行评估,而不需要对被收购资产对应的企业价值进行评估。

(三)企业清算

企业清算包括以下三种类型:一是依据《中华人民共和国企业破产法》的规定,在企业破产时进行清算;二是依照国家有关规定对改组、合并、撤销法人资格的企业资产进行清算;三是企业按照合同、契约、协议规定终止经营活动的清算。在上述企业清算过程中,通常需要进行企业价值评估。不过,为分拆出售破产财产提供价值参考而对破产财产中的各单项资产分别进行评估的,并不属于企业价值评估范畴。

(四)财务报告

随着公允价值在会计计量中的运用逐渐增多以及公允价值计量对专业性和独立性的要求,以财务报告为目的的资产评估也日益增多。在以财务报告为目的的评估中,涉及企业价值评估的情形主要包括:对企业合并过程中产生的商誉进行减值测试,而需要对被合并企业的企业价值进行评估;在确定权益工具的公允价值过程中,可能需要对权益工具对应的企业价值进行评估;协助企业确定、判断企业获利能力和未来收益。

(五)法律诉讼

公司股东与股东之间、股东与管理层之间、股东与债权人之间以及公司的利益相关者之间,常常会发生因公司价值变化而引起的法律诉讼,在这种情况下,企业价值评估结论就成为这些法律案件裁决的重要依据之一。

(六)税收

投资于企业的股权投资作为一项财产,是各种财产税的课税基础。因此,在股权的保有、交易、赠与、继承等环节,股权投资者就需要根据相关税法的确定,针对特定经济行为,缴纳相应的财产税。股权财产税的税基一般是股权的市场价值,如果股权投资对象为上市公司,其市场价值可以根据市场交易价格很方便地加以确定;但对于非上市公司的股权,其市场价值通常需要评估专业人员进行评估后确定。因此,在我国推进税制改革的进程中,由资产评估师向税收征管提供价值尺度,已逐渐成为资产评估实践领域的重要方面。

(七)财务管理

企业价值与财务管理密切相关,科学的财务管理将有效提升企业价值。通过科学合理的企业价值评估,管理者可以将企业经营的环境因素与企业价值预期相结合。在企业的财务管理活动中,投资决策、融资决策、经营决策以及股利分配政策均是影响企业价值的重要因素,通过对企业价值进行评估,可以对已制定的财务决策进行验证和评价,也能对未来财务决策提供参考。企业价值提高与否是一项财务决策是否制定的决策依据,增加企业价值是制定一项财务决策所追求的目标。因此,企业价值评估在财务管理和财务决策中发挥着越来越重要的作用,在财务管理中开展企业价值评估,有助于企业树立以价值为导向的企业活动观,以价值规律指导财务管理工作。

(八)考核评价

所有权和经营权分离是公司制的一大特征,企业的所有者不再经营企业,企业的经营活动由职业经理人承担,企业所有者和经营者之间便会形成代理问题。企业经营者是否履行职责、是否为企业所有者创造价值,则需要通过绩效评价机制来做出判断。传统的以净利润作为评价指标的做法存在诸多弊端,比如,可能会出现损害企业价值的短期行为,或评价指标被人为操纵,失去评价意义。相对于会计利润,企业价值指标几乎不受会计政策的影响,且契合了企业所有者的企业价值最大化目标。因此,通过企业价值评估对经营者的绩效进行考核评价已越来越得到社会的认可。

(九)其他目的

除以上几种常见的经济行为以外,还有许多其他经济行为,如股票公开发行、企业股利政策的制定、企业员工持股计划的制订、企业投资项目决策、企业租赁、股权的质押和担保以及债务重组等,都可能涉及企业价值评估。

二、评估对象和范围

(一)评估对象

企业价值评估的对象通常包括企业整体权益、股东全部权益和股东部分权益三种。

1. 企业整体权益

企业整体权益是公司所有出资人（包括股东、债权人）共同拥有的企业运营所产生的价值，即所有资本（付息债务和股东权益）通过运营形成的价值。企业整体权益价值并不必然等于资产负债表中的资产价值的合计数，主要理由有两点：一是企业整体价值的评估范围包括了企业所拥有全部资产、负债，包括表内和表外的资产、负债，但资产负债表中的资产总计不是构成企业整体价值的全部。二是企业整体价值反映了其作为一个有机整体的整体获利能力，但资产负债表上的各项资产的合计数仅仅是各单项资产价值的简单相加，无法反映企业作为资产综合体的整体获利能力。

在反映了各单项资产对企业整体获利能力影响的前提下，企业表内、表外全部资产价值的合计数称为企业的总资产价值。企业整体权益价值也不等于企业的总资产价值。因为从资本的运用角度看，企业整体权益价值等于企业的总资产价值减去企业负债中的非付息债务价值后的余额；从资本的来源角度看，企业整体权益价值等于股东全部权益价值加上企业的全部付息债务的价值。

在企业价值评估实务中，评估得出企业整体权益价值通常并非最终要达到的目的，而是为评估股东全部权益价值而采用的中间过程。

2. 股东全部权益

股东权益代表了股东对企业净资产的所有权，反映了股东在企业资产中享有的经济利益。因此，企业股东全部权益价值就是企业的所有者权益或净资产价值。对企业价值进行评估，得出股东全部权益价值的方式有两种：一是直接评估得出股东全部权益价值，比如，在运用收益法评估企业价值中，通过对股权自由现金流量采用股权资本成本进行折现，求取股东全部权益价值；二是先评估得出企业整体权益价值，再将企业整体权益价值减去全部付息债务价值，得出股东全部权益价值。

企业整体权益价值和股东全部权益价值之间的关系，可以通过表 1-1 直观体现。

表 1-1　　　　　　　　　　　　简化资产负债表

资产	负债和股东权益
流动资产价值（A）	非付息债务价值（C）
固定资产和无形资产价值（B）	付息债务价值（D）
其他资产价值（F）	股东全部权益价值（E）

表 1-1 是对某企业的全部资产和负债进行评估后的简化资产负债表，流动资产价值加上固定资产、无形资产价值和其他资产价值构成了企业全部资产的价值，即企业总资产的价值 $=A+B+F$。流动负债和长期负债中的非付息债务价值加上付息债务价值和股东全部权益价值构成了全部负债和权益价值，即全部负债和权益价值 $=C+D+E$。因为企业的总资产价值等于全部负债和权益价值的合计数，则有 $A+B+F=C+D+E$。企业整体权益价值等于企业总资产价值减去企业负债中的非付息债务价值后的余额，即企业整体权益价值 $=(A+B+F)-C$；或企业整体权益价值等于股东全部权益价值加上企业付息债务的价值，即企业整体权益价值 $=D+E$。因此，等式 $(A+B+F)-C=D+E$ 成立。根据该等式，股东全部权益价值 $E=(A+B+F)-(C+D)$，即企业整体权益价值与股东全部权益

价值是包含与被包含的关系。

3. 股东部分权益

股东部分权益价值其实就是企业一部分股权的价值，或股东全部权益价值的一部分。股东部分权益价值的评估，通常也有两种途径：一是直接评估得出股东部分权益价值，比如，采用股利折现模型求取少数股权的价值；二是先评估得出股东全部权益价值，再乘以持股比例或持股数量，并考虑必要的溢价或折价因素后得出股东部分权益价值。股东部分权益价值并不必然等于股东全部权益价值与股权比例的乘积，这是因为在某些情况下，同一企业内不同股东的单位股权价值可能因股东具有控制权或者缺乏控制权，而相应产生溢价或折价，出现同一企业内不同股东单位股权价值不相等的情形。

控制权是指掌握企业经营和决策的权利。具有控制权通常会产生控制权溢价。控制权溢价是指在同一企业用以反映控制权大小的，按照等比例分配的具有控制权的权益价值超过不具有控制权的权益价值的数量或百分比。缺乏控制权通常会产生折价。缺乏控制权的折价是指同一企业内用以反映缺乏部分或全部控制权，在股东全部权益价值按照等比例分配的基础上扣除的数量或百分比。拥有控制权的股东享有一系列少数股东无法享有的权利，如任命或更换企业管理层的权利、达成重大投融资项目的权利、达成重大并购重组的权利等。拥有控制权的股东可以通过实施控制权改变目标企业的经营与政策提升目标企业的价值。因此，控制权一般具有价值。

拥有控制权或缺乏控制权不是非此即彼的关系，两者之间没有一个明显的界线，也不能仅仅根据持股比例是否大于50%来判断是否具有控制权。比如，在某些情况下，不足50%的投票权也可能获得对企业的有效控制；在某些情况下，即便获得了超过50%的投票权，可能受公司章程与协议条款的约束，或受产业管制强度的影响，而使股东无法享有应有的控制权。同理，并非所有的少数股权都伴随着折价。同样是少数股权，其拥有的权利有时差异也很大，比如，假设少数股权拥有阻止权利，且该少数股权能够和另外的股权联合形成控制权，即成为摇摆投票权，则拥有摇摆投票权的少数股权可能不会产生缺乏控制权的折价，甚至有可能因阻止权利的存在和联合实施而产生溢价。

在企业价值评估实务中，若是在先评估出股东全部权益价值基础上形成股东部分权益价值的，应在适当及切实可行的情况下考虑控制权的影响。

由于企业价值评估的对象是多层次的，评估专业人员在评估企业价值时，应当根据评估目的及委托人的要求等谨慎区分评估的是企业整体权益价值、股东全部权益价值还是股东部分权益价值，并在评估报告中予以明确说明。

(二) 评估范围

1. 评估范围的界定

企业价值评估范围是对评估对象价值进行评定估算的工作过程中所涉及的企业资产和负债的范围。企业价值评估范围应当服务评估对象的选择，不论是进行企业整体权益价值评估、股东全部权益价值评估，还是股东部分权益价值评估，一般要求对企业进行整体性评估。其中，企业整体权益价值评估范围包括企业产权涉及的全部资产及非付息负债，股东全部权益和股东部分权益价值评估范围包括企业产权涉及的全部资产及全部负债。

企业产权涉及的资产和负债，按财务报表记录情况可区分为资产负债表表内部分和资产负债表表外部分，按资产配置和使用情况可区分为经营部分和非经营部分，按产权主体自身占用情况可区分为产权主体自身占用及经营部分以及虽不为企业产权主体自身占有及经营但可以由企业产权主体控制的部分。企业拥有的非法人资格的分公司、办事处、分部及其他派出机构，属于产权主体自身占用及经营部分；企业拥有的全资子公司、控股子公司以及非控股公司中的投资，属于虽不为企业产权主体自身占有及经营但可以由企业产权主体控制的部分。

评估专业人员在具体界定企业价值评估范围时，应根据有关文件资料进行，如企业价值评估申请报告及上级主管部门批复文件所规定的评估范围；企业有关产权转让或产权变动的协议、合同、章程中规定的企业资产变动的范围；企业有关资产产权证明、账簿、投资协议、财务报表及其他相关资料等。企业价值评估范围的界定，应与评估对象的口径相匹配。

2. 企业各项资产、负债的识别

受会计准则或会计制度关于资产的定义及资产确认标准的影响和制约，会计列报的资产负债表所反映的资产、负债可能并非企业的全部资产和负债，不符合会计资产定义、不能准确计量的资产均未在资产负债表中反映。对企业各项资产、负债进行识别，不仅包括资产负债表表内资产、负债，还包括资产负债表表外资产、负债。对企业资产负债表表内资产、负债，主要根据企业的账簿、会计报表、审计报告等进行识别和判断。

表外资产通常包括著作权、专利权、专有技术、商标专用权、销售网络、客户关系、特许经营权、合同权益、域名和商誉等账面未记录或未进行资本化处理的资产。表外负债主要包括法律明确规定的未来义务和合同约定的未来义务。

3. 企业资产配置和使用情况的分析

企业价值的形成基于企业整体盈利能力，评估专业人员判断估计企业价值，就是要正确分析和判断企业的盈利能力。但是，企业是由各类单项资产和单项负债组合而成的综合体，这些单项资产和单项负债对企业盈利能力的形成具有不同的作用，对企业价值的形成具有不同的贡献。因此，评估专业人员在界定企业价值的评估范围基础上，需要对企业价值评估范围的资产和负债的配置及使用情况进行必要的分析。

（1）根据资产和负债的经营属性进行区分。根据资产的经营属性，可以将企业的资产区分为经营性资产和非经营性资产。经营性资产对企业盈利能力的形成过程产生直接或间接贡献。非经营性资产对企业盈利能力的形成过程不产生直接或间接贡献。在评估实务中，检验某项资产是否属于非经营性资产，可运用模拟抽离法，即在企业盈利能力的形成过程中，将某项资产模拟抽离该企业，分析抽离行为是否会影响企业的盈利能力，若抽离该资产对企业盈利能力的形成不产生任何影响，则该项资产属于非经营性资产，否则为经营性资产。

根据负债的经营属性，可以将企业的负债区分为经营性负债和非经营性负债。在企业盈利能力的形成过程中，已考虑了某项负债的偿还义务对企业盈利能力的影响，则该项负债为经营性负债，否则为非经营性负债。

同一类资产、负债在不同行业或不同企业中的经营属性可能存在差异。独立于企业的单项资产、负债本身并没有经营性和非经营性的区别，资产、负债的经营性或非经营性的区分，取决于资产、负债在具体企业中的具体配置和利用情况。不同行业或不同企业中，对资产负债的配置和使用情况往往存在差异，同一类资产在某些行业中可能是经营性资产，而在其他行业中可能是非经营性资产。比如，对于一般的工业企业而言，投资性房地产通常是非经营性资产，但对于以经营管理持有物业为主营业务的企业来说，投资性房地产是经营性资产。

对资产、负债的经营属性进行区分，不能仅根据资产、负债与主营业务收入、其他业务收入的关系进行判断。按照企业所从事日常活动的重要性，可将收入分为主营业务收入、其他业务收入等，但其他业务收入所形成的资产，或为开展其他业务而准备的资产并非全部为非经营性资产。企业的其他业务收入可进一步区分为经常性收入和偶然性收入，经常性的其他业务收入对应的资产通常可界定为经营性资产，而偶然性的其他业务收入对应的资产一般应界定为非经营性资产。

（2）根据资产的配置属性进行区分。根据资产的配置属性，可以将企业的资产区分为必备资产和溢余资产。根据资产规模与企业经营规模的配置关系，可将经营性资产细分为必备的经营性资产和溢余的经营性资产。必备的经营性资产是形成企业盈利能力所必需的资产，溢余的经营性资产是超过了企业盈利能力形成的必备规模的资产。对于非经营性资产，因其与企业盈利能力的形成过程无关，对其按配置属性进行区分并无现实意义。

将企业的资产、负债根据经营属性和配置属性进行区分，目的在于要正确揭示企业价值。企业盈利能力是企业必备的经营性资产共同作用的结果，也决定着必备的经营性资产的价值。非经营性资产和溢余的经营性资产虽然也可能有交换价值，但其交换价值与必备的经营性资产的决定因素、形成路径是有差别的。要正确揭示和评估企业价值，评估专业人员就需要将企业价值评估范围内的资产、负债根据经营属性和配置属性进行区分，并选择恰当的评估方法和技术路径分别对必备的经营性资产、溢余的经营性资产、非经营性资产进行评估。必备的经营性资产的评估方法，与溢余的经营性资产、非经营性资产的评估方法可能存在差异。必备的经营性资产和经营性负债的评估价值，与非经营性资产和溢余的经营性资产的评估价值相加，得出企业整体价值。企业资产、负债根据经营属性和配置属性划分得是否合理，将直接影响运用不同评估途径与评估方法评估企业价值的结果合理性与可信度。

三、价值类型

（一）企业价值评估中的主要价值类型

在企业价值评估中，价值类型是最基本的评估要素之一。评估专业人员在执行企业价值评估业务时，应恰当选择价值类型。在用价值和残余价值是针对单项资产或企业要素资产的价值类型，并不适用于企业。企业价值评估中的主要价值类型分别为市场价值、投资价值和清算价值。

1. 市场价值

市场价值是指自愿买方和自愿卖方在各自理性行事且未受任何强迫的情况下，评估对象在评估基准日进行正常公平交易的价值估计数额。

2. 投资价值

投资价值是指评估对象对于具有明确投资目标的特定投资者或者某一类投资者所具有的价值估计数额，亦称特定投资者价值。

考虑到预期增量收益是投资价值的重要构成部分且预期增量收益存在不同形式等因素，投资价值可理解为某项资产在明确的投资者基于特定目的、充分考虑可能实现的增量收益和投资回报水平的情况下，在评估基准日的价值估计数额。根据该理解，投资价值应具有以下要件：明确的资产、明确的投资者、特定目的、协同效应、投资回报水平、评估基准日、以货币单位表示、价值估计数额。其中，明确的投资者体现了投资价值是特定市场主体对特定资产的把握，投资价值是基于特定市场主体对相关市场的理解（包括市场一般的估值趋势）以及在自身经营条件下（特别是经营战略）所进行的判断；特定目的可以理解为特定投资意图，投资价值强调"具有特定的投资目标或动机，多为战略上的考虑，可能付出比市场价格更高的价格"；协同效应具体指买方特定协同效应，并不包括市场参与者协同效应，市场参与者协同效应因广泛适用于一般市场参与者而被包含在市场价值当中；投资回报水平反映了一项投资活动的获利能力，进一步表现为标的资产对于特定投资者和一般参与者而言的未来资金成本和风险可能存在不同。

根据不同的标准，投资价值可以分为不同的层级。例如，根据投资价值的概念以及对协同效应和投资回报水平的不同考虑方式，可以进一步将投资价值划分为两个不同层级。如果对投资价值概念中的协同效应和投资回报水平的考虑是基于投资者自身禀赋条件的特殊性或其交易目的的特殊性而做出的客观判断，则此时的投资价值称为第一层级的投资价值；如果对投资价值概念中的协同效应和投资回报水平除了上述考虑以外，还考虑了投资者自身的个性化和主观化判断，则此时的投资价值被称为第二层级的投资价值。

3. 清算价值

清算价值是指在评估对象处于被迫出售、快速变现等非正常市场条件下的价值估计数额。清算价值是一种价值类型，与以清算为目的的评估有联系而又不是直接对应关系。以清算为目的的评估在某些情况下确实需要选择清算价值作为价值类型，而在另外一些情况下，也可能选择其他的价值类型。清算价值作为一种价值类型是以评估对象被快速变现或被强制出售为前提条件的，只有评估对象是在快速变现或强制出售的前提条件下进行评估，其评估结论的价值类型才可以选择清算价值的价值类型。

（二）企业价值评估中价值类型的选择依据

1. 评估目的

评估目的是决定企业价值类型和企业价值最重要的因素之一。引起企业价值评估的特定经济行为决定评估目的，评估目的对于企业价值评估的价值类型选择具有约束作用。评估目的不但决定着企业价值评估结论的具体用途，而且会直接或间接地在宏观层面上影响企业价值评估的过程及其运作条件，包括对评估对象的利用方式和使用状态的宏观约束，以及对企业价值评估市场条件的宏观限定。

评估目的不同，价值类型也可能不同。比如，对于一项股权并购评估业务，如果委托人是出售方，拟以评估价值作为拍卖底价的参考，评估专业人员所执行的资产评估业务对市场条件和评估对象的使用等并无特别限制和要求，则需要的是这项股权的市场价值；如果委托人是收购方，拟了解收购后标的企业能为其创造的价值，在评估业务执行过程中充分考虑并使用了仅适用于委托人的特定评估资料和经济技术参数，并以此评估结果作为确定收购价的参考，在这种情况下，评估业务针对的是特定投资者，则委托人需要的是这项股权的投资价值。

2. 市场条件

企业价值评估依据的市场条件也是确定企业价值评估中价值类型的重要因素。在不同的市场条件下或交易环境中，即使是相同的资产也会有不同的评估结论。

企业价值评估依据的市场可能是区域市场、全国性市场或国际市场，也可能是不同级次的市场或特定的市场。不论在什么样的市场中，企业价值评估依据的市场所强调的是市场条件。企业价值评估依据的市场条件分为两大类：公开市场条件和非公开市场条件。

公开市场条件和非公开市场条件的区别主要从以下几个方面划分：一是市场参与者数量，包括自愿的买方和卖方的数量。市场参与者众多是构成公开市场的基本条件；市场参与者极少或买方卖方数量极不对称则是非公开市场的重要特征。二是买卖双方交易的时间。交易时间充裕或者是没有时间限制的交易条件构成了公开市场的基本条件；交易时间紧迫或者是时间限制明显的交易条件则是非公开市场条件的明显特征。三是当事人双方的素质、信息占有情况及处事方式等。当事人双方十分精明、信息对称、理性行事等构成了公开市场的基本条件；当事人双方不能同时满足以上条件的便是非公开市场条件的明显特征。

3. 评估对象自身条件

评估对象的自身条件主要包括企业的盈利模式、经营方式、经营业绩及企业资产的使用方式和利用状态等，是影响企业价值的内因。对不同条件的企业进行评估，可能选择不一样的价值类型。比如，对于处于持续经营的企业进行评估，可能选择市场价值或投资价值的价值类型；但对于经营状况不佳、面临倒闭的企业进行评估时，可能选择清算价值的价值类型。

四、评估假设

企业价值评估实际上是一种模拟市场判断企业价值的过程。在企业价值评估过程中，由于被评估企业所处外部环境和内部环境是不断变化的，需要根据已经掌握的信息对评估基准日企业价值的某些特征或者全部情况做出合乎逻辑的判断。依据有限事实，通过一系列推理，对于所研究的事物做出合乎逻辑的假定说明就叫假设。因此，企业价值评估也可以理解为是评估专业人员根据实际条件或模拟条件，对企业的价值进行理性分析、论证和比较的过程。

企业价值评估结论应当公允，而所有公允的评估结论又都是有条件约束的，企业价值评估假设正是表现企业评估条件约束的重要形式。也就是说，假设前提会直接影响企业价值评估的价值类型以及评估专业人员将选用何种评估方法进行评估，进而决定最终评估结果以及评估结果的适用性。在企业价值评估中要科学合理地设定和使用评估假设，需要与企业价值评估目的及其对市场条件的宏观限定情况、企业目前自身经营状况和产权变动后企业经营状态以及评估所实现的价值类型和价值目标等相联系和匹配。因此，评估专业人员需要对收集的企业资料进行充分分析和判断，合理设定企业价值评估的假设。企业价值评估的假设可分为基本假设和具体假设。

（一）企业价值评估的基本假设

企业价值评估的基本假设主要有交易假设、公开市场假设、持续经营假设和清算假设等，这里重点阐述企业价值评估中的持续经营假设和清算假设。

1. 持续经营假设

持续经营假设是企业价值评估中最常用的假设。该假设假定被评估企业在评估基准日后仍将按照原来的经营目的、经营方式持续经营下去。它意味着企业在出售、兼并、重组、合并以后，其继续使用价值持续发生作用，提供的产品或服务仍能满足市场需求，并产生一定的效益。在进行企业价值评估时，是否选择持续经营假设需考虑以下三个方面的因素：

第一，评估目的，即引起企业价值评估的经济活动是否要求企业持续经营，或评估结果的具体用途是否需要以企业持续经营为前提。

第二，企业提供的产品或服务是否能满足市场需求。若企业的产品或服务不能满足市场需求，企业无未来收益，则不适用持续经营假设。

第三，企业要素的功能和状态。若企业各个要素资产破损严重、工艺落后或严重比例失调而不能满足企业持续经营的需要，也不能适用持续经营假设。

一般情况下，企业价值评估中持续经营假设的情况主要包括存量持续经营假设、增量持续经营假设、并购整合持续经营假设三种情况。

（1）存量持续经营假设。存量持续经营是维持企业原有经营规模及产品结构的持续经营假设。这一假设是在宏观环境方面假设国家现行的有关法律、法规及产业政策无重大变化，行业的准入制度、市场分割状况等维持目前格局；在微观环境方面假设被评估企业的资本结构、经营结构和产品结构得以维持现状，企业的会计政策和税收政策的主要方面与评估基准日时没有发生显著变化，企业继续具有独立的生产经营地位，其现有规模的资产可继续使用下去。

存量持续经营假设一般要求企业符合下列条件：评估目的中的经济行为实现后，企业的控制权不发生变化或虽有控制权的变化但企业的主要经营方向和经营策略不发生重大变化；企业现有的财务政策、定价政策和市场份额不会因为评估目的中所涉经济行为的实现而发生重大变化；评估目的中的经济行为实现后的资本投入主要是为了弥补评估基准日存量资产的消耗，保持评估基准日存量资产的生产能力，而不形成明显的增量资产，也不会出现企业的生产经营能力大幅提高的情形；评估目的中的经济行为实现后企业不会发生转产或经济方向的根本改变。

（2）增量持续经营假设。增量持续经营是企业在其存量资产对应的经营规模基础上通过追加投入以实现扩大再生产，扩大企业经营规模或丰富企业产品结构的持续经营假设。在企业价值评估过程中，对于企业股东拟对收益较好的企业追加投入资本并使其在短期内新增生产经营能力的情况，此时如果继续以企业维持原有生产经营规模为前提进行收益预测，显然与企业未来的真实情况不符，而应当使用增量持续经营假设。

增量持续经营假设一般要求企业符合下列条件：企业投入资本能够顺利形成新增生产能力，不会受到土地、厂房、设备、人员、管理等诸多因素的制约；企业的新增生产能力能够通过市场的考验，即生产的产品或服务能够被市场所接受；企业投入资本的回报率能够高于企业的债务资本成本，并成为企业新增的获利能力。

（3）并购整合持续经营假设。并购整合持续经营假设是通过企业并购及并购后的重组整合，考虑并购整合过程对标的企业产生的协同效应的持续经营假设。协同效应的获取是企业并购发生的重要原因。如果通过并购各方在并购及并购后整合过程中的协调与合作，使并购标的企业在生产、营销、管理的不同环节、不同阶段、不同方面共同利用同一资源而产生整体效应，或使并购标的企业因并购各方相互协作共享业务行为和特定资源而增强盈利能力,则标的企业就实现了协同效应,在对该标的企业进行评估时,若考虑了协同效应对企业未来收益及企业价值的影响,则应当使用并购整合持续经营假设。

除了上述三种情况外,企业持续经营也可能存在其他一些情况。因各种情况对企业未来经营会产生不同影响,评估专业人员在持续经营假设下选择相应的评估方法时,应当充分考虑并分析被评估企业的经营状况、历史业绩、资本结构、发展前景和被评估企业所处行业的相关经济要素及发展前景,收集与被评估企业未来经营相关的信息资料,充分考虑未来各种可能性事件发生的概率及其影响,合理进行企业价值评估。

2. 清算假设

清算假设是对资产在非公开市场条件下被迫出售或快速变现条件的假定说明。清算假设首先是基于被评估资产面临清算或具有潜在的被清算的事实或可能性,再根据相应数据资料推定被评估资产处于一种被迫出售或快速变现的状态。由于清算假设假定被评估资产处于被迫出售或快速变现条件之下,被评估资产的评估价值通常要低于在公开市场假设下或持续使用假设下同样资产的评估价值。因此,在清算假设下的资产评估结果的适用范围是非常有限的,当然清算假设本身的使用也是较为特殊的。

清算假设与持续经营假设相比,其区别主要体现在以下两个方面:

首先是企业资源自由支配方面的差异。在持续经营假设下,企业的经济资源能够按原有的计划投入使用,企业对这些经济资源保留自由支配权;同时,企业将按其经营目标,运用可控资源进行独立决策和进行正常的经营活动,并按过去和现实承诺的条件去清偿各种债务。但在清算假设下,企业的经济资源将按规定变卖出售,企业不能按原有计划考虑资产的继续使用。此时,企业的债务清偿金额只能依赖于清算资产变卖所得的多少,而不能按原有的承诺进行清偿。

其次是资产计价方面的差异。在持续经营假设下,企业可以进行正常的生产经营活动,其经济资源也将按原有用途使用,因此企业资产的计价也可以在资产正常使用的前提下进行,这样资产的价值可以得到真实体现。但是,在清算假设下,企业将不再继续经营,其资产将在短期内进行处置。因此企业也只能以短期内对外处置价格对资产进行计价,通常来说,此时企业的资产价值会低于其在正常使用下的价值。

(二) 企业价值评估的具体假设

1. 具体假设的主要类别

企业价值评估的具体假设主要包括基于企业外部环境的假设和基于企业内部环境的假设。此外,也包括评估专业人员获取资料和履行评估程序方面的假设,比如假设委托人和被评估企业提供的资料是真实、合法、完整的,对于受条件限制未履行或无法履行相应的评估程序、采用了未经调查确认或无法调查确认的资料数据所做出的假设等。

(1) 基于企业外部环境的假设。基于企业外部环境的假设可区分为基于宏观环境的假设和基于中观环境的假设。

基于宏观环境的假设主要包括政治环境假设、宏观经济环境假设、法律法规假设、财政政策假设、货币政策假设以及产业政策假设等。

基于中观环境的假设,主要包括行业发展前景假设、行业政策假设、区域经济政策假设以及对被评估企业进行规范、监管、审批、规划等方面的假设(比如环保政策假设、土地政策假设、税收政策假设、政府补贴假设)。

（2）基于企业内部环境的假设。基于企业内部环境的假设也可理解为基于微观环境的假设，企业内部环境假设主要针对被评估企业可利用的资源、物质条件、综合能力以及被评估企业具体资产的利用方式做出合乎逻辑的推断。因此，企业内部环境假设可进一步细分为针对被评估企业的假设和针对被评估企业具体资产的假设。

针对被评估企业的假设主要包括对企业生产经营模式、业务或产品的种类及结构、生产能力、行业竞争地位、产业链关系（与供应商和客户的关系）、资本结构、会计政策、生产经营管理方式、人力资源、企业管理水平以及关联交易情况等方面做出的假设。

针对被评估企业具体资产的假设主要是对具体资产利用或使用的方式、程度、范围、效果所做的假设。如对具体资产的物理、法律、经济状况的假设，追加投资假设，产权变动后可利用的资产范围以及资产的可能用途、利用方式和利用效果的假设，继续使用或者变现假设，原地使用或者移地使用假设，现行用途使用或者改变用途使用假设等。

2. 具体假设的设定依据及应注意的问题

（1）设定依据。企业价值评估假设的设定与使用应建立在科学合理的基础之上。评估专业人员执行企业价值评估业务时，应当依据评估目的、价值类型、市场条件、评估对象自身条件等因素综合分析确定评估假设，不能仅凭主观判断设定不合理的假设。

企业价值评估假设应当与评估目的相匹配。评估目的规定了企业价值评估结果的具体用途，同时也规范了评估对象或被评估企业的作用空间和可利用资源的范畴。企业价值评估特定目的对评估对象或被评估企业的作用空间和可利用资源的范畴的规范，具体是通过企业价值评估假设体现出来的。

企业价值评估假设应当与企业价值类型相协调。评估假设是在价值类型已经确定的基础上对相关评估条件的设定。企业价值评估是评估专业人员根据实际条件约束下的企业或模拟条件约束下的企业的价值进行理性分析、论证和比较的过程。不同的价值类型建立在与之相适应的价值基础之上。价值基础是选择价值类型的约束性条件，而价值基础对选择价值类型的约束性是通过评估假设来实现的。评估假设作为评估条件的浓缩形式，是连接评估目的、价值基础与价值类型以及评估结论的纽带。企业价值评估价值类型的选择应当考虑价值类型与评估假设之间的相关性。比如，在投资价值类型的企业价值评估中，可以就特定投资者对被评估企业可能产生或实施的影响做出假设；但在市场价值类型的企业价值评估中，并不能考虑股权交易行为实施后的协同效应，因而不能对被评估企业实现这些协同效应的条件做出假设，更不能假设被评估企业可以实现这些协同效应。

企业价值评估假设应当与市场条件相适应。企业价值评估依据的市场条件是企业价值基础的重要组成部分，是决定企业价值类型和企业价值的重要因素。企业价值评估时所面临的市场条件及交易条件，是企业价值评估的外部环境，是影响企业价值评估结果的外部因素。在不同的市场条件下或交易环境中，即使是相同的评估对象也会有不同的评估结果。

企业价值评估假设应当与评估对象自身条件相契合。评估对象自身的功能、使用方式和利用状态是评估对象自身的条件，也是影响企业价值的内因。不同功能的评估对象会有不同的评估结果，而功能相同的资产在不同的使用方式或利用状态下也会有不同的评估结果。企业价值评估假设中，与评估对象自身条件有关的具体假设主要包括资产使用范围假设、资产利用方式假设、资产利用程度假设和资产利用效果假设等。

(2) 应注意的问题。企业价值评估假设的设定与使用，应特别注意以下问题：

第一，应当科学合理地设定企业价值评估假设。企业价值评估假设的设定与使用应该建立在科学合理的基础之上，评估假设的设定不是任意的。应充分考虑企业所处政治、经济和法律环境，技术发展，市场前景，资产状况，经营能力，商业化程度等，合理设定与之相适应的假设条件。评估专业人员不得随意设定没有依据、不合情理的企业价值评估假设；不得在已知委托人或其他信息来源方提供的某些信息资料不真实的情况下，用假设形式设定这些资料是真实的，并在此基础上出具评估意见；也不能在没有进行必要的分析和判断、未履行必要的调查分析或核实程序情形下，直接以评估假设替代本应履行的评估程序。评估专业人员应确信相关假设有可靠证据表明其很有可能在未来发生，或者虽然缺乏可靠证据，但没有理由认为这些假设明显不切合实际。

第二，不能简单地对企业基于相关条件所可能产生的结果进行假设。企业价值评估假设应围绕被评估企业所处外部环境和内部环境进行，将市场条件及影响企业价值的相关不确定因素暂时"凝固"在某种状态下，以达到对企业价值做出判断的目的，而不是简单地对企业所处外部环境和内部环境可能产生的结果进行假设。比如，在运用收益法评估企业价值的过程中，对委托人和相关当事方提供的盈利预测，应进行必要的分析、判断和调整，不能简单假设盈利预测能够如期实现。

第三，应谨慎使用非真实性假设。在企业价值评估实务中，评估企业价值所需要的条件与评估基准日时企业的现实情况可能一致，也可能并不完全吻合，甚至是相反的，评估专业人员需借助于合乎逻辑的评估假设以构建价值基础。如果假设是为了特定的评估项目而做出的与真实情况相反的假设，该假设为非真实性假设。只有在下列情况下，评估专业人员才应使用非真实性假设：该假设是分析并得出可靠的评估结论所必需的；该假设有合理的依据；只有使用该假设才能得以进行可靠的分析；在评估报告中对该假设进行充分披露。

第四，企业价值的评估过程应当与企业价值评估假设相呼应。从本质上讲，评估假设是对评估条件的某种抽象，而这些评估条件通过具体评估过程最终影响或决定着企业价值的评估结果。因此，企业价值的评估过程应当与企业价值评估假设相呼应，不能使评估假设与评估具体过程相脱节。比如，在运用收益法评估企业价值的过程中，未来收益预测中主营业务收入、毛利率、营运资金、资本性支出等主要参数应与评估假设及各相关参数相匹配。

第二章 企业价值评估信息的收集和分析

第一节 企业价值评估中的信息

一、企业价值评估信息的种类

评估结论是评估专业人员根据收集的相关信息，遵循评估准则的原则要求，按照一定的技术路径"推算"出来的专业判断过程。评估结论需要相应的评估信息资料支持，信息资料质量的高低，可能直接影响评估专业人员的专业判断，影响评估结论的可靠性。因此，评估专业人员应当高度重视评估对象相关信息资料的收集、整理与分析。

企业价值评估一般需要收集的信息资料包括九个方面：

一是与评估对象权益状况相关的协议、章程、股权证明等有关法律文件、评估对象涉及的主要资产权属证明资料；

二是被评估企业历史沿革、控股股东及股东持股比例、经营管理结构和产权架构资料；

三是被评估企业的业务、资产、财务、人员及经营状况资料；

四是被评估企业经营计划、发展规划和收益预测资料；

五是评估对象、被评估企业以往的评估及交易资料；

六是影响被评估企业经营的宏观、区域经济因素的资料；

七是被评估企业所在行业现状与发展前景的资料；

八是证券市场、产权交易市场等市场的有关资料；

九是可比企业的经营情况、财务信息、股票价格或者股权交易价格等资料。

上述资料以被评估企业为中心，可以分为两大类：一类是被评估企业内部相关信息；另一类是被评估企业外部相关信息。

二、被评估企业内部相关信息

被评估企业内部信息主要包括评估对象相关权属资料，企业经营管理结构和产权架构资料，企业资产、财务和管理资料，企业发展规划和经营计划资料，以及评估对象或被评估企业以往的相关评估及交易资料等。

(一) 评估对象相关权属资料

1. 相关权益法律文件

评估对象相关权属资料反映评估对象的权益持有人所享有的权益状况。相关的法律文件通常包括公司投资协议、公司章程、公司制度、股权买卖协议或回购协议以及国有资产产权登记证等。评估对象相关权属资料及有关法律文件是确定评估范围的依据，表明评估对象权益的性质、范围、条件等。

2. 主要权属证明

评估对象涉及的主要权属证明资料通常包括被评估企业所拥有的重要资产的权属证明资料，它们是被评估企业可以进行正常生产经营活动的法律保证。评估专业人员应当了解、熟悉常见的权属证明式样、主要记载事项及其含义以及可能对评估结果产生直接影响的事项。

常见的权属证明资料主要有以下几类：一是不动产相关权属证明资料，如不动产权证、国有土地使用证、房屋所有权证、建筑工程施工许可证等；二是车辆等运输设备权属证明，如行驶证；三是采掘业企业特有的权属证明，如采矿许可证、勘查许可证等；四是森林资源资产特有的权属证明，如林权证；五是企业知识产权资产特有的权属证明，如专利权证书、商标注册证、著作权（版权）相关权属证明；六是航空运输企业特有的权属证明，如船舶所有权登记证书、船舶国籍证书、飞机产权登记证、飞机国籍登记证、飞机电台执照等；七是权益形成的权属证明，如股权出资证明或股份持有证明、债权持有证明、有关产权转让合同等。评估专业人员可以根据具体项目所涉及的资产类型，有针对性地选择上述资料。

(二) 企业经营管理结构和产权架构资料

1. 设立和权益变更

企业设立和权益变更资料有助于评估专业人员了解被评估企业的历史沿革，包括企业成立和经营的时间、企业性质、主要产权所有者、业务类型、生产经营地点等历史发展和变动情况。

主要股东及持股比例是指评估基准日被评估企业的主要股权结构情况，包括股东姓名、持股数量和比例、股东简介、特殊权益约定以及股东之间是否存在关联关系等。

通过权益变更资料的收集，还可能了解到评估对象过往评估或交易的情况，有助于评估专业人员最终确定评估结论时的合理性判断。

2. 主要股权投资情况

了解评估基准日被评估企业主要的股权投资情况，有助于准确把握评估的空间范围和选择评估技术路径，如是否采用合并报表基础等。股权投资情况主要包括被投资企业名称、投资日期、投资比例、是否具有控制权、主要经营业务、经营地点、与被评估企业之间是否存在业务关系等。

对主要产权进行调查，是评估专业人员评估长期股权投资需要履行的程序之一，也是合理安排评估报告体例和明确工作范围与工作量的基础。

3. 组织架构

收集、分析经营管理结构资料有助于评估专业人员了解被评估企业经营管理流程和职能责任，该资料是制订评估计划与专业人员配备的基础，也是安排被评估企业各资产类别对口人员的依据。

被评估企业的组织架构情况通常包括企业的组织架构图及职能说明。从企业的组织架构，有时还能看出被评估企业管理效率、风险管理架构的合理性等企业管理方面的问题。

(三) 企业资产、财务和管理资料

任何企业的经营活动，都是通过配置资源、管理利用资源而取得财务成果。因此，企业的资产配置、经营管理和财务成果三者之间具有内在的逻辑关系。企业的资产、财务、经营管理状况资料涉及的范围十分广泛，在这里仅对一些常见的资料进行举例说明。

1. 资产状况

资产是企业经营管理的资源，是企业赖以生存和营利的基础。企业价值评估中需要收集并分析企业的资产配置、资产规模、资产利用、资产新旧、资产价值等反映企业资产状况的资料。

例如，固定资产重点收集并分析的资料包括：房屋建筑物的成新度、利用率、账面价值等；机器设备的成新度、技术先进性、利用率、账面价值以及工艺水平等。在建工程重点收集并分析的资料包括：工程建设可行性报告及政府批文、计划投资额、计划建设周期、建设资金来源、工程投产后的预计效益、工程进度等。无形资产重点收集并分析的资料包括：无形资产的来源、权利状况、账面价值、技术类无形资产的先进性、品牌类无形资产的市场竞争力等。

2. 财务状况

财务管理贯穿企业经营管理的各个环节，企业价值评估需要收集并分析企业的财务报告资料，需要收集并分析企业研发环节、采购环节、生产环节、销售环节、管理环节、投融资环节、税务环节等的状况资料，以及或有事项相关资料等。

例如，采购环节重点收集并分析的资料包括：原材料采购成本、原材料库存情况、关联交易情况、采购活动产生的债权债务等；生产环节重点收集并分析的资料包括：生产能力及利用率、产品单位成本及成本构成、产销比率、存货数量及质量、应付职工薪酬等；销售环节重点收集并分析的资料包括：结算方式与收入确认政策、销售价格与销售数量、关联交易情况、毛利率与营业利润率、营业费用及构成、应收款项及坏账等；投融资环节重点收集并分析的资料包括：投资种类及规模、投资分红或收益、债务融资的规模及结构、债务融资成本等；税务环节重点收集并分析的资料包括：执行的税种及税率、税收优惠、纳税记录等。

3. 管理状况

企业管理表现在不同的方面，主要资料包括公司治理、研发、采购、生产、营销、人力资源等企业经营管理各个方面状况的资料。例如，公司组织结构、公司内部控制方面的资料；研发模式、核心技术人员、研发激励制度、研发环节的竞争优势或劣势方面的资料；采购模式、原材料的供应及价格的稳定性、关联交易情况、主要供应商及依赖度、采购环节的竞争优势或劣势方面的资料；生产模式、生产工艺与生产技术的先进性、生产质量管理与控制、生产环节的竞争优势或劣势方面的资料；营销模式、营销渠道、品牌宣传、产品市场定位及市场需求、主要客户及依赖度、关联交易情况、营销环节的竞争优势或劣势方面的资料；员工数量与结构、员工素质、劳动工资制度方面的资料等。

(四) 企业发展规划和经营计划资料

企业价值评估是对企业未来获利能力的价值判断过程。因此，企业的发展规划、年度经营计划和未来收益预测资料是企业价值评估的重要支持资料，特别是在通过收益法评估企业价值的情况下。评估专业人员应当收集并分析企业提供的发展规划（战略规划）、经营计划和未来收益预测资料，并关注企业提供的未来收益预测是否和发展规划、经营计划保持一致，企业编制这些规划和计划是否与所处经济环境相吻合，数据资料是否有理有据。

评估专业人员在合理确定评估假设的基础上，分析和判断被评估企业的资本结构、经营状况、历史业绩、发展前景，并考虑宏观和区域经济因素、所在行业现状与发展前景对企业价值的影响，进而对委托人或者相关当事方提供的企业未来收益预测进行必要的分析、判断和调整，形成价值测算中的未来收益预测。

(五) 以往相关评估及交易资料

在企业基本经营状况没有发生较大变化的情况下，评估对象或被评估企业以往的评估及交易资料可以作为评估作价的参考依据或可比交易案例。如果企业发生了较大业务或产权变动，但这些变动可以明确界定时，过往交易的情况对于判断最终评估结论的合理性也具有间接的验证作用。例如，被评估企业近期的股权交易可以考虑作为市场法的可比案例，或作为评估作价的参考依据。被评估企业近期的企业价值评估报告也具有一定的参考价值，通过查阅以往的评估资料，可以获取相关的参数信息，帮助评估专业人员发现可能存在的虚假资料，防范执业风险。

三、被评估企业外部相关信息

被评估企业外部信息主要包括影响被评估企业经营环境的外部因素的相关资料、评估对象所在市场的类似交易资料等。影响企业经营的外部因素主要涉及宏观经济状况及其未来前景、区域经济发展的状况及其特点、被评估企业所在行业的竞争状况和发展前景；市场交易资料则包括证券市场、产权交易市场的总体情况，以及各类市场中可比企业或可比交易案例的资料。

1. 宏观环境因素资料

在世界经济日益融合的当今社会，企业价值评估中宏观环境因素通常包括：世界经济和企业所在国家及地区经济现状和发展趋势、经济波动情况；企业所在国家、地区与被评估企业经营相关的法律法规；企业所在国家、地区有关财政、金融政策等。对这些资料的收集，是评估专业人员依照评估准则分析影响企业经营的宏观经济因素的基础。

常见宏观经济分析包括下列部分或全部内容：通货膨胀预测、国民生产总值（GNP）前景、可支配收入和消费者信心、带有地域特色的人口变量、国际经济形势、经济周期分析、国家宏观经济政策、国家和地区经济发展目标等。

2. 区域经济因素资料

人口流动、产业分工、政策推动等因素，可能使被评估企业所在区域经济发展呈现突出的特点，如出现先导产业、产业积聚、特有消费时尚、依靠自然资源竞争等现象。评估专业人员收集这些资料，有助于判断被评估企业未来获利能力及其预测的合理性，特别是企业提供的预期不同于历史经营情况的趋势外推时。

3. 所在行业发展因素资料

行业内企业情况类比分析是企业价值评估结果合理性判断最容易为报告使用者接受的方式。因此，行业现状和发展前景分析是企业价值评估需要收集的重要资料，通常包括下列内容：行业主要政策规定；行业竞争情况；行业发展的有利和不利因素；行业特有的经营模式，行业的周期性、区域性和季节性特征等；企业所在行业与上下游行业之间的关联性，上下游行业发展对本行业发展的有利和不利影响。评估专业人员在收集分析企业所在行业现状与发展前景的资料时，也应当重点从上述几个方面入手。

4. 证券市场资料

证券市场是竞争相对充分、同质化交易最高的交易市场。证券市场资料具有规范化、透明度高、公开内容丰富的特点，是企业价值评估，特别是收益法和市场法评估的重要信息来源。在收益法评估中，计算折现率时使用的无风险报酬率、市场风险溢价等，需要从证券市场等资本市场公开披露的相关信息中选取。在市场法评估中，许多的参数都是从证券市场等资本市场公开披露的价格统计资料和企业基本信息中得到的。

5. 产权交易市场资料

产权交易市场是交易市场多层次的体现，产权市场覆盖了更广泛的交易标的、交易形式、交易区域和交易规则，特别是非标准化的股权、无形资产、债权等资产的交易。因此，对于企业价值评估来说，产权交易市场的有关资料是对证券市场资料的重要补充，能为非证券市场交易、少数股权交易、单项无形资产交易等评估提供必要的信息。

6. 可比企业资料

可比企业的财务信息、股票价格或者股权交易价格等资料可以为采用市场法和收益法评估企业价值提供必要的信息。在市场法评估中，可比企业或交易案例的选取、可比企业财务报表数据的分析与调整、价值比率的确定和修正计算等都离不开可比企业的相关资料。这些参数也都是从证券市场、产权交易市场等资本市场公开披露的价格统计资料和企业基本信息中得到的。在收益法评估中，计算折现率时使用的可比企业贝塔系数和被评估企业特别风险调整系数等，也离不开可比企业的财务信息、股票价格等资料。

第二节 企业价值评估中的信息收集

一、企业价值评估信息收集的意义

（一）信息收集是企业价值评估的基础

进行企业价值评估需要有充分的数据资料。从某种意义上讲，评估专业人员对企业价值进行评估的过程就是评估专业人员对与企业价值相关的数据资料进行收集、整理、归纳和分析的过程。不论评估专业人员采用什么样的技术途径和方法，都要有充分的数据资料做支持：评估专业人员从什么地方收集数据资料、对收集来的数据资料如何分类整理、怎样归纳与分析，都将决定企业价值评估报告的质量和评估结果的可用性。并且，由于经济活动纷繁复杂，存在着信息失真、信息扭曲的情况，这更要求评估专业人员在选择被评估企业的数据资料时付出更多的精力,采取一切必要措施和程序判断所收集信息资料的可靠性和适当性,而采取的必要措施和程序应当符合行业内公认的要求或惯例,以杜绝资料选取上的随意性。因此,信息收集是企业价值评估的基础,评估专业人员应当独立分析、判断评估所需要的信息。

（二）信息收集是解决信息不对称的要求

在企业价值评估过程中,通常会存在信息不对称的问题。其具体表现在三个方面:第一,从信息的传递来讲,其传递的方法、路径等原因使相关各方获取信息的程度不一,获得时间也不同,会导致信息不对称;第二,从影响企业价值的各项因素来讲,影响企业价值的各项因素的复杂性和不确定性,以及这些因素与企业价值之间关系的模糊性,会导致信息的不对称;第三,从影响企业价值的各项因素来看,信息的所有者或提供者掌握的信息资料比较多,而信息的非所有者或收集者则知之较少,也会形成信息的不对称。因此,企业价值评估中信息不对称的客观存在,必然要求评估机构及评估专业人员在收集被评估企业的信息时,应发现和研究这种不对称,尽可能收集到完整、真实的信息资料,为客观、公正地评估企业价值提供保障。

二、企业价值评估信息收集的来源

企业价值评估信息收集的来源,可以分为公开信息来源和非公开信息来源。

（一）公开信息来源

公开信息包括政府、数据服务机构、专业研究机构、高等院校等在网站、刊物、书籍等出版物中发布的信息。这些信息一般具有持续维护和更新的特点,历史数据具有较好的连续性和可比性。特别是收费的商业数据服务项目,比较关注用户的需求,不断进行创新,是企业价值评估很好的信息来源,一般可以作为评估依据进行披露。

公开信息资料的收集可以从行业协会网站、商业化行业分析报告、证券公司行业分析报告、单一行业专业网站、行业专业期刊等处获得,也可以选择知名的金融数据服务商、证券交易所、产权交易中心或著名研究学者的个人网站上发布的相关信息。评估专业人员在选择证券市场、产权交易市场等市场资料时,要考虑市场的成熟度、证券交易的活跃性和数据的可获得性,通常应当选择具有一定规模且交易比较活跃、管理比较规范的资本市场。

（二）非公开信息来源

非公开信息来源主要是企业非公开的财务报告、可行性研究报告、商业计划书、年度计划、战略规划、业务推广计划、工作总结、专项内部研究报告（如市场调研报告、竞争状况分析报告、竞争对手分析报告、媒体及舆情监测报告等）；其他类似评估项目（评估报告、评估说明、工作底稿等）、价值咨询报告；企业提供的第三方专项调查报告（财务尽职调查、法律尽职调查、市场调查报告等）；还有一类重要的非公开信息来源,即评估专业人员针对评估项目所进行的现场访谈、市场调查等。这些信息来源有时对评估项目具有较强的适用性,如评估专业人员的现场访谈记录、第三方专项调研报告等；有时带有很强的主观倾向或企业领导的意愿,如企业的发展规划纲要、年度工作总结等。评估专业人员应按照信息筛选原则进行挑选。

三、企业价值评估信息收集的原则

企业价值评估是一项基于数据分析的工作，评估专业人员将获取的市场信息和非市场信息，经过识别、判断、分析、处理，并采用行业公认或可接受的方法，推断出评估结论。企业价值评估结论的客观性和合理性直接影响委托人对评估机构和评估专业人员的专业能力的认可程度，而数据资料可靠是评估结论具有说服力的基础。评估专业人员执行企业价值评估业务，应当获取充分信息，并确信信息来源是可靠的，信息筛选是恰当的。归纳而言，评估专业人员在进行信息的收集和筛选时，应把握可靠性、相关性、有效性、客观性、经济性五个原则。

（一）可靠性原则

第一，对于外部获取的资料，评估专业人员需要知晓，其可靠性与提供信息资料的专业机构的专业水平、专业经验以及社会公信力有关，所以评估专业人员应当尽可能从具有社会公信力的规范专业机构处获取相关信息资料。第二，对于被评估企业直接提供的资料，虽然资产评估准则明确规定保证所提供资料的真实性、合法性、完整性是委托人和相关当事方的责任，信息收集来源有较充分的保障，评估专业人员也仍需对此进行核查验证。第三，评估专业人员还应当认识到，上述信息不能构成企业价值评估的唯一来源，评估专业人员可能仍然需要进行其他独立的信息调查。评估专业人员应当通过询问、函证、核对、监盘、勘查、检查等方式进行调查，获取评估业务需要的基础资料，了解评估对象现状，关注评估对象法律权属。此外，信息收集还要关注引用数据涉及的法律问题，如是否有版权限制（得到许可使用授权）、是否要承担保守相关当事方商业秘密的要求、引用许可使用的专业机构的信息的责任划分等。

（二）相关性原则

相关性是指收集的资料与被评估企业所属行业相关。具体的行业所需要的数据资料是有特定范围的，有针对性的数据资料才能转化为企业价值评估支持评估结论的有用信息。切忌从网络等公开渠道收集行业覆盖过宽的信息，这些信息不能从逻辑上推断企业价值评估过程中需要的分析结论。如某城市污水处理厂股权转让项目，仅仅收集全国和本地的宏观经济情况，不收集本地污水处理的历史情况、相关规定，信息的相关性就相对较弱。

可比企业的信息资料与被评估企业具有相关性。可比企业应与被评估企业属于同一行业，或者受相同经济因素的影响，这是考虑资料来源相关性首先要考虑的内容。同时根据数据来源计算可比企业各种风险溢价、资本结构、价值比率时，应当关注其业务结构、经营模式、企业规模、资产配置和使用情况、企业所处经营阶段、成长性、经营风险、财务风险等因素与被评估企业的相关性。

（三）有效性原则

企业价值评估报告具有严格的基准日和报告日，而企业所处的经营环境在不断变化，因此，只有在充分接近评估基准日的数据和资料的基础上，才有可能得到客观、准确的评估结论。同时，评估其后可能影响评估结论的事实和事件信息，也应尽可能接近评估报告日，以便报告使用者充分了解环境变化对评估结论的影响。

为保证信息的有效性，对数据来源中的部分资源还必须定期更新，更新的频率也应符合企业价值评估业务的需要。如对于可比公司的基本资料，应保证有实时监测和定期的财务报告；各类风险溢价、宏观经济数据、经济政策动向等应至少保证季度或月度的内容有所更新。

（四）客观性原则

高质量的数据资料必须具有客观性，能真实、准确地反映各类市场经济主体的各项活动。如对于经济政策的发布应该准确，政策解读应该权威，体现管理部门和特定群体、投资人的利益诉求。公开上市公司和产权交易平台挂牌交易的信息披露资料和市场表现反映资料，应该全面翔实。非公开交易特别是私募股权交易的交易背景与成交情况应为第一手资料。市场交易数据直接来自于交易平台，数据使用转换接口方便易用，能够有效避免数据引用过程中产生的差错。

（五）经济性原则

经济性是指获取评估需要的数据资料所花费的代价或费用要尽可能低，并符合成本收益原则。价值评估应在服务收入、服务成本和风险判断之间权衡，如在权威专业数据服务商资料和自行或委托调研之间按成本差异进行取舍。一般宏观经济、产业政策和资本市场等可采用专业数据服务商的数据，细分市场、特殊专业技术、关键交易案例、关键参数等，可以采用自行访谈或聘请外部专家的方式取得。

四、企业价值评估信息收集的基本程序

企业价值评估中的信息收集是一项有步骤、有计划、连续性很强的工作。在实务中，评估专业人员根据项目的复杂程度来安排信息收集的工作量，但基本遵循下列程序。

（一）明确目标需求，制订信息收集计划

对被评估企业的有关信息进行收集是为了满足信息的需求以达到一定的评估目标。收集目标是指信息收集最终要解决的问题，而需求则是为解决这一问题所需要的信息。需求是在目标的基础上产生的。因此，评估专业人员可以根据项目资料需求，制订信息收集计划，以指导整个信息收集工作。

完整的信息收集计划一般包括如下三个方面的内容：

一是收集信息的内容。评估专业人员要确定信息收集的内容，明确收集的方法，有目的地进行下一步的收集工作。

二是选择资料的来源。即信息收集、获取的出处。

三是信息的收集方法。信息收集方法明确，这有助于在收集信息的过程中少走弯路，达到事半功倍的效果。

（二）实施信息收集计划

对于典型企业价值评估项目，信息收集计划的实施一般包括以下几个方面的内容：

1. 评估信息申报

根据委托人和评估机构在资产评估委托合同中的约定，评估所需信息资料，特别是有关评估对象、资产和负债的清单，包括企业资产负债表账面的资产和负债等内容，由委托人或资产占有方向评估机构"申报"，即评估机构及其资产评估专业人员评估的标的和内容以委托人和资产占有方申报的为准。对于申报的重要评估信息，评估专业人员应当要求委托人和资产占有方盖章确认，或履行必要的送达和接受手续。

2. 现场访谈

现场访谈是评估专业人员针对企业的具体特点和资产状况，就需要进一步了解或核实的信息，与被评估企业相关人员进行面对面交谈的一种信息收集方式。现场访谈的内容有助于后续资产价值估算参数的确定以及对资产价值变动性质等做出专业判断；现场访谈记录则是评估机构和评估专业人员整理评估档案资料的重要内容，以便于机构内外部的复核、检查和取证。

评估专业人员一般应在进入评估现场前编写访谈提纲，将预期需要了解的事项列入问题清单，以便被评估企业相关人员进行分工准备。评估工作的现场安排（评估计划）应该对现场访谈对象、调查内容、参加人员等做出安排。

3. 外部调研

根据对评估所需资料的收集情况，评估专业人员可能需要在被评估企业所在城市进行其他的调查，如到相关权属管理部门、登记机关等查看企业注册登记的最新资料，核实不动产权属证明及瑕疵事项等；在保守被评估企业有关商业秘密的前提下，走访政府监管部门、行业协会、工业园区管委会、外部专家等，调查当地政府相关政策、行业发展情况、园区规划和管理政策，企业面对的市场、技术状况等；查看类似资产的状况（如可比不动产项目）、类似企业经营情况、被评估企业重要关联方企业情况、重要供货方或销售客户的经营情况等。

（三）补充和追踪信息

除了从委托人和资产占有方获得的以及评估专业人员在评估现场调查所得的资料外，评估专业人员还需要从公开的社会资料或商业性数据服务商处获取所需资料。

另外，在信息收集过程中，往往会出现新问题、新情况，例如，信息收集计划不完全、不准确；又如，在评估项目，特别是大型、复杂项目的执行过程中，由于工作时间较长，被评估企业的有关信息可能发生变化，这就要求评估专业人员进行信息的补充收集或追踪收集。

（四）信息整理和分类

对收集的信息进行整理和分类，有利于分析、判断信息收集是否系统、完整，能否满足形成评估结论和工作底稿的需要。例如，访谈资料经过整理，可以作为评估档案予以保存；对于国有资产评估、证券相关业务资产评估，评估专业人员应当按照有关部门的监管要求，组织、编辑、整理访谈资料，作为支持评估结论的工作资料，并便于接受行业协会或监管部门的执业质量检查。

第三节 企业价值评估中的宏观环境分析

一、企业价值评估中宏观环境分析的意义

宏观环境对企业的影响显而易见。宏观环境直接和间接地引导、促进或约束微观经济的运行，企业价值实现过程直接和间接地受到宏观环境的影响。任何企业都在一定的宏观

环境中运行，宏观环境分析就是对会影响所有企业的经营管理活动的宏观、区域环境因素进行分析。这些外部的、基本不可控的因素会影响到企业的内部实力和经营活动，由此会对企业的发展产生持久、深远的影响。例如，宏观环境的好坏，对被评估企业的经营前景及其产品的市场前景都具有重大影响。良好的宏观经济状况往往会带来较低的失业率和较高的薪资水平；经济衰退时则发生相反的情形。

因此，在对企业价值进行评估时，评估专业人员应以宏观环境分析为基础，充分考虑到宏观环境对该企业乃至整个行业的影响，识别环境给企业带来的机遇和挑战，进而为被评估企业的前景预测打下基础，这样才能保证评估结论的合理性。

二、企业价值评估中宏观环境分析的常见要点

（一）国家、地区有关企业经营的法律法规

国家、地区有关企业经营的法律法规可能关系到被评估企业的建设、生产、经营、环保、法律责任等重要方面，评估专业人员在执行企业价值评估业务时，应当了解国家、地区有关企业经营的主要法律法规，为企业所在行业分析、企业业务分析、企业资产与财务分析等提供法律法规依据和支持。

（二）国家、地区经济形势及未来发展趋势

企业的业务活动与国家、地区经济形势及未来发展趋势密切相关。企业业务活动是国家、地区经济的基础，国家、地区经济的良好运行是企业业务活动得以顺利进行的必要条件。评估专业人员在执行企业价值评估业务时，应当分析国家、地区经济形势，了解国家的宏观经济调控目标和调控政策，判断国家、地区的未来经济发展趋势。

企业价值评估和其他资产评估业务一样，价值结论都是在一系列假设和判断的基础上得出的。评估假设的确定应当与评估信息分析的推断结果相一致，评估中参数的选择也应当符合信息分析的结论。如若信息分析判断宏观经济处于下行趋势，煤炭开采产能严重过剩，市场需求萎缩，而被评估的煤炭开采企业产品、销售或其他经营方面没有特别之处，预测该企业未来销售量逐年较大幅度增长，则从分析逻辑上不尽合理。

（三）有关财政与货币政策

财政政策的变化可能会引起企业所在行业的税收、需求等发生变化，或者引起企业所在区域的经济形势等发生变化。货币政策的变化则会对货币供求关系、资金成本等带来影响，对于资金密集型企业、高财务杠杆企业、成长型企业等可能会带来较大的影响。评估专业人员在执行企业价值评估业务时，应结合评估业务的具体情况，对影响企业经营的有关财政、货币政策等进行分析、判断和预测。

三、宏观环境分析的具体内容

对于宏观环境的分析，重点在于对外部环境进行调查、分析，预测其发展趋势，掌握其变化规律。影响企业经营管理活动的宏观、区域环境因素，主要包括政治和法律因素、宏观与区域经济因素、社会和文化因素、技术因素等。

（一）政治和法律因素

政治和法律因素是指一个国家或地区的政治制度、体制、方针政策、法律法规等方面的内容。这些因素常常制约、影响企业的经营行为，尤其是影响企业较长期的投资行为。

政治和法律因素对企业产生影响的特点如下：一是直接性，即国家政治法律环境直接影响着企业的经营状况；二是难以预测性，对于企业来说，很难预测国家政治法律环境的变化趋势；三是不可逆转性，政治法律环境因素一旦影响到企业，就会使企业发生十分迅速和明显的变化，而这一变化往往是企业难以改变的。

1. 政治体制与稳定性

政治体制涉及国家的基本制度及国家为有效运转而设立的一系列制度，如国家的政治和行政管理体制、政府部门结构和选举制度、公民行使政治权利的制度等。国家的政治体制决定了政府的行为和效率。而且，政治体制常常制约着宏观经济调控的方式和力度，从而影响企业的经营方式和自身战略选择的灵活度。

政治体制的稳定性包括政局和政策等方面的稳定性。政局的稳定性是指国家领导人的更换是否会导致国家政体和政治主张的变化以及国家领导人之间的关系、民族关系的稳定等。如果国家政变迭起，国家领导者之间的斗争不断，企业经营环境注定恶劣。政策的稳定性是指国家所制定的各项政策是否会经常发生变动。如果一个国家的政策朝令夕改，缺乏稳定性，那么该国企业就无法正确判断政策的变化方向及对企业经营的有利性，企业就不可能形成长远的发展战略。

2. 法律法规

法律对企业的影响方式由法的强制性特征所决定，法律对企业的影响可以从制约和保障两个方面考虑。一方面，法律保护依法成立的公司的合法地位、经营权利、正当竞争行为、合法权益等。法律使企业经济活动被纳入正轨，通过法律来实现国家对企业经济活动的承认和保护。另一方面，执法机关有权依据法律对经济行为主体的违法行为追究其经济责任、行政责任、刑事责任。法律不仅从积极方面对企业的存在和经营进行保护，而且还从消极方面防止违法活动的发生。法律环境可以通过两个角度进行分析：

（1）企业经营涉及的法律法规。法律是国家制定或认可的，由国家强制力保证实施的，以规定当事人权利和义务为内容的具有普遍约束力的社会规范。在我国，广义的法律是指法的整体，包括法律、有法律效力的解释及行政机关为执行法律而制定的规范性文件（如规章）。狭义的法律专指拥有立法权的国家权力机关依照立法程序制定的规范性文件。法律法规与企业的日常经营息息相关，特别是和企业经营密切相关的经济法律法规，我国与企业经营密切相关的法律有《中华人民共和国公司法》《中华人民共和国民法典》《中华人民共和国专利法》《中华人民共和国商标法》《中华人民共和国企业所得税法》《中华人民共和国企业破产法》等。

（2）行使司法职能的机关。司法机关是行使司法权的国家机关，狭义上仅指法院，广义上还包括检察机关。在资本主义国家，司法机关与立法机关、行政机关互不从属；在社会主义国家，司法机关从属于国家权力机关而相对独立于其他国家机关。行政机关通常简称"政府"，是国家机构的基本组成部分，是依法成立的行使国家行政职权的行政组织，包括政府以及有关职能部门。与企业关系较为密切的行政执法机关有工商行政管理机关、税务机关、物价机关、计量管理机关、技术质量管理机关、专利机关、环境保护管理机关、政府审计机关。此外，还有一些临时性的行政执法机关，如政府的财政、税收、物价检查组织等。

3. 政府的经济管理

政府经济管理也称为经济干预。当今世界的市场经济国家没有一个符合古典经济学家所描述的"完全竞争"，政府干预在各个国家、地区都不同程度地存在着。政权的性质和稳定程度影响到政府对经济干预的范围、干预方式和干预深度。

政府对经济的管理可以分为宏观和微观两个方面。一般而言，政府干预经济的宏观目标是经济增长、充分就业、通货膨胀和国际收支平衡；微观目标是保障市场公平和提高市场效率。对企业而言，来自政府的间接和直接的管理，将影响企业经营活动的成果实现。

（1）宏观经济管理。政府的宏观管理主要通过财政政策、货币政策、收入—价格政策等实现。

财政政策涉及政府的支出与收入控制。它的作用就在于利用经济学中的"乘数原理"，在萧条时刺激经济的复苏，在高涨时遏制过度的膨胀。货币政策指政府通过中央银行调节货币供应来影响利率的变动，从而间接影响总需求，以实现政府的宏观目标。货币手段通常是与财政手段配合使用的。收入—价格政策是政府常用的一种调控手段，是政府利用法律、行政等强制力，对特定收入群体的工资和特定商品的价格设定上限或下限，以维持宏观经济和市场秩序的稳定。

（2）微观经济管理。政府对企业的直接干预主要作用于国有企业和关乎国计民生的大型、特大型企业。造成这种情况的原因一方面是国有企业的性质决定了它必须承担政府的部分职能，如社会稳定、保持垄断等，另一方面则源于大型企业的某些经营行为可以引发整个行业甚至市场秩序的震动，政府希望对其严格控制。例如，1996 年、1998 年由中国彩电"巨无霸"——四川长虹电器集团公司挑起的价格大战，导致了整个彩电行业的整合与震动；1998 年，信息产业部不得不直接出面干预，协调长虹与康佳、TCL 等其他彩电大户的关系。

（3）产业政策。除宏观与微观管理政策外，政府还有一些介于宏观与微观、直接与间接之间的干预手段，主要是产业政策。产业政策包括产业结构政策和产业组织政策两个方面的内容。产业结构政策的作用是通过扶植那些具有潜在优势、能够带动整个结构升级的产业部门发展，并帮助那些"夕阳"产业向其他产业转移，使资源配置朝着有利于结构升级的方向倾斜。产业组织政策的作用是通过对企业规模结构、企业之间竞争与协作关系的限制与引导，形成一种有利于竞争又不过度竞争的市场组织结构，使得社会在维持竞争的效率和利用规模经济之间达到某种平衡。

4. 国际环境

目前，越来越多的企业向跨国经营发展。在这样的背景之下，企业必然要面对国际经济大环境变化的影响。不同的国家有着不同的政治、经济体制和法律规范，还可能存在着一些跨国家的区域性法律规范，例如欧盟的法律以及相关组织的缔约条款。在全球化的背景下，国际法所规定的国际法律环境和目标国的国内法律环境势必对企业的经营活动产生一定的影响。

（1）国际政治格局和国际关系。国际政治格局和对外经济关系状况影响着一国对外贸易的发展和参与国际竞争的程度，从而影响本国企业的营销战略和跨国经营战略。例如，某企业本打算将产品销往国外市场，如果外国政府与本国政府政治关系紧张而对本国实施经济制裁，禁止本国产品进入该国市场，就会导致该企业的产品无法外销而造成巨大的经济利益损失。

（2）境外法律环境。境外投资、经营的法律环境主要指投资目标国的国内法律体系和制度以及协调国家间政治、经济实务的国际法律体系。目标国的国内法律环境指的是企业的业务所涉及的国家的法规规范的总体。国际法指适用于主权国家之间以及其他具有国际人格的实体之间的法律规则的总体。国际法又称国际公法，以区别于国际私法。后者处理的是不同国家的国内法之间的差异。

（二）宏观与区域经济因素

企业的经济环境主要由社会经济结构、经济发展水平、宏观经济政策、经济运行状况等方面构成。

1. 社会经济结构

社会经济结构是指国民经济中不同的经济成分、不同的产业部门及社会再生产各方面在组成国民经济整体时相互的适应性、量的比例以及排列关联的状况。社会经济结构主要包括五个方面的内容：产业结构、分配结构、交换结构、消费结构和技术结构。其中，最重要的是产业结构。

（1）产业结构。产业结构是指各产业的构成及各产业之间的联系和比例关系。各产业部门的构成及相互之间的联系、比例关系不尽相同，对经济增长的贡献大小也不同。因此，把包括产业的构成、各产业之间的相互关系在内的结构特征概括为产业结构。产业结构包括产业结构本身以及技术结构、产业布局、产业组织和产业链五个要素。

在经济研究和经济管理中，按生产活动性质，把产业部门分为物质资料生产部门和非物质资料生产部门两大领域，前者指从事物质资料生产并创造物质产品的部门，包括农业、工业、建筑业、运输邮电业、商业等；后者指不从事物质资料生产而只提供非物质性服务的部门，包括科学、文化、教育、卫生、金融、保险、咨询等部门。根据社会生产活动历史发展的顺序对产业结构划分为三大产业：产品直接取自自然界的部门称为第一产业，对初级产品进行再加工的部门称为第二产业，为生产和消费提供各种服务的部门称为第三产业。这种分类方法是世界上较为通用的产业结构分类方法。

（2）分配结构。分配结构是国民收入实际使用额的具体去向及其相互之间的构成比例。从总体上考察，可分为基本结构和具体结构两个大的层次。第一层次为基本结构，是指积累基金与消费基金的比例关系。积累基金与消费基金是国民收入使用额的两大基本去向，这二者之间的比例关系显示出国民收入分配最直接、最概括的总体结构状态，属于表层结构。第二层次为具体结构，是指积累基金内部和消费基金内部的分配比例关系。积累与消费内部的这些比例关系之间又呈现出不同的层次性，从而具体反映出国民收入分配极其错综复杂的结构关系。具体结构表明了国民收入使用额最终的具体去向，因而又可看成是国民收入分配的深层结构。

（3）交换结构。交换结构主要指社会消费构成，包括商品流转结构、价格结构和进出口结构等。交换是指人们相互交换他们的生产活动或劳动产品。人们的需要是多方面的，但他们的生产活动及其产品是单方面的。为了满足多方面的需要，人们必须相互交换自己的生产活动和产品。在商品经济发达的情况下，通常讲交换结构指商品交换结构。交换是生产与消费之间的中间环节。生产结构的性质、形式和规模，决定了交换结构的性质、形式和规模，交换结构必须与生产结构衔接，它反作用于生产结构。

（4）消费结构。消费结构是在一定的社会经济条件下，人们（包括各种不同类型的消费者和社会集团）在消费过程中所消费的各种不同类型的消费资料（包括劳务）的比例关系，有实物和价值两种表现形式。实物形式指人们在消费中，消费了一些什么样的消费资料以及它们各自的数量。价值形式指以货币表示的人们在消费过程中消费的各种不同类型的消费资料的比例关系。在现实生活中具体表现为各项生活支出。消费结构是随着居民总消费支出的增加而变化的，消费结构一词虽然被广泛应用，但学界对其概念有不同的认识，具有代表性的观点有：人们在消费过程中所消费的不同类型消费资料的比例关系；在消费行为过程中，各类消费品和劳务在数量上各自所占的百分比及其相互之间配合、替代的比例关系；在需求和供给的矛盾运动中形成的各类消费资料（劳务）在消费支出总额中所占的比例及其相互关系；人们在生活消费过程中各种社会因素、自然因素、内部以及社会因素与自然因素之间的相互关系和数量比例的总和。

（5）技术结构。技术结构是指国家、部门、地区或企业在一定时期内不同等级、不同类型的物质形态和知识形态技术的组合和比例。它反映技术水平和状况，影响甚至决定产业结构和经济发展。合理的技术结构是国民经济持续、高速、高效益发展的基础和重要条件。一定时期内，在不同国家或在同一个国家的不同部门、地区和企业中，各类技术的组合和比例各不相同。技术结构和生产力的发展有着密切的相互制约、相互促进的关系。一方面，生产力发展水平是技术结构形成和发展的决定性因素；另一方面，技术结构的状况对生产力发展又有很大影响。在经济发达国家中，尖端技术、先进技术占很大比重，初级技术、原始技术占很小比重甚至没有，一般国家的新兴工业部门也大都如此，这可称为先进型技术结构。在发展中国家中，初级技术、原始技术占很大比重，先进技术特别是尖端技术占很小比重甚至没有，一般国家的农业部门也多半如此，这可称为后进型技术结构。一个国家的技术结构是由该国的经济、科学、教育、文化已有水平所提供的物资、资金和人才条件以及社会经济进一步发展需要所决定的。

2. 经济发展水平

经济发展水平是指一个国家经济发展的规模、速度和所达到的水平。反映一个国家经济发展水平的常用指标有国内生产总值、国民收入、人均国民收入和经济增长速度。

经济发展水平是衡量经济发展状态、潜力的标志。如一般将国内生产总值（GDP）/国民生产总值（GNP）、人均值和变化率作为衡量经济可持续发展的核心指标。一般认为，当人均GDP/GNP值超过3 000美元/年时，经济发展处于稳定上升阶段。又如，将科技投资在GDP/GNP中的贡献率作为发展方式衡量指标，科技贡献率越高，经济可持续发展状态越好。

对一个国家或地区经济发展的水平，可以从其规模（存量）和速度（增量）两个方面来进行测量。"经济规模测量"是指对一个国家在特定时间范围里能够生产出来的财富总量，包括从基本的生活用品到复杂的生产资料，再到各种文化和精神产品等财富总量的度量。在对经济规模的测量中，最常用的指标是GDP，它综合性地代表了一个国家或地区在一定时期内所生产的财富（物品和服务）的总和。此外，对经济规模的测量又分为对绝对规模和相对规模的测量。绝对规模只是测量一个国家或地区在特定时期内的GDP总量，而不论这一规模的GDP是多少劳动力创造出来的。相对规模指标则要关心一个国家的人口（或劳动力数量）与其GDP总量之间的关系。在相对规模指标中，最常用的是"人均

GDP"指标。在经济发展速度方面，最常用的指标是"GDP年增长率"。

3. 宏观经济政策

宏观经济政策指国家或政府为了增进整个社会经济福利、改进国民经济的运行状况、达到一定的政策目标而有意识和有计划地运用一定的政策工具制定的解决经济问题的指导原则和措施。

（1）宏观经济政策的目标。一般认为，宏观经济政策的主要目标有四个：持续均衡的经济增长、充分就业、物价水平稳定、国际收支平衡。在制定经济政策时，必须对经济政策目标进行价值判断，权衡轻重缓急和利弊得失，确定目标的实现顺序和目标指数高低，同时使各个目标能有最佳的匹配组合，使所选择和确定的目标体系成为一个和谐的、有机的整体。

① 经济增长。经济增长是指在一个特定时期内经济社会所生产的人均产量和人均收入的持续增长。它包括两个方面：一是维持一个高经济增长率；二是培育一个经济持续增长的能力。一般认为，经济增长与就业目标是一致的。经济增长通常用一定时期内实际国民生产总值年均增长率来衡量。经济增长会增加社会福利，但并不是增长率越高越好。这是因为经济增长一方面要受到各种资源条件的限制，不可能无限地提高增长率，尤其是对于经济已相当发达的国家来说更是如此；另一方面，经济增长可能也要付出代价，如环境污染引起各种社会问题等。因此，经济增长就是实现与本国具体情况相符的适度增长率。

② 充分就业。充分就业是指劳动力作为生产要素以愿意接受的价格参与生产活动的状态。充分就业包含两种含义：一是指除了摩擦失业和自愿失业之外，所有愿意接受各种现行工资的人都能找到工作的一种经济状态，即消除了非自愿失业就是充分就业；二是指劳动力作为生产要素，按其愿意接受的价格，全部用于生产的经济状态。失业意味着其他稀缺生产要素的浪费或闲置，从而使经济总产出下降，社会总福利受损。因此，失业的成本是巨大的，降低失业率、实现充分就业常常成为西方宏观经济政策的首要目标。

③ 价格稳定。价格稳定是指物价总水平的稳定，通常用价格指数来衡量一般价格水平的变化。价格稳定不是指每种商品价格固定不变，也不是指价格总水平固定不变，而是指价格指数相对稳定。价格指数又分为消费价格指数、批发价格指数、生产者价格指数和国民生产总值平减指数。物价稳定并不是通货膨胀率为零，而是允许保持一个低而稳定的通货膨胀率，所谓低，一般指通货膨胀率在1%～3%，所谓稳定，是指在相当时期内能使通货膨胀率维持在大致相等的水平上。这种通货膨胀率能为社会所接受，对经济也不会产生不利的影响。

④ 国际收支平衡。国际收支平衡具体分为静态平衡与动态平衡、自主平衡与被动平衡。静态平衡是指一国在一年的年末，国际收支不存在顺差也不存在逆差；动态平衡不强调一年的国际收支平衡，而是以经济实际运行可能实现的计划期为平衡周期，保持计划期内的国际收支均衡。自主平衡是指由自主性交易即基于商业动机，为追求利润或其他利益而独立发生的交易实现的收支平衡；被动平衡是指通过补偿性交易即一国货币当局为弥补自主性交易的不平衡而采取调节性交易以达到的收支平衡。

国际收支平衡的目标要求做到汇率稳定，外汇储备有所增加，进出口平衡。国际收支平衡不是消极地使一国在国际收支账户上经常收支和资本收支相抵，也不是消极地防止汇率变动、外汇储备变动，而是使一国外汇储备有所增加。适度增加外汇储备被看成是改善国际收支的基本标志。同时，一国国际收支状况不仅反映了这个国家的对外经济交往情况，还反映出该国经济的稳定程度。

⑤ 目标间平衡。以上四大目标相互之间既存在互补关系，也存在交替关系。互补关系是指一个目标的实现对另一个的实现有促进作用。如为了实现充分就业，就要维护必要的经济增长。交替关系是指一个目标的实现对另一个有排斥作用。如价格稳定与充分就业之间就存在两难选择。为了实现充分就业，必须刺激总需求，扩大就业量，这一般要实施扩张性的财政和货币政策，由此就会引起物价水平的上升。而为了抑制通货膨胀，就必须实施紧缩的财政和货币政策，由此又会引起失业率的上升。又如经济增长与物价稳定之间也存在着相互排斥的关系。因为在经济增长过程中，通货膨胀是难以避免的。再如国内均衡与国际均衡之间存在着交替关系。这里的国内均衡是指充分就业和物价稳定，而国际均衡是指国际收支平衡。为了实现国内均衡，就可能降低本国产品在国际市场上的竞争力，从而不利于国际收支平衡。为了实现国际收支平衡，又可能不利于实现充分就业和稳定物价的目标。

（2）宏观经济政策工具。宏观经济政策工具是用来达到政策目标的手段。在宏观经济政策工具中，常用的有需求管理政策、供给管理政策、国际经济政策。

① 需求管理政策。需求管理政策是指通过调节总需求来达到一定政策目标的宏观经济政策工具，包括财政政策和货币政策。需求管理政策是以凯恩斯的总需求分析理论为基础制定的，是凯恩斯主义所重视的政策工具。

需求管理是通过对总需求的调节，实现总需求等于总供给，达到既无失业又无通货膨胀的目标。它的基本政策有实现充分就业政策和保证物价稳定政策两个方面。在有效需求不足的情况下，也就是总需求小于总供给时，政府应采取扩张性的政策措施，刺激总需求增长，克服经济萧条，实现充分就业；在有效需求过度增长的情况下，也就是总需求大于总供给时，政府应采取紧缩性的政策措施，抑制总需求，以克服因需求过度扩张而造成的通货膨胀。

② 供给管理政策。供给学派理论的核心是把注意力从需求转向供给。供给管理是通过对总供给的调节，来达到一定的政策目标。在短期内影响供给的主要因素是生产成本，特别是生产成本中的工资成本。在长期内影响供给的主要因素是生产能力，即经济潜力的增长。供给管理政策具体包括收入政策、就业政策、经济增长政策等。

其一，收入政策是指通过限制工资收入增长率从而限制物价上涨率的政策，因此也叫工资和物价管理政策。之所以对收入进行管理，是因为通货膨胀有时是由成本（工资）推进所造成的。收入政策的目的就是制止通货膨胀。它有以下三种形式：一是工资与物价指导线。根据劳动生产率和其他因素的变动，规定工资和物价上涨的限度，其中主要是规定工资增长率。企业和工会都要根据这一指导线来确定工资增长率，企业也必须据此确定产品的价格变动幅度，如果违反，则以税收形式给予惩戒。二是工资物价的冻结。即政府采用法律和行政手段禁止在一定时期内提高工资与物价，这些措施一般是在特殊时期采用，在严重通货膨胀时也被采用。三是税收刺激政策。即以税收来控制增长。

其二，就业政策又称人力政策，是旨在改善劳动市场结构以减少失业的政策，主要有以下几种形式：一是人力资本投资。由政府或有关机构向劳动者投资，以提高劳动者的文化技术水平与身体素质，适应劳动力市场的需要。二是完善劳动市场。政府应该不断完善和增加各类就业介绍机构，为劳动的供求双方提供迅速、准确而完全的信息，使劳动者找到满意的工作，企业也能得到其所需的员工。三是协助劳动力进行流动。劳动者在地区、行业和部门之间的流动，有利于劳动的合理配置与劳动者人尽其才，也能减少由于劳动力的地区结构和劳动力的流动困难等原因而造成的失业。对劳动力流动的协助包括提供充分的信息、必要的物质帮助与鼓励。

其三，经济增长政策主要立足于四个方面：一是提升劳动力的数量和质量。增加劳动力数量的方法包括提高人口出生率、鼓励移民入境等，提高劳动力质量的方法有增加人力资本投资。二是资本积累。资本的积累主要来源于储蓄，可以通过减少税收、提高利率等途径来鼓励人们储蓄。三是技术进步。技术进步在现代经济增长中起着越来越重要的作用，因此，促进技术进步成为各国经济政策的重点。四是计划化和平衡增长。现代经济中各部门之间协调的增长是经济本身所要求的，国家的计划与协调要通过间接的方式来实现。

③ 国际经济政策。国际经济政策是对国际经济关系的调节。现实中每一个国家的经济都是开放的，各国经济之间存在着日益密切的往来与相互影响。一国的宏观经济政策目标中有国际经济关系的内容（即国际收支平衡），其目标的实现不仅有赖于国内经济政策，而且也有赖于国际经济政策。因此，宏观经济政策也应该包括国际经济政策。

4. 经济运行状况

经济运行状况通常指国家宏观经济当前的运行状况。经济运行分析是经济决策的核心。正确分析经济形势对于提高决策的前瞻性、科学性和有效性都具有重要的作用。在企业价值评估中，应了解、判断经济周期性变动的大趋势，可以从经济景气分析指标中得到信息。

（1）先行指标。先行指标也叫领先指标，主要用于判断短期经济总体的景气状况和转变情况，因为其在宏观经济波动到达高峰或低谷前，先行出现高峰或低谷，因而可以利用它判断经济运行中是否存在不安定因素以及程度如何，从而进行预警和监测。1961年，美国商务部公布了国家经济分析局（NBER）景气监测系统结果，经济先行指标体系开始从研究机构的理论探讨进入实际应用阶段。随后，世界许多国家开始致力于本国经济先行指标体系的研究和构建。我国一般采用的先行指标包括轻工业总产值、一次能源生产总量、钢产量、铁矿石产量、10种有色金属产量、国内工业品纯购进、国内钢材库存、国内水泥库存、新开工项目数、基建贷款、海关出口额、出口成交额、狭义货币M1、工业贷款、工资和对个人其他支出、农产品采购支出、现金支出、商品销售收入等。

（2）主要国际经济先行指标。2008年金融危机后，先行指标的运用越来越普遍。经常见诸报端的有波罗的海干散货综合运费指数（BDI）、采购经理人指数（PMI）、人民币远期无交割汇率（NDF）等。

BDI是国际贸易和国际经济的先行指标之一，集中反映了全球对矿产、粮食、煤炭、水泥等初级商品的需求，与这些初级商品市场的价格正相关。BDI与全球经济增长变化基本同步。一般来讲，全球经济过热期间，对初级商品的需求增加，BDI也会相应上涨；全球经济衰退时期，BDI则会下降。

PMI综合反映了就业、订单、库存等情况，是一段时期以来被人们广泛提及的一个指标。这一指标低于50%表明经济景气不足，高于50%则表明经济正常和活跃。PMI指数与GDP具有高度相关性，且其转折点往往领先于GDP几个月时间。中国近两年的数据累计分析证实，PMI在经济高潮到来之前确实领先于GDP等相关指标发生变化。

NDF 向来被视为即期汇率的先行指标。人民币 NDF 市场始于 1996 年 6 月，在新加坡开始交易。从长期看，人民币 NDF 的变化会对人民币汇率变化产生正向影响。人民币 NDF 价格的形成特点决定了其升贴水点数能反映交易双方对人民币的预期升贬值幅度。数据表明，NDF 的波动与各个时期海外市场对人民币汇率的预期是基本一致的。

(3) 同步指标。同步指标的变动时间一般与经济情况基本一致，可以显示经济发展的总趋势，并确定或否定先行指标预示的经济发展趋势。这些指标的转折点大致与国民经济周期的转变同时发生，表示国民经济正在发生的情况。

我国常采用如下指标作为同步指标：工业总产值、全民工业总产值、预算内工业企业销售收入、社会商品零售额、国内商品纯购进、国内商品纯销售、海关进口额、广义货币 M2 等。

(4) 经济景气调查分析指标。与一般调查相比，景气调查的最独特之处在于：问卷中的问题主要以定性判断的选择题形式出现，调查对象只需就调查内容的"好""一般""不好"或"上升""不变""下降"三个答案做出选择即可，最后通过编制成指数将定性判断定量化。也就是说，景气调查通过对定性问题出现的频率进行计算分析比较，从而达到判断宏观经济景气和企业生产经营景气的目的。当前有 50 多个国家都在进行企业景气调查，并把它作为一项重要的统计调查制度。

我国有关部门从 20 世纪 90 年代初期开始借鉴国外的经验开展景气调查，例如中国人民银行、国家统计局、国家信息中心等。以人民银行为例，目前已建立的景气调查分析制度有 5 000 户企业问卷调查制度、银行家问卷调查制度、居民储蓄问卷调查制度以及进出口调查问卷制度。

(5) 区域经济运行指标。观察区域经济金融运行走势对了解整体经济运行趋势有很大帮助，有助于对宏观政策进行适当的动态微调。我国区域经济发展不平衡，各区域经济对外依存度存在较大差异，各个国家和地区对经济运行指标的侧重点有所区别。

经济传导的过程异常复杂，即使运用完备的指标分析体系有时也难以准确把握经济变化的趋势。比如，我国对 2008 年国际金融危机影响的认识就经历了一个不断提高和深化的过程。在 2008 年上半年，虽然很多经济体的金融市场综合指数有较大幅度调整，但经济运行常规性指标并没有表现出过度的异常，特别是经济运行的一些先行指标，如 BDI、PMI 及人民币 NDF 等一直保持相对平稳状态，只是到了下半年以后才逐渐发生变化。

(三) 社会和文化因素

社会和文化因素主要包括人口因素、生活方式和消费趋势、文化传统和价值观等方面，这些因素的变化能给市场、产品、服务和消费者带来深刻的影响，所有产业中的企业及非营利性的组织都会受到这些因素的影响。

1. 人口因素

人口因素是指企业所在地居民的人口总数及地理分布、年龄、性别、密度、教育水平等。人口因素对市场的结构、容量及潜力都有重要影响，在进行企业价值评估时需要考虑人口因素。例如，人口总数是决定市场规模的一个基本要素，人口总数的规模和变化，对生活必需品的需求内容和数量影响较大，进而直接影响社会生产总规模。人口的地理分布影响着企业的厂址选择。人口的性别比例和年龄结构在一定程度上决定了社会需求结构，不同年龄的消费者对商品和服务的需求是不一样的，不同年龄结构形成了具有年龄特色的市场；性别差异会给消费需求带来显著的差别，反映到市场上就会出现男性用品市场和女性用品市场，企业可以针对不同性别的不同需求，生产适销对路的产品，制定有效的营销策略，开发更大的市场。人口密度不同，则市场大小和消费需求特性不同。人口的教育文化水平直接影响着企业的人力资源状况，同时受教育程度的不同会导致收入水平的差距，对市场需求也表现出不同的倾向，如收入水平较高的人口对奢侈品及高档商品的需求会增加。家庭是商品购买和消费的基本单位，一个国家或地区家庭单位的多少及家庭成员的多少直接影响到某些消费品的消费数量，家庭户数及其结构的变化与耐用消费品需求和变化趋势密切相关，因而也影响到耐用消费品的生产规模等。

2. 生活方式和消费趋势

生活方式是一个内容相当广泛的概念，包括人们的衣、食、住、行、劳动工作、休息娱乐、社会交往、待人接物等物质生活和精神生活的价值观、道德观、审美观以及与这些方式相关的方面，可以理解为在一定的历史时期与社会条件下，各个民族、阶级和社会群体的生活模式。随着生产力的发展和科学技术的进步，人们生活的空间和闲暇时间也随之扩大和增多。人们的主体性在社会发展中的作用越强，生活方式在社会的生产和再生产中的地位和作用就越重要。

生活方式包括当前及新兴的生活方式与时尚。生活方式的改变能够给某些行业带来机会，也会给某些行业带来风险。因此，在对某些企业的价值进行评估时，需要时刻关注人们生活方式的变化。例如，网上购物的生活方式现在越来越多地被人们所接受，网购的方式促进了第三产业的发展，但是它也使许多实体店的营业额下降严重，如何适应这种生活方式可能是考验企业的难题。生活方式也会进一步影响人们的出行方式、社会交往方式、消费习惯等。随着物质生活水平的不断提高，人们对社交、自尊、求知、审美的需要更加强烈，这也是企业经营面临的认知问题。

消费心理也是企业价值评估时需要考虑的因素。消费心理是指消费者进行消费活动时所表现出的心理特征与心理活动的过程。大致有四种消费心理，即从众、求异、攀比、求实。消费者心理体现在消费需求上，并对企业生产经营产生影响。例如，从俗心理即消费行为上的趋同心理；好奇心理即在购物过程中追求有新鲜感的产品多于满足其实际需要；同步心理即我们通常所说的攀比心理，追求奢侈品多于普通价格商品，且相同的社会阶层，在消费行为上有相互学习的倾向；便利心理指消费者主要从功能便利的角度选择商品的心理现象，如快餐店的兴起就是对这一心理的最佳诠释；求异心理是与从俗心理相反的一种心理现象，如现代人比较喜欢收集限量版的消费品就是求异心理。消费心理受到消费引导、消费环境、消费者购物场所等多个方面因素的影响。生产企业需要掌握消费者心理，生产不同类型的产品来满足消费者的需要，有时候可能会开发出新的商业模式或新产品来满足消费者需求，销售企业则制定相应的营销策略来迎合不同消费心理的需求。

消费习俗是指人们在长期经济与社会生活中形成的消费方式和习惯，具有一定的倾向性，消费习俗反映了人们的消费特征，也折射出人们所具有的独特商品要求。消费习俗具有特定性、长期性、继承性和社会性等特征，一旦形成不易改变。不同的消费习俗具有不同的商品要求。消费习俗是社会习俗的重要组成部分，约束着人们的消费心理和消费行为，影响着人们日常生活中的消费方式。消费习俗对消费者心理与行为的影响分为两点：第一，消费习俗使消费者形成稳定的消费心理和普遍的消费行为。第二，消费习俗使消费心理的变化减慢。研究消费习俗，对于企业认识消费者特点、识别目标市场、制定开发竞争战略都具有非常重要的意义。研究消费习俗，不但有利于组织好消费用品的生产和销售，而且有利于正确、主动地引导健康的消费。对目标市场消费习俗的了解是进行企业价值评估的重要前提。

3. 文化传统与价值观

消费是人类生存的基本条件，是人类社会经济活动的重要组成部分。消费观的养成不仅受到收入水平、物价水平及生活环境的影响，而且受到文化传统和价值观的影响，文化传统与价值观对消费行为产生的影响越来越受到关注。文化是指人们通过社会实践活动，适应、利用、改造世界客体而逐步实现自身价值的过程。文化蕴含着一个社会的价值观和心理习惯，影响人口、经济、政治法律、技术的变革。各国都有独具特色的文化传统，文化的各个要素对消费行为都有一定的影响，从而影响人们的购买决策和企业经营方式。企业进行生产经营活动时只有融入当地文化，才能提供符合消费者需求的产品和服务，才能取得成功。

价值观是指人们对社会生活中各种事物的态度和看法。在不同的文化背景下，人们的价值观念往往是不同的，价值观促使人们在长期的经济、社会活动中形成一种消费方式和习惯，价值观的变化会给企业经营带来机会或威胁。中国文化的核心价值是中华民族在一定历史时期内形成并被广泛持有的居于主导地位的一些基本的价值观念，这些观念在很大程度上影响着我们现在的消费行为和习惯。企业价值评估应关注研究目标市场社会行业准则、社会习俗、社会道德观念、价值观等因素的变化对企业的影响，准确预测企业的发展前景和收益。

（四）技术因素

技术因素是指企业所处环境中的科技因素及与科技因素有关的各种社会现象的集合。科学技术直接影响着市场竞争、市场需求以及政府政策。

1. 科技水平

社会科技水平是构成科技环境的首要因素，包括科技研究的领域、科技研究成果门类分布及先进程度、科技成果的推广和应用三个方面。科技研究领域对企业的发展有重要影响，如我国航天事业的迅猛发展就为钛合金行业的发展起到了推动作用。科技成果推广应用是一个由科技供给系统、科技需求系统、科技成果推广应用系统和科技环境系统构成的大系统，科技成果推广应用效果取决于科技研发能否动态地适应市场，市场对科技成果的需求、接纳程度以及科技成果转移的环境支持程度等诸多因素的综合变化趋势。

在当前经济环境下，世界经济和科技迅速发展，市场结构的基本格局是：需求不足，供给过剩，竞争越来越激烈；科研成果推广和应用的速度越来越快，在核心产品的生产上创造成本或差异优势的难度越来越大。在高科技、高投入、高变化、高风险的时代，市场推动企业充分利用技术成果去完成自主创新的活动。在对企业价值进行评估时，要充分考虑企业所在地区及目标市场的社会科技水平、科研开发投入、技术或产品开发商业化的效率。

2. 科技力量

社会科技力量是指一个国家或地区的科技研究与开发的实力。研究与开发是指为增加知识总量以及用这些知识去创造新的应用而进行的系统性创造活动，包括基础研究、应用研究与技术开发三项。基础研究主要是为获得关于现象和可观察事实的基本原理而进行的实验性或理论性工作，其作用主要是为新技术的创造和发明提供理论前提。从长远发展看，基础研究是技术开发的基础工作，同时也是科研实力的重要标志和创新的基础。应用研究是为获取新知识而进行的创造性研究，较之基础研究有明确的目的性，是连接基础研究和技术开发的桥梁。技术开发是指利用从研究和实际经验中获得的现有知识，或从外部引进的技术、知识，为生产新的材料、产品和装置，建立新的工艺和系统以及对已生成和建立的上述工作进行实质性改进而进行的系统性工作。

3. 科技政策

国家科技政策与科技立法是指国家凭借行政权力与立法权力，对科技事业履行管理、指导职能的途径。政府的直接资助、科技政策实施、政府采购都对市场竞争、市场需求以及科学技术有着重要的影响。政府政策支持会对企业家精神感染力、企业利益驱动力、企业创新保障力、企业文化影响力产生影响。一是政府政策会直接作用于企业家精神。倘若政府对在科技发展方面做出突出贡献的民营企业进行宣传和物质奖励，那么企业家的自主创新精神就会大大加强，并会持续弘扬。二是政府政策也直接作用于高技术企业的创新资源。政府的政策支持，如资金的直接提供或担保、人才政策的倾向、科技政策的扶持、科技中介服务的提供等都会直接推动科学技术的不断进步，比如科技部的"863"计划、"973"计划、科技攻关项目，教育部的基本科研业务费等，都大大促进了我国科学技术水平的提高。

4. 科技体制

国家科技体制是一个国家社会科技系统的结构、运行方式及其与国民经济其他部门的关系状态的总称，主要包括科技事业与科技人员的社会地位、科技机构的设置原则与运行方式、科技管理制度、科技发展战略等。科技管理制度是科技体制的内在组合，管理是指在特定的环境和客观条件约束下，通过调动各种资源，以优化的策略和方法，达到组织和团体的特定目的的过程。科技管理内涵丰富，而且由于科技活动以知识的生产和应用为其行为特征，具有探索性和创造性、不确定性，因此，科技管理具有其他管理不具备的特殊性。良好的科技管理体制有利于企业积极创新，促进企业发展。国家的政体不同，国家战略的结构、内涵及实现战略的手段也具有较大差异。国家科技发展战略是一个国家为了加速科学技术发展而制定的科学技术发展总的行动纲领和指导思想框架。国家实行科教兴国的发展战略，积极鼓励企业的自主创新及科技研发活动，为企业尤其是高新技术企业的发展提供了广阔的空间。

第四节 企业价值评估中的行业发展状况分析

一、企业价值评估中行业发展状况分析的意义

行业是指从事国民经济中同性质的生产或其他经济社会活动的经营单位和个体等构成的组织结构体系，按照不同的分类方式，可分为采矿业、制造业、批发和零售业、金融业、房地产业等。行业是根据人为经济活动的经济技术特点划分的，即按照反映生产要素

（劳动者、劳动对象、劳动资料）不同排列组合的各类经济活动的特点进行划分。

行业发展状况分析是连接宏观环境分析与企业发展状况分析的桥梁，是中观经济分析的主要内容，是基本分析的重要环节。其主要任务是解释行业本身所处的发展阶段及其在国民经济中的地位，分析影响行业发展的各种因素及其对行业的影响力度，预测行业未来发展趋势，判断行业投资价值，揭示行业投资风险，为政府部门、投资者以及其他机构提供决策依据或投资依据。

行业的历史、行业的现状与行业的发展前景必定会影响行业中企业的经营状况，从而对其企业价值产生影响。一般情况下，当企业所处的行业不景气且其发展前景不太乐观时，该行业内的企业获利能力必然会受到限制；反之亦然。因此，在进行企业价值评估时，企业所处行业的现状调查和前景分析的结果，也是确定其未来发展有关的具体参数应考虑的因素之一。评估专业人员应合理分析被评估企业所在行业的发展状况，明确行业环境和基本面，把握企业所在行业的发展趋势，为进一步分析被评估企业的竞争能力提供基础，以支持评估结论的形成。

二、企业价值评估中行业发展状况分析的常见要点

（一）行业主要政策规定

评估专业人员在执行企业价值评估业务时，熟悉了解行业的主要政策规定，能为企业所在行业分析、企业业务分析、企业资产与财务分析等提供政策依据和支持。

（二）行业竞争情况

通过行业竞争情况分析，可以了解行业的整体盈利水平，把握企业的竞争优劣势，为企业业务分析、企业资产与财务分析等提供行业背景支持。

（三）行业发展的有利和不利因素

对行业发展的有利和不利因素进行深入分析，有利于把握行业竞争结构的演变趋势和预测行业的发展前景，有利于更好地进行企业业务分析和财务预测。

（四）行业特有的经营模式和特征

分析行业特有的经营模式有利于把握行业的业务特点和盈利模式，分析行业的周期性、季节性特征有利于把握行业的盈利波动水平，分析行业的区域性特征有利于把握行业的市场分布情况等。

（五）企业所在行业与上下游行业之间的关联性

上游行业不仅影响产品的原材料成本和其他投入成本，还影响原材料等的供应量和供应稳定性等；下游行业不仅影响产品的价格、产品质量或服务成本，还影响产品的需求量和需求稳定性等。

三、行业发展状况分析的具体内容

行业发展状况分析主要包括对行业经济特性、行业市场结构、行业生命周期和行业景气程度等内容的分析和预测。评估专业人员应根据被评估资产的特点，选择以下一个或几个方面进行分析。

（一）行业经济特性

通过分析行业的主要经济变量，可以对行业整体情况进行刻画，这就是行业经济特

性。行业主要经济变量的内容及其表现形式如表2-1所示。

表2-1　　　　　　　　　　行业主要经济变量及其表现形式

主要经济变量	表现形式
市场规模	主要产品的年需求或销售总量的绝对值
市场增长率	市场增长率 = $\dfrac{当年市场需求量 - 上年市场需求量}{上年市场需求量} \times 100\%$
生命周期阶段	分为初创、成长、成熟、衰退四个阶段
竞争范围	分为全球性、全国性、地方性三档
竞争状况	竞争规模、竞争力等
消费者状况	消费习惯、消费数量、消费能力

(二) 行业市场结构

市场结构是市场竞争或垄断的程度。行业市场结构是指一个行业内部买方和卖方的数量及其规模分布、产品差别的程度和新企业进入该行业的难易程度的综合状态，也可以说是某一市场中各种要素之间的内在联系及其特征，包括市场供给者之间（包括替代品）、需求者之间、供给和需求者之间以及市场上现有的供给者、需求者与正在进入该市场的供给者、需求者之间的关系。

根据各行业拥有的企业数量、产品性质、企业控制价格的能力、新企业进入行业的难易程度、是否存在非价格竞争等各种因素，可以对市场结构类型进行划分。常见的划分依据主要有以下三种：

第一，本行业内部的生产者数目或企业数目。如果本行业只有一家企业，那就可以划分为完全垄断市场；如果只有少数几家大企业，那就属于寡头垄断市场；如果企业数目很多，则可以划入完全竞争市场或垄断竞争市场。一个行业内企业数目越多，其竞争程度就越激烈；反之，一个行业内企业数目越少，其垄断程度就越高。

第二，本行业内各企业生产的产品差别程度。这是区分垄断竞争市场和完全竞争市场的主要方式。

第三，进入障碍的大小。所谓进入障碍，是指一个新企业要进入某一行业所遇到的阻力，也可以说是资源流动的难易程度。一个行业的进入障碍越小，其竞争程度越高；反之，一个行业的进入障碍越大，其垄断程度就越高。

根据这三个方面因素的不同特点，可以将市场划分为完全竞争市场、垄断竞争市场、寡头垄断市场和完全垄断市场四种市场类型。四种市场结构中，完全竞争市场竞争最为充分，完全垄断市场不存在竞争，垄断竞争和寡头垄断具有竞争但竞争又不充分，这四种市场类型的比较如表2-2所示。

表2-2　　　　　　　　　　四种市场结构类型特征的比较

市场结构	生产者的数量	单个厂商对价格的控制程度	产品差别程度	进出的难易程度
完全竞争市场	足够多	价格的接受者	无差别	容易

续表

市场结构	生产者的数量	单个厂商对价格的控制程度	产品差别程度	进出的难易程度
垄断竞争市场	较多	有一定程度的控制	有差别	比较容易
寡头垄断市场	少数几个	有较大程度的控制	有一定的差别或者完全无差别	比较困难
完全垄断市场	一个	价格的决定者	无相近替代品	非常困难

（三）行业生命周期

从广义上理解，生命周期泛指自然界和人类社会各种客观事物的阶段性变化及其规律。行业生命周期理论认为，通常情况下，每个行业都会经历一个由成长到衰退的发展演变过程，这个过程一般可以分为四个阶段，即初创阶段（幼稚期）、成长阶段、成熟阶段和衰退阶段。

1. 初创阶段

一个行业的产生，最根本的原因是人们的物质文化需求，而资本的支持和资源的供给则是行业不断发展的基本动力。行业的产生有三种方式：分化、衍生和新生。分化是指新行业从原行业中分离出来；衍生是指出现与原有行业相关、相配套的行业；新生是指新行业以相对独立的方式出现，并不依附于原有行业，这种行业的产生往往是科学技术取得突破性进步的结果。

处于初创阶段的行业主要有以下三个特点：

一是资本来源有限，投入不足。在这一阶段，由于新行业刚刚诞生或初建不久，只有为数不多的创业公司投资于这个新兴的产业。

二是收益较低。收益较低一方面是由于行业刚刚形成，公众对其产品缺乏了解，导致其市场狭小，销售收入较低；另一方面是处于这一阶段的行业，产品的研究、开发费用较高，因此这些行业的公司在财务上的盈利极少，甚至出现亏损。

三是风险较大。初创期行业的公司主要面临三大风险：一是高投入、高成本引起的经营风险；二是需求较低、销售渠道不确定带来的市场风险；三是可能由财务困难引起的破产风险。

在初创阶段后期，随着行业生产技术进步、成本降低及市场的扩大，新行业高风险低收益的状况会逐步改善。

2. 成长阶段

随着行业生产技术的进步，处于成长期行业的公司生产成本逐渐降低；由于消费者对产品的认可度提升，市场需求不断增加，公司的销售收入和利润率有所增长。虽然财务状况有所好转，但是这一阶段的企业需要更多的外部资金用于人力及固定资产投资，迅速扩大生产规模并研究开发新产品。

成长期的行业风险主要表现在以下几个方面：

一是由于消费者对产品的要求不断提高以及进入该行业的公司不断增多，引起行业内竞争日趋激烈。

二是公司规模的不断扩大引致对于融资方式及渠道的选择带来财务风险。

三是经营风险和财务风险引起的公司破产和兼并风险。

成长期行业内的激烈竞争会持续多年，那些经营策略正确，具备强大的研发、生产能力，融资渠道畅通的企业会在竞争中胜出，并通过并购重组不断扩大规模，使得行业内的企业数量不断减少并稳定下来，整个行业开始走向成熟。

3. 成熟阶段

处于成熟期的行业一般表现出以下几个特点：

一是生产技术和工艺逐渐成熟。即行业内企业普遍采用的是适用的且有一定先进性、稳定性的技术，由此带来的是产品的基本性能、式样、功能、规格、结构等方面都将趋向成熟。

二是市场需求比较稳定。这一时期消费者已对产品比较熟悉甚至习惯，对于产品的要求比较明确，因此企业之间很难通过价格战达到竞争的目的，从而转向各种非价格竞争手段，如提高质量、改善性能和加强售后维修服务等。

三是利润较高。这一时期产业组织比较成熟，行业内企业间建立起了良好的分工协作关系，共同垄断市场，由此带来较高的垄断利润。

四是风险较小。处于成熟期的行业往往达到了局部均衡，企业之间的竞争比较有序，使得市场结构非常稳定，而新进入的企业在资本实力、技术、销售渠道等方面无法与之抗衡。

五是行业增长速度放缓。在行业成熟期，行业增长速度降到一个适度水平。在某些情况下，整个行业的增长可能会完全停止，其产出甚至下降。

4. 衰退阶段

行业的衰退一般都有如下特征：

一是新产品和大量替代品的出现。

二是原行业的市场需求开始逐渐萎缩，产品的销售量也开始下降。

三是行业内企业着手退出向其他成长性更强或利润更高的行业转移。

按性质划分，行业衰退可以分为自然衰退和偶然衰退。自然衰退是行业本身内在的衰退规律起作用而发生的衰退；偶然衰退是指在偶然的外部因素作用下，提前或者延后发生的衰退。

按程度划分，行业衰退还可以分为绝对衰退和相对衰退。绝对衰退与自然衰退的概念比较接近；相对衰退是指行业因结构性原因或者无形原因引起行业地位和功能发生衰减的状况，而并不一定是行业实体发生了绝对的衰退。

按成因划分，行业衰退可以分为以下几种：一是资源型衰退，即由于生产所依赖的资源枯竭所导致的衰退；二是效率型衰退，即由于效率低下的比较劣势而引起的行业衰退；三是弹性降低型衰退，即因需求—收入弹性较低而引起的衰退；四是聚集过度型衰退，即因经济过度聚集的弊端所引起的行业衰退。

行业的衰退是客观的、必然的，而且行业衰退所经历的时间比前三个阶段所经历的时间都要长。大量的行业都是衰而不亡，如钢铁业、纺织业虽然在衰退，但是由于其与消费者生活息息相关，因此在较长时间内都会与人类社会共存。

（四）行业景气程度

景气程度作为抽象的经济概念时，是指不同层面的总体经济运行状态。行业景气程度是指特定行业总体运行的状况。景气分析是经济周期分析的一种方法，采用统计数据或统计调查数据，通过可比性处理后，编制成指数，描述和监测全球、国家、地区、行业的总体经济波动情况。

行业景气分析主要通过对行业景气指数的变动规律进行分析，找出行业经济所处周期性波动的状态，预测未来一个时期行业经济发展趋势。景气指数又称为景气度，它是通过对行业统计数据进行分析和定量处理，或通过对企业景气调查中的定性指标进行定量处理，编制出综合反映行业经济状况的一组指数。

对企业进行景气调查，主要目的就是通过对微观企业行为活动的判断调查，来分析把握宏观经济景气状态的变化。在有很长景气调查历史的国家，景气指数首先用于景气分析预测模型，以判断当前行业经济波动所处的位置，并对下一步走势做出预测。常见的"企业家信心指数"就是一种景气指数，如果按企业家所处行业进行调查和编制指数，"企业家信心指数"就是典型的"行业调查景气指数"。

景气指数一般以 100 为临界值，范围在 0～200 点，即景气指数高于 100，表明经济状态趋于上升或改善，处于景气状态；景气指数低于 100，表明经济状况处于下降或恶化趋势中，处于不景气状态。

还可以对行业统计指标进行数学处理，分解数据中的趋势因素、周期因素、季节性因素和不规则因素后，编制出不同的行业景气指数。描述行业发展、变动的指标很多，既有总量指标又有比率指标，不同指标从不同方面对行业进行描述。为了对行业经济有整体把握，同时能分析行业变动状况，行业景气指数通常选择能综合反映行业的各种指标并能反映行业变动趋势的指标来编制指数。

处于周期波动不同节点的行业有明显的表现差异。处于周期上升期的行业会出现需求旺盛、生产满负荷、买卖活跃的景象；反之，处于周期下降期的行业会出现需求萎靡、生产能力过剩、产品滞销、应收款增加、价格下跌、多数企业亏损的景象。行业周期波动是行业在市场经济下的必然规律。当需求增加时，行业生产规模扩张，生产能力增加，供应超过需求，导致行业内竞争加剧，行业周期由上升期转向下降期，下降到一定程度，落后企业被淘汰，供应量减少，价格上涨，行业转向复苏，这样周而复始。

通过行业景气分析，还可以将宏观经济波动、宏观经济周期、上下游产业链的供应需求变动，与被评估企业所处行业的波动状况结合起来，为被评估企业未来收支预测提供支持资料。

四、行业发展状况分析的具体方法

企业价值评估中广泛采用的一种行业分析框架模型是由美国哈佛商学院教授迈克尔·波特（Michael Porter）提出的五力模型。其中，五力分别是指供应商的议价能力、购买者的议价能力、潜在竞争者进入的能力、替代品的竞争能力和行业内竞争者现有竞争能力（见图 2-1）。波特五力模型反映了一般行业中潜在进入者、上游供应商、下游买方、替代品和现有同业竞争对手形成的市场结构、影响市场竞争格局的主要力量（即前述五力）及其作用原理。

从静态角度看，这五种基本竞争力量的状况及其综合强度决定着行业内的竞争激烈程度，决定着行业内的企业可能获得利润的最终潜力。从动态角度看，这五种竞争力量抗衡的结果共同决定着行业的发展方向，共同决定行业竞争的强度和获利能力。但是，各种力量的作用是不同的，常常是最强的某个力量或某几个力量处于支配地位，起着决定性作用。

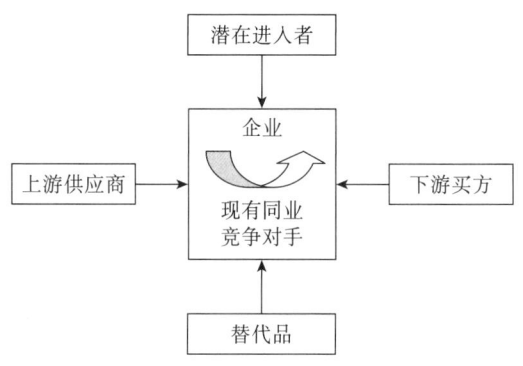

图 2-1　波特五力模型

（一）上游供应商

上游供应商是指被评估企业上游产品的提供者。供应商主要通过提高上游产品价格对被评估企业及其所在行业的盈利能力与产品竞争力施加影响。供应商的这一意图能否达成主要取决于以下几个因素：一是上游产品市场上供应商的集中程度；二是被评估企业上游产品是否存在替代品；三是供应商对被评估企业的依赖性；四是被评估企业对供应商的依赖性；五是被评估企业转嫁成本的能力；六是供应商纵向并购的威胁。

（二）下游买方

购买者主要通过压低被评估企业及其所在行业的产品价格，从而对被评估企业及其所在行业的盈利能力与产品竞争力施加影响。购买者的这一意图能否达成主要取决于以下几个因素：一是下游产品市场上购买者的集中程度；二是被评估企业产品是否存在替代品；三是被评估企业对购买者的依赖性；四是购买者对被评估企业的依赖性；五是购买者转嫁成本的能力；六是购买者纵向并购的威胁。

（三）潜在进入者

潜在进入者给被评估企业所在行业带来新的资源与新的产能，但与此同时，也希望其产品能够在现有市场占有一定的比例，这就有可能会与被评估企业在原材料和产品销售方面展开竞争，最终导致被评估企业盈利水平降低，甚至产生破产风险。潜在进入者威胁大小主要受以下几个因素的影响：一是规模经济效应；二是产品差异程度；三是进入资本门槛；四是原材料来源及产品销售渠道；五是政策限制因素。

（四）替代品

所谓替代品是指具有相同或相似功能的产品，其中一种产品价格的上升会引起另一种产品需求的增加。企业之间，尤其是处于同一行业的企业之间，可能会由于所生产的产品互为替代品而产生竞争行为。替代品及替代品生产企业给被评估企业带来的威胁主要取决于以下几个因素：一是替代品的可替代程度；二是替代品的价格；三是替代品对于其生产企业的重要性。

（五）现有同业竞争对手

在大部分行业中，企业为了争夺更多的市场份额并增加利润，往往会与同行业的其他企业展开竞争，企业间的竞争可以发生在价格、产品质量、售后服务、广告等多方面。行业内竞争者现有竞争能力主要受以下几个因素的制约：一是行业内现有竞争者的规模；二是行业成长速度；三是固定成本水平；四是产能释放状况；五是退出障碍。

第五节　企业价值评估中的企业发展状况分析

一、企业价值评估中企业发展状况分析的意义

在宏观环境分析和行业发展状况分析的基础上，企业价值评估的信息分析最终要落脚在被评估企业的发展状况分析上，这直接影响企业价值评估结论的形成，对企业价值评估整个过程而言意义重大。

第一，评估专业人员在进行企业价值评估时，应当对企业现状和历史状况进行了解和掌握。企业历史状况反映了企业的形成、发展过程；企业的目前状况反映其现实情况，如当前营运状况是否涉及法律诉讼等。通过了解企业的历史资料和现实状况，才能对其形成过程、成熟程度、发展状况等情况进行分析，从而有利于正确评估其价值。

第二，评估专业人员在进行企业价值评估时，应当了解企业过去的价值评估资料和过去交易的信息，并结合当前评估的有关情况加以考虑和分析。此分析过程有利于验证过去进行的评估中所做的未来预测与其实际情况是否相吻合，并对存在较大差异的原因进行分析，为当前评估积累有用的资料；还有利于了解被评估企业的可交易性、以前交易对目前状况的限制等情况，供进一步评估时参考。

第三，评估专业人员在进行企业价值评估时，应当进行市场调查并注意了解和掌握现时或近期的类似企业产权交易的市场价格、交易条件等有关信息。分析类似企业产权交易的市场价格、交易情况、供求关系等信息，对进行企业价值评估有很大的帮助。对选择市场法进行企业价值评估的项目而言，类似企业产权交易市场价格信息的分析工作更是不可缺少。

二、企业价值评估中企业发展状况分析的常见要点

（一）主要产品或服务的用途

熟悉了解企业的主要产品或者服务及其用途是进行业务分析的前提条件，是判断企业产品或服务的市场需求、市场竞争、盈利水平等的基础。

（二）经营模式与经营管理状况

企业的经营模式通常分为研发模式、采购模式、生产模式、营销模式等，分析企业的经营模式及经营管理状况，有利于识别企业的优劣势和竞争战略，有利于企业的资产和财务分析。

（三）企业在行业中的地位、竞争优势及劣势

企业竞争优势来源于企业价值链的各个环节，它们决定了一个企业对成本的控制能力，对产品差异化的贡献，专注于某一细分市场的资源等，以及最终的市场份额和盈利水

平。通过与竞争对手价值链的比较可以揭示决定企业竞争优势的差异所在，并客观判断企业在行业中的地位。

（四）企业发展战略及经营策略

企业的基本发展战略包括成本领先战略、差异化战略、集中化战略等，企业应当从上述战略中选择一种，作为其主导战略。上述三种基本战略架构上差异较大，成功地实施它们需要不同的资源和技能，这些资源和技能表现为企业的竞争优势。

（五）企业的资产和财务状况

1. 资产配置和使用的情况

不同的行业资产配置情况各不相同，同一行业内不同企业的资产配置情况也可能差异很大，评估专业人员应当了解企业资产的构成和分类，并重点关注企业的核心资产。评估专业人员还应当结合企业所在行业的现状与发展前景，根据企业的经营模式、行业地位、竞争战略、竞争优劣势、管理水平等因素，了解、分析、判断企业资产的综合利用率和使用效益以及影响因素等。

2. 历史财务资料的分析总结，一般包括历史年度财务分析、与所在行业或者可比企业的财务比较分析等。

3. 对财务报表及相关申报资料的重大或者实质性调整

根据评估业务的具体情况，对财务报表的分析和调整事项通常包括：财务报表编制基础，非经常性收入和支出，非经营性资产、负债和溢余资产及其相关的收入和支出。

三、企业发展状况分析的具体内容

企业发展状况分析可以概括为业务分析、战略分析和财务报表分析，是企业价值评估中微观层面的基本分析。企业业务分析是在了解整个行业发展现状及发展趋势的基础上，研究企业现有业务在所处行业中的竞争地位，以便对企业的成长、经营业绩、资本需求做出合理的预测。企业战略分析需要充分把握企业各层级所采取的战略，明确企业未来的经营方向与经营效果，为企业价值评估需要的收益与风险预测进一步提供信息。业务分析、战略分析同财务报表分析密不可分。业务分析与战略分析中获得的信息能够回答财务报表分析中发现的问题；而财务报表分析中获得的数据也为进一步进行业务分析、战略分析提供了方向。财务报表分析的目的不是简单地了解企业的历史情况，而是通过分析历史业绩对未来做出预测，全面掌握相关信息进行企业价值评估。本节主要对企业业务分析和企业战略分析进行介绍。

（一）企业业务分析

1. 盈利模式分析

盈利模式是指企业在市场竞争中逐步形成的赖以实现盈利的特有商务结构及其对应的业务结构。企业的商务结构主要指企业外部选择的交易对象、交易内容、交易规模、交易方式、交易渠道、交易环境、交易对手等商务内容及其时空结构；企业的业务结构主要指企业内部满足商务结构需要而从事的包括科研、采购、生产、储运、营销等在内的业务内容及其时空结构。换言之，业务结构反映的是企业内部资源的配置情况，决定企业资源配置的效率，而商务结构反映的是企业内部资源整合的对象及其目的，决定企业资源配置的效益。

（1）价值驱动要素。企业盈利模式分析一般包含五个要素，即利润来源、利润产品、利润活动、利润屏障和利润前瞻，几乎所有企业的盈利模式都是以其中一个或多个要素为核心的各种要素的有机组合。

利润来源是指企业提供的商品或服务的购买者和使用者群体，他们是企业利润的源泉。利润来源又分为主要利润源、辅助利润源和潜在利润源。良好的企业利润来源一般需要满足三个条件：一是要有足够的规模；二是企业对利润源的需求和偏好有比较深的认识和了解；三是企业在挖掘利润源时与竞争对手比较有一定的竞争优势。

利润产品是指企业可以获取利润的产品或服务，反映的是企业的产出。良好的利润产品一般需要满足三个条件：一是能够清晰地满足客户的需求偏好；二是能够为构成利润源的客户创造价值；三是能够为企业创造价值。

利润活动是指企业通过生产产品或提供服务，吸引客户购买和使用企业产品或服务所开展的一系列业务活动，反映的是企业为提高营利进行的各项投入。

利润屏障是指企业为防止竞争对手掠夺本企业的利润而采取的防范措施，它与利润活动同样表现为企业的投入。形象地说，利润活动是撬动"奶酪"为我所有，而利润屏障是保护"奶酪"不为他人所动。

利润前瞻是企业内部有人对企业如何营利具有极强的敏感性和预见性，这些通常是企业家本人，但也可能是企业家的盟友或者是职业经理人。

（2）盈利模式特征。由于企业面临的宏观和微观经济环境处于动态变化的过程中，因此，没有一个固定的盈利模式能够保证企业在各种条件下都取得良好的经营业绩。美国埃森哲咨询公司通过对70家企业的盈利模式进行研究，发现成功的盈利模式至少具有三个共同的特征：

① 独特的价值。独特的价值可以是新的思想，但更多时候是产品和服务的独特组合。这种组合或者可以向客户提供额外的价值，或者使客户能用更低的价格获得同样的利益，或是用同样的价格获得更高的利益。

② 难以模仿。企业能够通过自己的创新管理建立自己的利润屏障，提高行业的进入门槛，从而保证利润来源不受侵犯。

③ 脚踏实地。把盈利模式建立在对客户行为的准确理解和假定之上。如果企业对自己的利润源、利润点等要素缺乏清晰的认识，对于企业利润从何而来以及顾客为什么乐于接受或不接受企业的产品或服务等关键问题都不甚了解，则明显不具备成功的盈利模式。

2. 市场需求分析

市场需求是指在特定的地理区域、特定的时间范围、特定的市场营销环境和市场营销方案下，特定消费者群体对某种商品或服务愿意而且能够购买的数量。结合企业自身的产品或服务进行市场需求分析，主要包括两部分内容：一是明确市场需求的主要影响因素；二是把握市场需求分析的基本步骤。

市场需求的构成要素有两个：一是消费者的购买意愿；二是消费者的支付能力。影响市场需求的因素具体体现在消费者偏好、消费者收入、产品价格、消费者预期等方面。

（1）消费者偏好。消费者偏好是指由于性格和爱好不同而造成的对商品与服务的需求倾向。消费者的偏好支配着其在使用价值相同或相近的商品之间的消费选择。人们的消费偏好在一系列因素的作用下会慢慢变化，比如收入、年龄的变化等会直接影响消费者的购买偏好。

(2) 消费者收入。消费者收入一般是指一个社会的人均收入。收入的增减是影响需求的重要因素。一般来说，消费者收入增加，将引起需求增加，反之亦然。随着经济的迅速增长，消费者的收入水平将不断提高。

(3) 产品价格。产品价格包括企业自身产品的价格、替代品及互补品的价格。一般来说，企业自身产品价格和市场需求的变动呈反方向变化；替代品价格降低，将使替代品的需求增加，被替代品的需求减少；一种互补商品价格上升，另一种商品的需求也会随之降低。

(4) 消费者预期。消费者预期是消费者对于某一经济活动未来的预测和判断。如果消费者预期价格要上涨，就会提前购买；如果预期价格将下跌，则会推迟购买。消费者偏好、消费者收入、产品价格及消费者预期会直接影响顾客对企业产品或服务的需求量。

3. 竞争能力分析

企业的市场竞争力对其价值会产生直接影响，因此，竞争能力分析是企业价值评估的一个重要环节。竞争能力分析主要包括成本优势、技术优势及质量优势的分析与研究。

(1) 成本优势。成本优势是指公司的产品依靠低成本获得高于同行业其他企业的竞争力。在很多行业中，成本优势是决定竞争优势的关键因素。企业一般通过规模经济、专有技术、优惠的原材料和低成本的劳动力取得成本优势，从而在激烈的竞争中处于优势地位，即使竞争对手亏损时企业仍有利可图，经营风险相对较小。同时，低成本的优势也使其他想利用价格竞争的企业有所顾忌，成为价格竞争的抑制力。

(2) 技术优势。技术优势是指企业拥有比同行业其他竞争对手更强的技术实力及研发新产品的能力。这种优势主要体现在企业生产的技术水平和产品的技术含量上。在知识经济时代，企业新产品的研究与开发能力是决定企业竞争成败的关键因素之一。技术优势一般体现在以下几个方面：研制出新的核心技术，开发出新一代产品；研究出新的工艺，降低现有的生产成本；根据细分市场开发出更深层次的细分产品等。

(3) 质量优势。质量优势是指企业的产品以高于其他企业同类产品的质量赢得市场，从而取得竞争优势。受企业技术能力及管理水平等诸多因素的影响，不同企业生产的相同产品会存在质量差别。严格管理并不断提高企业的产品质量，是提升企业竞争力的行之有效的方法，具有产品质量优势的企业往往能在行业中占据领先地位，从而具有更高的企业价值。

(二) 企业战略分析

1. 公司层战略分析

公司层战略也称总体战略，是指一家企业从事多种业务或在多个产品市场上，为了获得竞争优势而对业务或产品组合进行选择及管理的行为。它所要解决的主要问题是整个企业的经营范围和企业资源在不同经营单位间的分配。公司层战略决定了企业未来的发展方向，直接影响着业务层战略和职能层战略的选择。根据战略的进攻性可以将公司层战略分为稳定型战略、发展型（进攻型）战略、紧缩型战略。

(1) 稳定型战略。稳定型战略也可以称为防御型或维持型战略，是指企业受外部环境和内部条件的约束，在战略计划期内使资源配置和经营状况基本保持在目前状态水平上的战略。企业实施稳定型战略不是不发展或不增长，而是稳步地、缓慢地增长。稳定型战略的风险相对较小，一般适用于以下情况：宏观经济总体上保持总量不变或总量低速增长；企业所在行业产业技术相对成熟，技术更新速度较慢；消费者的需求偏好变动较为稳定；企业处于成熟期，产品需求、市场规模趋于稳定；竞争格局也相对稳定。

稳定型战略的一般表现形式如下：

一是企业对过去的经营业绩表示满意，决定追求既定的或与过去相似的经营目标。例如，企业在过去的经营中一直处于市场领先者的地位。

二是企业战略规划期内所追求的绩效按常规意义上的比例增长。例如，在市场占有率保持不变的情况下，在产销规模或总体利润水平上保持现状或略有增加。

三是坚持前期战略对产品和市场领域的选择，并以前期战略所达到的目标作为本期希望达到的目标。

稳定型增长战略对于很多企业来说或许是最有效的战略：第一，企业基本维持原有的产品和市场领域，减少新产品和新市场开发的资金投入，经营风险会相对较低；第二，避免因较大的战略改变而面临改变资源配置的困难；第三，避免由于企业发展过快而忽视潜在危机；第四，战略实施阶段可以给企业一个较好的修整期，以便以后更好、更快地发展。

稳定型战略也存在一些不足之处：第一，企业维持现有产品和市场领域的战略举措可能丧失外部环境提供的快速发展的机会；第二，该战略在外部环境基本稳定下实施才会有好的效果，不利于提高企业对外部环境的适应性；第三，管理者风险规避的态度容易导致企业风险意识淡薄，降低企业抗风险的能力。

（2）发展型战略。发展型战略也称增长型战略、进攻型战略或者扩张型战略，是一种快速增长的战略。从企业发展的角度来看，任何成功的企业都应当经历长短不一的增长型战略实施期，因为从本质上说，只有增长型战略才能不断扩大企业规模，使企业从竞争力弱小的小企业发展成为实力雄厚的大企业。实施发展型战略，需要战略规划期内宏观经济景气度、产业经济状况，以及企业自身的资源获取能力提供相应的支持。

发展型战略有以下特点：

第一，实施发展型战略的企业不一定比经济整体增长速度快，但通常比其产品所在市场的增长速度快，发展型战略体现在绝对市场份额或相对市场份额的增加。

第二，实施发展型战略通常会取得大大超过社会平均的利润率水平。由于发展速度较快，这些企业更容易获得较好的规模经济效益。

第三，采用发展型战略的企业倾向于采用非价格的竞争手段同对手抗衡。该类企业不仅仅注重开发市场，而且在新产品研发、管理模式上都力求具有竞争优势。

第四，采用发展型战略的企业倾向于主动出击，通过创造以前并不存在的产品或服务来改变外部环境，并使之适合企业自身发展。

发展型战略有以下几种典型的类型：

一是横向一体化，指企业将绝大部分资源和活动集中于一个业务（产品）或一个行业，以快速增长的方式增加销售额、利润额或市场占有率，从而提高竞争地位。这种战略可以从企业内部采取措施实施，也可以通过与从事同类业务的企业进行联合或对其进行并购来实施。横向一体化战略的最大好处是能够实现规模经济。

二是纵向一体化，指企业向现有经营活动的上游和下游生产阶段扩展。该类扩张使企业通过内部的组织和交易将不同生产阶段联结起来，以实现交易内部化。纵向一体化包括后向一体化和前向一体化。后向一体化指企业介入原材料供应商的生产活动；前向一体化指企业控制其原有客户公司的生产经营活动。

三是多样化，指同时经营两种以上经济用途不同的产品或服务的一种战略。多样化经营战略期望通过不同业务种类、不同业务周期分散风险，更有效地使用企业的资源，产生明显的协同效应，以更低的成本创造出更多价值。

发展型战略可以实现企业市场份额和绝对财富的增加，进一步提升企业价值；可以通过不断变革来创造更高的生产经营效率与效益，获得过去不能获得的崭新机会，避免企业组织老化，使企业充满生机和活力。

发展型战略属于主动型战略，在实施过程中有可能导致盲目扩张，破坏企业的资源平衡。在快速发展的过程中，如果企业新增机构、设备、人员未能形成一个有机的相互协调的系统，就会降低企业的综合素质，不利于长期发展；如果过多地注重投资结构、收益率、市场占有率、组织结构等问题，则容易忽视服务或质量，严重影响企业的核心竞争力。

（3）紧缩型战略。紧缩型战略是指企业收缩现有的战略经营领域和基础水平，或放弃部分或全部业务。与稳定型战略和发展型战略相比，紧缩型战略是一种消极的发展战略。一般来说，企业实施紧缩型战略只是短期措施，其根本目的是使企业度过危机后转向其他战略选择。某些情况下，企业只有采取收缩和撤退的战略，才能抵御竞争对手的进攻，避开环境的威胁，迅速实现自身资源的最优配置。只有当企业竞争地位虚弱、经营状况恶化，或未来存在回报更高的资源配置机会时，企业才可能会暂时实行紧缩型战略。

紧缩型战略有以下表现形式：

一是规模缩小。企业的利润率和市场占有率等一些效益指标也都会有较为明显的下降，这主要是因为企业对现有的产品和市场领域实行收缩、调整和撤退战略。

二是大量裁员。企业暂停购买一些奢侈品和大额资产，对资源的运用采取较为严格的控制，只投入最低限度的经营资源，并尽量削减各项费用支出。

三是明显的过渡性。该战略的根本目的并不在于长期节约开支停止发展，而是暂时地为了今后的发展积蓄力量。

紧缩型战略有以下几种类型：

一是转向战略，指减少公司在某一特定领域（战略经营单位、产品线、特定产品等）的投资，以削减费用支出和改善现金流量，把资金投入到更需要的领域中去。

二是放弃战略，指当企业转向战略失效时，为了减少损失，卖掉公司的部分业务部门、生产线、战略经营单位或者事业部。放弃战略的实施具有一定的难度：其一是结构或内部依存关系上的障碍；其二是管理人员的影响形成的障碍；其三是专用资产的退出障碍。

三是清算战略，指通过拍卖资产或停止经营业务来结束公司的存在。一般只有在其他收缩战略都失灵的情况下才采用清算战略。但从挽救损失来看，及早清算是较有利的战略决策。

紧缩型战略能够帮助企业在外部环境恶劣的情况下，节约开支和费用，顺利度过不利处境；能够在企业经营不善的情况下最大限度降低损失；能帮助企业在未来更好地实现资产的最优组合，从而实现企业长远利益的最大化。

紧缩性战略作为消极性策略，其固有的劣势不容忽视：实行的尺度较难把握，盲目使用可能会扼杀具有发展前途的业务和市场，使企业的总体利益受损；对企业员工造成负面影响，裁员和减薪使员工利益受损、情绪低落。

2. 业务层战略分析

业务层战略也称竞争战略，是指在公司层战略的制约下，指导和管理具体战略经营单位的计划和行动。业务层战略对于企业价值评估有着重要意义，因为它能够直接影响企业未来的收入和成本的预测。根据获取竞争优势的途径，业务层战略可以分为成本领先战略、差异化战略和集中战略。

（1）成本领先战略。成本领先战略亦称低成本战略，其核心是在追求规模经济的基础上，加强内部成本控制，在研发、生产、销售、服务和广告等环节把成本降到最低，成为行业中的成本领先者，并获得高于行业平均水平的利润。

采用成本领先战略具有如下优势：一是价格优势形成的竞争地位；二是对其他潜在竞争者进入市场形成障碍；三是提高企业的议价能力，降低替代品的威胁。

成本领先战略面临的潜在风险如下：一是显著的技术变革可以消除企业的这种成本优势；二是容易被竞争者学习模仿；三是将目光集中于成本，可能会忽视消费者偏好的变化。

进行企业价值评估时，分析企业成本领先战略是否成功，关键在于确定企业是否在满足顾客认为最重要的产品特征与服务的前提下，实现了相对于竞争对手的可持续性成本优势，换言之，实施低成本战略的企业只有找到成本优势的持续性来源，并能够形成防止竞争对手模仿的障碍，才称得上成功地实施了成本领先战略。

（2）差异化战略。差异化战略亦称差别化战略，是指企业向市场提供全行业范围内与众不同的产品和服务，用以满足顾客的特殊需求，从而形成独有的竞争优势。

差异化战略的实现方式有以下几种：一是实物产品差别化，主要包括产品的特征、性能、耐用性、可靠性、易修理性、式样和设计等方面；二是服务差别化，主要包括送货、安装、顾客培训、咨询服务等因素；三是人员差别化，员工应该能够体现出胜任、礼貌、可信、可靠、反应敏捷、善于交流等特征；四是渠道差别化，从渠道策略、渠道设计、渠道建立、渠道管理、渠道维护、渠道创新等方面体现差异化；五是形象差别化，通过名称、颜色、标识、标语、环境、活动等实现公众对产品和企业与众不同的看法和感受。

实施差异化战略的好处在于：一是通过差异化在提高顾客对企业（品牌）忠诚度的同时降低价格敏感性，有效抵御竞争对手的挑战；二是提高企业的边际收益，增强企业对供应商讨价还价的能力；三是通过产品差异化使客户具有较高的转换成本，增强对企业的依赖性，削弱客户讨价还价的能力。

采用差异化战略也会面临一定的风险。例如，如果采用成本领先战略的竞争对手压低产品价格，使其与实行差异化战略的厂家的产品价格差距过大，用户为了大量节省费用，可能会放弃对差异化的选择，转而购买物美价廉的产品。或者当该类型产品发展到成熟期时，技术实力强大的厂家通过模仿，会减少产品之间的差异，降低企业差异化战略的效果。此外，如果过度实行差异化，致使不能被大众消费者接受，就会造成差异化成本高于收益。

进行企业价值评估时，分析企业差异化战略的实施效果，可以遵循三个原则：第一，效益原则。企业实施差异化战略带来的利润应大于形成差异化效果所需要的成本。第二，适当原则。企业差异性形成的产品溢价应适当。第三，有效原则。差异化的重点应放在顾客特别关注或关心的性能、功能等方面，并使之显著改善和提高。

（3）集中战略。集中战略也叫目标聚焦战略，是指把经营战略的重点放在某个特定的目标市场上，集中使用资源，为特定的地区或客户群提供特殊的产品或服务，以较高的增长速度来提高某种产品的销售额和市场占有率。

企业可以在目标市场上通过产品差异化或成本领先的方法实施集中型战略。若选择成本领先，则可以在专用品或复杂产品上建立自己的成本优势；若选择产品差别化，则可以运用所有差别化的方法去达到预期目的，其与差别化战略的不同之处在于只限于特定的目标市场。

集中战略追求的目标不是在较大的市场上占有较小的市场份额，而是在一个或几个特定市场上占有较大的市场份额。因此，该战略的主要优点是适应企业资源有限的特点，由于经营目标集中，管理简单方便，使经营成本得以降低，有利于集中使用企业资源，实现生产专业化和规模经济效益。集中战略也有其自身缺陷，主要表现为对环境的适应能力较差，风险较大。当目标市场发生突变，如价格猛跌、购买者兴趣转移等，企业就可能陷入困境。

进行企业价值评估时，应当全面分析企业当前战略在实施过程中对企业收益及风险的影响，进而判断该战略对企业未来现金流的影响。

3. 职能层战略分析

职能层战略又称职能支持战略，是按照企业总体战略或业务战略对企业内部各项职能活动进行的谋划。与企业价值评估密切相关的职能层战略主要是生产战略、研发战略、营销战略、人力资源战略、财务战略等，这些战略的具体实施，对企业未来成本和收益预测有重要影响。

（1）生产或服务战略。生产战略是企业在生产成本、质量流程等方面建立和发展相对竞争优势的基本途径，它规定了企业生产制造和采购部门的工作方向，为实现企业总体战略服务。对此，进行企业价值评估时要考虑企业是否有一套有效的生产流程，机器设备是否现代化、生产是否有效率，生产成本是否控制在一个较低的水平，对于机器设备的未来资本性支出有多大等方面的问题，所有这些问题都会影响对企业未来收益或现金流的预测。

（2）研发战略。研发主要涉及技术、产品和生产方面的研究与开发。研发战略的选择常常受企业总体战略和经营战略的影响，根据环境条件不同，企业采取的研发战略通常有三种：第一种是保持企业正常经营的基本型研发战略；第二种是以新技术作为进入新市场主要手段的渗透型研发战略；第三种是竞争对手产生技术威胁时的反应型研发战略。研发战略会直接影响企业的研发费用支出，进而影响对企业现金流的预测。

（3）营销战略。营销战略涉及市场营销活动过程整体，包括调研、预测、分析市场需求，确定目标市场，制定营销战略，实施和控制具体营销战略等活动的方案或谋划，它决定着市场营销的主要活动和主要方向。了解企业的营销战略，才能合理预计产品分销环节所发生的各种成本费用。

（4）人力资源战略。人力资源战略主要集中在人才战略。人才战略是指根据企业总体战略的要求，为适应企业生存和发展的需要，对企业人力资源进行开发，提高职工队伍的整体素质，从中发现和培养优秀人才所进行的长远规划和谋略。企业生存和发展的基础是人力资源，能够持续吸引具有合适技能和经验的员工至关重要。因此，进行企业价值评估时需要从人力资源的角度分析企业的优势和劣势。

（5）财务战略。财务战略是根据公司战略、竞争战略和其他职能战略的要求，对企业资金进行筹集、运用以取得最大经济效益的方略。资金筹集会直接影响企业资本结构，而资金运用则直接影响收益或现金流，两者均是企业价值评估中需要预测的重要内容。

四、企业发展状况分析的具体方法

企业价值评估中常用的企业发展状况分析方法包括SWOT分析、波士顿矩阵分析等具体方法。

（一）SWOT分析法

SWOT分析法是企业分析中常用的一种战略分析框架，经常应用于国内外评估报告中，在此单列一小节介绍。SWOT通过对被评估企业的优势（Strengths）、劣势（Weaknesses）、机会（Opportunities）和威胁（Threats）进行综合评估，清晰地确定被评估企业的资源优势和劣势以及所面临的机会和挑战，从而对企业未来增长情况做出合理的预测。

1. 优势

优势（S）是指一个企业超越其竞争对手的能力，或者指企业特有的能提高市场竞争力的资源条件。企业价值评估过程中对目标企业的竞争优势进行分析，可以从以下几个方面入手，并据此分析各种优势对目标企业未来收益的影响。

一是技术技能优势，包括独特的生产技术、低成本的生产方法、领先的革新能力、雄厚的技术实力、完善的质量控制体系、丰富的营销经验、上乘的客户服务、卓越的大规模采购技能等。

二是有形资产优势，包括先进的生产流水线、现代化的车间和设备、丰富的自然资源储存、有吸引力的办公地点、充足的资金等。

三是无形资产优势，包括优秀的品牌形象、良好的商业信用、积极进取的公司文化。

四是人力资源优势，包括经验丰富的高层管理者、强大的研发团队、在关键领域具有专长的员工队伍等。

五是组织体系优势，包括高效的内部控制体系、完善的信息管理系统、强大的融资能力。

六是竞争能力优势，包括产品开发周期短、强大的经销商网络、与供应商良好的伙伴关系、忠诚的客户群、对市场环境变化的灵敏反应、市场份额的领导地位。

2. 劣势

竞争劣势（W）是指企业缺乏或难以获得的资源或能力，或是会使企业处于劣势的各种因素与条件。竞争劣势除了对企业收益或现金流造成不利影响，还会加大企业的经营风险。进行企业价值评估时应当充分认识目标企业的竞争劣势，并分析这些竞争劣势对企业价值的影响。可能导致企业竞争劣势的因素有以下几种：缺乏具有竞争力的技能或技术；缺乏有竞争力的有形资产、无形资产、人力资源、组织资产等；关键领域里的竞争能力正在丧失。

3. 机会

企业面临的潜在机会（O）是影响公司战略的重大因素，进行企业价值评估时应当确认目标企业目前存在的发展机会，并评价每一个发展机会的成长和利润前景。这些潜在的发展机会如下：

一是客户群的扩大趋势或产品细分市场；

二是技能技术向新产品新业务转移，为更大客户群服务；

三是前向或后向整合；

四是新市场进入壁垒降低；

五是获得购并竞争对手的能力；

六是市场需求增长强劲，可快速扩张；

七是出现向其他地理区域扩张、扩大市场份额的机会等。

4. 威胁

危及公司的外部威胁（T）是指企业的外部环境中存在的某些对企业盈利能力和市场地位构成威胁的因素，进行企业价值评估时应当及时确认影响目标企业未来收益和风险的不利因素。这些外部威胁如下：

一是出现将进入市场的强大的新竞争对手；

二是替代品抢占企业销售额；

三是主要产品市场增长率下降；

四是汇率和外贸政策的不利变动；

五是人口特征、社会消费方式的不利变动；

六是客户或供应商的谈判能力提高；

七是市场需求减少；

八是可能受到经济萧条和业务周期的冲击等。

5. 企业未来战略定位

在SWOT分析的基础上可以形成公司特定战略。利用SWOT分析矩阵可以形成SO战略、WO战略、ST战略和WT战略四种类型的战略。利用SWOT矩阵表（见表2-3）形成战略的过程包括以下步骤：

（1）列出企业的关键内部优势和关键内部弱点；

（2）列出企业的重大外部机会和重大外部威胁；

（3）将内部优势和外部机会相匹配，形成SO战略；

（4）将内部弱点和外部机会相匹配，形成WO战略；

（5）将内部优势和外部威胁相匹配，形成ST战略；

（6）将内部弱点与外部威胁相匹配，形成WT战略。

表2-3　　　　　　　　　　　SWOT矩阵表

优势—strengths 弱点—weaknesses 机会—opportunities 威胁—threats	优势—S 列出优势	弱点—W 列出弱点

续表

机会—O 列出机会	SO 战略 发挥优势，利用机会	WO 战略 利用机会，克服弱点
威胁—T 列出威胁	ST 战略 利用优势，回避威胁	WT 战略 克服弱点，回避威胁

需要指出的是，SWOT 分析的目的在于产生可行的备选战略，而不是选择或确定最佳战略。公司需要根据自身实际情况从备选战略中选择或确定适合于公司的某一战略类型。

综上可见，评估专业人员在进行企业价值评估时，由于企业的整体性和竞争优势来源的广泛性，一方面应在整个价值链的每个环节上对企业与竞争对手的优势和劣势进行详细的对比，如产品是否新颖、制造工艺是否复杂、销售渠道是否畅通、价格是否具有竞争力等，另一方面有必要同企业管理层明确其未来战略定位，并据此对企业风险及收益预测等做出合理判断。

（二）波士顿矩阵分析法

波士顿矩阵分析法是美国波士顿咨询集团（BCG）提出的一种产品结构分析方法，也是一种用于评估公司投资组合的有效模式。这种方法把企业生产经营的全部产品或业务的组合作为一个整体进行分析，常用来分析企业相关经营业务之间现金流量的平衡问题。在企业价值评估中，评估专业人员可以采用波士顿矩阵分析法对被评估企业的业务进行分析，从而了解和认识企业在行业中的地位、业务组合状况及发展前景，从而预测其未来的收益情况。

1. 公司业务分类

波士顿矩阵如图 2-2 所示。矩阵横轴表示企业在行业中的相对市场份额地位（与最大竞争对手比较），并以相对市场份额 1.0 为分界线。纵轴表示市场增长率，是指企业所在行业某项业务最近两年的销售增长率，通常用 10% 的增长率作为增长高低的界限。

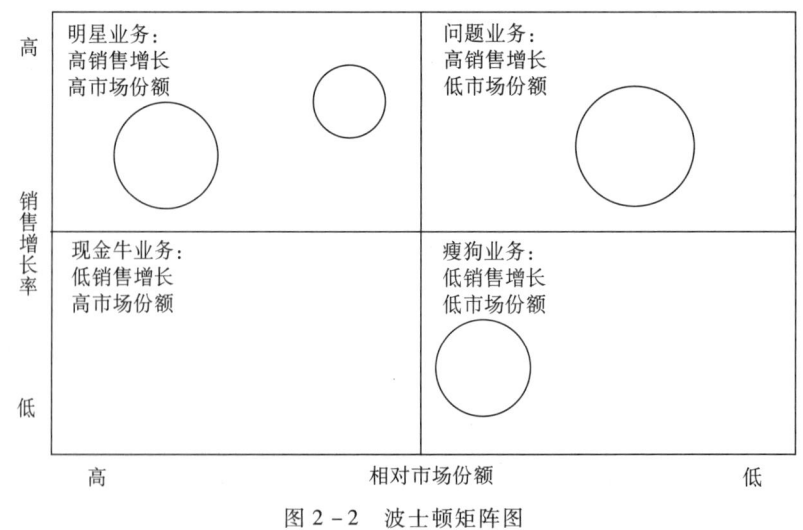

图 2-2 波士顿矩阵图

由此，矩阵分为四个方格，每个方格代表不同类型的业务，也就是说通过波士顿矩阵法可将一个公司的业务分成以下四种类型：

（1）问题业务。问题业务是指高增长、低市场份额的公司业务。大多数业务都是从问题业务开始，即公司力图进入一个已有市场领先者占据的高速增长的市场。这类业务通常处于最差的现金流状态。一方面，由于公司必须增加工厂、设备和人员，以跟上迅速发展的市场，因此需要大量的投资支持其生产经营活动；另一方面，该业务市场份额较低，能够产生的现金较少。

（2）明星业务。如果问题业务成功了，它就变成了一项明星业务。明星业务是高速增长市场中的市场领导者。这并不意味着明星业务一定会给公司带来滚滚财源。为了保护或拓展明星业务在增长的市场中占主导地位，公司必须花费大量资金以跟上高速增长的市场，并击退竞争者。明星业务常常是有利可图的，并且是公司未来的现金牛业务。

（3）现金牛业务。当市场的年增长率下降到一定比率以下，但继续保持较大的市场份额，那么明星业务就变成了现金牛业务。现金牛业务会为企业带来大量财源。由于市场增长率下降，公司不必大量投资扩展市场规模，同时也因为该业务是市场领导者，它还享有规模经济和高边际利润的优势。公司用现金牛业务支付所需要的资金支出并支持明星类、问题类和瘦狗类业务，因此这些业务常常需要大量的资金支持。

（4）瘦狗业务。瘦狗业务指市场增长率低，市场份额也低的公司业务。一般来说，这类业务处于饱和的市场当中，竞争激烈，可获得利润极小，不能成为公司主要资金来源。如果这类业务还能自我维持，则应缩小经营范围，加强内部管理；如果这类业务已彻底失败，公司应当及时采取措施，清理业务或退出经营领域。

2. 财务战略选择

利用波士顿矩阵的分析方法，公司可以进行财务战略的选择。面对矩阵中不同类型的业务单位，公司可有以下选择：

（1）发展。目的是扩大战略业务单位的市场份额，甚至不惜放弃近期收入来达到这一目标。这一战略特别适用于问题业务，如果它们要成为明星业务，其市场份额必须有较大增长。为此，公司应尽财力扩大投资。财务部门应进一步分析，判断使其转移到明星业务所需要的投资资金量，分析其未来是否盈利，研究是否值得投资等问题。

（2）维持。此目标是要保持战略业务单位的市场份额。这一目标适用于强大的现金牛业务，由此可以继续为公司产生大量的现金流量。

（3）收获。此目标在于增加战略业务单位的短期现金收入，而不考虑长期影响。这一战略适用于处境不佳的现金牛业务，这种业务前景黯淡而又需要从它身上获得大量现金收入。收获战略也适用于问题业务和瘦狗业务。

（4）放弃。此目标在于出售或清理业务，以便把资源转移到更有利的领域。它适用于瘦狗业务和问题业务，这类业务经常拖公司盈利的后腿。对于处于"明星"位置的，应珍惜机会，加强力量；处于"瘦狗"位置的，假如没有非常站得住脚的理由来维持，就必须果断放弃。

综上所述，评估专业人员通过波士顿矩阵对被评估企业进行分析，不仅可了解其竞争对手的未来发展方向，而且有助于预测其自身未来发展趋势。根据被评估企业的业务单位在矩阵图中的分布情况，对照其发展战略规划，可判断其未来的发展前景。

第三章 收益法在企业价值评估中的应用

第一节 收益法的评估技术思路

收益法的评估技术思路是通过对未来收益加以折现来评估企业价值。根据这一技术思路，针对评估对象以及收益的特点，在评估实践中，收益法又有股利折现模型、股权自由现金流量折现模型、企业自由现金流量折现模型以及经济利润折现模型等多种常用的评估模型。

一、股利折现模型

(一) 股利及股利分配

1. 股利的概念

股利是企业向投资者分配的利润。股利的获得要通过企业的利润分配过程来实现。

利润分配是企业按照国家有关法律、法规以及企业章程的规定，在兼顾股东与债权人及其他利益相关者的利益关系基础上，将实现的利润在企业与企业所有者之间、企业内部的有关项目之间、企业所有者之间进行分配的活动。利润分配决策是股东当前利益与企业未来发展之间权衡的结果，将引起企业的资金存量与股东权益规模及结构的变化，也将对企业内部的筹资活动和投资活动产生影响。

2. 股利分配

（1）关于股利分配的相关规定。不同组织形式的企业，其股利分配和利润分配的要求也存在差异。

根据《中华人民共和国合伙企业法》的规定，合伙企业的利润分配、亏损分担，按照合伙协议的约定办理；合伙协议未约定或者约定不明确的，由合伙人协商决定；协商不成的，由合伙人按照实缴出资比例分配、分担；无法确定出资比例的，由合伙人平均分配、分担。合伙协议不得约定将全部利润分配给部分合伙人或者由部分合伙人承担全部亏损。

根据《中华人民共和国公司法》的规定，公司利润分配项目包括以下部分：

第一，法定公积金。法定公积金从净利润中提取形成，用于弥补公司亏损、扩大公司生产经营或者转为增加公司资本。公司分配当年税后利润时应当按照10%的比例提取法定公积金；法定公积金累计额达到公司注册资本的50%时，可不再继续提取。公司的法定公积金不足以弥补以前年度亏损的,在按规定提取法定公积金之前,应当先用当年利润弥补亏损。

第二,任意公积金。公司从税后利润中提取法定公积金后,经股东会或者股东大会决议,还可以从税后利润中提取任意公积金。

第三,股利(向投资者分配的利润)。公司弥补亏损和提取公积金后所余税后利润,有限责任公司股东按照实缴的出资比例分取红利,但全体股东约定不按出资比例分取红利的除外;股份有限公司按照股东持有的股份比例分配,但股份有限公司章程规定不按持股比例分配的除外。

因此,公司制企业利润分配的顺序为:首先,计算可供分配的利润;其次,计提法定公积金;再次,计提任意公积金;最后,向股东(投资者)支付股利(分配利润)。股东会、股东大会或者董事会违反上述利润分配顺序,在公司弥补亏损和提取法定公积金之前向股东分配利润的,股东必须将违反规定分配的利润退还公司。

(2)企业股利分配的主要模式。股利分配的核心问题是如何权衡企业股利支付决策与未来长期增长之间的关系,以实现企业价值最大化的财务管理目标。实务中,企业的股利分配是在种种制约因素下进行的,比如,在公司制企业的利润分配中,股利分配政策应考虑法律限制因素、股东因素、公司因素以及其他限制的影响。在公司制企业中,股利分配政策通常有以下主要模式:

第一,剩余股利政策。股利分配与公司的资本结构相关,而资本结构又是由投资所需资金构成的,因此实际上股利政策要受到投资机会及其资本成本的双重影响。剩余股利政策就是在公司有着良好的投资机会时,根据一定的目标资本结构(最佳资本结构),测算出投资所需的权益资本,先从盈余当中留用,然后将剩余的盈余作为股利予以分配。奉行剩余股利政策,意味着公司只将剩余的盈余用于发放股利。这样做的根本理由是为了保持理想的资本结构,使加权平均资本成本最低。

第二,固定或持续增长股利政策。这一股利政策是将每年发放的股利固定在某一相对稳定的水平上并在较长时间内不变,只有当公司认为未来盈余会显著地、不可逆转地增长时,才提高年度的股利发放额。采用固定或持续增长股利政策的主要目的是避免出现由于经营不善而削减股利的情况,有利于投资者安排股利收入与支出,向市场传递公司正常发展的信息。但当公司盈余较低时仍要支付固定的股利,就可能导致资金短缺,财务状况恶化,同时不能像剩余股利政策那样保持较低的资本成本。

第三,固定股利支付率政策。固定股利支付率政策是公司确定一个股利占盈余的比率,并长期按此比率支付股利的政策。在这一股利政策下,各年股利额随公司经营的好坏而上下波动,获得较多盈余的年份股利额高,获得盈余少的年份股利额就低。这种政策能使股利与公司盈余紧密地配合,以体现多盈多分、少盈少分、无盈不分的原则,但这种政策下各年的股利变动较大,容易造成公司不稳定的感觉,对于稳定股票价格不利。

第四,低正常股利加额外股利政策。低正常股利加额外股利政策是公司一般情况下每年只支付固定的、数额较低的股利,在盈余多的年份,再根据实际情况向股东发放额外股利。但额外股利并不固定化,不意味着公司永久地提高了规定的股利率。这种股利政策使公司具有较大的灵活性,又可使那些依靠股利度日的股东每年至少可以得到虽然较低但比较稳定的股利收入,从而吸引住这部分股东。

（二）股利折现模型的具体形式

1. 基本公式

威廉姆斯（Williams）在1938年首先提出了股利折现模型（Dividend Discounted Model，DDM），认为股票的投资价值是未来全部股利的现值，用公式表示如下：

$$V = \sum_{t=1}^{\infty} \frac{DPS_t}{(1+R_e)^t}$$

其中：

V——股票价值；

DPS_t——第t年每股预期股利；

R_e——股权资本成本。

股利折现模型有两个基本变量：期望股利和股权资本成本。期望股利取决于对企业未来收益、股利支付率和收益增长率的假设；股权资本成本，即股权投资者的期望报酬率，由股票的风险决定。

上式即为股利折现模型的基本公式。

2. 基本公式的演化

根据对未来股利期限的不同假设，上式可演化出不同的股利折现模型。

（1）零增长模型。零增长模型也称为固定股利模型，该模型假设企业的收益期无限且企业收益期中各年的股利固定不变。其公式为：

$$V = \frac{DPS}{R_e}$$

由于普通股的股利一般情况下不会是永续不变的，因此，该模型常用于对优先股或处于成熟阶段的企业价值评估。

（2）固定增长模型。1956年，戈登和夏皮罗（Gordon and Shapiro）在威廉姆斯股利折现模型的基础上，通过一系列假设对基本公式进行了扩展，提出了固定增长模型，也称戈登模型，其公式如下：

$$V = \frac{DPS_1}{R_e - g}$$

其中：

DPS_1——下期期望股利；

R_e——股权资本成本；

g——持续稳定的股利增长率，且$g < R_e$。

固定增长模型适用于收益期无限且稳定成长的企业价值评估，它要求股利增长率保持永久不变。如果股利零增长，即$g = 0$，固定增长模型就变成了零增长模型。

【例3-1】A公司经营处于稳定增长阶段，具有稳定的财务杠杆比率。2016年的每股收益为2元，股利支付率为50%，预期股利和每股收益以每年3%的速度永续增长，A公司的β值为0.8，无风险利率为3%，市场收益率为10%。

① 请用股利增长模型计算股票的每股价值。

② 如果市场上股票的交易价格是25元，则符合股票价格合理性的股利增长率为多少？

解：①每股股利DPS_0 = 每股收益 × 股利支付率 = 2 × 50% = 1（元）

股利增长率 $g = 3\%$

股权资本成本 $R_e = R_f + \beta \times (R_m - R_f) = 3\% + 0.8 \times (10\% - 3\%) = 8.6\%$

股票价值 $V = \dfrac{DPS_1}{R_e - g} = \dfrac{1 \times (1 + 3\%)}{8.6\% - 3\%} = 18.39$（元）

② 根据上述公式将数据代入可得：

$$25 = \dfrac{1 \times (1 + g)}{8.6\% - g}$$

解得，$g = 4.42\%$。

即为了确保公司股票价格为25元的合理性，公司的股利增长率应为4.42%。

在使用固定增长模型时，应注意两个问题：一是股利增长率要和企业的利润指标增长率相一致。要保证股利在一个足够长的时期内固定增长，企业其他主要绩效指标如盈利指标也应按相同的比率增长，如果一个企业真正处于稳定状态的话，则可以用盈利增长率来代替股利增长率。二是要注意任何企业都很难维持一个高于经济平均增长水平的增长率的规律。事实上，从长期看，企业的增长率也不可能超过所在行业的平均增长速度。在确定增长率的时候，应全面而深入地分析整个经济环境和相关行业的未来发展状况。

(3) 两阶段增长模型。麦基尔（Malkiel）1963年提出的两阶段增长模型将增长率分成两个阶段：非常增长阶段（预测期）和稳定增长阶段（永续期）。

两阶段增长模型的公式如下：

$$V = \sum_{t=1}^{n} \dfrac{DPS_t}{(1 + R_{e,ex})^t} + \dfrac{DPS_{n+1}}{(R_{e,st} - g_n)(1 + R_{e,ex})^n}$$

其中：

DPS_t——第 t 期每股期望股利；

$R_{e,ex}$——非常增长阶段的股权资本成本；

$R_{e,st}$——稳定增长阶段的股权资本成本；

g_n——n 年以后稳定的股利增长率。

两阶段增长模型是对固定增长模型的一个改进，许多企业在进入稳定增长阶段之前会有一个高速增长阶段，增长速度甚至可能大于股权资本成本。两阶段增长模型适用于在相当一个时期将保持高速增长，然后进入稳定增长阶段且稳定增长阶段的收益期无限的企业。例如，在今后一段时期拥有高利润产品的专利权，企业将在专利保护期间保持一个高速增长率；或者，由于产业具有进入壁垒（行政、技术、资本方面的壁垒），该产业内的企业将保持一个较高的增长率。

如果在前 n 年股利增长率和股利支付比例不变，假设前 n 年增长率为 g，两阶段增长模型如下：

$$V = \dfrac{DPS_0(1 + g)\left[1 - \dfrac{(1 + g)^n}{(1 + R_{e,ex})^n}\right]}{R_{e,ex} - g} + \dfrac{DPS_{n+1}}{(R_{e,st} - g_n)(1 + R_{e,ex})^n}$$

(4) 三阶段增长模型。按照上述两阶段增长模型，非常增长阶段的增长率是在非常增长阶段的末期突然转化为稳定增长阶段增长率的，没有设置一个过渡期间，这存在一定的局限性。因此，在两阶段增长模型的基础上，增加一个过渡期，可形成三阶段增长模型。

在稳定增长阶段的收益期为无限时,三阶段增长模型的具体公式如下:

$$V = \sum_{t=1}^{n_1} \frac{DPS_t}{(1+R_{e,ex})^t} + \sum_{t=n_1+1}^{n} \frac{DPS_{t-1} \times (1+g)}{(1+R_{e,ex})^t} + \frac{DPS_n(1+g_n)}{(R_{e,st}-g_n)(1+R_{e,ex})^n}$$

(三) 股利折现模型使用的注意事项

1. 股利折现模型的应用条件

股利折现模型理论的实质是股利决定股票价值。该理论认为到手的股利比用于再投资的留存收益更有价值,股东投资股票的根本目的在于获取股利,在永久持有股票的条件下,股利是股东投资股票获得的唯一现金流量,因此股利是决定股票价值的主要因素,而盈利等其他因素对股票价值的影响只能通过股利间接地表现出来。因此,股利折现模型的应用,要求标的企业的股利分配政策较为稳定,且能够对股东在预测期及永续期可以分得的股利金额做出合理预测。

在企业价值评估实务中,股利折现模型通常适用于缺乏控制权的股东部分权益价值的评估。

2. 股利折现模型中非经营性资产、负债和溢余资产的处理

在运用股利折现模型计算股权价值时,若被评估企业存在较大的非经营性资产、负债和溢余资产时,应恰当考虑这些项目的影响。具体而言,若被评估企业已制订对非经营性资产、负债和溢余资产的处置及分配计划,在对股东未来预计能够分得的股利进行预测时,应当考虑非经营性资产、负债和溢余资产的处置及分配因素带来的影响。若被评估企业并无对非经营性资产、负债和溢余资产的处置及分配计划,且在对股东未来预计能够分得的股利进行预测时,无法通过合理的方法将非经营性资产、负债和溢余资产对股利可能产生的影响考虑在内,则评估专业人员应当重新评价和判断运用股利折现模型开展股权评估的适用性。

应特别注意的是,在运用股利折现模型对缺乏控制权的股权价值进行评估时,并不存在这样一种方法:将被评估企业的非经营性资产、负债和溢余资产从被评估企业中分离出来单独进行评估后,再乘以特定股东的持股比例,得出特定股东享有的非经营性资产、负债和溢余资产的净额,再将该净额与股利折现值相加,得出特定股东的股权价值。因为缺乏控制权的股东往往无法影响或决定被评估企业非经营性资产、负债和溢余资产的处置和分配。

3. 股利增长率与股利支付率的关系

运用两阶段增长模型,要注意股利增长率与股利支付率的区别。一般而言,在非常增长阶段,股利支付率较低;在稳定增长阶段,股利支付率较高。在投入资本回报率大于资本成本且股利分配政策不变的前提下,股利支付率较低,表示更多的收益留存用于扩大再生产,则股利的增长率较大;股利支付率较高,表示较少的收益留存用于扩大再生产,则股利的增长率较低。

二、股权自由现金流量折现模型

(一) 股权自由现金流量

1. 股权自由现金流量的概念

股权自由现金流量(Free Cash Flow of Equity,FCFE)可被理解为股东可自由支配的

现金流量。股东是企业股权资本的所有者，拥有企业产生的全部现金流量的剩余要求权，即拥有企业在满足了全部财务要求和投资要求后的剩余现金流量。股权自由现金流就是在扣除经营费用、偿还债务资本对应的本息支付和为保持预定现金流量增长所需的全部资本性支出后的现金流量。

2. 股权自由现金流量的计算

根据股权自由现金流量的概念，股权自由现金流量的计算公式如下：

股权自由现金流量 =（税后净营业利润 + 折旧及摊销）-（资本性支出 + 营运资金增加）- 税后利息费用 - 付息债务的净偿还

其中，税后净营业利润也称息前税后净利润，是指企业不扣除利息费用但扣除实付所得税税金之后的利润数额，即：税后净营业利润 = 净利润 + 利息费用 ×（1 - 所得税税率）；税后利息费用 = 利息费用 ×（1 - 所得税税率）；付息债务的净偿还 = 偿还付息债务本金 - 新借付息债务。

因此，上式可表示为：

股权自由现金流量 =［净利润 + 利息费用 ×（1 - 所得税税率）+ 折旧及摊销］-（资本性支出 + 营运资金增加）- 利息费用 ×（1 - 所得税税率）-（偿还付息债务本金 - 新借付息债务）

= （净利润 + 折旧及摊销）-（资本性支出 + 营运资金增加）-（偿还付息债务本金 - 新借付息债务）

= 净利润 + 折旧及摊销 - 资本性支出 - 营运资金增加 - 偿还付息债务本金 + 新借付息债务

此外，因为：

企业自由现金流量 = 股权自由现金流量 + 债权现金流量

债权现金流量 = 税后利息费用 + 偿还债务本金 - 新借付息债务

则有：

股权自由现金流量 = 企业自由现金流量 - 债权现金流量

= 企业自由现金流量 - 税后利息费用 - 偿还债务本金 + 新借付息债务

（1）折旧和摊销。折旧和摊销尽管属于税前列支的费用，但是与其他费用不同，折旧和摊销属于非现金费用，是将企业以前购建的固定资产和无形资产等长期资产的成本在当期进行分摊，以反映当期对这些固定资产和无形资产的损耗，是权责发生制原则的体现。因企业以前购建固定资产和无形资产时已产生相应的现金流出，在计提折旧和摊销时并不会产生现金流出，只是会计核算上的一种成本费用分摊过程。因此，在计算股权自由现金流量过程中，需要在净利润的基础上加计折旧和摊销金额。

（2）资本性支出。资本性支出是企业用于购建固定资产和无形资产等长期资产的支出金额。企业的持续经营往往伴随着资本性支出的发生，这是因为企业的生产经营活动会消耗或损耗企业的固定资产和无形资产等长期资产，而这些长期资产往往是形成企业生产或服务能力的基础资产，为维持或扩大企业的生产或服务能力，必须保持或增加这些长期资产。因此，资本性支出通常由两部分组成：一是为维持企业的生产或服务能力，对消耗或损耗的固定资产和无形资产等长期资产进行弥补，以实现这些长期资产的更新和改造；二是当企业需要增加生产或服务能力时，需要追加投入形成企业新增生产或服务能力的长期资产。

(3) 营运资金增加额。在财务管理领域，通常将营运资金表述为企业流动资产减流动负债后的余额。在采用收益法对企业价值进行评估的过程中，通常需要将企业的价值区分为经营性资产价值、非经营性资产和非经营性负债价值、溢余资产价值。对非经营性资产、非经营性负债和溢余资产，应根据相关信息获得情况以及对评估结论的影响程度，确定是否单独评估。非经营性资产、非经营性负债和溢余资产的价值，与经营性资产价值相加，得到企业价值评估结果。收益法在企业价值评估中的运用，其实仅针对经营性资产。因此，在企业价值评估领域，营运资金其实是经营营运资金的简称，经营营运资金是指经营性流动资产与经营性流动负债的差额。

经营性流动资产包括经营性现金和其他经营性流动资产。经营性现金是指经营周转所必需的现金，不包括超过经营需要的金融资产（有价证券等）。其他经营性流动资产包括存货和应收账款等经营活动中占用的非金融流动资产。

经营性流动负债是指应付职工薪酬、应付税费、应付账款等依据法规和惯例形成的负债。它们是在经营活动中自发形成的，不需要支付利息，也称为自发性负债。经营性负债虽然需要偿还，但是新的经营性负债同时不断出现，具有不断继起、滚动存在的长期性，因此被视为一项长期资金来源。经营性负债可以抵减公司对于经营性流动资产的投资额。

营运资金增加额是指当期营运资金减去上期营运资金的余额。在预测期，首先计算各年度所需的营运资金，然后以当期营运资金减上期营运资金，得出当期营运资金增量。当某年度营运资金增量为正数时，表示该年度的经营活动需占有更多的现金，相应减少当期的自由现金流量；当某年度营运资金增量为负数时，表示该年度的经营活动可节约现金占用，这些节约的现金加计至自由现金流量中，相应增加当期的自由现金流量。企业营运资金的需要量在很大程度上取决于被评估企业所在的行业类型以及被评估企业的资产和经营规模的增长情况、生产效率及信用政策等因素。

企业除了资本性支出以外，还要投资于营运资金。在企业业务规模处于快速变化的周期中或当企业的信用政策、生产周期发生显著改变时，相应年度的营运资金增加额的波动幅度很大，会对相应年度的自由现金流量产生重大影响，在这样的情况下，营运资金计算的可靠性和准确性在很大程度上决定着自由现金流量的准确性。

(4) 债务资本。债务资本是企业向债务资本投资者筹集的资金，通常包括短期借款、长期借款、应付债券等需要支付债务利息的项目，债务资本也称付息债务或付息负债。

债务资本是企业重要的资本来源，很少有企业只靠权益资本而不运用债务资本就能满足资本需要的。债务资本是与权益资本不同的资本筹集方式。与后者相比，债务资本的特点表现为：筹集的资金具有使用上的时间性，需到期偿还；不论企业经营业绩好坏，需要固定支付债务利息，从而形成企业固定的负担；其资本成本一般比普通股筹资成本低，且不会分散投资者对企业的控制权。

3. 股权自由现金流量与净利润的对比

股权自由现金流量可在净利润的基础上，加上折旧与摊销金额，再减去资本性支出、营运资金增加额和付息债务的净偿还金额而得到，而折旧与摊销、资本性支出、营运资金增加额和付息债务的净偿还金额等项目均系影响现金流量但不影响净利润的项目。因此，股权自由现金流量是收付实现制的一种体现，而净利润的核算则遵循了权责发生制原则。

股权自由现金流量与净利润均属于权益口径收益指标，均可反映权益资本的收益能力，但两者存在较为明显的差异。在衡量权益资本收益能力方面，股权自由现金流量往往优于净利润，主要表现在两个方面：一是净利润受会计政策影响较大。选择不同的会计政策，会产生不同的净利润，比如固定资产折旧存在多种方法，折旧年限的选择也有一定的主观性。在企业经营情况及其他条件不变的情况下，选择不同的折旧方法或折旧年限，会产生不同的净利润。若会计政策做出变更或调整，也会对当期的净利润产生影响，使当期净利润呈现较大的波动，但这样的波动并非由企业经营活动所导致，在这种情况下，若以企业净利润水平判断权益资本的收益能力，则会出现错误。相比于净利润，股权自由现金流量以收付实现制原则进行核算，不会受到涉及成本费用归集的会计政策的影响。二是净利润比较容易受到人为操纵。基于不同的目的，企业管理层可能通过调节确认收入或成本的时点、将经营费用资本化、多提或少提准备、改变会计政策等方式管理或操纵净利润金额，这些被人为管理或操纵的净利润金额并不能衡量和反映企业的收益能力。企业管理层虽然可以通过改变企业信用管理政策、提前或推迟实施资本性支出项目等方式对股权自由现金流量进行管理，但相比于净利润，股权自由现金流量的管理更不具隐蔽性，股权自由现金流量较不易受到人为的操作或干扰。

（二）股权自由现金流量折现模型的具体形式

1. 基本公式

以股权自由现金流量为收益口径进行折现求取股东全部权益价值的模型，即为股权自由现金流量折现模型。股权自由现金流量折现模型的基本公式如下：

$$EV = \sum_{t=1}^{n} \frac{FCFE_t}{(1+R_e)^t}$$

其中：

EV——股东全部权益价值；

R_e——权益回报率；

$FCFE_t$——第 t 年的股权自由现金流量。

股权自由现金流量折现模型的上述基本公式隐含着这样一个假设：企业未来收益期的股权自由现金流量是在每期的期末产生或实现的，即进行年末折现。如果企业未来预期股权自由现金流量并非在每期的期末产生，则应当对上述具体模型中的折现年数进行调整。比如，假设企业的股权自由现金流量在年度中差不多是均匀产生的，则需要将分母中的折现年数减去半年，这种做法可称为年中折现法。按年中折现法进行修正后的基本公式如下：

$$EV = \sum_{t=1}^{n} \frac{FCFE_t}{(1+R_e)^{t-0.5}}$$

年中折现法也同样可以运用于基本公式的以下演化公式或模型中。年中折现法可以有一种便捷途径：先简单用 $(1+R_e)^{0.5}$ 乘以未折现各期现金流量，再进行年末折现，即在分子中将收益加速半年。也就是说，对于采用年末折现法的计算公式，通过乘以 $(1+R_e)^{0.5}$ 即可将其换算为按年中折现法的公式。本书如无特别说明，均采用年末折现法。

2. 基本公式的演化

（1）资本化公式。与股利折现模型中的稳定增长模型类似，如果企业的股权自由现金流量以一个不变的增长率持续增长且收益期无限，那么就可以用稳定增长的股权自由现金流量评估股东全部权益价值，即资本化公式如下：

$$EV = \frac{FCFE_1}{C}$$

其中：

$FCFE_1$——评估基准日之后第一期的股权自由现金流量；

C——资本化率；

$C = R_e - g$，g 为固定增长率。

股权自由现金流量处于稳定状态的企业应符合拥有稳定状态的特征。例如，固定增长率应该与宏观经济增长率相协调，企业的资本性支出与折旧和摊销之间基本抵消，并且企业平衡运行，风险适中。

（2）两阶段模型。如果被评估企业的未来收益预计会在一定时间内快速波动然后进入稳定发展阶段且稳定发展阶段的收益期是无限的，则适用于两阶段模型。两阶段模型的计算公式如下：

$$EV = \sum_{t=1}^{n} \frac{FCFE_t}{(1+R_e)^t} + \frac{FCFE_{n+1}}{(R_e-g) \times (1+R_e)^n}$$

其中：

$FCFE_t$——预计第 t 年的股权自由现金流量；

$FCFE_{n+1}$——第 $n+1$ 年的股权自由现金流量。

也可以表示为：

$$EV = \sum_{t=1}^{n} \frac{FCFE_t}{(1+R_e)^t} + \frac{FCFE_n \times (1+g)}{(R_e-g) \times (1+R_e)^n}$$

【例 3-2】A 企业预计未来 5 年的预期股权自由现金流量为 100 万元、120 万元、150 万元、160 万元和 200 万元，并根据企业的实际情况推断，从第 6 年开始，企业的年股权自由现金流量将维持在 200 万元的水平上，假定权益回报率为 10%，试估测 A 企业的价值。

解：运用公式

$$EV = \sum_{t=1}^{n} \frac{FCFE_t}{(1+R_e)^t} + \frac{FCFE_n}{R_e} \times \frac{1}{(1+R_e)^n}$$

$$= \frac{100}{1+10\%} + \frac{120}{(1+10\%)^2} + \frac{150}{(1+10\%)^3} + \frac{160}{(1+10\%)^4} + \frac{200}{(1+10\%)^5} + \frac{200}{10\%} \times \frac{1}{(1+10\%)^5}$$

$$= 1\,778 \text{（万元）}$$

承上例资料，假如评估专业人员根据企业的实际情况推断，企业从第 6 年起，股权自由现金流量将在第 5 年的水平上以 2% 的增长率保持增长，其他条件不变，试估测 A 企业的价值。

运用公式：

$$EV = \sum_{t=1}^{n} \frac{FCFE_t}{(1+R_e)^t} + \frac{FCFE_n \times (1+g)}{(R_e-g) \times (1+R_e)^n}$$

$$= \frac{100}{1+10\%} + \frac{120}{(1+10\%)^2} + \frac{150}{(1+10\%)^3} + \frac{160}{(1+10\%)^4} + \frac{200}{(1+10\%)^5}$$
$$+ \frac{200 \times (1+2\%)}{(10\% - 2\%) \times (1+10\%)^5}$$
$$= 2\ 119\ (万元)$$

如果企业在第一阶段的股权自由现金流量也按固定增长率增长，只是第一阶段的固定增长率与第二阶段的固定增长率不同。则假设第一阶段（前 n 年）的固定增长率为 g，第二阶段（稳定增长期）的固定增长率为 g_n，两阶段增长模型如下：

$$EV = \frac{FCFE_0 \times (1+g)}{R_e - g} \times \left[1 - \left(\frac{1+g}{1+R_e}\right)^n\right] + \frac{FCFE_0 \times (1+g)^n \times (1+g_n)}{(R_e - g_n) \times (1+R_e)^n}$$

（3）三阶段模型。按照上述两阶段模型，第一阶段增长率较高而且稳定，然后突然下降到稳定增长阶段，高增长的第一阶段和稳定发展的第二阶段之间没有设置一个过渡期间，这存在一定的局限性。因此，在两阶段模型的基础上，增加一个过渡期，可形成三阶段模型。

三阶段包括初始高增长阶段、增长率下降的转换阶段和稳定增长阶段，股东全部权益价值是三个阶段的股权自由现金流量的现值之和。在稳定增长阶段的收益期为无限时，三阶段模型的计算公式如下：

$$EV = \sum_{t=1}^{n_1} \frac{FCFE_t}{(1+R_e)^t} + \sum_{t=n_1+1}^{n} \frac{FCFE_{t-1} \times (1+g)}{(1+R_e)^t} + \frac{FCFE_n \times (1+g_n)}{(R_e - g_n) \times (1+R_e)^n}$$

（三）股权自由现金流量折现模型使用的注意事项

1. 股权自由现金流量折现模型的应用条件

采用股权自由现金流量折现模型评估股东全部权益价值，需要分别预测企业未来收益期的股权自由现金流量，并根据预测的股权自由现金流量的风险拟定折现率。因此，股权自由现金流量折现模型的应用条件包括两项：一是能够对企业未来收益期的股权自由现金流量做出预测；二是能够合理量化股权自由现金流量预测值的风险。在计算股权自由现金流量的过程中，除了净利润、折旧及摊销、资本性支出和营运资金增加额以外，新发行债务和偿还本金等参数也是股权自由现金流量的重要构成内容，能否对这些参数做出合理预测或判断，决定着能否采用股权自由现金流量折现模型。

2. 股权自由现金流量折现模型中折现率的选择

股权自由现金流量是企业股东可自由支配的现金流量，属于权益资本口径的收益指标。按照折现率应当与其对应的收益口径相匹配的原则，对股权自由现金流量进行折现，应采用股权资本成本。股权资本成本通常可采用资本资产定价模型、套利定价模型、三因素模型以及风险累加法等方法进行计算。

3. 永续价值的计算

在采用股权自由现金流量折现模型中的两阶段或三阶段模型对收益无限期的企业进行评估时，稳定增长阶段的价值也称为永续价值。在评估实务中，大多数企业的永续价值占总价值的比例超过50%，因此，永续价值的计算对企业价值评估至关重要。永续价值占总价值之比很大时，并不完全代表企业价值均系在永续期内实现的，一般来说，永续价值占总价值之比较大，可能是因为预测期的自由现金流量被当期新增的资本性支出和营运资金的增加额所抵减，而预测期发生的资本性支出等现金流出对永续价值产生积极影响。通常情况下,预测期越短,永续价值占企业价值的比例越大。在企业的稳定增长阶段,股权自由现金流量的永续增长率应小于股权资本成本。永续增长率与股权资本成本差距越小,模型结果对增长率假设的变化就越敏感。

应特别注意的是,计算永续价值的 $FCFE_n$ 不必然等于预测期最后一期的股权自由现金流量。计算永续价值的 $FCFE_n$ 应在预测期最后一期的股权自由现金流量基础上进行标准化调整,消除一个或者多个偶然因素的影响,比如进行非经常性损益调整;将资本性支出和营运资金的金额调整至反映永续增长率所要求的水平。在永续价值的计算过程中,一个通常的假设是永续期的资本性支出与当期的折旧及摊销金额的合计数保持平衡,这样的假设仅适用于永续期增长率为零值的情形;若永续期的永续增长率大于零,则不能使用这样的假设,而应在估算永续期的资本性支出的增长后使用逐期明细表计算预估折旧和摊销的基础上,合理确定永续期的资本性支出金额与折旧和摊销金额。将预测期最后一期的股权自由现金流量机械地作为永续价值的 $FCFE_n$ 可能会导致明显的错误。

三、企业自由现金流量折现模型

(一)企业自由现金流量

1. 企业自由现金流量的概念

企业自由现金流量(Free Cash Flow of Firm,FCFF)可理解为全部资本投资者共同支配的现金流量。全部资本提供者包括普通股股东、优先股股东和付息债务的债权人。企业自由现金流量也称为实体自由现金流量。

2. 企业自由现金流量的计算

企业自由现金流量的计算方法主要有以下三种方法:

企业自由现金流量 = [净利润 + 利息费用 × (1 − 所得税税率) + 折旧及摊销]
　　　　　　　　　 − (资本性支出 + 营运资金增加)
　　　　　　　　 = (税后净营业利润 + 折旧及摊销) − (资本性支出 + 营运资金增加)

第二种方法是在股权自由现金流量的基础上进行计算,其计算公式为:

企业自由现金流量 = 股权自由现金流量 + 债权现金流量

因为:

债权现金流量 = 税后利息支出 + 偿还债务本金 − 新借付息债务

则:

企业自由现金流量 = 股权自由现金流量 + 税后利息支出 + 偿还债务本金
　　　　　　　　　 − 新借付息债务

当企业的资本投资者包括普通股股东、优先股股东和付息债务的债权人时,企业自由现金流量应当是三种资本对应现金流量的合计,即:

企业自由现金流量 = 普通股股东的自由现金流量 + 优先股股东的自由现金流量
　　　　　　　　　 + 债权现金流量

第三种方法是在企业经营活动产生的现金净流量基础上进行计算。企业自由现金流量可以近似地认为是经营活动现金净流量与资本性支出之差,即:

企业自由现金流量 = 经营活动产生的现金净流量 − 资本性支出

现举例说明企业自由现金流量、股权自由现金流量和债权现金流量的计算方法。

【例3−3】设A企业在2016年12月31日(评估基准日)的付息债务账面余额为

2 000万元，2016年度A企业的营运资金为26 420万元，企业所得税税率为25%，A企业在2017年至2019年的预测情况如表3-1所示。

表3-1　　　　　　　A企业2017年至2019年的预测情况表　　　　　　　单位：万元

项　目	2017年	2018年	2019年
主营业务收入	138 800	160 090	180 910
净利润	9 110	10 930	13 100
利息费用	160	320	400
折旧	340	500	690
摊销	4	4	4
当期营运资金	31 920	36 820	41 610
资本性支出	3 396	1 053	1 019
付息债务的年末余额	4 000	5 000	2 000

根据上述已知条件，A企业2017年至2019年的企业自由现金流量、股权自由现金流量和债权现金流量计算过程及计算结果如表3-2所示。

表3-2　　　　　　　A企业2017年至2019年自由现金流量计算表　　　　　　　单位：万元

	项　目	2017年	2018年	2019年
企业自由现金流量的计算过程	净利润	9 110	10 930	13 100
	税后利息支出	120	240	300
	折旧及摊销	344	504	694
	营运资金增加额	5 500	4 900	4 790
	资本性支出	3 396	1 053	1 019
	企业自由现金流量	678	5 721	8 285
债权现金流量的计算过程	税后利息支出	120	240	300
	偿还付息债务本金			3 000
	新借付息债务	2 000	1 000	
	债权现金流量	-1 880	-760	3 300
股权自由现金流量的计算过程	净利润	9 110	10 930	13 100
	折旧及摊销	344	504	694
	资本性支出	3 396	1 053	1 019
	营运资金增加	5 500	4 900	4 790
	偿还付息债务本金	—	—	3 000
	新借付息债务	2 000	1 000	—
	股权自由现金流	2 558	6 481	4 985

3. 企业自由现金流量与股权自由现金流量的对比

企业自由现金流量是可由企业资本的全部提供者自由支配的现金流量，等于股权自由现金流量和债权现金流量的合计值。因此，企业自由现金流量与股权自由现金流量可通过债权现金流量进行相互计算。虽然如此，企业自由现金流量与股权自由现金流量的计算难易程度存在差异。在股权自由现金流量计算过程中，不论是以净利润还是以企业自由现金流量为基础，均需要计算债权现金流量，才能得出股权自由现金流量；在企业自由现金流量计算过程中，若是以净利润为基础进行计算，只需在净利润基础上加上税后利息费用和折旧摊销金额，再减去营运资金增加额和资本性支出，即可得出企业自由现金流量，这一过程并不需要计算债权现金流量。

企业自由现金流量与股权自由现金流量均是企业收益的一种形式，但两者归属的资本投资者不同。企业自由现金流量是归属于企业全部资本提供方的收益指标，根据企业自由现金流量可直接计算企业整体价值；而股权自由现金流量是归属于企业权益资本提供方的收益指标，根据股权自由现金流量可直接计算股东全部权益价值。

此外，与企业自由现金流量相比，股权自由现金流量显得更为直观，因为人们一般会站在企业所有者的角度来考虑问题，将付息负债本金的偿还和利息支出理解为现金流的支出。企业自由现金流量还可能使人们忽略企业所面临的生存困境，如果企业当期需要偿还一笔大额的到期债务，虽然企业自由现金流量是正数，但股权自由现金流量可能是负值，在这种情况下，股权自由现金流量能够提示企业关注资金链问题。

（二）企业自由现金流量折现模型的具体形式

1. 基本公式

以企业自由现金流量为收益口径进行折现求取企业整体价值，或在此基础上减去付息债务的价值，得到股东全部权益价值的模型，即为企业自由现金流量折现模型。企业自由现金流量折现模型的基本公式如下：

$$OV = \sum_{t=1}^{n} \frac{FCFF_t}{(1 + WACC)^t}$$

$$EV = OV - D = \sum_{t=1}^{n} \frac{FCFF_t}{(1 + WACC)^t} - D$$

其中：

OV——企业整体价值；

EV——股东全部权益价值；

D——付息债务；

$FCFF_t$——第 t 年的企业自由现金流量；

$WACC$——加权平均资本成本。

2. 基本公式的演化

（1）资本化公式。与股权自由现金流量折现模型中的资本化公式类似，如果企业自由现金流量以一个不变的增长率持续增长且收益期无限，那么就可以用稳定增长的企业自由现金流量评估企业整体价值，即资本化公式如下：

$$OV = \frac{FCFF_1}{C}$$

其中：

$FCFF_1$——评估基准日之后第一期的企业自由现金流量；

C——资本化率。

$C = WACC - g$，g 为固定增长率。

像所有的稳定增长模型一样，企业自由现金流量折现模型也对固定增长率的假设非常敏感。特别是企业自由现金流量折现模型的折现率是加权平均资本成本，通常低于股权资本成本，因此，相对于股权自由现金流量折现模型，企业自由现金流量折现模型的评估价值对固定增长率敏感程度通常更高。

（2）两阶段模型。如果被评估企业的企业自由现金流量预计会在一定时间内快速波动，然后进入稳定发展阶段，且稳定发展阶段的收益期是无限的，则适用于两阶段模型。两阶段模型的计算公式如下：

$$OV = \sum_{t=1}^{n} \frac{FCFF_t}{(1+WACC)^t} + \frac{FCFF_{n+1}}{(WACC-g) \times (1+WACC)^n}$$

其中：

$FCFF_{n+1}$ 是指预测期下一年度的企业自由现金流量。若永续增长率 $g>0$，则 $FCFF_{n+1}$ 应考虑营运资金的增加额和资本性支出大于折旧和摊销的那部分金额。也就是说，为了维持预计的增长率，需要在企业自由现金流量中扣除相应的资本性支出和营运资金净增加额。

在两阶段模型中的第二个阶段中，$\frac{FCFF_{n+1}}{WACC-g}$ 的结果也称为永续价值。

因为：

新增投资净额 = 资本性支出 + 营运资金增加额 − 折旧和摊销

再投资率(IR) = 新增投资净额 ÷ 税后净营业利润($NOPAT$)

收益增长率(g) = 新投入资本回报率($ROIC$) × 再投资率(IR)

则：

$FCFF = NOPAT -$ 新增投资净额 $= NOPAT - (NOPAT \times IR)$

$= NOPAT \times (1 - IR) = NOPAT \times \left(1 - \frac{g}{ROIC}\right)$

永续价值的计算公式也可以演化为：

$$永续价值_t = \frac{NOPAT_{t+1} \times \left(1 - \frac{g}{ROIC}\right)}{WACC - g}$$

需要注意的是，在对永续价值进行折现的过程中，实务中的常见错误是将永续价值按 $n+1$ 年进行折现，正确的做法应该是按 n 期折现。该公式的假设是：各期的自由现金流量均在期末收到，则第 n 期的自由现金流量是在第 n 期期末收到，永续价值是将企业在第 n 期期末（或是 $n+1$ 期的期初）卖出所能够得到的估计数额。在时间上，一个期间的期末和下一个期间的期初是相同的，所以对永续价值应该是 n 期折现。

（3）三阶段模型。三阶段包括初始高增长阶段、增长率下降的转换阶段和稳定增长阶段，企业整体价值是三个阶段的企业自由现金流量的现值之和。在稳定增长阶段的收益期为无限时，三阶段模型的计算公式如下：

$$OV = \sum_{t=1}^{n_1} \frac{FCFF_t}{(1+WACC)^t} + \sum_{t=n_1+1}^{n} \frac{FCFF_{t-1} \times (1+g)}{(1+WACC)^t} + \frac{FCFF_n \times (1+g_n)}{(WACC-g_n) \times (1+WACC)^n}$$

企业自由现金流量折现模型中的上述各种具体模型，均假设企业未来收益期的企业自由现金流量是在各年年末实现的。在具体评估实务中，如果假设被评估企业未来预期企业自由现金流量并非在每年年末产生和实现，则应当对上述具体模型中的折现年数进行调整。比如，如果企业自由现金流量在年度中差不多是均匀产生的，可使用年中折现法进行调整。本书如无特别说明，均采用年末折现法。

（三）企业自由现金流量折现模型使用的注意事项

1. 企业自由现金流量折现模型的应用条件

采用企业自由现金流量折现模型评估企业价值，需要分别预测企业未来收益期的企业自由现金流量，并合理拟定折现率以反映预测的企业自由现金流量的风险。因此，企业自由现金流量折现模型的应用条件主要包括两项：一是能够对企业未来收益期的企业自由现金流量做出预测；二是能够合理计算加权平均资本成本。在计算加权平均资本成本的过程中，需要明确资本结构。因此，在运用企业自由现金流量折现模型时，除了净利润、税后利息支出、折旧及摊销、资本性支出和营运资金增加额以外，权益资本和债务资本等参数也是企业自由现金流量折现模型中的重要内容，能否对这些参数做出合理预测或判断，决定着能否采用企业自由现金流量折现模型。

2. 企业自由现金流量折现模型中折现率的选择

企业自由现金流量是企业权益资本投资者（包括普通股股东和优先股股东）和债务资本投资者共同可自由支配的现金流量，属于全投资口径的收益指标。按照折现率应当与其对应的收益口径相匹配的原则，对企业自由现金流量进行折现，应采用加权平均资本成本。加权平均资本成本是指将企业来自于各种渠道的资本成本，按照各自在总资本中的比重进行加权平均。如果企业自由现金流量中，债务资本对应的利息是采用税后数据，则相应地，在计算加权平均资本成本过程中，债务资本成本也应采用税后口径。

3. 资本结构的确定

在企业自由现金流量折现模型中，加权平均资本成本的计算非常重要，而资本结构是影响加权平均资本成本的主要因素之一。因此，要特别重视资本结构的取值。

对资本结构的确定，应区分企业实际资本结构与目标资本结构。如果评估基准日后被评估企业的实际资本结构虽与目标资本结构之间存在差异，但预计能在较短时间调整至目标资本结构的水平并维持，或评估基准日的实际资本结构已经与目标资本结构差距很小，通常可采用目标资本结构计算加权平均资本成本，且收益期各年的资本结构保持不变。

但是，如果被评估企业评估基准日的实际资本结构与目标资本结构差异很大，且预计需要经过较长时间才能将资本结构逐步调整至目标资本结构的水平，或预计被评估企业未来各年度的资本结构波动幅度很大，则在被评估企业能够达到目标资本结构之前，需逐年分别确定当年的资本结构，分别计算当年的加权平均资本成本。

4. 永续价值的计算

在采用企业自由现金流量折现模型中的两阶段或三阶段模型对收益无限期的企业进行评估时，永续价值通常在企业价值中占有很大的比例。与股权自由现金流量折现模型类似的是，计算永续价值的 $FCFF_n$ 不必然等于预测期最后一期的企业自由现金流量。计算永续价值的 $FCFF_n$ 应在预测期最后一期的企业自由现金流量的基础上进行标准化调整，消除一个或者多个偶然因素的影响。

对于处于完全竞争性行业中的许多企业来说，在永续期，所有超过行业平均回报水平的超额利润都会随着竞争而逐步消失，因此，可预计在永续期企业新投入资本的回报率最终会趋于资本成本的水平。

在运用企业自由现金流量折现模型计算企业整体价值的过程中，因为：

$$永续价值_t = \frac{NOPAT_{t+1} \times \left(1 - \frac{g}{ROIC}\right)}{WACC - g}$$

假设 $ROIC = WACC$，则：

$$永续价值_t = \frac{NOPAT_{t+1} \times \left(1 - \frac{g}{WACC}\right)}{WACC - g} = \frac{NOPAT_{t+1} \times \left(\frac{WACC - g}{WACC}\right)}{WACC - g} = \frac{NOPAT_{t+1}}{WACC}$$

上述计算永续价值的最终公式中并没有增长率 g 这个参数，但这并不意味着永续期企业的税后净营业利润的名义增长率为零，而是由于与增长相关的新投入资本的回报率等于加权平均资本成本，因此税后净营业利润的增长并不会引起价值的变化。

然而，对于那些具备可持续竞争优势（品牌优势、专利优势）的企业来说，将永续期的新投入资本的回报率设定为与加权平均资本成本相等的做法可能并不合理。在这种情况下，如果假定新投入资本的回报率等于资本成本，可能会低估这些具备可持续竞争优势企业的价值。

在企业价值评估实务中，可能还会出现一种错误：假设税后净营业利润在没有任何增量投入资本的情况下实现增长，即：

$$永续价值_t = \frac{NOPAT_{t+1}}{WACC - g}$$

上式是不现实的，因为任何增长都需要新增资本性支出和营运资金。上式的错误就在于：一方面假设企业税后净营业利润持续增长，另一方面并未考虑使税后净营业利润持续实现增长所必需的追加投入，两者不相匹配。

5. 付息债务价值的评估

在运用企业自由现金流量折现模型对股东全部权益价值进行评估时，首先将企业自由现金流量折现得出企业整体价值，然后再减去企业的付息债务价值，方可得出股东全部权益价值。付息债务价值的评估方法因付息债务类别的不同而存在差异。比如，对短期借款和长期借款等向银行借款项目，通常以其评估基准日的账面价值作为其评估价值，其前提条件则在于企业承担的债务利息与债务资本投资者期望的回报率是一致的。在满足这一前提时，对企业收益期的债务资本对应的债权现金流量，采用债务资本成本进行折现，其折现值的合计数等于评估基准日该债务资本的账面价值。因此，以评估基准日银行借款的账面价值作为其评估价值的做法，其实质是现金流量折现法在负债价值评估中的一种运用。

不过，并非所有的付息债务的评估价值都会与评估基准日的账面价值相等，评估专业人员应在了解付息债务账面会计计量方法的基础上，注意付息债务账面计量方法与付息债务评估方法的区别与联系，采用恰当的方法评估企业在评估基准日应承担的付息债务价值。

四、经济利润折现模型

(一) 经济利润

1. 经济利润的概念

经济利润也称为经济增加值（EVA），是指企业税后净营业利润减去资本成本后的余额。

经济利润早期主要是作为企业经营绩效考核指标而被提出和得以推广的。早在1890年，当时的经济学家阿尔弗雷德·马歇尔在其著作中写道："在扣除当前利率下的资本利息之后，所有者拥有的利润可以被称为其工作或者管理的利润。"马歇尔认为，在任何时期一家公司创造的价值，不仅需要考虑在会计记录上记载的费用，而且必须包括经营中投入资本的机会成本。20世纪90年代，美国思腾思特公司（Stern Stewart）将经济利润引入到企业经营绩效考核中，并逐渐得到广泛应用。

在衡量企业经营绩效的能力方面，经济利润显著优于财务报表中的会计利润。会计利润是基于权益资本视角定义的利润指标，仅扣除了债务资本成本，反映了企业股东所享有的经营业绩，并未对股东享有的经营业绩与股东投入资本的机会成本进行比较和衡量，无法直观地体现股东享有经营业绩而相应付出的代价。有些企业虽然会计利润大于零，但并没有赚回权益资本的成本。经济利润是基于权益资本和债务资本视角定义的利润指标，在企业经济收入基础上，不仅要减去债务资本成本，而且还要减去股权资本成本，衡量企业为全部资本方创造的经营业绩。因此，经济利润是衡量企业相对于市场是否能更有效地运作资本，经济利润比会计利润更适用于衡量企业经营绩效。以上对比分析也说明，会计利润是权益资本口径的利润指标，经济利润是全投资口径的利润指标。

相比于自由现金流量，经济利润也更适于作为企业绩效的评价指标。经济利润可以对短期（或一年）的企业绩效做出衡量，但自由现金流量通常不适于对短期（或一年）的企业绩效进行评价，因为短期（或一年）的自由现金流量不仅取决于当年的税后净营业利润和非现金费用，还受新增资本投入的影响，短期（或一年）的新增资本投入会降低当期的自由现金流量，但并不能由此证明当期的企业绩效下滑。增加资本投入不是业绩不良的表现，相反，企业没有投资机会反而可能是不好的征兆。因此，对于短期（或一年）的自由现金流量的减少，我们无法简单判断是由于经营业绩不佳还是由于投资增加造成的，对比短期（或一年）内的经济利润和自由现金流量的差异可能是毫无意义的。若将自由现金流量作为企业绩效的衡量指标，可能催生企业的短视行为，比如管理层可能为了改善某一年度的自由现金流量而延迟本应在当期进行的投资，以牺牲长期价值的创造为代价而改善当前短期（或一年）的自由现金流量状况。经济利润在衡量企业经营绩效方面的优越之处，在于它把投资决策必需的现金流量法与业绩考核必需的权责发生制统一起来。

2. 经济利润的计算

根据经济利润的概念，计算经济利润有以下三种方法：

(1) 第一种计算方法。

经济利润 = 税后净营业利润 - 投入资本的成本

税后净营业利润 = 净利润 + 利息费用 × (1 - 所得税税率)

= 息税前利润 × (1 - 所得税税率)

投入资本 = 债务资本 + 权益资本
投入资本的成本 = 债务资本成本 + 股权资本成本
　　　　　　　= 利息费用×(1 - 所得税税率) + 股权资本成本

(2) 第二种计算方法。

经济利润 = 净利润 - 股权资本成本

(3) 第三种计算方法是将税后净营业利润除以投入资本,可以得出投入资本回报率。即:

投入资本回报率 = 税后净营业利润÷投入资本
税后净营业利润 = 投入资本×投入资本回报率
投入资本的成本 = 投入资本×加权平均资本成本率

则经济利润的计算公式可演变为如下算式:

经济利润 = 投入资本×(投入资本回报率 - 加权平均资本成本率)
　　　　 = 税后净营业利润 - 投入资本×加权平均资本成本率

【例3-4】用上述三种方法计算企业 A、B、C 的经济利润(数据见表3-3)。

表3-3　　　　　　　　　运用三种方法计算经济利润　　　　　　　　单位:万元

	项　目	企业 A	企业 B	企业 C
已知条件	净利润	1 500	1 500	1 500
	债务资本	4 000	4 000	8 000
	权益资本	8 000	15 000	4 000
	债务资本回报率(%)	6	6	6
	权益资本回报率(%)	12	12	12
	企业所得税税率(%)	25	25	25
第一种计算方法	税后净营业利润	1 680	1 680	1 860
	投入资本成本	1 140	1 980	840
	经济利润	540	-300	1 020
第二种计算方法	净利润	1 500	1 500	1 500
	股权资本成本	960	1 800	480
	经济利润	540	-300	1 020
第三种计算方法	投入资本	12 000	19 000	12 000
	投入资本回报率(%)	14.00	8.84	15.50
	加权平均资本成本率(%)	9.50	10.42	7.00
	经济利润	540	-300	1 020

对经济利润的计算,我们重点说明投入资本和投入资本回报率计算的注意事项:

① 投入资本的计算。投入资本是资本提供方(包括权益资本提供方和债务资本提供方)投入企业的资本数额,投入资本在企业中将被运用于生产经营活动中,因此,对投入资本可以从资金来源和资金运用两个方面分别进行计算。

从资金来源的角度计算投入资本,投入资本等于权益资本和债务资本的和,计算过程简单而直观。从资金运用的角度看，企业的资本提供方投入的资本通常有两大用途——购建生产经营所需的长期资产（非流动资产）以及补充企业运营所需的营运资金。

在不考虑非经营性资产、非经营性负债和溢余资产的前提下，投入资本等于非流动资产与营运所需资金的和，且从资金来源和资金运用两个方面计算的投入资本数额是相等的，因此，以下恒等式成立：

权益资本 + 债务资本 = 非流动资产 + 营运所需资金

上式中，营运所需资金是指流动资产减去非付息债务的余额，则：

权益资本 + 债务资本 = 非流动资产 + 流动资产 − 非付息债务

若企业存在非经营性资产、非经营性负债和溢余资产等情形，且在企业价值评估过程中对这些非经营性资产、非经营性负债和溢余资产是单独进行分析和评估的，则在计算投入资本时应剔除这些项目的影响，即：

投入资本 = 权益资本 + 债务资本 − 非经营性资产、非经营性负债和溢余资产的净额

② 投入资本回报率的计算。将税后净营业利润除以投入资本得到的值即为投入资本回报率。计算投入资本回报率，应注意税后净营业利润和投入资本的口径相匹配。如果某项资产包含在投入资本中，则该项资产带来的收益也应含在税后净营业利润中。如果某项债务在计算投入资本时需要从经营资产中减去，则在计算税后净营业利润过程中，该项债务的费用也应该从收益中扣除。若在计算投入资本时扣除了非经营性资产、非经营性负债和溢余资产，则相应地，在计算税后净营业利润过程中，也应相应扣除非经营性资产、非经营性负债和溢余资产所产生的收入和支出，以保证税后营业利润和投入资本计算口径的一致。

将投入资本回报率与投入资本成本率进行比较，能够揭示企业价值是正在被创造还是被破坏。因此，投入资本回报率是衡量企业绩效的重要指标之一，投入资本回报率也是企业价值的关键驱动因素之一。每1元获得的投资回报较高的企业比投资回报较低的企业更有价值。在投入资本回报率相同（且高于资本成本）时，增长较快的企业更有价值。如果企业的投入资本回报率与资本成本相同，则不论企业的业绩规模如何变化，企业价值是恒定不变的。如果投入资本回报率大于资本成本，则企业价值随着企业规模的扩大而增长；如果投入资本回报率小于资本成本，则企业价值随着企业规模的扩大而下降。

鉴于投入资本回报率对于企业价值的重要作用，为管理和提高投入资本回报率，在企业绩效衡量过程中，可以将投入资本回报率的影响因素进行分解。比如，通过以下分解过程，可以将投入资本回报率的决定因素分拆为经营利润率和平均资本周转率，还可进一步对经营利润率和平均资本周转率的决定因素进行分解，逐级深入，建立投入资本回报率影响因素树状图。

$$投入资本回报率 = \frac{税后净营业利润}{投入资本}$$

$$= \frac{息税前利润}{收入} \times \frac{收入}{投入资本} \times (1 - 企业所得税税率)$$

$$= 经营利润率 \times 平均资本周转率 \times (1 - 企业所得税税率)$$

（二）经济利润折现模型的具体形式

根据经济利润的含义，如果企业的投资回报率等于加权平均资本成本，则企业获得的

收益恰好等于债务资本和权益资本的投资者期望的报酬,这样,企业的经济利润为零,企业价值并未因企业的经营活动而变化,企业价值等于债务资本和权益资本的投资者原始投入的资本额。在某一年度内,如果企业的投资回报率大于加权平均资本成本,则企业的经济利润为正值,企业价值因企业生产经营活动的开展而增加;如果企业的投资回报率小于加权平均资本成本,则企业的经济利润为负值,企业价值因企业生产经营活动的开展而减少。基于这样的原理,我们可以将经济利润作为收益法运用中的一种收益口径。

1. 基本公式

经济利润折现模型的基本公式如下:

$$OV = IC_0 + \sum_{t=1}^{n} \frac{IC_{t-1} \times (ROIC - WACC)}{(1 + WACC)^t}$$

其中:

OV——企业整体价值;

IC——投入资本,其中 IC_0 指评估基准日投入资本;

$ROIC$——投入资本回报率;

$WACC$——加权平均资本成本;

t——收益年期。

2. 基本公式的演化

(1) 资本化公式。在企业经济利润呈等比级数变化、收益年期无限的条件下,采用经济利润折现模型计算企业整体价值的公式如下:

$$OV = IC_0 + \frac{IC_0 \times (ROIC - WACC)}{WACC - g} = IC_0 + \frac{EVA_1}{WACC - g}$$

其中:

EVA——经济利润;

g——等比级数增长率。

上式也称为经济利润折现模型的资本化公式,其运用前提是企业在新项目上的投入资本回报率等于历史投入资本回报率。

【例 3-5】以表 3-3 中的企业 A 为例,在假设企业 A 所列已知条件系预测期第 1 年的数据、第 1 年以后企业经济利润呈等比级数增长且增长率为 2%、企业收益年期无限等前提下,采用经济利润折现模型的资本化公式计算的企业 A 的整体价值如下:

$$OV_{企业A} = IC_0 + \frac{EVA_1}{WACC - g} = (4\,000 + 8\,000) + \frac{540}{9.5\% - 2\%} = 19\,200 \text{ (万元)}$$

(2) 两阶段模型。在企业收益期限内,不同阶段企业的经济利润可能呈现不同的特征,根据各阶段经济利润的变化规律,可以将经济利润折现模型的基本公式演化为两阶段模型。用于计算企业整体价值的两阶段经济利润折现模型公式如下:

$$OV = IC_0 + \sum_{t=1}^{n} \frac{IC_{t-1} \times (ROIC - WACC)}{(1 + WACC)^t} + \frac{IC_n \times (ROIC - WACC)}{(WACC - g) \times (1 + WACC)^n}$$

【例 3-6】现需对 A 企业于 2016 年 12 月 31 日的企业价值进行评估。已知条件为:评估基准日的债务资本为 2 000 万元,权益资本为 7 400 万元,债务资本回报率为 5%,权益资本回报率为 10%,企业所得税税率为 25%;预测期为 4 年;未来第 5 年以后进入永续期，永续期的经济利润永续增长率为3%；预测期第1年至第4年的年末债务资本、权益资本和当年净利润水平如表3-4所示。

表3-4　　　　　　　　　　预测期相关数据　　　　　　　　　　单位：万元

项目	预测期第1年	预测期第2年	预测期第3年	预测期第4年
债务资本	2 500.00	2 800.00	2 300.00	2 200.00
权益资本	7 230.00	7 220.00	8 050.00	8 430.00
净利润	800.00	843.00	872.00	1 005.00

基于上述已知条件，采用经济利润折现模型的两阶段模型对该企业进行评估的过程和结果如表3-5所示。

表3-5　　　　　　　　　　评估的过程和结果　　　　　　　　　　单位：万元

项目	预测期第1年	预测期第2年	预测期第3年	预测期第4年
期末投入资本	9 730.00	10 020.00	10 350.00	10 630.00
税后净营业利润	875.00	936.75	977.00	1 091.25
经济利润	60.02	120.40	150.35	200.12
加权平均资本成本（WACC）（%）	8.39	8.25	8.61	8.71
折现系数	0.9202	0.8490	0.7843	0.7221
经济利润的折现值	55.23	102.22	117.92	144.51

项目	金额
永续价值	2 464.73
企业整体价值	12 284.61
股东全部权益价值	10 284.61

表3-5中各指标（参数）的具体计算过程示例如下：

以预测期第1年为例：

期末投入资本 = 债务资本 + 权益资本 = 2 500 + 7 230 = 9 730（万元）

税后净营业利润 = 净利润 + 利息费用 × (1 - 所得税税率)
　　　　　　　= 800 + 2 000 × 5% × (1 - 25%) = 875（万元）

经济利润 = 税后净营业利润 - 投入资本 × 加权平均资本成本率
　　　　 = 875 - (2 000 + 7 400) × 8.67% = 60.02（万元）

其中，投入资本应采用期初数。

本例中，因预测期各年的加权平均资本成本（WACC）不同，预测期各年度折现系数（DR）按以下公式计算：

$$DR_1 = \frac{1}{1 + WACC_0}$$

$$DR_2 = \frac{1}{(1 + WACC_0) \times (1 + WACC_1)}$$

$$DR_3 = \frac{1}{(1 + WACC_0) \times (1 + WACC_1) \times (1 + WACC_2)}$$

$$DR_4 = \frac{1}{(1 + WACC_0) \times (1 + WACC_1) \times (1 + WACC_2) \times (1 + WACC_3)}$$

永续价值的计算过程中，假设永续期的投入资本回报率（ROIC）等于预测期第 4 年的水平、预测期第 4 年投入资本回报率等于当年税后净营业利润除以期初投入资本，则：

永续价值 = 0.7221 × 10 630 × (1 091.25 ÷ 10 350 − 8.71%) ÷ (8.71% − 3%)
      = 2 464.73（万元）

（3）三阶段模型。若企业的经济利润在收益期限内依次划分为高速增长阶段、增长率下降的转换阶段和稳定增长阶段，则可以将经济利润折现模型的基本公式演化为三阶段模型。用于计算企业整体价值的三阶段经济利润折现模型公式如下：

$$OV = IC_0 + \sum_{t=1}^{n_1} \frac{EVA_t}{(1 + WACC)^t} + \sum_{t=n_1+1}^{n} \frac{EVA_{t-1} \times (1 + g_a)}{(1 + WACC)^t} + \frac{EVA_{n+1}}{(WACC - g) \times (1 + WACC)^n}$$

其中：

g_a——增长率下降转换阶段的增长率；

g——稳定增长阶段的增长率。

(三) 经济利润折现模型使用的注意事项

1. 经济利润折现模型的应用条件

作为收益法的一种具体评估模型，经济利润折现模型的应用需满足以下三项条件：一是能够准确计算评估基准日的投入资本；二是能够合理估计企业的收益期以及收益期的经济利润；三是能够对企业未来经济利润的风险进行合理量化。

2. 经济利润折现模型中折现率的选择

在运用收益法评估企业价值的过程中，折现率通常是敏感因素，应特别注意收益额与折现率之间结构与口径上的匹配和协调，以保证评估计算过程是正确的。

经济利润是从企业税后净营业利润中减去资本成本后得到的余额，此处需扣减的资本成本不仅包括债务资本成本，而且也包括股权资本成本。因此，经济利润与资本结构相关联，在企业税后净营业利润不变的情形下，经济利润将随资本结构的变化而变化。那么，经济利润究竟是共同归属于权益资本和债务资本的收益指标，还是仅归属于权益资本或债务资本？这可分别从经济利润的计算过程和经济利润折现模型的构成两个方面进行分析。从经济利润的计算过程看，经济利润是在企业税后净营业利润基础上扣除债务资本成本和股权资本成本后的余额，经济利润属于全部投资所产生的超额贡献值（超出资本成本的那部分金额），并非仅由权益资本或债务资本所贡献。从经济利润折现模型的构成看，经济利润折现模型是在评估基准日投入资本的基础上，加上企业收益期的经济利润折现值，得出企业整体价值的，企业收益期的经济利润折现值与投入资本的归属口径应该是一致的，均属于全投资口径指标。因此，对企业收益期的经济利润进行折现，应采用加权平均资本成本。

五、收益法评估模型的对比与选择

采用收益法评估企业价值，可以根据评估业务特点，结合每种评估模型的应用条件，恰当选择股利折现模型、股权自由现金流量折现模型、企业自由现金流量折现模型或者经济利润折现模型。各种评估模型的对比分析如下：

(一)股权自由现金流量折现模型与股利折现模型的对比

股利通常可理解为容易观察测量的股权自由现金流量的一个代表,股权自由现金流量可理解为潜在股利,股权自由现金流量折现模型也可以被看成是股利折现模型的另一种形式。因此,股权自由现金流量和股利均属于权益口径的收益指标,均采用股权资本成本进行折现。当企业收益期的股权自由现金流量和分配的股利相等时,运用股权自由现金流量折现模型和股利折现模型可得出相同的结果,但在企业价值的评估实务中,企业收益期的股权自由现金流量和分配的股利相等的情形往往并不存在。

由于有些企业的股权自由现金流量呈稳定增长状态,而企业的利润分配政策并不稳定,使得企业派发的股利有时高于股权自由现金流量,有时低于股权自由现金流量。这时运用股权自由现金流量折现模型对股权进行评估比股利折现模型更具可操作性。相比于股利折现模型通常适用于对缺乏控制权的股权进行评估的特征,股权自由现金流量折现模型一般适用于对具有控制权的股权进行评估,也适用于对战略型投资者的股权进行评估。运用股权自由现金流量折现模型,被评估企业可以不必具有成熟而稳定的股利分配政策。例如,如果股东持有被评估企业的股权是以资本增值后转让为目的,并不要求被评估企业具有较高的分红能力,而对其成长能力和未来股权转让时的溢价水平更为看重,则对该被评估企业进行评估时适于采用股权自由现金流量折现模型,而不宜采用股利折现模型。

(二)企业自由现金流量折现模型与股权自由现金流量折现模型的对比

采用企业自由现金流量折现模型与股权自由现金流量折现模型均可评估得出股东全部权益的价值。在企业自由现金流量折现模型中,首先通过对企业自由现金流量进行折现,得出企业整体价值,在此基础上再减去付息债务,得出股东全部权益价值;在股权自由现金流量折现模型中,直接对股权自由现金流量进行折现得出股东全部权益价值。因此,在评估股东全部权益价值的过程中,企业自由现金流量折现模型称为间接法,股权自由现金流量折现模型称为直接法。

从理论上看,若财务杠杆假设一致,采用企业自由现金流量折现模型与股权自由现金流量折现模型评估得出的股东全部权益的价值应当是相等的,即企业自由现金流量折现模型与股权自由现金流量折现模型等价。在具体评估实务中,对于同一企业,在正确计算资本结构和付息债务价值的情况下,也可以得出采用企业自由现金流量折现模型与股权自由现金流量折现模型评估得出的股东全部权益价值相等这一结论。

那么,对于企业自由现金流量折现模型与股权自由现金流量折现模型这两个相互等价的模型,在评估实务中应如何选择呢?股权自由现金流量受企业债务的影响,在计算股权自由现金流量时需要计算与付息债务相关的现金流量,当企业财务杠杆比率发生重大变化时,股权自由现金流量的波动性较大,甚至可能出现负值;企业自由现金流量是债务清偿前的现金流,计算企业自由现金流量过程中无须考虑债务的影响而显得较为简便。但是,并不能根据自由现金流量计算的简便与否来判断折现模型的优劣。企业自由现金流量折现模型在计算企业自由现金流量时虽然不需要考虑付息债务增减及对应利息对现金流量的影响,但在计算加权资本成本时,要在对付息债务增减变动情况进行预测的基础上确定企业未来的资本结构。因此,从两个模型运用过程中需要计算的参数和指标的对比看,不能认为采用企业自由现金流量折现模型更为简单和经济。

在企业价值评估实务中,究竟应选择企业自由现金流量折现模型还是股权自由现金流量折现模型对股东全部权益价值进行评估，关键应对比两种模型运用过程中的工作效率和可能存在的计算误差等情况。对于那些经营业务与融资相关的公司，比如金融机构，股权自由现金流量折现模型则是较好的选择。具体来看，在对银行、保险公司、证券公司等金融企业进行评估时，一般优先选择股权自由现金流量折现模型，这些金融企业的财务杠杆通常很高且付息负债变动频繁，运用企业自由现金流量折现模型会使评估工作过程冗长而低效。

（三）经济利润折现模型与自由现金流量折现模型的对比

从理论上讲，经济利润折现模型和企业自由现金流量折现模型是完全等价的，经济利润折现模型可直接从企业自由现金流量折现模型推导得出，企业自由现金流量折现模型也可以从经济利润折现模型推导得出。因此，运用经济利润折现模型和企业自由现金流量折现模型得出的评估结果应该是相等的。又因企业自由现金流量折现模型与股权自由现金流量折现模型也是等价的，因此经济利润折现模型和股权自由现金流量折现模型也等价。

在实务中，运用经济利润折现模型和企业自由现金流量折现模型得出的评估结果若不相等，原因可能包括以下几种：一是经济利润的计算方法有误。比如，使用当年年末的投入资本计算当年的经济利润、计算经济利润和投入资本回报率并非使用同一投入资本作为计算基数等均是错误的。二是企业自由现金流量的计算方法有误。比如，当永续增长率大于零时，直接以预测期最后一年的企业自由现金流量作为永续期的企业自由现金流量是错误的，而应考虑永续增长率对应的投入资本增加额对企业自由现金流量的影响。三是经济利润折现模型和企业自由现金流量折现模型所采用的加权平均资本成本及折现系数不同。

虽然经济利润折现模型和自由现金流量折现模型是完全等价的，可以得出相同的评估结果，但从经济利润折现模型和自由现金流量折现模型的运用过程分析，经济利润折现模型可以动态反映企业在收益期的各个年度是处于价值创造状态还是处于价值破坏状态。通过对企业收益期经济利润的动态变化及其原因进行剖析，还可以对收益预测的合理性做出检验。一个经济利润长期为正值的企业，说明该企业的价值不断增值、股东财富持续增长。因此，从折现模型的计算过程看，经济利润折现模型比自由现金流量折现模型表达出更丰富的内涵。

六、收益法应用的操作步骤

收益法评估程序一般包括以下八个操作步骤：

（一）确定评估思路和模型

运用收益法对企业价值进行评估，首先需要区分评估对象是缺乏控制权的股权，还是具有控制权的股权，并且判断是直接评估股权价值，还是通过先评估企业整体价值，再减去付息债务来间接求取股权价值，然后结合收益法评估模型的应用条件选择相应的模型。

（二）分析和调整历史财务报表

为了对未来收益进行合理预测，需要对企业历史财务报表进行分析，了解企业各项收入、费用、资产、负债等会计要素的构成状况以及各项指标随时间变化的规律及发展趋势，进而推断出影响企业历史收益的各类因素及其影响方式和影响程度等。同时，为了使企业未来收益预测与企业历史收益具有相同的比较基础，提高收益预测的可靠性，还需要对企业历史财务报表进行必要的调整。

（三）确定和划分收益期

通过考虑国家有关法律法规、被评估企业所在行业现状与发展前景、协议与章程约定、经营状况、资产特点和资源条件等的影响，合理确定收益期，并在对企业收入成本结构、资本结构、资本性支出、投资收益和风险水平等进行综合分析的基础上，结合宏观政策、行业周期及其他影响企业进入稳定期的因素合理确定预测期。

（四）预测未来收益

根据所选择的评估模型，对被评估企业的未来收益进行预测。尽管委托人和相关当事人依法对提供的未来收益预测资料的真实性、合法性、完整性负责，评估专业人员仍须与委托人和相关当事人讨论未来各种可能性，结合被评估单位的人力资源、技术水平、资本结构、经营状况、历史业绩、发展趋势，考虑宏观经济因素、所在行业现状与发展前景，分析未来收益预测资料与评估目的及评估假设的适用性。当出现差异时，评估专业人员应当与企业进行充分的沟通，并进行必要的调整。当委托人和其他相关当事人未提供收益预测，评估专业人员应当收集和利用形成未来收益预测的相关资料，并履行核查验证程序，在具备预测条件的情况下编制收益预测表。

（五）确定折现率

通过综合考虑评估基准日的利率水平、市场投资收益率等资本市场相关信息和所在行业、被评估企业的特定风险等相关因素，对折现率进行测算。

（六）测算经营性资产及负债价值

根据未来收益预测结果和折现率测算结果，计算得到被评估企业的经营性资产及负债价值。

经营性资产及负债价值 = 预测期收益现值 + 永续期收益现值

（七）识别和评估溢余资产、非经营性资产及负债

如果被评估企业在评估基准日拥有非经营性资产、非经营性负债和溢余资产，评估专业人员应恰当考虑这些项目的影响，并采用合适的方法单独予以评估。

（八）得出评估结果

在运用选择的评估模型测算出被评估企业的经营性资产及负债价值后，还应加上单独评估的非经营性资产、非经营性负债和溢余资产的价值，才能得出股东全部权益价值或企业整体价值。

如果运用企业自由现金流量折现模型或经济利润折现模型对股东全部权益价值进行评估，还需将企业自由现金流量或经济利润折现得到的企业整体价值减去企业的付息债务价值，才能得到股东全部权益价值。

第二节　未来收益预测

一、收益的界定

企业的收益额是运用收益法对企业价值进行评估的关键参数。在企业价值评估中，企

业的收益额需要从两个方面来认识和把握：其一，在将企业收益额作为企业获利能力的标志来认识和把握的时候，企业的收益额是指企业在合法的前提下，所获得的归属于企业的所得额。其二，在将企业收益额作为运用收益法评估企业价值的一种媒介的时候，企业的收益额有多种表现形式，如净利润、自由现金流量、经济利润等。作为企业获利能力标志的企业收益额，是评估专业人员衡量企业价值的根本依据。

（一）收益形式

1. 收益的主要形式

评估专业人员在对企业的收益进行具体界定时，除了需要对企业创造和获取的收入是否归企业所有进行确认之外，还要对企业的收益形式进行明确的界定。

企业收益有多种形式，如股利、净利润、息前税后利润、企业自由现金流、股权自由现金流、经济利润等。这些形式的收益可以按不同的分类标准分为不同的类别。

（1）按收益指标的属性进行划分。根据企业收益属性，可以将企业收益划分为三大类：净利润、自由现金流量和经济利润。其中，经济利润的计算考虑了当期投入资本增加或减少带来的影响，反映了当期资本性支出和营运资金增加额的变化对资本成本的影响，且经济利润折现模型与自由现金流量折现模型可相互转换并得出相同的评估结果，因此，经济利润也可视为是一种扩展后的现金流量指标。

（2）按收益指标的直接享有主体进行划分。根据企业收益的直接享有主体，可以将企业收益分为全投资资本收益指标和权益资本收益指标。全投资资本收益指标是指由权益资本（股东）和债务资本（付息债务）所共同拥有的收益，权益资本收益指标是指由权益资本（股东）所拥有的收益，全投资资本收益减去债务资本（付息债务）的利息后即可得出权益资本收益。股利、净利润、股权自由现金流量属于权益资本的收益指标；息前税后利润、企业自由现金流量、经济利润则属于全投资资本的收益指标。

2. 收益形式的选择

选择什么口径的企业收益作为收益法评估企业价值的基础，首先应对比各类收益指标本身的可靠性及收益指标与企业价值的相关性，然后要结合收益法评估计算过程，对比采用各类收益指标进行折现过程的有效性，最后应基于企业的行业特点和所处发展阶段，分析对比各类收益指标对企业价值进行衡量的适用性。

（1）对比收益指标本身所具有的特征。不同的收益指标，其本身的可靠性及其与企业价值的相关性方面往往存在差异。现以净利润和自由现金流量的对比为例，分析说明净利润和自由现金流量在计算指标本身的可靠性及其与企业价值的相关性方面的具体差异：

第一，自由现金流量比净利润具有更高的可靠性。虽然从企业的全生命周期看企业收益期的股权自由现金流量和净利润的累计数是一致的，但在短期内，基于会计处理的原因，自由现金流量与净利润往往不一致。自由现金流量很少受到会计处理方式的影响，但会计处理方式的不同可能使净利润不同，比如，折旧方法的选择影响着净利润，但对自由现金流量并不产生影响。企业的自由现金流量是企业实际收支的结果，不容易被更改，而企业的净利润则要通过一系列复杂的会计程序进行确定，而且可能由于企业管理当局的利益而被更改。

第二，从与企业价值的相关性看，自由现金流量比净利润具有更高的相关性。有实证研究表明，企业价值最终由其现金流量决定而非由其利润决定。对于投资者来说，企业经营的最终目的是形成更多的现金流量,而不是获得更多的会计收益。如果会计收益很高而现金流量很低,企业的价值也不大。

(2) 对比收益折现过程的效率和效果。对收益指标进行对比,还应将收益指标置于具体的评估折现模型当中进行分析。在对不同的收益指标进行折现求取企业价值的过程中,计算步骤可能存在差异,所需要计算的参数及其计算难度也可能存在差异,进而影响评估的效率和效果。

不同口径的收益额,其折现值的价值内涵和数量是有差别的。在假设折现率口径与收益额口径保持一致的前提下,净利润或股权自由现金流量折现或资本化为企业股东全部权益价值(所有者权益价值);净利润或股权自由现金流量加上扣税后的长期负债利息折现或资本化为企业投资资本价值(所有者权益和长期负债之和);净利润或股权自由现金流量加上扣税后的全部利息(企业自由现金流量)折现或资本化为企业整体价值(所有者权益价值和付息债务之和)。

选择不同口径的收益额都能殊途同归地评估出股东全部权益价值,但评估时应对以股权自由现金流量和企业自由现金流量进行折现求取企业价值的过程进行对比分析,分析其在提高评估效率、减少评估误差方面的差异,从而选出更能客观反映出企业获利能力的自由现金流量指标。

(3) 对比收益指标与企业的适用性。虽然不同的收益指标其本身的可靠性存在差异,但并不能因此而摒弃那些可靠性较低的收益指标,还需要将收益指标与企业的实际情况相结合做出判断。企业所在行业的特点或企业所处的发展阶段,可能制约或限制某项收益指标的运用。比如,在银行、保险公司、证券公司的控股性产权变动业务中,通常选择股权自由现金流量,一般不宜选择企业自由现金流量作为其收益指标。

(二) 收益范围与调整

1. 收益范围

在对企业收益范围进行具体界定时,应首先注意以下两个方面:一是从企业价值决定因素的角度上讲,虽由企业创造和收取但并非由企业权益主体所拥有的收入,并不能作为企业价值评估中的企业收益。比如税收,不论是流转税还是所得税都不能视为企业收益。二是凡是企业权益主体所拥有的企业收支净额,都可视为企业的收益。无论是营业收支、资产收支,还是投资收支,只要形成净现金流入量,就应纳入企业收益范围当中。

2. 收益的调整

对于任何一家企业,其不同年度之间的财务报表编制基础可能不同;其资产负债表可能既包括经营性资产、经营性负债,又包括非经营性资产、非经营性负债和溢余资产;其利润表可能既包括与经营性资产相关的营业收入和支出,又包括与非经营性资产、非经营性负债和溢余资产相关的收入和支出,还可能包括一些非经常性收入和支出。运用收益法对企业价值进行评估,在基于企业历史财务报表进行财务分析和收益预测时,如果企业财务报表编制基础和报表口径不具有连续性和可比性,有可能会影响收益预测的合理性,进而对评估结果产生影响。例如,在运用收益法进行企业价值评估时,如果企业历史年度财务报表编制基础不一致,或者由于非经常性收入和支出,非经营性资产、非经营性负债和溢余资产及其相关的收入和支出的影响,可能导致总资产报酬率、净资产收益率、营业收入增长率、毛利率、营业利润率等一些关键的财务指标出现大幅波动,导致根据趋势分析得出的预测推断有失公允。因此，在对企业收益进行预测前，需要对企业历史财务报表进行必要调整，使企业未来收益预测与企业历史收益具有相同的比较基础，以提高对企业未来收益进行预测的可靠性。具体调整事项如下：

（1）财务报表编制基础。需要对同一企业不同历史年度之间的财务报表编制基础进行调查了解，如果财务报表编制基础存在差异，则需要根据同一编制基础调整财务报表。要求不同历史年度之间企业财务报表编制基础相同，主要是为了使不同时期的财务报表具有可比性。如果不同年度之间企业财务报表编制基础存在差异，则这些差异可能会影响当期损益并相应地反映到企业收益中，使得不同年度之间财务报表所体现的企业收益的变化情况并不完全反映企业实际经营状况的发展走势。

（2）非经常性收入和支出。非经常性收入和支出的发生具有偶然性，一般不具有持续性且无法预测，并不能代表企业正常的盈利能力，因此对企业历史财务状况进行分析比较时，需要将非经常性收入和支出从利润表中调整出去。需要注意的是，其他业务收入和支出并不一定是非经常性收入和支出。按照企业所从事日常活动的重要性，可将收入分为主营业务收入、其他业务收入等，企业的其他业务收入可进一步区分为经常性收入和偶然性收入，只有偶然性的其他业务收入才属于非经常性收入。

（3）非经营性资产、负债和溢余资产及其相关的收入和支出。根据资产负债经营属性的不同，可以将资产区分为经营性资产、非经营性资产和溢余资产，将负债区分为经营性负债和非经营性负债，非经营性资产、非经营性负债和溢余资产与企业日常经营活动没有必然联系，企业日常经营活动产生的收益中也未反映非经营性资产、非经营性负债和溢余资产的贡献。因此，为准确测算企业经营性资产、经营性负债所产生的收益情况，一方面需要将非经营性资产、负债和溢余资产从资产负债表中调出，另一方面需将非经营性资产、负债和溢余资产相关的收入和支出从利润表中调出。

二、收益预测

对企业未来的收益进行预测是运用收益法评估企业价值的基础。资产评估专业人员应当对委托人和其他相关当事人提供的企业未来收益资料进行必要的分析、判断和调整，结合被评估单位的人力资源、技术水平、资本结构、经营状况、历史业绩、发展趋势，考虑宏观经济因素、所在行业现状与发展前景，合理确定评估假设，形成未来收益预测。当委托人和其他相关当事人未提供收益预测，评估专业人员应当收集和利用形成未来收益预测的相关资料，并履行核查验证程序，在具备预测条件的情况下编制收益预测表。

（一）收益预测步骤

企业收益预测的基本步骤如下：

1. 对影响企业收益的因素进行分析

企业的发展离不开企业所处的环境，也与企业自身状况密切相关，企业的收益是在多种内外部因素共同作用和影响下的结果。因此，对企业收益进行预测，首先应对影响企业收益的主要因素进行分析，判断这些因素对企业收益是产生积极影响还是不利影响。根据影响因素与企业关系的不同，对企业收益产生影响的因素可分为企业外部因素和企业内部因素。企业外部因素又可区分为宏观因素和行业因素。宏观因素主要包括政治和法律因素、经济因素、社会和文化因素、技术因素等；行业因素主要包括行业经济特性、行业市场结构、行业生命周期、行业景气情况等因素。企业内部因素反映了企业所拥有的客观物质条件、内部资源和企业投资者拥有的综合能力，主要包括企业历史业绩情况、企业现有业务在所处行业中的竞争地位以及企业未来的经营方向与经营效果等因素。

2. 对企业历史收益进行分析和调整

在持续经营过程中，企业在任一时点或任一周期的经营业绩都不是孤立的，都与其历史业绩和未来收益相联系。对企业历史收益进行分析和调整，目的在于了解企业历史业绩的走势，认识企业所处发展周期，反映企业历史业绩与其影响因素的关系，为企业未来收益预测提供参考依据。对企业历史收益进行分析和调整后的数据，不能用于其他目的。对企业历史收益进行分析和调整，主要包括三部分内容：一是对财务报表编制基础进行分析和调整，使历史各年度的业绩具有相同的编制基础；二是对非经常性收入和支出进行分析和调整，使历史各年度的业绩均反映经常性的收入和支出；三是对非经营性资产、负债和溢余资产及其相关的收入和支出进行分析和调整，使历史各年度的业绩均反映经营性资产和经营性负债的贡献。

3. 对企业未来收益趋势进行总体分析和判断

影响企业发展的因素往往是不断变化的，企业历史业绩走势对企业未来收益趋势产生着一定的影响，但并不能仅仅根据企业历史业绩走势对企业未来收益趋势做出推算，评估专业人员应在分析企业历史业绩走势的基础上，深入企业进行现场实地考察和调研，与企业管理层进行交流和访谈，了解企业的生产能力、经营状况、企业管理水平，再对影响企业未来发展的各种内外部因素进行分析和判断，然后才能对企业未来收益趋势进行总体分析和判断。对企业未来收益趋势进行总体分析和判断，其主要内容包括企业当前所处发展周期及未来的走势、企业未来收益进入稳定状态所需的时间以及进入稳定状态后的趋势等。

4. 企业未来收益的具体预测

在对企业未来收益趋势进行总体分析和判断后，便可开展企业未来收益的具体预测。应根据宏观经济环境、行业发展状况及发展前景、企业历史财务及经营数据、企业未来商业计划等预测基础资料，对企业未来收益进行具体预测，具体预测内容主要包括收入预测、成本及费用预测、折旧和摊销预测、营运资金预测、资本性支出预测、负债预测、溢余资产分析、非经营性资产和非经营性负债分析等。企业未来收益的具体预测，主要是对企业未来利润表的情况进行预测，也可能需要对企业未来资产负债表的内容进行预测。

（二）企业收益期的确定与划分

1. 收益期的确定

收益期是指资产具有获利能力的期间。在企业价值评估中，企业的收益期是指企业未来获得收益的年限，即从评估基准日到企业收益结束日的时间长度。企业的收益期包括有限年期和永续年期两种情况，对于大多数正常经营的企业，在没有信息证明其企业经营有年限的限制时，均适用于永续经营假设，收益期限为无限期；对于生产经营受到一些因素的制约、无法维持永续经营的企业，其收益期限为有限期。在企业价值评估实务中，对企业收益期的确定，通常应考虑法律法规的规定、协议和章程的约定、企业主要资产的使用期限以及企业经营状况等因素的影响，具体分析如下：

（1）法律法规对企业收益期的影响。对企业收益期的确定，应首先考虑国家有关法律法规、产业政策、行业准入政策、企业所在行业现状与发展前景等因素。通常情况下，对于国家鼓励的产业，可以理解为企业的收益期不会因为行业产业政策而受到影响；对于国家限制的产业，应慎重考虑企业的收益期限制；对于国家禁止的行业，企业的收益期会受到限制或影响。目前，在供给侧改革的要求下，国家限制或禁止的产业主要集中在高能耗、高污染、产能过剩的行业。例如，国务院于2015年4月2日颁布的《水污染防治行动计划》规定："2016年年底前，按照水污染防治法律法规要求，全部取缔不符合国家产业政策的小型造纸、制革、印染、染料、炼焦、炼硫、炼砷、炼油、电镀、农药等严重污染水环境的生产项目。"若评估专业人员对不符合国家产业政策的上述"十小"企业进行评估，则应根据上述文件规定确定企业收益期。

企业开展多种经营活动且某项经营活动受法律法规或产业政策的影响而被限制发展或禁止发展的，应将企业各种经营活动对应的收益进行区分，分别确定各类经营活动对应的收益期。若企业整体受到限制或禁止，则企业的收益期限应不长于相关法律法规所规定的可经营期限。

（2）公司协议和章程对企业收益期的影响。企业投资者在协议或章程中对企业收益期做出具体约定的，通常不能仅根据这些协议或章程中的约定做出企业收益期为有限期的认定，还应考虑协议或章程中约定的期限届满后是否可以延长经营期限以及企业投资者的经营规划等因素后，合理确定企业收益期。例如，某中外合作企业的公司章程中有如下条款："公司合作期限为自合作公司获工商行政管理部门签发营业执照之日起二十五年。经合作双方同意并经合作公司董事会通过，合作公司可在合营期满六个月前向原审批机关申请延长。"通过分析企业经营状况及与投资者进行沟通，若企业投资者并无延长合作期的意愿和打算，则应以公司章程中规定的年限作为企业收益期；若企业投资者计划延长合作期，企业目前正常经营且预计其未来能够保持正常运营，则企业的收益期可视为无限期。

（3）企业主要资产的使用期限对企业收益期的影响。企业收益来源于企业的生产经营活动，而企业的生产经营活动需依赖或使用企业的资产。当企业主要资产的可使用或利用期限为有限期，且无法通过更新换代使这些资产持续为企业所使用或利用的，企业收益期将受这些资产使用期限的影响或制约。企业主要资产的使用期限对企业收益期产生影响或制约的情形主要有以下三种：

第一，企业生产经营所必需的主要生产资料能否持续取得具有不确定性，则该类企业的收益期通常为评估基准日企业已取得生产资料的可使用或可供利用期。此类企业中最有代表性的是房地产开发企业，受开发土地供给方式的影响，房地产开发企业持续获得开发用地具有较大的不确定性，因此，对房地产开发企业收益期的确定，通常结合评估假设确定为有限期限，其收益期至评估基准日所拥有的全部土地资源开发完毕为止。对于兼营房地产开发和销售、房地产自营业务的房地产企业，由于租赁等房地产自营业务可视为永续经营，该企业收益期可视为无限期，但其中的房地产销售业务应在评估基准日所拥有的全部土地资源开发完毕时截止。

第二，企业经营依赖于耗竭性的、不可再生的自然资源的，应根据其所依赖的自然资源的可利用期限确定企业的收益期。依赖于耗竭性资源进行生产经营的企业主要包括矿产资源采选企业和以耗竭性资源为主要原料的生产企业。矿产资源采选企业（采掘企业、采选联合企业）的功能是开发矿产资源，矿山企业的收益源于对矿产资源的开发利用，当矿产资源开采完毕,矿山闭坑,基于开发利用矿产资源的企业收益途径就会丧失。因此,采掘企业或采选联合企业的收益期,直接取决于资源储量的大小,资源储量大,矿山服务年限长,企业收益期长。以耗竭性资源为主要原料的生产企业(如金属冶炼企业、石化企业等),其收益期应考虑原料采购途径、资源的可回收性以及资源储量是否丰富等因素后进行合理确定。对于以耗竭性资源为主要原料的生产企业的生产消耗数量来说,该耗竭性资源的储量丰富,生产企业受资源的制约较小,其未来经营期相对较长,可近似认为该生产企业可永续经营。

第三,企业主要资产的可经营期受法律法规或合同规范或制约的,企业的收益期取决于该主要资产的可经营期。在某些领域,因法律法规的规定或协议的约定,企业主要资产的可经营期为有限期,资产可经营期届满后,需要将这些资产移交给另一方,则企业的收益期应根据主要资产的可经营期进行确定。这类企业的典型代表是政府与社会资本合作(PPP)、特许经营的项目公司,这些项目公司往往是基于政府与社会资本合作协议或特许经营协议而设立,而协议通常会对项目的可经营期限及经营期届满后项目设施的移交方式做出明确约定,这些项目公司的收益期与项目设施的可使用年限并无必然联系(协议往往会约定项目经营期限届满并移交时项目设施要达到的可使用状态,此时的项目设施仍是可使用的),而是取决于相关法律法规的规定以及协议的约定。例如,自2015年6月1日起施行的《基础设施和公用事业特许经营管理办法》规定:"基础设施和公用事业特许经营期限应当根据行业特点、所提供公共产品或服务需求、项目生命周期、投资回收期等综合因素确定,最长不超过30年。"因此,对于基础设施和公用事业特许经营企业,其收益期应根据签署的特许经营协议确定且不超过30年。

(4)企业所处生命周期及其经营状况对企业收益期的影响。采用收益法对企业价值进行评估隐含着一项基本假设,即企业能够持续经营,但企业持续经营并不意味着企业永续经营,任何企业都有其生命周期,应在分析企业生命周期的基础上,结合企业经营状况,合理确定企业收益期。一个企业的生命周期通常包括初创、成长、成熟和衰退这几个阶段,而不同企业的生命周期长短可能差异巨大,有些企业成为"百年老店",而有些企业在初创期便因经营不善而倒闭。若企业已进入衰退期,或企业的经营状况每况愈下、经营业绩逐年恶化,则企业收益可能不可持续,其收益期一般为有限期。

2. 收益期的划分

考虑到企业在收益期的不同阶段其经营状况和收益水平会不断变化并呈现不同的阶段性特点,不论企业的收益期是有限期还是无限期,通常需要将企业收益期划分为详细预测期和稳定期。详细预测期也称为明确的预测期,是指从评估基准日到企业达到稳定状态的收益期限。在详细预测期,企业的投资回报率、财务杠杆水平及企业面临的风险大小与行业或市场平均水平存在差异,企业各项财务指标尚不稳定,有必要对企业收益逐年进行预测。稳定期是指从企业达到稳定状态开始直至企业收益结束日的期间。

详细预测期和稳定期划分的理论基础是竞争均衡理论。竞争均衡理论认为,一个企业的增长速度不可能永远高于宏观经济增长速度,如果一个行业的投资资本回报率较高,就会吸引更多的投资者进行投资从而加剧竞争,导致成本上升或价格下降,使得投资资本回报率降低至社会平均水平,反之亦然。

在评估实务中,评估人员应当在对企业产品或者服务的剩余经济寿命以及替代产品或者服务的研发情况、收入结构、成本结构、资本结构、资本性支出、营运资金、投资收益和风险水平等综合分析的基础上,结合宏观政策、行业周期及其他影响企业进入稳定期的因素合理确定详细预测期。详细预测期限应该足够长,以消化企业经营发展的不确定或非典型因素。企业收益的不稳定时期有多长,详细预测期就应当有多长。评估实务中较多地采用 5 年的详细预测期,但这一做法并非是一个固定的模式,有些企业的详细预测期可能比 5 年更长,甚至超过 10 年,而有些企业的详细预测期可能短于 5 年。对处于周期性行业的企业来说,详细预测期通常与净现金流量到达整个业务周期的期望平均净现金流量时所需要的年度数量或者期间数量一致。若企业已进入平稳期,详细预测期可淡化周期性的影响,但对尚处于波动期的企业,通常需要适当延长详细预测期,使详细预测期结束时企业的经营状况能达到稳定状态。此外,应注意的是,企业从详细预测期过渡至稳定期通常是一个平滑或平稳的过程,若详细预测期最后一年的收入或收益增长率还很高,而稳定期的收入或收益却按零增长考虑,若无足够的理由(如产能受到限制、企业规模扩大存在瓶颈等)支持这样的判断,则详细预测期与稳定期的划分就存在不合理之处。

企业达到稳定状态,通常应同时具备以下五项特征:一是企业收入成本的结构较为稳定且基本接近行业平均水平;二是企业的资本结构逐渐接近行业平均水平或企业目标资本结构水平;三是企业除为维持现有生产能力而进行更新改造的资本性支出以外,不再有新增投资活动;四是企业的投资收益水平逐渐接近行业平均水平或市场平均水平;五是企业的风险水平逐渐接近行业平均水平或市场平均水平。

尽管详细预测期时间长度的选择非常重要,但从本质上看,详细预测期时间长度的选择并不影响企业的价值,只影响企业价值在详细预测期和稳定期的分布。

(三) 主要预测方法的介绍

预测的方法很多,归纳起来,可分为两大类,即定性预测方法和定量预测方法。定性预测方法是指建立在经验、逻辑思维和推理基础上的预测方法。定性预测主要通过社会调查,采用少量的数据和直观材料,结合人们的经验加以综合分析,对预测对象做出判断和预测。定性预测方法主要包括一般调查预测法、集体意见预测法、头脑风暴预测法、德尔菲预测法、因素分析预测法、对比类推预测法和主观概率预测法等。定量预测方法是建立在统计学、数学、系统论、控制论、信息论、运筹学及计量经济学等学科基础上,运用方程、图表、模型和计算机仿真等技术进行预测的方法。定量预测方法众多,以下主要介绍时间序列预测法和回归分析预测法。其中,时间序列预测法主要有平均预测法、指数平滑预测法和趋势外推法。

1. 定性预测方法

(1) 一般调查预测法。一般调查预测法是指通过向社会有关专家进行调查而做出预测的方法,也称为直接归纳预测法。一般调查预测法采用的调查方式多样,有会议调查、采访调查、表报调查、典型调查、联系网调查及咨询调查等。这些调查方式各有利弊,通常是交叉使用或综合使用,这样做可以将各方有经验的主观判断集中起来,经过科学加工,做出正确预测。

一般调查预测法的具体步骤如下:确立调查目的,明确调查原则和准则;成立调查工作小组;制订调查方案,设计调查问题与表格;实地调查,并研究和处理调查过程中出现的各种问题;整理调查资料;提出调查成果或调查报告。

（2）集体意见预测法。集体意见预测法是指把预测者的个人意见通过加权平均而汇集成集体意见的预测方法。集体意见预测法的步骤如下：

第一步，要求每一位预测者就预测结果的最高限、最低限和最可能的值加以判断，并对这三种情况出现的概率进行估计。

第二步，根据预测者对预测结果最高限、最可能值和最低值的估计及对三种情况出现的概率的估计，计算每一位预测者的意见平均值。

第三步，根据每位预测者个人意见的重要程度，通过加权平均，得出集体意见。

（3）头脑风暴预测法。头脑风暴预测法，也称为专家会议预测法，是一种集体开发创造性思维的方法，可分为直接头脑风暴预测法（通常简称为头脑风暴预测法）和质疑头脑风暴预测法（也称反头脑风暴预测法）。前者是按照头脑风暴预测法的规则，通过一组专家会议，对所预测的问题进行创造性的思维活动，从而得出满意方案的一种方法。实施时应尽可能地激发专家的创造性，产生尽可能多的设想。后者则是同时召开由两组专家参加的会议进行集体讨论，其中一个专家组按直接头脑风暴预测法提出设想，另一个专家组则是对第一个专家组提出的设想、方案逐一进行质疑，分析其可行性，直到没有问题可以质疑为止，从而形成一个更科学、更可行的预测方案的方法。

采用头脑风暴预测法时，要集中有关专家召开专题会议，主持者以明确的方式向所有与会者阐明问题，说明会议的规则，尽力创造融洽轻松的气氛。主持者一般不发表意见以免影响会议的自由气氛。由专家们自由提出尽可能多的预测意见，以创造一种自由的气氛激发专家提出各种想法。头脑风暴预测法的基本程序和要求如下：

第一步，确定议题。在会前确定一个目标，使与会者明确通过这次会议需要解决什么问题，同时不要限制可能的解决方案的范围。

第二步，会前准备。为了使头脑风暴预测法会议的效率较高，效果较好，可在会前做一点准备工作。如收集一些资料预先给大家参考，以便与会者了解与议题有关的背景材料和外界动态。就参与者而言，在开会之前，对于要解决的问题一定要有所了解。

第三步，确定人数。一般以 8~12 人为宜，也可略有增减。

第四步，明确分工。推定一名主持人，主持人的作用是在头脑风暴畅谈会开始时重申讨论的议题和纪律，在会议进程中启发引导，掌握进程。主持人要严格限制讨论范围，对专家们提出的各种预测意见不持否定和批评态度。

第五步，制定纪律。根据头脑风暴预测法的原则，可规定几条纪律，要求与会者遵守。如要集中注意力积极投入，不消极旁观；不要私下议论，以免影响他人的思考；发言要针对目标，开门见山，不要客套，也不必做过多的解释；与会者之间相互尊重，平等相待，切忌相互褒贬等。

第六步，掌握时间。会议时间以 1 小时左右为宜，不宜过长。倘若需要更长时间，可把议题分解成几个小问题分别进行专题讨论。

（4）德尔菲预测法。德尔菲预测法也称专家调查预测法。该方法以匿名的方式，通过轮番征询专家意见，最终得出预测结果的一种经验意见综合预测方法。德尔菲预测法的基本程序和要求如下：

第一步，预测准备阶段。该阶段主要完成两方面的工作：拟定征询意见表和选定征询对象。征询意见表的设计要有利于专家充分表达自己的意见，同时又不离题。德尔菲预测法所要求的专家,应当是对预测对象和预测问题有比较深入的研究、经验丰富、富有创造性和判断力的人。

第二步,预测实施阶段。准备工作就绪之后,就进入多轮函询过程,通常包括三至五轮。经过多轮反复修正、汇总后,当预测结果较为一致时,预测组织者再进行统计整理和意见归纳,形成预测结论。

第三步,预测结果处理阶段。合理运用数理统计方法对专家的分散意见做出统计归纳处理,常用的统计处理方法有概率估计法,直方位图,中位数和上、下四分位数法及等级相关法等。

第四步,提出预测报告。预测报告应介绍预测的组织情况、资料整理情况及预测结论等。

(5) 因素分析预测法。因素分析预测法,是凭借经济理论和实践经验,通过分析影响预测目标的各种因素的作用的大小与方向,对预测目标未来的发展变化做出推断的方法。因素分析预测法具体包括因素列举归纳法、相关因素推断法和因素分解推断法。

因素列举归纳法是指将影响预测目标变动的因素逐一列举,并分析各种因素对预测目标作用的大小和方向,区分经济因素与非经济因素、可控因素与不可控因素、内部因素与外部因素、有利因素和不利因素,然后加以分析、综合、归纳,推断预测目标未来的变化趋向。因素列举归纳法的基本程序如下:第一步,列举能观察到的影响预测目标变化的各种主要因素,并搜集有关资料。第二步,分析评价各种因素作用的大小、方向和程度,区分各种因素的性质。第三步,归纳、推断预测目标未来变化的趋向。当有利因素居主导地位时,则未来前景看好;若不利因素居主导地位时,则未来前景暗淡。

经济现象之间的相互变动关系,在时间上有先行、后行关系与平行关系之分,在变动方向上有正相关关系与负相关关系之分。相关因素推断法是根据经济现象间的相互联系和相互制约关系,由相关因素的变动方向推断预测目标的变动趋向的一种预测方法。相关因素推断法又可分为正相关关系判断法和负相关关系判断法。正相关关系是指两个现象间的变动方向为同增或同减的关系。负相关关系是指两个现象间的变动方向表现为此长彼消或一增一减的关系。

因素分解推断法是指将预测目标按照一定的联系形式分解为若干因素指标,然后分别研究各种因素未来变动的方向和程度,最后综合各种因素变动的结果,推断预测目标的变动趋势和结果的方法。预测目标与影响因素之间的关系一般有乘积和相加两种。

(6) 对比类推预测法。对比类推预测法利用预测目标与类似事物在不同时间、地点、环境下具有相似的发展变化过程的特点,把已发生事物的表现过程类推到后发生或将发生的事物上去,从而对后继事物的前景做出预测的一种方法。对比类推预测法包括产品类推法、地区类推法和局部总体类推法。

产品类推法。有许多产品在功能、构造技术等方面具有相似性,因而这些产品的市场发展规律往往又会呈现某种相似性,人们可以利用产品之间的这种相似性进行类推。

地区类推法是依据其他地区(或国家)曾经发生过的事件进行类推。这种推算方法是把所要预测的产品同其他地区(或国家)同类产品的发展过程或变动趋向相比较,找出某些共同、相类似的变化规律性,用来推测目标的未来变化趋向。

局部总体类推法,是指以局部普查资料或抽样调查资料为基础,进行分析判断、预测和类推。

（7）主观概率预测法。主观概率是指根据分析者的主观判断而确定的事件发生的可能性的大小，反映个人对某件事的信念程度。所以，主观概率是对经验结果所做主观判断的度量，也是个人信念的度量。主观概率也要符合概率论的基本定理：所确定的概率必须大于或等于零，而小于或等于1；经验判断的全部事件中，各个事件的概率之和必须等于1。在实际中，主观概率与客观概率的区别是相对的，因为任何主观概率总带有客观性。分析者的经验和其他信息是现实客观情况的具体反映，因此不能把主观概率看成纯主观的东西。另一方面，任何客观概率在测定过程中也难免带有主观因素，因为在实际工作中所取得的数据资料很难达到大数定律的要求。所以，在现实中，既无纯客观概率，又无纯主观概率。

主观概率预测法是分析者通过对现实事件发生的概率做出主观估计，或者对事件变化的动态做出一种心理评价，然后计算其平均值，以此作为事件发展趋势分析结论的一种定性预测方法。主观概率预测法又分为主观概率加权平均预测法和累计概率中位数预测法。

主观概率加权平均预测法是以主观概率为权数，对各种预测意见进行加权平均，求得综合预测结果的预测方法。其基本步骤如下：第一步，以事件发生的主观概率为权数，计算每人预测的最高值、最低值和最可能值的加权算术平均数，作为个人预测期望值。第二步，根据每人预测期望值的主观概率，计算综合预测值。第三步，计算平均偏差程度，校正预测结果。

累计概率中位数预测法是根据累计概率，确定不同预测意见的中位数，对预测值进行点估计和区间估计的方法。累计概率中位数预测法首先通过对预测对象未来各种结果的概率及累计概率进行主观估计，建立概率分布函数，然后根据概率分布函数来进行预测。

2. 时间序列预测法

（1）平均预测法。平均预测法包括简单平均预测法和移动平均预测法，简单平均预测法又包括算术平均预测法、加权算术平均预测法和几何平均预测法，移动平均预测法包括一次移动平均预测法（简单移动平均预测法、加权移动平均预测法）及二次移动平均预测法等。

① 算术平均预测法。算术平均预测法是以观察期内时间序列数据的简单算术平均数作为下期预测值的预测方法，计算公式为：

$$\hat{Y}_{n+1} = \overline{Y} = \frac{1}{n}\sum_{i=1}^{n} Y_i$$

式中：

$\hat{Y}_{n+1}$——$n+1$ 期的预测值；

$\overline{Y}$——简单算术平均数；

i——时间序列中观察值的顺序号（$i=1, 2, 3, \cdots, n$）；

Y_i——观察期内第 i 期的观察值；

n——观察期内总期数或观察值的个数。

当时间序列中观察值有集中趋势时，可用算术平均数作为下期预测值，观察值的标准差越小，表示数据越集中，平均数的意义越强。当观察值呈上升或下降趋势时，不能用算术平均数作为下期预测值。

② 加权算术平均预测法。加权算术平均预测法，就是为观察期内的每一个数据确定一个权数，计算出观测值的加权算术平均数，以这一数字作为预测未来期间该变量预测值的一种趋势预测方法，计算公式为：

$$\hat{Y}_{n+1} = \overline{Y} = \frac{\sum_{i=1}^{n} W_i Y_i}{\sum_{i=1}^{n} W_i}$$

式中：

W_i——观察期内第 i 期的权数。

若观察期每个观察值的重要性不同，加权算术平均预测值优于算术平均预测法。

③ 几何平均预测法。几何平均预测法又称比例预测法。当预测对象各期的环比发展速度（增长速度）大致接近时，可用这种方法进行预测。计算公式为：

$$\hat{Y}_{n+1} = \overline{Y} = Y_n M_g$$

式中：

Y_n——第 n 期的观察值；

M_g——平均发展速度。

平均发展速度，根据不同的资料可分别采用不同的方法。比如，采用简单几何法计算平均发展速度的公式为：

$$M_g = \sqrt[n-1]{(Y_2/Y_1) \cdot (Y_3/Y_2) \cdots (Y_n/Y_{n-1})} = \sqrt[n-1]{Y_n/Y_1}$$

④ 一次移动平均预测法。一次移动平均预测法包括简单移动平均预测法和加权移动平均预测法。

简单移动平均预测法是指直接用移动平均数作为下期预测值。其计算公式为：

$$\hat{Y}_{t+1} = \overline{Y}_t^{(1)} = \frac{Y_t + Y_{t-1} + \cdots + Y_{t-n+1}}{n}$$

式中：

$\overline{Y}_t^{(1)}$——第 t 期的以 n 个连续观察值数据计算的一次移动平均数，Y 右上方角码表示一次移动平均，右下方角码表示第几期。

【例 3-7】某企业 2018 年 7~12 月份的销售额分别为 600 万元、700 万元、650 万元、750 万元、700 万元、750 万元，假设移动跨越期分别为 2 和 3，用简单移动平均法预测的销售额见表 3-6。

表 3-6　　　　　　　　　　　简单移动平均法计算表　　　　　　　　　　　单位：万元

月份	销售额	二期简单移动平均预测值	三期简单移动平均预测值
2018 年 7 月	600		
2018 年 8 月	700		
2018 年 9 月	650	(700+600)÷2=650	
2018 年 10 月	750	(650+700)÷2=675	(650+700+600)÷3=650
2018 年 11 月	700	(750+650)÷2=700	(750+650+700)÷3=700
2018 年 12 月	750	(700+750)÷2=725	(700+750+650)÷3=700
2019 年 1 月		(750+700)÷2=725	(750+700+750)÷3=733.33

加权移动平均预测法,就是在计算移动平均数时,对新旧不同或远近不同时期的数据,给予大小不同的权数,然后再计算移动平均数。一般情况下,距离预测当期最近时期的新数据权数最大,距离当前最远时期的旧数据权数最小。加权移动平均预测法的计算公式为:

$$\hat{Y}_{t+1} = \overline{Y}_t^{(1)} = \frac{W_1 Y_t + W_2 Y_{t-1} + \cdots + W_n Y_{t-n+1}}{W_1 + W_2 + \cdots + W_n}$$

【例 3-8】仍用【例 3-7】中某企业 2018 年 7~12 月份的销售额资料,假设移动跨越期为 3,且假设最近 1 个月的新数据权数为 3,次近 1 个月的数据权数为 2,最远 1 个月的旧数据权数为 1,用加权移动平均法预测的销售额见表 3-7。

表 3-7　　　　　　　　　　加权移动平均法计算表　　　　　　　　　　单位:万元

月份	销售额	三期加权移动平均预测值
2018 年 7 月	600	
2018 年 8 月	700	
2018 年 9 月	650	
2018 年 10 月	750	(650×3+700×2+600)÷6=658.33
2018 年 11 月	700	(750×3+650×2+700)÷6=708.33
2018 年 12 月	750	(700×3+750×2+650)÷6=708.33
2019 年 1 月		(750×3+700×2+750)÷6=733.33

⑤ 二次移动平均预测法。鉴于移动平均数存在滞后现象,为了提高预测精度,可采用二次移动平均预测法。二次移动平均预测法,是以一次移动平均值作为时间数列,再计算一次移动平均值数列,在此基础上分析这两次平均值的滞后偏差,并利用其变化规律建立线性方程来进行预测的方法。二次移动平均预测法适用于具有线性变动趋势的预测。

(2) 指数平滑预测法。指数平滑预测法是一种特殊的加权平均法,其加权的特点是对离预测期较近的历史数据给予较大的权数,对离预测期较远的历史数据给予较小的权数,权数由近到远按指数规律递减,所以,这种预测方法被称为指数平滑预测法。指数平滑预测法按时间数列资料被平滑的次数,可分为一次指数平滑法、二次指数平滑法和二次以上的多次指数平滑法。一次指数平滑法适用于水平型时间数列,二次指数平滑法适用于线性趋势型时间数列,二次以上的多次指数平滑法可以用于非线性时间数列的预测,但计算比较烦琐,实际运用也比较少。

(3) 趋势外推法。趋势外推法,也叫趋势延伸法。它是根据时间序列数据的变化规律(或趋势)加以延伸,对市场未来状况做出预测的方法。运用趋势外推法进行市场预测,必须满足两个条件。第一,预测对象的过去、现在和未来的客观条件基本保持不变,过去发生过的规律会延续到未来。第二,预测对象的发展过程是渐变的,而不是跳跃式的、大起大落的。趋势外推法包括直线趋势外推预测法和曲线趋势外推预测法。

直线趋势外推预测法是指当预测对象随着时间的推进基本上呈直线发展趋势时,通过拟合直接模型而进行预测的方法。在预测活动中,当某一变量的时间序列在长时期内呈连续增长或减少的变动趋势,且其逐期增减量大致相同时,常用直线趋势外推预测法进行预测。曲线趋势外推预测法的运用关键是识别数列是否呈曲线趋势变动,以及如何从多种曲线方程中进行选择,其运用过程较为烦琐。

3. 回归分析预测法

回归分析预测法就是从各种经济现象之间的相互关系出发,通过对与预测对象有联系的现象变动趋势的分析,推算预测对象未来数量状态的一种预测法。所谓回归分析,就是研究某一个随机变量(因变量)与其他一个或几个变量(自变量)之间的数量变动关系,由回归分析求出的关系式通常称为回归模型(或回归方程)。

回归分析预测法有多种类型。可根据自变量的个数分为一元回归分析预测法、二元回归分析预测法和多元回归分析预测法。根据自变量和因变量之间是否存在线性关系,可分为线性回归预测和非线性回归预测。线性回归预测法中变量之间的关系表现为直线型,非线性回归预测法中变量之间的关系主要表现为曲线。根据回归分析预测模型是否带虚拟变量,可分为普通回归分析预测模型和带虚拟变量的回归分析预测模型。普通回归分析预测模型的自变量都是数量变量。在带虚拟变量的回归分析预测模型中,自变量既有数量变量又有品质变量。此外,根据回归分析预测模型是否用滞后的因变量作自变量,又可分为无自回归现象的回归分析预测模型和自回归预测模型。

(四) 企业未来收益的具体预测

1. 收益预测基础

(1) 历年及当期收益对未来收益的影响。企业在历年及当期的实际收益是企业内部与外部各种因素共同作用的结果,在这些因素中,有些因素可能是一次性的或偶然性的,过去或现在发生并不意味着未来仍会发生。以企业历史或当期的实际收益作为预测企业未来收益的基础但不加以调整的做法是错误的,因为这种做法将企业在未来经营中不复存在的因素仍然作为影响企业未来收益的因素。因此,对企业历年及当期收益应进行分析,并对非经常性收入和支出,以及非经营性资产、负债和溢余资产及其相关的收入和支出进行必要的调整。企业未来收益的预测,应以经调整后的企业历年及当期收益作为出发点。

对企业历年及当期收益进行分析的目的,是掌握和了解企业正常的盈利能力及其历史发展轨迹,为企业收益的预测建立比较基础。企业历史经营期的长短及其所在行业的特征不同,对企业历年及当期收益进行分析的重点也不同。对于已有较长经营历史且收益稳定的企业,应在着重分析其历史收益的发展趋势的基础上判断企业的盈利能力;而对于发展历史不长的企业,则要着重对其现状进行分析并主要在分析该企业未来发展机会的基础上判断企业的盈利能力。为较为客观地判断企业的正常盈利能力,还必须结合影响企业盈利能力的内部及外部因素进行分析。首先,要对影响企业盈利能力的内部关键因素进行分析和判断,对企业的核心竞争力有一个较为清晰的认识。其次,要对企业所处的产业及市场地位有一个客观认识,了解企业所处产业的发展前景、企业在该产业及市场中的地位、企业主要竞争对手的情况等。最后,对影响企业发展的可以预见的宏观因素进行分析和考虑。

(2) 新产权主体对未来收益的影响。企业未来收益额应与评估结果的价值类型相匹配和协调。企业的未来收益预测值能否考虑新产权主体的贡献或影响,取决于企业价值评估所确定的价值类型是市场价值还是投资价值。若企业价值类型为市场价值,只能基于企业现有产权主体的经营管理方式和能力,以企业存量资产为出发点,可以考虑对存量资产的合理改进、升级换代乃至合理重组,但必须反映在企业本身具有的、企业外部环境允许的条件下企业按正常合理的经营方式、经营水平和管理水平下所能实现的收益，而不能将新产权主体对企业可能产生的贡献考虑在内。若企业价值类型为投资价值，则不仅要考虑企业现有产权主体的行为及存量资产的运作因素，而且还要考虑新产权主体这一特定投资者对企业可能实施的影响而给企业带来的协同效应。

2. 收益预测的假设条件

收益法的核心问题是对未来变量的概率估计，有的变量是无法确定概率的，这就产生了假设；有的变量是可以确定其发生概率的，这就产生了预测。假设和预测都是对未来变量的处理。假设还有一个功能是支持预测和预测结果，不同的假设有不同的预测结果。换言之，任何一项预测都是建立在一定的预测假设或预测基准之上的，假设在很大程度上决定了预测和结果。因此，从这个意义上讲，所谓的预测是根据对被评估企业未来可能发生事项或所采取行动的假设编制的财务信息。要确信企业预测结论是否合理，必然首先要分析预测假设是否合理。评估专业人员对评估结果的合理性承担责任，客观上也应保证假设的合理性。

企业未来收益预测的假设条件主要包括以下几种：一是国家的政治、经济等政策变化对企业未来收益的影响，除已经出台未实施的以外，通常假定其将不会对企业未来收益构成重大影响；二是不可抗拒的自然灾害或其他无法预期的突发事件，不作为企业收益的相关因素考虑；三是企业经营管理者的个人行为也不在预测企业收益时考虑。评估专业人员对企业未来收益预测的假设条件设定必须符合法律法规的规定并具有合理性，否则的话，这些假设条件不能构成合理预测企业未来收益的前提和基础。

3. 收益预测的表现形式

企业未来收益预测的结果通常可以运用利润表或现金流量表的形式进行表现，这样的表现形式不仅通俗易懂，也便于理解和掌握。需要说明的是，用企业利润表或现金流量表来表现企业未来收益的结果，并不等于说企业未来收益预测就相当于企业利润表或现金流量表的编制。企业收益预测的过程是一个具体的、需要占有大量数据并运用科学方法的分析运作过程，不仅需要测算和分析利润表、现金流量表中相关栏目或项目的数据，而且也可能需要测算和分析资产负债表、所有者权益变动表中相关栏目或项目的数据，用利润表或现金流量表表现的仅仅是该过程的结果。所以，企业的收益预测不能简单地等同于企业利润表或现金流量表的编制，而是利用利润表或现金流量表的已有栏目或项目，通过对影响企业收益的各种因素变动情况的分析，在评估基准日企业收益水平的基础上，对利润表或现金流量表表内各栏目或项目进行合理测算、汇总分析得到所预测年份的各年企业收益。

4. 企业收益构成项目的预测

企业未来收益的预测，应在企业历年及当期调整后收益水平及发展趋势的基础上，结合企业的人力资源、技术水平、资本结构、经营状况、历史业绩、发展趋势，考虑宏观经济因素、所在行业现状与发展前景，合理确定评估假设，形成企业未来收益预测。

对详细预测期的企业收益预测，应选择适当的定性预测方法或定量预测方法，分别对企业的营业收入、成本费用、营运资金、资本性支出、资本结构等参数进行预测。对稳定期企业收益的预测，可在企业详细预测期收益预测的基础上，找出企业收益变化的发展趋势，并借助某些手段，分析和判断企业收益在稳定期的长期变化区间和趋势。比较常用的是采用保持假设的方式,假定企业在稳定期的收益水平维持相对稳定的水平,也可假定企业在稳定期的收益水平保持一个递增比率。但是,任何假设都必须建立在合乎逻辑、符合企业客观情况的基础上,以保证企业未来收益预测值是相对合理和准确的。

在对一般的工业企业的未来收益进行预测的过程中,预测企业收益,通常先根据企业的资产结构、资产规模及其配置情况测算其生产能力,再预测企业的销售数量和销售单价,得出营业收入的预测值,在此基础上,从成本费用与营业收入的关系着手,逐项测算企业的各项成本费用,进而完成企业收益预测。但在对某些企业进行收益预测时,对企业未来收入和收益的预测并非始于对企业资产规模及其配置情况的分析,而是始于企业债务结构、债务规模的分析和预测。比如,对银行业金融企业进行收益预测,通常首先预测企业资产负债表,根据负债情况(资金来源)安排资金使用,然后再根据资产配置情况预测收益、成本和费用以及所有者权益变动情况,得出收益预测结果。

(1)营业收入的预测方法及注意事项。不论是始于资金来源还是始于资金运用的预测,企业未来收益预测的关键目标均是合理预测出企业的营业收入。通常是在预测出企业营业收入的基础上,开展各项成本费用的预测,因此,营业收入的预测十分重要,营业收入预测的误差会对收益预测结果造成影响。

营业收入预测,主要包括对被评估企业未来的产品或服务的类别和结构、销售方式、销售数量、销售单价等参数做出估计。在营业收入预测中,一般有以下两种不同的预测顺序:一是自上而下法,就是通过预测市场总量的大小,确定企业能够占有的市场份额,然后再预测销售单价,得出营业收入预测值,该方法是从市场总量入手预测市场渗透率、价格变化和市场份额;二是自下而上法,以企业现有客户的需求、客户流失率和潜在新客户的发展情况进行预测,该方法是将企业新增客户与现有客户结合起来进行预测的方法。不论采用哪一种预测顺序,对营业收入预测所涉及的各项参数的估计和预测,均可分别选择定性预测方法或定量预测方法。

对于企业产品或服务的销售数量的预测需结合企业自身的成长阶段和所处行业的性质。比如,对于处在成熟行业的稳定阶段的企业,其市场份额的增长潜力较为有限,其产品或服务的销售数量可能在预测期内保持相对稳定或与消费者数量大体一致的增长率;对于处在高预期增长行业的成长阶段的企业,其产品或服务销售数量可结合行业增长率、预计销售数量增长时企业产能的潜在增长率等因素进行预测。在预测销售单价时,需要考虑宏观经济因素和行业发展状况等因素,这些因素可能影响企业产品或服务的需求和价格弹性(如原材料过剩、短期产能过剩或不足、产品或服务功能的替代、生产技术的升级换代)。如果一家企业所处行业未来几年产能不足且该行业具有一定的进入壁垒,则企业产品或服务未来销售单价上升的可能性将会增加;相反,如果企业处于产能过剩或新产能将很快投产的行业中开展经营活动,其产品或服务未来销售单价上升的可能性就很小,甚至可能出现下降。此外,企业在生命周期中由成长阶段转向成熟阶段的过程中,或企业产品或服务的提供过程中有显著技术改进,可能的情况是其产品或服务的销售数量上升,但销售单价下降。当然,如果企业已经在市场中奠定了自己的核心竞争力,该企业就可能更具提价或避免价格下滑的潜力。

对营业收入预测应重点关注企业产品或服务的销售数量、销售单价及未来走势情况。具体注意事项列举如下:企业产品或服务的市场需求情况及未来变化趋势情况;消费群体的构成及未来变化情况;影响消费者消费的主要因素;企业产品或服务的生产要素情况(包括劳动力、资金、技术、生产或服务设施、原材料、能源供应情况等)及其与未来销售量变化的匹配关系;企业的产品开发和营销策略;企业产品或服务的定价方式;供需关系及未来变化趋势;价格需求弹性对企业营业收入的影响情况;企业未来销售价格的预测依据及同类企业竞争情况;企业营业收入预测值及增长率与企业未来经营状况趋势的对比情况;企业未来引入新产品或采取新的策略或淘汰老产品情况;企业预期的营业收入增长与行业增长率的对比情况;企业目前的市场份额及预测的变化趋势情况等。

(2) 成本费用的预测方法及注意事项。成本费用预测,主要包括对营业成本、税金及附加、销售费用、管理费用、研发费用、财务费用、所得税费用等内容做出估计。对成本费用预测所涉及的各项参数的估计和预测,均可分别选择定性预测方法或定量预测方法。

预测企业成本费的具体方法很大程度上取决于各类成本费用项目中包含固定或变动成分的程度。如果某项成本费用随产量、销量、营业收入或其他相关参数的变化而变动,且两者之间的关系是相对稳定的,则该项成本费用属于可变成本费用。对可变成本费用的预测,通常基于企业历年及当期该成本费用项目与产量、销量、营业收入或其他相关参数之间的比例,选择恰当的定量预测方法进行预测。如果某项成本费用在一定时期和一定范围内,不受产量、销量、营业收入或其他相关参数的增减变动影响而能保持不变,则该项成本费用属于固定成本费用。对固定成本费用的预测,通常以该固定成本费用在评估基准日的水平为基础,并经必要的调整(如非经营性资产对应的支出)。值得注意的是,固定成本费用只是在一定时期和一定范围内保持不变,超过一定时期或范围,固定成本费用将会发生变化。比如,当企业实际产量发生变化但未超过企业现有产能时,企业生产厂房的折旧费用保持不变;但当企业实际产量增长且超过了企业现有产能时,企业需要追加投资(如构建新的厂房等)以扩大产能,则企业的生产厂房折旧费也随之改变。

通常不宜基于企业总成本费用与企业营业收入之间的比例关系笼统地对企业成本费用进行预测。企业成本费用与企业收入之间的比例可能随着时间的改变而发生变化。第一,成本费用发生了变化,而企业收入保持不变。比如,在企业收入保持不变时,企业通过提高生产效率而降低了成本费用。第二,成本费用没有发生变化,而企业收入发生了变化。比如,企业保持成本费用的相对稳定,而面临着市场竞争的加剧,被迫降低产品的销售价格,使得企业收入下降。第三,两者同时发生同向变化,但两者变化幅度有明显差异。比如,在规模效应和充分利用现有产能等因素的影响下,企业营业收入和总成本费用虽然同时上涨,但总成本费用的涨幅可能小于营业收入的涨幅。第四,二者同时发生反向变化。比如,销售增加而成本费用减少(这可能会出现在一家从初创期向成长期过渡的企业),或者销售减少而成本费用增加(这可能出现在处于经营困境中的企业)。

对成本费用预测应重点关注企业成本费用变化的规律及其与营业收入的关系。具体注意事项列举如下:预测产品或服务的成本费用结构(人工成本、材料成本、制造费用、变动成本、固定成本)与历史数据的对比情况;预测的毛利率与历史毛利率的对比情况;预测的毛利率与行业中其他企业的毛利率水平的对比情况;企业未来产品结构的变化情况及其对成本结构的影响;企业历史及未来各项变动成本费用占收入的比例的对比情况;企业未来收益与企业未来实行的会计政策和税收政策保持一致的情况等。

(3) 资本性支出的预测方法及注意事项。资本性支出的目的,是为了形成、保持或扩大企业的生产或服务能力,相应地,资本性支出包括两类:一是为了弥补企业现有生产能力对应资产的损耗而做出的维修或以旧换新等投资,称作存量资本性支出或更新资本性支出;二是为了扩大企业生产能力而新增的投资,称作增量资本性支出或新增资本性支出。对这两类资本性支出,一般系基于资本性支出的时点为界限进行划分的。比如,详细预测期第一年为扩大生产能力而追加了一笔投资,相对于评估基准日而言,该笔追加投资属于增量资本性支出,但该笔追加投资完成后,企业为保持其产能(即该笔追加投资后的企业总产能)而做出的维修或以旧换新的投资,则属于存量资本性支出。

资本性支出的预测,主要包括对固定资产、无形资产和非流动资产等投资项目的购建项目及其数量、购建价格等参数做出估计。购建项目及其数量的预测,应基于生产能力对应的资产规模、资产结构以及资产配置,并考虑企业设计能力和生产管理水平等因素的影响。购建价格的预测,可通过可行性研究投资估算、初步设计概算或施工图预算等资料进行测算;也可通过市场途径,即在参照项目实际购建成本基础上,根据资产规模、资产结构等差异以及价格指数变化等情况进行必要修正后得出。

对资本性支出预测应重点关注企业未来的资本性支出与企业生产能力、企业预计产量之间的匹配关系。在详细预测期,若企业预计产量高于评估基准日的企业生产能力,则资本性支出不仅包括存量资本性支出,也包括增量资本性支出;若企业预计产量低于评估基准日企业生产能力,则资本性支出仅包括存量资本性支出,不包括增量资本性支出。在稳定期,若企业的收益预计按一定金额或一定比例持续增长且该增长有赖于企业生产能力的不断扩大,则资本性支出不仅包括存量资本性支出,也包括增量资本性支出;若企业的生产能力和收益均预计保持平稳,则资本性支出仅包括存量资本性支出。若企业收益期为无限年期,该企业稳定期的资本性支出,不宜简单采用详细预测期最后一年的预测值,而一般可通过年金化法进行测算。

对资本性支出的预测,还需注意以下事项:预测的资本性支出的具体构成情况(用于扩大再生产的资本性支出、用于更新现有固定资产的资本性支出);预测的资本性支出的预测依据和测算过程(总投资额、投资明细、分年度投资额、投产时间和投产后的收益等的预测依据以及审核批准情况);预测用于更新现有固定资产的资本性支出所采用的经济寿命年限与行业惯例的对比情况;企业为满足资本性支出所需要准备的资金情况等。

(4)营运资金的预测方法及注意事项。在企业价值评估领域,营运资金其实是经营营运资金的简称,经营营运资金是指经营性流动资产与经营性流动负债的差额。对营运资金的预测,通常有两种途径,即综合分析途径和分项预测途径。运用这两种途径对营运资金进行预测过程中,对涉及的相关参数,可分别选择定性或定量预测方法进行预测。

综合分析途径,是指基于营运资金与营业收入之间的比例关系来预测营运资金的途径,一般是通过建立以营业收入为自变量、以营运资金为因变量的回归方程,通过营业收入的变化来推测营运资金的变化情况,这种方法的前提是营运资金与营业收入高度相关。

分项预测途径,是指分别对经营性流动资产和经营性流动负债的各组成项目进行预测,进而测算营运资金的途径。运用分项预测途径,主要包括对应收票据及应收账款、存货、应付票据及应付账款、最佳现金持有量以及其他相关参数做出估计。对这些参数进行预测,可采用周转模式。比如,以营业收入预测值除以应收账款周转率预测值得出应收账款预测值,以营业成本预测值除以存货周转率预测值得出存货预测值,以营业成本预测值除以应付账款周转率预测值得出应付账款预测值，以付现成本预测值除以现金周转率预测值得出最佳现金持有量预测值。各类周转率预测值，可在企业历年及当期周转率水平基础上，采用定性或定量预测方法做出估计。此外，最佳现金持有量的预测方法，除运用周转模式以外，还可以采用成本分析模式、存货模式和随机模式。成本分析模式是通过分析持有现金的机会成本、管理成本和短缺成本，寻找使总成本最低的现金持有量。存货模式将现金视为一项特殊的存货，假定企业的现金流入和流出稳定并且可以预测，在需要现金时可以通过出售有价证券迅速变现取得，通过分析机会成本与交易成本，寻找使这两者总成本最低的现金持有量。随机模式是在现金需求量难以预知的情况下进行现金持有量控制的方法。对企业来讲，现金需求量往往波动大且难以预知，但企业可以根据历史经验和现实需要，测算出一个现金持有量的控制范围，即制定出现金持有量的上限和下限，将现金量控制在上下限之内。当现金量达到控制上限时，用现金购入有价证券，使现金持有量下降；当现金量降到控制下限时，则抛售有价证券换回现金，使现金持有量回升。若现金量在控制的上下限之内，便不必进行现金与有价证券的转换，保持它们各自的现有存量。

对营运资金预测应重点关注营运资金与企业生产和销售规模的关系。具体注意事项列举如下：预测营运资金水平与企业经营预测情况（业务经营模式、结算方式、信用账期）的匹配关系；企业营运资金涉及项目（存货、应收账款、应付账款）的周转天数计算方法；最佳现金持有量的计算方法；详细预测期营运资金水平与预测的企业增长情况的相关关系；企业为满足营运资金增加额所需要准备的资金情况等。

（5）收益期是有限期时现金流量预测的注意事项。当企业收益期为有限期时，不仅要对详细预测期里每年持续经营所产生的现金流量进行逐年预测，还需预测企业经营到期时残余资产的价值，作为收益结束日当年可回收的现金流量。详细预测期现金流量现值和到期时可回收现金流量现值之和即为被评估企业经营性资产和负债的价值。

5. 收益预测合理性的分析

考虑到对企业未来收益进行预测是一项非常复杂的工作，需要考虑企业内外部影响因素，又容易受到评估专业人员能力和主观判断的影响，而收益预测结果又直接影响或决定着企业价值的评估结果，因此，评估专业人员在对企业未来收益做出初步预测后，应该对该初步预测结果进行检验和分析，以判断所做预测的合理性。对企业未来收益的初步预测结果进行检验和分析，通常可以从以下几个方面进行：第一，将详细预测期企业收益的发展方向和变化趋势与企业历史收益进行对比。如预测的结果与企业历史收益的平均趋势明显不符，或出现较大变化又无充分理由加以支持，则该预测的合理性值得怀疑。第二，对影响企业价值的敏感性因素进行严格检验。敏感性因素通常具有两方面的特征：一是该类因素未来存在多种变化；二是该类因素的小幅变化就会对企业价值产生明显影响。第三，对所预测的企业收入与成本费用变化的一致性进行检验。成本费用中的可变成本与收入之间往往呈现较强的相关性，成本费用中的固定成本虽与收入之间并无明显的相关性，但也并非一成不变的，也会受企业规模的影响。若企业未来的收入变化而成本费用并无变化，则该预测值不合理。第四，将收益法评估结果与其他方法的评估结果进行比较，进而对收益预测值的合理性做出检验。

第三节 折现率的确定

折现率是指将未来各期收益折算成现值的比率。从本质上讲，折现率是一种期望投资报酬率，是投资者在投资风险一定的情况下对投资所期望的回报率，即投资者要求的报酬率。

投资者未来获得一定数量的收益所带来的效用不等于当前获得相同数量的收益所带来的效用，这是由于时间偏好因素和投资风险因素的作用，需要通过折现率将未来的收益还原或转换为当前的收益。因此，从这个意义上讲，折现率由无风险报酬率和风险报酬率组成。无风险报酬率是指没有投资限制和障碍，任何投资者都能投资并能够获得的投资报酬率，是对资金时间价值的转换和反映。风险报酬率是对投资风险的一种补偿，由于不确定性的存在和人们风险回避的态度，需要对投资风险给予一定的补偿。从数量上看，风险报酬率是超过无风险报酬率的那部分投资报酬率。

如果一项投资的收益恒定不变且永续存在，则该项投资的现值即等于年度收益除以折现率，此时的折现率即为资本化率。因此，资本化率是一种特殊的折现率，资本化率与投资收益、投资现值的关系如下：

$$产生收益的投资的现值 = \frac{年投资收益}{资本化率}$$

$$资本化率 = \frac{年投资收益}{产生收益的投资的现值}$$

从上述资本化率与投资收益、投资现值的关系可以看出，年投资收益可以有税前收益或税后收益口径，也可以有权益收益或全投资收益口径，对于同一项投资来说，不论年投资收益选择哪一种投资收益口径，产生收益的投资的现值都是不变的，这也就要求资本化率的口径应当与年投资收益的口径保持一致。资本化率与收益口径应当保持一致的规律和要求，同样适用于一般的折现率。折现率与收益口径的匹配关系如表3-8所示。

表3-8　　　　　　　折现率与收益口径的匹配关系

收益口径	匹配的折现率	对收益折现得出的价值内涵
权益投资形成的税后收益，如净利润、股权自由现金流量	税后的权益回报率	股东全部权益价值
全投资形成的税后收益，如息前税后利润、企业自由现金流量	根据税后权益回报率和税后债务回报率计算的加权平均资本成本	企业整体价值
权益投资形成的税前收益，如利润总额	税前的权益回报率	股东全部权益价值
全投资形成的税前收益，如息税前利润	根据税前权益回报率和税前债务回报率计算的加权平均资本成本	企业整体价值

回报率是资金所有者由于放弃当前收益、承担未来收益风险而获得的一种补偿；资本成本是资金使用者由于使用他人资金而付出的代价。因此，回报率和资本成本是同一事项

的两面，资金使用者付出的资金成本也就是资金提供者获得的回报，通常可以用资本成本来衡量回报率。因此，表3-8中的权益回报率也可以表述为股权资本成本，债务回报率可表述为债务资本成本。

一、股权资本成本

测算股权资本成本的常用方法有资本资产定价模型、套利定价模型、三因素模型和风险累加法。

（一）资本资产定价模型

资本资产定价模型（Capital Asset Pricing Model，CAPM）是美国学者夏普、林特尔、莫森等在现代投资组合理论的基础上发展起来的，它是现代金融市场价格理论的支柱，广泛应用于投资决策和资产评估领域。

1. 资本资产定价模型的计算公式

资本资产定价模型将风险溢价和风险通过数学模型有机地联系起来，具体是以 β 值表示市场整体的波动给单个资产带来的系统性风险，将资产的期望收益率表示为无风险报酬率和 β 值的函数，计算公式如下：

$$R_e = R_f + \beta \times (R_m - R_f) + R_s$$

其中：

R_e——股权资本成本；

R_f——无风险报酬率；

β——企业风险系数，指相对于市场收益率的敏感度；

R_m——市场的预期报酬率；

$(R_m - R_f)$——市场风险溢价；

R_s——企业特有风险调整系数。

（1）无风险报酬率。无风险报酬率是投资无风险资产所获得的投资回报率，表示即使在风险为零时，投资者仍期望就资本的时间价值获得的补偿。无风险（或风险为零）必须具备两个条件：一是没有违约风险或违约风险可以忽略，投资者可以毫无损失地获得投资本金和投资收益；二是没有投资和再投资风险，能够在特定时间内按预期完成投资或再投资。因此，所谓的无风险（或风险为零）投资是指既没有违约风险也没有投资和再投资风险的投资。

评估实务中，国际上通行的做法是参考不存在违约风险的政府债券利率确定。但政府债券有很多种期限，它们的利率也不同，那么究竟应该选择何种期限的政府债券利率作为无风险报酬率呢？理想的做法是对应每一个现金流量使用一个到期日与之相同的政府债券利率，但在评估实践中这个理想状况较难实现，通常选用中长期政府债券利率代替。国际上，企业价值评估中最常选用的为10年期政府债券利率。更长期的债券，由于缺乏流动性，其价格和回报溢价具有一定的滞后性。而由于企业未来收益由未来多期现金流量甚至无限期现金流量组成，以短期政府债券利率来衡量无风险报酬率与收益期限不匹配，因此，进行企业价值评估时，通常不宜选择短期债券利率作为无风险报酬率。

债券利率有票面利率和到期收益率，那么应选择哪种利率作为无风险报酬率呢？不同时间发行的长期政府债券，其票面利率不同，有时相差很大。长期政府债券的付息期不同，有半年期或一年期等，还有到期一次还本付息的。因此，不适宜选用票面利率。应当选择上市交易的政府长期债券的到期收益率作为无风险报酬率的代表。不同年份发行的、票面利率和计息期不等的上市债券，根据当前市价和未来现金流量计算的到期收益率只有很小的差别。各种长期政府债券的到期收益率与票面利率会有很大区别。

目前，在我国企业价值的评估实务中，无风险报酬率通常选取与企业收益期相匹配的中长期国债的市场到期收益率，通常收益期在10年以上的企业选用距评估基准日10年的长期国债到期收益率，收益期在10年以下的企业选用距评估基准日对应年限的长期国债到期收益率。

（2）β系数。β系数是衡量一种证券或一个投资组合相对于总体市场的波动性的一种风险评价工具。风险是实现未来收益的不确定性，资本市场理论把风险分为系统风险和非系统风险。系统风险由综合因素导致，个别企业或投资者无法通过多样化投资予以分散。非系统风险由单个的特殊因素所引起，这些特殊因素的发生是随机的，因此可以通过多样化投资来分散。若投资者采用了足够数量的、分散性极好的组合投资并消除了非系统风险，则这样的投资组合只需承担系统风险，资本市场整体便具备了这样的特征。而β系数是衡量系统风险的指标，可以将资本市场整体的β系数定义为1。投资一家公司的股票，如果该股票的β系数为1.2，则说明其波动率是股市平均波动率的1.2倍，也就是该股票风险比整个股市平均风险（即系统风险）高20%；相反，如果该股票的β系数为0.8，则说明其波动率是股市平均波动率的0.8倍，也就是该股票风险比整个股市平均风险（即系统风险）低20%。一般来说，一个公司β系数的大小取决于该公司的业务类型、经营杠杆和财务杠杆等因素。通常，在其他因素相同的情况下，周期性公司的β系数高于非周期性公司，经营杠杆较高的公司的β系数高于经营杠杆较低的公司，财务杠杆较高的公司的β系数也高于财务杠杆较低的公司。

对于公开交易股票（即上市公司股票），可以采用回归方法计算β系数，即用历史上一定时期个别股票的收益率相对于市场收益率进行回归分析，回归曲线的斜率就是个别股票的β系数，表示个别股票的风险。股票i的β系数计算公式为：

$$\beta_i = \frac{Cov(R_i, R_m)}{\sigma_m^2}$$

其中：

$Cov(R_i, R_m)$——一定时期内股票i的收益率和市场收益率的协方差；

σ_m^2——一定时期内市场收益率的方差。

采用上述回归分析方法计算β系数，影响β系数的因素主要有三个：

第一，反映股票市场整体价格水平的指数种类的选择。用于反映股票市场价格水平的指数有很多，大多数情况下，所估算的β系数对所选择的市场指数并不特别敏感，但由于不同指数所包含的样本股以及样本股的权重不同，根据不同的市场指数计算出来的β系数还是有一些差别的。因此，选择的市场指数应该具有充分的代表性，以保证反映整个市场的价格动向。

第二，观察间隔期的选择。股票收益可能建立在每年、每月、每周甚至每日的基础上。理论上讲，对回报率的预测越频繁，对协方差的估算以及对β系数的测算就会越准确，但当某种股票很少交易时，在没有成交或停牌期间的收益率为0，由此引起的偏差会降低股票收益率与市场收益率之间的相关性,也会降低该股票的 β 系数。使用每周或每月的收益率就能显著降低这种偏差,因此被广泛采用。年度收益率较少采用,因为对年度收益率进行回归分析需要使用很多年的数据,在此期间资本市场和企业都发生了很大变化。

第三,样本期间长度的选择。一般情况下,公司风险特征无重大变化时,可以采用5年或更长的样本期间长度;如果公司风险特征发生重大变化,应当使用变化后的年份作为样本期间长度。此外,样本的期间长度还应与观察间隔期的长度相关,选择月作为观察间隔期时的样本期间长度,要明显长于选择日作为观察间隔期时的样本期间长度。

在采用收益法对非上市公司进行评估时,由于非上市公司并无连续成交的历史交易数据,因此无法直接采用上述回归分析方法计算出非上市公司的 β 系数。评估实务中,一般是通过在公开交易市场中选择与被评估企业类似的公司作为可比公司,用可比公司的 β 系数并经一定的调整后间接地得出非上市公司的 β 系数,主要步骤如下:

首先,估算可比上市公司的原始 β 系数。在筛选出与被评估企业类似的可比公司后,采用上述回归分析法计算可比公司的 β 系数,也可以通过一些专业财经资讯平台、证券投资机构、投资咨询机构所发布的数据产品中查询可比公司的 β 系数。

其次,对可比上市公司的原始 β 系数进行必要的调整,得出可比上市公司调整后 β 系数。上述回归分析方法计算的 β 系数,采用的是上市公司一定时期的历史数据,因此,估算得出的 β 系数应该是上市公司股票的历史 β 系数,但是采用资本资产定价模型求取的折现率应该是未来预期的折现率,要求估算的 β 系数也是未来预期的 β 系数。这就面临着这样一个问题——采用历史数据估算出的 β 系数能否作为未来的 β 系数。将过去的 β 系数用于反映现在或将来的风险,则必须要求估算出来的 β 系数要有一定的稳定性才具有可靠性。因此,有必要对可比上市公司的原始 β 系数进行必要的调整。比如,彭博资讯(Bloomberg)公布的调整后的 β 系数的计算公式如下:

调整后的 β 系数 = 原始 β 系数 $\times 67\% + 1 \times 33\%$

上式系用历史 β 系数占2/3、市场 β 系数(假设为1)占1/3的平均方式,对基于历史数据的原始 β 系数进行调整。这种调整也称为平滑调整,其基于这样的假设:随着时间的推移,β 系数将向1的市场整体 β 系数接近。

再次,将可比上市公司调整后的 β 系数去财务杠杆,得出可比上市公司调整后无财务杠杆 β 系数。由于财务杠杆高低会影响 β 系数的取值,具有不同资本结构的可比公司会有不同的 β 系数,因此,需要将可比上市公司调整后有财务杠杆的 β 系数换算成可比上市公司调整后无财务杠杆的 β 系数,换算公式如下:

$$\beta_u = \frac{\beta_l}{1 + (1 - T) \times \frac{D_i}{E_i}}$$

其中:

β_u——可比上市公司调整后无财务杠杆 β 系数;

β_l——可比上市公司调整后有财务杠杆 β 系数;

T——企业所得税税率;

D_i——可比公司的付息债务;

E_i——可比公司的权益资本。

最后,根据可比上市公司调整后无杠杆 β 系数和被评估企业的资本结构,计算得出被评估企业的有财务杠杆 β 系数。计算公式如下:

$$\beta_e = \beta_u \times \left[1 + (1 - T) \times \frac{D_m}{E_m}\right]$$

其中:

β_e ——被评估企业有财务杠杆 β 系数;

D_m ——被评估企业的付息债务;

E_m ——被评估企业的权益资本。

【例3-9】可比公司 B 的 β 值为 1.2,资本结构为付息债务占 20%,权益资本占 80%。目标公司 A 的资本结构为付息债务占 40%,权益资本占 60%,可比公司和目标公司的所得税税率均为 25%。根据以上资料,求目标公司 A 的 β 值。

解:可比公司 B 的无财务杠杆 β 值为:

$$\beta_u = \frac{\beta_l}{1 + (1 - T) \times \frac{D_i}{E_i}} = \frac{1.2}{1 + (1 - 25\%) \times \frac{0.2}{0.8}} = 1.01$$

目标公司的 β 值为:

$$\beta_e = \beta_u \times \left[1 + (1 - T) \times \frac{D_m}{E_m}\right] = 1.01 \times \left[1 + (1 - 25\%) \times \frac{0.4}{0.6}\right] = 1.52$$

被评估企业的资本结构通常不宜直接采用被评估企业的历史或评估基准日的资本结构,而应选择目标资本结构。主要原因在于历史或现行的资本结构可能并不稳定,企业管理层可能在未来不断进行调整,因此,最终确定的资本结构应是能反映企业整个收益期内的综合预期水平,并且还要考虑债务取得途径及债务金额是否可实现等因素,因为随着债务金额的增加,违约风险增加,债务取得的难度也会加大。

(3)市场风险溢价。市场风险溢价也称为股权超额风险回报率(Equity Risk Premium,ERP),是对于一个充分风险分散的市场投资组合,投资者所要求的高于无风险报酬率的回报率。而股票交易市场通常被认为是充分风险分散的市场,因此,市场风险溢价也可理解为股票市场所期望的超过无风险报酬率的部分。

作为资本资产定价模型中的一个重要参数,市场风险溢价也是前瞻性的概念,无法事先观测到。目前,国际上对于市场风险溢价的估算方法主要包括三类:一是面向未来的方法。面向未来的方法主要有贴现现金流量法,包括单阶段和多阶段法,实质上是根据已知估值结果反向推算市场风险溢价的方法,但不同的预测方法往往会产生很大的差异。二是基于当前的方法。基于当前的测算方法通常是把当前的市场变量(如股息额—股价比)彼此联系起来进行回归分析,以预测市场风险溢价。三是基于历史的方法。基于历史的方法主要为收益变现法,是运用历史收益来估计未来收益,运用投资者在一些持有期已经实现的平均收益溢价来计算。

在评估实务中,上述计算市场风险溢价的三类方法中,基于历史的收益变现法运用较为普遍,该方法的理论假设为:过去的市场行为提供了未来行为的基础,投资者的预期受市场历史表现的影响。如果周期性收益(如年度性收益)是相互独立的(不相关),并且在一定时期呈稳定状态,则历史收益的平均值提供了未来期望收益。历史证券价格反映了

可观测到的证券的收益,通过分析历史上的市场风险溢价,可以合理地估计同样价格水平上的风险溢价。应注意以下两个问题:

第一,时间跨度的选择。由于股票收益率非常复杂多变,影响因素很多,因此,较短的期间所提供的风险溢价比较极端,无法反映平均水平,应选择较长的时间跨度。例如,用过去几十年的数据计算权益市场平均收益率,其中既包括经济繁荣时期,也包括经济衰退时期,要比只用最近几年的数据计算更具代表性。

第二,权益市场平均收益率是选择算术平均数还是几何平均数。算术平均数是在这段时间内年收益率的简单平均数,而几何平均数则是同一时期内年收益率的复合平均数,两种方法算出的风险溢价往往存在差异。主张使用算术平均数的理由是:算术平均数更符合资本资产定价模型中的平均方差的结构,因而是下一阶段风险溢价的一个更好的预测指标。主张使用几何平均数的理由是:几何平均数的计算考虑了复合平均,能更好地预测长期的平均风险溢价。多数人倾向于采用几何平均法。一般情况下,几何平均法得出的预期风险溢价比算术平均法要低一些。

【例3-10】某证券市场最近两年的相关数据如表3-9所示。

表3-9 各期的市场收益率

时间(年末)	价格指数	市场收益率
0	2 500	
1	4 000	(4 000 − 2 500) ÷ 2 500 = 60%
2	3 000	(3 000 − 4 000) ÷ 4 000 = −25%

算数平均收益率 = $[60\% + (-25\%)] \div 2 = 17.5\%$

几何平均收益率 = $\sqrt{3\,000 \div 2\,500} - 1 = 9.54\%$

(4)企业特定风险调整系数。企业特定风险调整系数是衡量被评估企业与可比上市公司风险差异的一个指标。在计算被评估企业的 β 系数时,要基于可比上市公司调整后无杠杆 β 系数和被评估企业的资本结构,计算得出被评估企业的有财务杠杆 β 系数,这一计算过程量化了被评估企业和可比上市公司在财务杠杆方面的差异对风险所产生的影响。但不同企业之间 β 系数的差异,不仅受财务杠杆差异的影响,而且也会受到不同企业在业务类型、企业发展阶段、行业竞争地位、经营杠杆等其他因素方面存在差异的影响。

如果市场上存在足够多的可比上市公司,并且这些可比上市公司与被评估企业有类似的风险特性,可比上市公司的股票交易价格中已反映了这些风险特性,则通过可比上市公司股票交易价格计算的 β 系数已反映了被评估企业的风险特性,就无须再对被评估企业进行特定风险调整。然而,现实中经常没有足够多的可比上市公司,或者可比上市公司与被评估企业的风险特性往往存在差异,在这种情况下,就应当对公司特定风险进行调整。

对被评估企业的特定风险进行调整,具体通过在调整前的资本资产定价模型得出的报酬率基础上,加上调整系数或减去调整系数来实现。与可比上市公司相比,被评估企业的特定风险因素主要包括企业规模、企业所处经营阶段、主要产品所处的发展阶段、企业经营业务或产品的种类及区域分布、企业历史经营状况、企业内部管理和控制机制、管理人员的经验与资历、对主要客户及供应商的依赖等。

【例3-11】 承【例3-9】，已知目标公司 A 的 β 值为 1.52，无风险报酬率为 3%，市场组合的预期收益率是 10%，企业特定风险调整系数为 2%，求其股权资本成本。

$$R_e = R_f + \beta(R_m - R_f) + R_s = 3\% + 1.52 \times (10\% - 3\%) + 2\% = 15.64\%$$

2. 资本资产定价模型的适用性

资本资产定价模型通过 β 系数的引入，能够衡量企业的超额收益对于市场超额收益的敏感程度，较好地解释了企业风险与其未来收益之间的关系。但资本资产定价模型的基本假设主要包括市场的信息是完全充分的和对称的、金融市场是完全有效的、理性预期成立、投资者属于风险厌恶等内容，这些基本假设在整体市场、特定企业中难以完全满足，使得资本资产定价模型受到一定的挑战。

尽管如此，资本资产定价模型仍然提供了估计股权资本成本的合理框架，包含了风险种类和风险测度的思想，是企业价值评估理论的一个突破性发展，为股权资本收益率的计量提供了一条有效途径。目前，资本资产定价模型是估计股权资本成本时被最广泛使用的方法，当企业所属经济环境内的资本市场数据充分，且可找到与目标企业可比的上市公司数据时，可选用资本资产定价模型测算股权资本成本。不过，评估专业人员有必要认识到该模型本身存在的局限性，以便在评估实务中加以改进。

(二) 套利定价模型

1. 套利定价模型的计算公式

套利定价模型（APT）是由罗斯（Stephen A. Ross）于 1976 年提出的，该模型以收益率形成过程的多因子模型为基础，认为证券收益率与一组因子线性相关，这组因子代表资产收益率的一些基本因素，且假设均衡中的资产收益取决于多个不同的外生因素。套利定价模型拓展了更多影响风险资产收益的因素，并根据无套利原则，得到风险资产均衡收益与多个因素之间存在线性关系的结论。

当资产的期望收益率与按照套利定价公式确定的收益率不符时，人们就可以通过低买高卖赚取差价，直至市场均衡无套利存在。当且仅当期望收益率是敏感性的线性函数时，不存在套利机会，这时市场达到均衡。则有：

$$E(r_i) = \lambda_0 + \beta_{i1}\lambda_1 + \beta_{i2}\lambda_2 + \cdots + \beta_{ik}\lambda_k$$

其中：

$E(r_i)$——资产 i（$i = 1, 2, \cdots, n$）的预期报酬率；

λ_0——零系统风险（$\beta_{i1} = \beta_{i2} = \cdots = \beta_{ik} = 0$）资产或零 β 组合的期望收益率；

λ_j——$j = 1, 2, \cdots, k$，k 个相互独立的因子风险溢价；

β_{ij}——第 j 个风险溢价和资产 i 之间的定价关系，反映资产 i 对于第 j 个影响因素的敏感度。

如果市场有无风险资产，则上式即为套利定价模型。即套利定价模型的公式如下：

$$E(r_i) = r_f + \beta_{i1}\lambda_1 + \beta_{i2}\lambda_2 + \cdots + \beta_{ik}\lambda_k$$

或：

$$E(r_i) = r_f + \beta_{i1}(\delta_1 - r_f) + \beta_{i2}(\delta_2 - r_f) + \cdots + \beta_{ik}(\delta_k - r_f)$$

其中：

r_f——无风险报酬率；

δ_j——$j = 1, 2, \cdots, k$，因素 j 对应的因素资产收益率。

从上述套利定价模型可以看出，资产的期望收益率是建立在资产的因子敏感系数和因子的风险溢价之上的，每项资产 i 的期望收益率都可以表示成无风险报酬率和该资产对 k 个共同因子风险溢价的线性组合。

建立套利定价模型的关键在于因素的筛选。套利定价模型虽然较为全面地解释了收益率，在形式上能更好地依靠数理统计，但该模型并没有指出影响证券的具体因素及数量。在实务中，套利定价模型的因素筛选通常采用以下两种方法：一是采用因素分析或主成分分析的统计方法求解真正独立的理想状态的共同因素；二是人为设定一组宏观经济变量，用这些变量对资产收益率进行回归，并通过拟合程度的显著性检验确定最终的共同因素。

2. 套利定价模型的适用性

不论是套利定价模型，还是资本资产定价模型，均假设投资者面临着不可避免的系统性风险。但两者考虑的变量和因素不同：资本资产定价模型实质上是一种单变量模型，通过市场来判断系统性风险；而套利定价模型是一个多因素回归模型，通过一组经济要素来判断系统性风险，在该模型中，一项投资的股权资本成本根据投资对于每一个风险因素的敏感度而改变。在某种意义上，套利定价模型是资本资产定价模型的多变量扩展形式，它可以识别一项投资预期收益率中多种风险因素，资本资产定价模型中的市场风险也通常包含在其中。因而，套利定价模型和资本资产定价模型不是相互排斥的，资本资产定价模型可看成是套利定价模型的特例。

目前，套利定价模型在评估实务中尚未被广泛采用，其原因主要有以下两点：首先，套利定价模型虽然指出了通过多种因素判断系统风险的思路，但并没有归纳出具体的变量或因素，也没有指出哪些变量或因素是最有效的，系统性风险因素的选择并无有说服力的理论依据，而必须根据经济条件的变化和实证研究来做出选择和调整；其次，套利定价模型的运用过程较为复杂，因为不同因素的 β 系数比单因素的 β 系数更难确定。

（三）三因素模型

1. 三因素模型的计算公式

三因素模型也称 Fama – French 三因素模型，是由法玛（Fama）和弗兰奇（French）于 1992 年提出的，该模型认为，一个投资组合（包括单个股票）的超额回报率按照以下三个因素进行回归计算得出：市场的超额回报率、期望的规模风险溢价、期望的价值风险溢价。三因素模型的计算公式如下：

$$E(r_i) = r_f + (B_i \times ERP) + (s_i \times SMBP) + (b_i \times HMLP)$$

其中：

$E(r_i)$——目标证券 i 的预期报酬率；

r_f——无风险报酬率；

B_i——公司 i 的 β 系数，并不等同于资本资产定价模型中的 β 系数；

ERP——市场风险溢价；

s_i——股票的预期报酬率对于公司大小的敏感程度；

$SMBP$——期望的规模风险溢价，用小规模股票市值组合与大规模股票市值组合的历史年回报率的差额进行估计；

b_i——股票的预期报酬率对于账面价值市值比的敏感程度；

$HMLP$——期望的价值风险溢价，高账面价值市值比相对于低账面价值市值比的超额回报率。

2. 三因素模型的适用性

三因素模型是实证性驱动模型，法玛和弗兰奇是在检验了许多因素之后才发现能够解释目标证券期望回报率的三个因素。相比于套利定价模型在变量选择方面的随意性和主观性，三因素模型明确指出了公司收益率的决定因素，运用历史数据，根据目标公司的收益率以及市场收益率、规模因素模拟组合收益率、账面价值市值比因素模拟组合收益率，就可以回归求出相应的 β 系数。

（四）风险累加法

1. 风险累加法的计算公式

风险累加法求取股权资本成本的思路是股权资本成本等于无风险报酬率加上各种风险报酬率，其计算公式为：

$$R_e = R_f + R_r$$

其中：

R_e——股权资本成本；

R_f——无风险报酬率；

R_r——风险报酬率。

无风险报酬率的确定方法与资本资产定价模型中的无风险报酬率的确定方法相同。运用风险累加法估算股权资本成本，关键在于企业所面临的各种风险报酬率的确定。

企业在其持续经营过程中可能要面临许多风险，包括行业风险、经营风险、财务风险以及其他风险，将企业可能面临的风险量化在回报率上并累加，便可得到股权资本成本中的风险报酬率。用数学公式表示为：

风险报酬率 = 行业风险报酬率 + 经营风险报酬率 + 财务风险报酬率 + 其他风险报酬率

行业风险主要指企业所在行业的市场特点、投资开发特点，以及国家产业政策调整等因素造成的行业发展不确定性给企业未来收益带来的影响。

经营风险是指企业在经营过程中，由于市场需求变化、生产要素供给条件变化以及同类企业间的竞争给企业的未来收益带来的不确定性影响。

财务风险是指企业在经营过程中的资金融通、资金调度、资金周转可能出现的影响企业未来收益的不确定性因素。

其他风险是指除行业风险、经营风险、财务风险以外的其他个别风险。

2. 风险累加法的适用性

无风险报酬率和风险溢价是资本成本的两个主要构成成分，因此，风险累加法比较直观地反映了资本成本的组成内容。目前，由于各项风险报酬率的量化主要依赖经验判断，其粗略性和主观性明显。只有在评估专业人员充分了解和掌握国民经济的运行态势、行业发展方向、市场状况、同类企业竞争情况以及被评估企业的特征的基础上，对风险报酬率的经验判断才可能较为合理。

风险累加法与资本资产定价模型的最大不同之处在于：资本资产定价模型在某一特定股票中引入市场（系统性）风险作为对一般股权风险溢价的调整。因此，资本资产定价模型可理解为是在风险累加法基础上通过引入 β 系数进行扩展得到的模型。

二、加权平均资本成本

(一) 债务资本成本

债务资本成本是被评估企业融资时所发行债券、向银行借款、融资租赁等所借债务的成本,也是被评估企业的债权投资者投资被评估企业所期望得到的投资回报率。债务资本成本主要受即期利率水平、企业违约风险以及贷款期限的长短等因素的影响。同一时期的不同企业,由于企业的经营状况不同、资本结构不同,企业的偿债能力也会有所不同,企业债权人承担的投资风险也不尽相同,因此,债权投资者所期望的投资回报率也不尽相同。同一企业在不同时期,不仅企业的偿债能力可能会改变,贷款利率的市场行情和债权投资者自身的资金成本也可能发生变化,这些因素均可能导致债权投资者所期望的投资回报率发生变化。对债务资本成本进行估算主要有基于银行贷款利率进行估算、基于企业债券利率进行估算以及风险调整法这三种方法。

1. 估算债务资本成本的主要方法

对债务资本成本进行估算主要有以下三种方法:

(1) 基于银行贷款利率估算债务资本成本。这是以评估基准日现行的银行贷款利率市场行情,结合被评估企业的偿债能力,进而估算债务资本成本的一种方法。这种方法较为直观、简便,目前在国内运用较为广泛。

需要注意的是,在基于银行贷款利率估算债务资本成本过程中,不宜直接将贷款市场报价利率(LPR)作为被评估企业的债务资本成本。经国务院批准,自2013年7月20日起全面放开金融机构贷款利率管制,贷款利率已全面市场化,银行向被评估企业发放贷款,其贷款利率不仅受即期利率水平、贷款期限的影响,还会受被评估企业经营业绩、资本结构、信用等级、抵质押情况及第三方担保等因素的影响,在多种因素共同作用下按市场机制形成借贷双方均可接受的贷款利率。当然,贷款利率虽已全面市场化,但中国人民银行授权全国银行间同业拆借中心公布的贷款市场报价利率仍然具有较强的导向和信号作用。因此,在基于银行贷款利率估算债务资本成本的过程中,通常可在全国银行间同业拆借中心公布的贷款市场报价利率基础上,考虑被评估企业的贷款期限、经营业绩、资本结构、信用等级、抵质押情况及第三方担保等情况后,综合进行分析和判断。

(2) 基于企业债券利率估算债务资本成本。这是以评估基准日企业发行债券的到期回报率为基础估算债务资本成本的一种方法。运用这种方法,通常要求具有较为发达的债券交易市场,因此,目前该方法在成熟市场经济国家运用较为广泛。

在成熟市场经济国家,其债券交易市场比较发达,有很多不同类别的债券在市场上公开交易。另外,也都有专业的债券评级机构根据债券发行主体偿债能力等因素,对市场上公开交易的债券进行评级。比如,目前在美国主要有标准普尔公司和穆迪投资服务公司提供评级服务。标准普尔公司信用等级标准由高到低划分为AAA级、AA级、A级、BBB级、BB级、B级、CCC级、CC级、C级和D级;穆迪投资服务公司信用等级标准由高到低划分为Aaa级、Aa级、A级、Baa级、Ba级、B级、Caa级、Ca级、C级和D级。随着级别的降低,债券发行人偿债的能力降低,投资风险随之增加,债券投资者期望的债券收益率也相应提高。

如果企业目前有上市的长期债券,则可使用到期收益率法计算税前债务资本成本。如果企业没有上市债券,通常需要在债券市场上找到与被评估企业类似的债券发行主体企业发行的债券作为参照,计算参照债券的到期回报率,并经适当修正后,得出被评估企业债券的期望投资回报率。与被评估企业类似的债券发行主体,就是债券发行主体的信用等级与被评估企业的信用等级类似。如果被评估企业没有进行信用等级评价,可根据被评估企业的偿债能力分析估计可以达到的信用等级。对于具有持续经营能力的企业,企业偿债能力主要表现为已获利息倍数,即企业息税前利润除以当期企业应支付的债务利息总额所得的倍数。

(3) 风险调整法。使用风险调整法估计债务资本成本,就是在同期国债到期收益率的基础上加上企业的信用风险补偿率。

债务资本成本 = 国债到期收益率 + 企业的信用风险补偿率

企业的信用风险补偿率的大小可以根据信用级别来估计。具体做法如下:

① 选择若干信用级别与被评估企业相同的上市公司债券;
② 计算这些上市公司债券的到期收益率;
③ 计算与这些上市公司债券同期的国债到期收益率;
④ 计算上述两个到期收益率的差额,即信用风险补偿率;
⑤ 计算信用风险补偿率的平均值,作为被评估企业的信用风险补偿率。

2. 估算债务资本成本的注意事项

企业向银行和非银行金融机构借款、发行债券,企业都要支付利息,有时还需要支付一定的手续费,发行债券也要支付一定的发行费,这样债务资本成本率就高于银行贷款利率或债券票面利率。因此,在估算债务资本成本时,应考虑企业融资过程中需要支付的各项成本费用,避免遗漏。

债务资本成本作为财务费用在税前进行列支,因此,债务的税后成本是税率的函数。利息的抵税作用使得债务的税后成本低于税前成本。由于所得税的作用,债权人要求的收益率不等于企业的税后债务资本成本。从企业层面看,按债务资本成本是否考虑抵税作用的影响,可以将债务资本成本区分为税前债务资本成本(不考虑节税效应)和税后债务资本成本(考虑节税效应),两者的转换公式为:

税后债务资本成本 = 税前债务资本成本 × (1 - 企业所得税税率)

在运用收益法的过程中,究竟要选择税前债务资本成本还是税后债务资本成本,取决于对应的利息支出额的口径。若对企业支付给债权投资者的利息金额进行折现,应采用税前债务资本成本;若对企业承担的税后利息费用进行折现,则应采用税后债务资本成本。

(二) 优先股资本成本

在股份有限公司中,为满足具有不同偏好的投资者多样化的投资需求,股份有限公司可发行普通股和特别股。特别股是指公司发行的设有特别权利、特别限制的股份。特别股股东权利的内容一般在公司章程中予以确定,通常指其股东在公司盈余分配、公司剩余财产分配以及表决权行使等方面不同于普通股的股东。其中,在公司某些事项上享有特别权利即优先权的特别股,称为优先股。具体而言,优先股是指依照公司法,在一般规定的普通种类股份之外,另行规定的其他种类股份,其股份持有人优先于普通股股东分配公司利润和剩余财产,但参与公司决策管理等权利受到限制。

1. 估算优先股资本成本的主要方法

优先股股东按照约定的票面股息率，优先于普通股股东分配公司利润。公司应当以现金的形式向优先股股东支付股息，在完全支付约定的股息之前，不得向普通股股东分配利润。因此，优先股资本成本主要根据其股息率进行测算，具体公式如下：

$$R_p = \frac{D}{P_0(1-f)}$$

其中：

R_p——优先股的资本成本率；

D——每年支付的优先股股利；

P_0——优先股的筹资总额；

f——优先股的筹资费率。

【例3-12】A公司发行面值100元的优先股，规定的年股息率为6%，该优先股溢价发行，发行价为每股110元，筹资费率为发行价的4%，则该公司发行的优先股的资本成本为多少？

$$R_p = \frac{D}{P_0(1-f)} = \frac{100 \times 6\%}{110 \times (1-4\%)} = 5.68\%$$

优先股股东对公司的利润和剩余财产分配方面优于普通股股东，优先股股东获得回报的风险较低，按风险与收益对等的原则，相应地，优先股资本成本通常也低于普通股资本成本。当然，优先股的表决权通常处于劣后于普通股的地位，这多少会对优先股在利润和剩余财产分配方面的优先权形成一定的"抵消"作用。因此，优先股资本成本一方面体现了优先股股东可以优先分配公司利润和剩余财产所对应的收益风险水平，另一方面也要体现对优先股股东因参与公司决策管理等权利受到限制而应当给予的补偿因素。

2. 估算优先股资本成本的注意事项

从估算优先股资本成本的上述方法可以看出，优先股资本成本通常用优先股的市场利率表示，对于无法直接获取优先股市场利率的企业进行评估时，可通过与被评估企业具有可比风险的上市公司进行对比，参考具有可比风险的上市公司的优先股收益率，并经必要修正后，测算被评估企业的优先股资本成本。但应特别注意的是，不同企业优先股的权利内涵可能是不同的。按照优先权所针对事项的不同，可以将优先股进一步区分为表决权优先股、公司盈余分配优先股以及公司剩余财产分配优先股等。因此，在对比过程中，应注意区分具有可比风险的上市公司的优先股权利内涵与被评估企业的优先股权利内涵之间的差异，并在优先股资本成本的测算过程和测算结果中体现这些差异。

（三）加权平均资本成本

加权平均资本成本（Weighted Average Cost of Capital，WACC）是指将企业来自于各种渠道的资本成本，按照各自在总资本中的比重进行加权平均。企业的总资本也称为企业的全投资，包括企业权益资本和债务资本。因此，加权平均资本成本也称为全投资折现率，等于企业权益资本的回报率与债务资本的回报率的加权平均值。

1. 加权平均资本成本的计算公式

加权平均资本成本通常被当成企业全投资的投资回报率或者折现率。比如，对企业自由现金流量采用加权平均资本成本进行折现，得到企业整体价值。现以对企业自由现金流量进行折现得出企业整体价值的过程为例，推导加权平均资本成本的计算公式：

企业的全部投资 = 权益资本 E + 债务资本 D

企业自由现金流量（$FCFF$）= 净利润 + 债务利息 × (1 − 企业所得税税率 T)
+ 折旧与摊销 − 资本性支出 − 营运资金增加

则，在资本化方式下：

企业整体价值 = $\dfrac{FCFF}{WACC}$

$WACC = \dfrac{FCFF}{\text{企业整体价值}}$

企业整体价值等于权益资本价值和债务资本价值的合计数，所以：

$$WACC = \dfrac{FCFF}{D+E}$$

$$= \dfrac{FCFF - \text{债务利息} \times (1-T) + \text{债务利息} \times (1-T)}{D+E}$$

$$= \dfrac{FCFF - \text{债务利息} \times (1-T)}{D+E} + \dfrac{\text{债务利息} \times (1-T)}{D+E}$$

$$= \dfrac{FCFF - \text{债务利息} \times (1-T)}{D+E} \times \dfrac{E}{E} + \dfrac{\text{债务利息} \times (1-T)}{D+E} \times \dfrac{D}{D}$$

$$= \dfrac{FCFF - \text{债务利息} \times (1-T)}{E} \times \dfrac{E}{D+E} + \dfrac{\text{债务利息} \times (1-T)}{D} \times \dfrac{D}{D+E}$$

$$= \dfrac{E}{D+E} \times R_e + \dfrac{D}{D+E} \times R_d \times (1-T)$$

因此，加权平均资本成本的计算公式为：

$$WACC = \dfrac{E}{D+E} \times R_e + \dfrac{D}{D+E} \times R_d \times (1-T)$$

其中：

R_e——权益资本的投资回报率；

R_d——债务资本的投资回报率；

$FCFF -$ 债务利息 × (1−T) = 净利润 + 债务利息 × (1−T) + 折旧与摊销 − 资本性支出 − 营运资金增加 − 债务利息 × (1−T) = 净利润 + 折旧与摊销 − 资本性支出 − 营运资金增加 = 假设债务资本不变时的股权自由现金流量（$FCFE$），即为权益资本产生的自由现金流量。因此，$\dfrac{FCFF - \text{债务利息} \times (1-T)}{E}$ 实际就是权益资本的投资回报率 R_e。

【例 3−13】A 公司长期资金共有 10 000 万元，其中债务资本为 4 000 万元，权益资本为 6 000 万元。企业借入债务年利率为 5%，β 值为 1.4，所得税税率为 25%，且无风险报酬率为 3%，市场平均的预期报酬率为 10%。求该企业的 $WACC$。

解：计算权益资本成本 R_e：

$R_e = R_f + \beta \times (R_m - R_f) = 3\% + 1.4 \times (10\% - 3\%) = 12.8\%$

计算加权平均资本成本 $WACC$：

$WACC = \dfrac{E}{D+E} \times R_e + \dfrac{D}{D+E} \times R_d \times (1-T)$

$$= \frac{6\,000}{10\,000} \times 12.8\% + \frac{4\,000}{10\,000} \times 5\% \times (1 - 25\%) = 9.18\%$$

当企业的权益资本由普通股和优先股构成时，加权平均资本成本计算公式可扩展如下：

$$WACC = \frac{C}{D+C+P} \times R_c + \frac{P}{D+C+P} \times R_P + \frac{D}{D+C+P} \times R_d \times (1 - T)$$

其中：

C——普通股股本；

P——优先股股本；

R_c——普通股的投资回报率；

R_P——优先股的投资回报率。

推广到一般情况，加权平均资本成本的计算公式为：

$$WACC = \sum R_j W_j$$

其中：

R_j——第 j 种个别资本成本；

W_j——第 j 种个别资本占全部资本的比重。

个别资本成本可以采用税前或税后成本，但应与企业自由现金流量的口径匹配。评估实务中，个别资本成本和企业自由现金流量多采用税后口径。

2. 资本结构对加权平均资本成本的影响

资本结构的取值对加权平均资本成本至关重要。

当被评估企业在评估基准日的实际资本结构已经接近其目标资本结构，或公司会很快调整并维持在目标资本结构，通常可采用目标资本结构计算加权平均资本成本，且收益期各年的资本结构和加权平均资本成本均相同。

当企业未来年度的资本结构变化幅度很大，或企业当前资本结构还没有达到目标资本结构、预期要经过很长时间才能把资本结构调整到目标资本结构的水平，则每年应使用能反映企业当年情形的资本结构计算加权平均资本成本，直至达到目标资本结构后才将资本结构和加权平均资本成本固定下来。在这种情况下，若初始资本结构就直接采用目标资本结构会导致企业价值评估结果的错误。

根据收益口径与折现率口径相匹配的要求，加权平均资本成本匹配于企业自由现金流量等全投资口径的收益指标。在企业自由现金流量不变的前提下，企业价值最大化的目标要通过加权平均资本成本最小化来实现。通常情况下，债务资本成本要低于股权资本成本，在企业资本结构中，降低股权资本、增加债务资本可以降低加权平均资本成本，但与此同时，债务资本在总资本中的比重上升将提高企业的财务风险，债务资本成本将随之上升，企业风险的加大也将推高企业的 β 系数，在两种趋势共同作用下，在某一资本结构下，加权平均资本成本将达到最小，这一资本结构就是目标资本结构。

在计算资本结构的过程中，权益资本和债务资本的价值通常指市场价值。如果企业的权益和负债都是公开交易的，只需把每种证券的数量与其市场价格相乘便可以得到各自的市场价值。但对于非上市公司而言，计算资本结构的过程较为复杂。对一家非上市公司进行企业价值评估的目的，通常是因为该企业评估基准日的股权价值未知，评估企业股权价值的过程中需要确定资本结构，而确定资本结构的前提是要知晓企业股权价值。因此，资本结构与企业股权价值互为条件，形成循环推导问题。对该循环推导问题，可以通过迭代法来解决：首先，对股权资本选定一个初步估计的市场价值，计算资本结构和加权平均资本成本，对企业自由现金流量进行折现后，求取企业整体价值，扣除债务价值后，得到股权资本的价值，据此修正股权资本的权重；其次，利用修正的权重，重新计算资本结构和加权平均资本成本，据此进一步求得股权资本的价值，再修正股权资本的权重；最后，再次计算股权资本的权重，并重复上述步骤，直到所得出的股权资本结构与计算资本结构所采用的股权资本结构的差异小于一定的数额，此时，便可停止计算并确定评估基准日的资本结构。运用 Excel 计算时，可以通过建立循环计算解决迭代计算问题。

在对非上市的企业进行评估时，被评估企业目标资本结构的确定应综合考虑评估基准日的资本结构、管理层的融资理念、企业的融资能力和融资成本等因素。不同的细分行业，其资本结构呈现出不同的特征，比如在有形资产上投资比较大的行业，通常债务比率较高，而一些高成长性的行业，特别是无形资产较多的行业，其债务比率通常较低。因此，也可通过与可比企业的资本结构或行业平均资本结构进行对比，判断被评估企业的目标资本结构。通常不宜直接将可比企业的资本结构或行业平均资本结构作为被评估企业的目标资本结构，而应分析被评估企业与可比企业或行业在融资能力、融资渠道、融资成本等方面的差异后，进行修正得出被评估企业的目标资本结构。在其他条件相同的情况下，上市公司通常比非上市公司具有更强的融资能力和更低的融资成本。

第四节　收益法评估案例

一、评估案例基本情况

某电气设备制造企业（以下简称"被评估企业"）的股东拟采用增资扩股方式引入新的投资者，委托评估机构对被评估企业的股东全部权益价值进行评估。评估基准日为 2015 年 12 月 31 日。

被评估企业成立于 2009 年 10 月，注册资本为 5 000 万元。被评估企业为电气设备制造企业，主要生产变压器、电抗器、电容器等电气设备。其所在行业发展比较成熟，行业内的企业竞争比较充分，通过多年的发展，被评估企业已在区域市场占据较稳定的市场份额，其客户总体较为稳定。

被评估企业为一般纳税人，企业所得税税率为 25%。被评估企业 2013 ~ 2015 年的收入及利润情况如表 3 - 10 所示。

表 3 - 10　　　　　被评估企业 2013 ~ 2015 年利润表　　　　　单位：万元

项目	2013 年	2014 年	2015 年
一、营业收入	5 114.00	8 944.00	10 384.00
减：营业成本	3 743.00	5 414.00	6 358.00

续表

项目	2013 年	2014 年	2015 年
税金及附加	20.00	36.00	42.00
营业费用	627.00	1 627.00	1 861.00
管理费用	248.00	644.00	731.00
财务费用	36.00	63.00	72.00
资产减值损失	—	—	—
加：公允价值变动损益	—	—	—
投资收益	—	—	—
二、营业利润	440.00	1 160.00	1 320.00
加：营业外收入	—	—	—
减：营业外支出	—	—	—
三、利润总额	440.00	1 160.00	1 320.00
减：所得税	110.00	290.00	330.00
四、净利润	330.00	870.00	990.00

截至评估基准日，被评估企业账面总资产为 11 685 万元，负债总额为 4 285 万元（其中，短期借款 2 000 万元），净资产为 7 400 万元。

本次评估的评估对象为被评估企业的股东全部权益。评估范围为被评估企业的全部资产及负债。流动资产主要包括货币资金、应收账款、预付款项、其他应收款、存货等。非流动资产主要包括长期股权投资、固定资产、在建工程。流动负债主要包括短期借款、应付票据、应付账款、预收款项、应交税金、应付股利、其他应付款、其他流动负债等，无非流动负债。

二、评估过程和结果

（一）收益预测的假设条件

第一，现时对被评估企业业务有重大影响的国家或地区的政治、法律、财政、市场或经济情况将无重大变化。

第二，被评估企业的营运及业务将不会受任何不可抗力事件或不能控制的不可预测因素的影响而严重中断，包括但不限于出现战争、军事事件、自然灾害或大灾难（如水灾及台风）、疫症或严重意外。

第三，被评估企业的经营管理层是尽职尽责的，现有经营范围不发生重大变化，被评估企业的内部控制制度是有效且完善的，风险管理措施是充分且恰当的。

第四，被评估企业已完全遵守现行的国家及地方性相关的法律、法规；被评估企业资产使用及营运所需由有关地方、国家政府机构、团体签发的一切执照、使用许可证、同意函或其他法律性或行政性授权文件于评估基准日时均在有效期内正常合规使用。

第五，不考虑通货膨胀因素的影响。

第六，未来财务信息预测中所采用的会计政策与被评估企业以往各年及撰写本报告时所采用的会计政策在所有重大方面一致。

第七,对被评估企业业务有重大影响的国家或地区所执行的税赋、税率等政策无重大变化。

(二) 评估计算及分析过程

1. 收益法模型的选取

对被评估企业的股东全部权益价值进行评估,具体选择企业自由现金流量折现模型中的两阶段模型。计算公式如下:

$$OV = \sum_{t=1}^{n} \frac{FCFF_t}{(1+WACC)^t} + \frac{FCFF_{n+1}}{(WACC-g) \times (1+WACC)^n} + \sum C_i$$

$$EV = OV - D = \sum_{t=1}^{n} \frac{FCFF_t}{(1+WACC)^t} + \frac{FCFF_{n+1}}{(WACC-g) \times (1+WACC)^n} + \sum C_i - D$$

其中:

OV——企业整体价值;

EV——股东全部权益价值;

D——付息债务;

$FCFF_t$——第 t 年的企业自由现金流量;

$WACC$——加权平均资本成本;

$\sum C_i$——非经营性、溢余资产的价值;

g——固定增长率。

2. 收益期的确定

由于评估基准日被评估企业经营正常,没有对影响企业继续经营的核心资产的使用年限进行限定和对企业生产经营期限、投资者所有权期限等进行限定,或者上述限定可以解除,并可以通过延续方式永续使用,因此,假设被评估企业评估基准日后永续经营,相应的收益期为无限期。根据对被评估企业近年来经营状况、财务状况以及投资计划的分析,被评估企业尚处于成长期,为进一步发展和巩固市场占有率,除为维持现有生产能力而进行更新改造的资本性支出以外,被评估企业还将进一步追加投资。经综合考虑,将 2016~2019 年划分为预测期,2020 年及以后年度为永续期。

3. 未来收益的预测

(1) 主营业务收入的预测。被评估企业 2014 年主营业务收入快速上涨,2015 年的涨幅趋缓。根据对被评估企业产品的市场需求情况、同类企业竞争状况以及被评估企业目前市场份额及未来变化趋势的分析,预计 2016 年被评估企业的主营业务收入同比增长率与 2015 年基本持平,2017 年的主营业务收入同比增长幅度预计将进一步收窄。考虑到企业的生产能力将趋于饱和,企业计划于 2017 年追加投资 1 000 万元购建一条新的生产线,以扩大生产能力。2017 年新增的生产能力预计在 2018 年形成收入,之后预计企业收入逐渐趋于稳定。对预测期的主营业务收入,主要根据被评估企业所处的市场环境和竞争优劣势情况进行逐年预测。

(2) 主营业务成本的预测。被评估企业 2013~2015 年主营业务成本占主营业务收入之比分别为 73.19%、60.53%、61.23%,2013 年主营业务成本占主营业务收入的比例较高,主要原因是当年规模还比较小,生产线开工不足,固定成本高企。最近两年企业的主营业务成本占主营业务收入的比例趋于稳定。预测期预计被评估企业主营业务成本占主营业务收入的比例在 2015 年度的基础上略有上升。

(3) 营业费用的预测。营业费用主要由营销人员工资福利、修理费、运输费构成。对预测期营业费用中的各项具体构成项目区分固定费用和变动费用分别进行预测，其中变动费用随主营业务收入的变化而变化，固定费用根据被评估企业的预计经营情况逐项测算。

(4) 管理费用的预测。管理费用主要由管理人员薪酬、技术开发费、折旧、摊销等构成，对被评估企业管理费用进行预测的方法与营业费用类似。

(5) 财务费用的预测。财务费用主要根据预测期各期间付息负债总额及所适用的利率进行预测。经预测，被评估企业 2016~2018 年各年年末的银行贷款余额分别为 2 500 万元、2 800 万元和 2 200 万元，预计 2019 年之后将保持 2018 年的付息债务水平，贷款利率按 6% 计算。被评估企业预测期债务资本及利息支出的预测结果如表 3 – 11 所示。

表 3 – 11　　　　　　　　被评估企业债务资本及利息支出预测表　　　　　　　　单位：万元

项目	2016 年	2017 年	2018 年	2019 年
期末债务资本	2 500	2 800	2 200	2 200
利息费用（税前）	150	168	132	132

(6) 折旧摊销费的预测。被评估企业的固定资产主要包括机器设备、电子设备和车辆等。固定资产按取得时的实际成本计价。本案例中，按照被评估企业执行的固定资产折旧政策，以评估基准日经审计的固定资产账面原值、预计使用期、加权折旧率等估算未来经营期的折旧额。经预测，被评估企业预测期折旧摊销金额如表 3 – 12 所示。

表 3 – 12　　　　　　　　被评估企业债务折旧和摊销预测表　　　　　　　　单位：万元

项目	2016 年	2017 年	2018 年	2019 年
折旧和摊销金额	470	480	490	500

(7) 资本性支出的预测。资本性支出包括资产更新支出和追加资本性支出。对于资产更新支出，按照收益预测的前提和基础，在维持现有资产规模和资产状况的前提下，结合被评估企业历史年度资产更新和折旧回收情况进行预测，假设折旧完毕后即进行一次更新。对于追加资本性支出，因被评估企业未来生产经营规模的扩大，未来需追加投入扩建生产设备。经预测，被评估企业预测期资本性支出如表 3 – 13 所示。

表 3 – 13　　　　　　　　被评估企业资本性支出预测表　　　　　　　　单位：万元

项目	2016 年	2017 年	2018 年	2019 年
资本性支出	660	1 485	585	514

(8) 营运资金增加额的预测。本案例，对营运资金增加额通过以下公式进行计算：

营运资金增加额 = 当期营运资金 – 上期营运资金

其中：

营运资金 = 经营性现金 + 存货 + 应收款项 – 应付款项

经营性现金 = 年付现成本总额 ÷ 现金周转率

年付现成本总额 = 营业成本总额 + 期间费用总额 – 非付现成本总额

经对被评估企业历史情况以及未来经营状况进行调查，其主营业务属于现金类业务，其现金周转率较高，本案例参照历史年度现金周转率计算。

存货 = 营业成本总额 ÷ 存货周转率

应收款项 = 营业收入总额 ÷ 应收账款周转率

其中，应收款项主要包括应收账款、应收票据、预付账款以及与经营业务相关的其他应收账款等项。

应付款项 = 营业成本总额 ÷ 应付账款周转率

其中，应付款项主要包括应付账款、应付票据、预收账款以及与经营业务相关的其他应付账款等项。

根据对被评估企业经营情况的调查以及经审计的历史经营的资产和负债、收入和成本费用的统计分析以及对未来经营期内各年度收入与成本的估算结果，按照上述定义，可得到未来预测期内各年度的经营性现金（最低现金保有量）、存货、应收款项以及应付款项，进而计算各年度所需的营运资金及营运资金增加额。经预测，被评估企业预测期营运资金增加额如表3-14所示。

表3-14　　　　　　　　　被评估企业营运资金预测表　　　　　　　单位：万元

项目	2016年	2017年	2018年	2019年
营运资金增加额	140	15	235	19

（9）预测期企业自由现金流量预测结果。基于上述方法，被评估企业预测期内的企业自由现金流量预测情况如表3-15所示。

表3-15　　　　　　　　　企业自由现金流量预测表　　　　　　　　单位：万元

	项目	2016年	2017年	2018年	2019年
一、	营业收入	12 329.00	12 545.00	15 926.00	16 176.00
减：	营业成本	7 582.00	7 715.00	9 874.00	10 029.00
	税金及附加	49.00	50.00	64.00	65.00
	营业费用	2 200.00	2 216.00	2 792.00	2 835.00
	管理费用	869.00	877.00	1 096.00	1 122.00
	财务费用	150.00	168.00	132.00	132.00
	资产减值损失	—	—	—	—
加：	公允价值变动损益	—	—	—	—
	投资收益	—	—	—	—
二、	营业利润	1 479.00	1 519.00	1 968.00	1 993.00
加：	营业外收入	—	—	—	—
减：	营业外支出	—	—	—	—
三、	利润总额	1 479.00	1 519.00	1 968.00	1 993.00
减：	所得税	369.75	379.75	492.00	498.25
四、	净利润	1 109.25	1 139.25	1 476.00	1 494.75

续表

项目	2016 年	2017 年	2018 年	2019 年
加：税后利息费用	112.50	126.00	99.00	99.00
折旧和摊销	470.00	480.00	490.00	500.00
减：资本性支出	660.00	1 485.00	585.00	514.00
营运资金增加额	140.00	15.00	235.00	19.00
五、企业自由现金流量	891.75	245.25	1 245.00	1 560.75

（10）永续期的长期增长率。本案例采用企业自由现金流量折现模型中的两阶段模型，即 2016 年至 2019 年 12 月为预测期，2020 年及以后年度为固定增长率的永续期。长期增长率 g 取值是基于 2020 年及以后年度的永续期平均预测水平以及被评估企业未来经营发展趋势而拟定的，结合行业特点及宏观经济长期发展趋势，长期增长率按 2% 拟定。

4. 折现率的确定

本项目采用加权平均资本成本计算折现率，具体过程如下：

（1）股权资本成本。采用资本资产定价模型测算股权资本成本，计算公式为：

$$R_e = R_f + \beta \times (R_m - R_f) + R_s$$

① 无风险报酬率。以沪、深两市选择从评估基准日到国债到期日剩余期限为 10 年以上的国债，并计算其到期收益率，取所有国债到期收益率的平均值作为无风险报酬率。经计算，无风险报酬率为 4.0%。

② β 系数。根据被评估企业的业务特点，通过 Wind 资讯系统查询了沪深 A 股 5 家可比上市公司调整后有财务杠杆 β 系数（β_L 值），然后根据这些可比上市公司的所得税率、资本结构换算成无财务杠杆 β 系数（β_u 值），并取其平均值 0.9557 作为被评估企业的 β_u 值。假设被评估企业基准日的资本结构即为其目标资本结构，则被评估企业的 β_L 值计算如下：

$$\beta_L = \beta_u \times \left[1 + (1 - T) \times \frac{D_m}{E_m}\right]$$

$$= 0.9557 \times \left[1 + (1 - 25\%) \times \frac{2\ 000}{7\ 400}\right]$$

$$= 1.1494$$

③ 市场风险溢价。本案例基于历史的方法测算市场风险溢价。经计算，市场风险溢价为 7.5%。

④ 被评估企业特有风险调整系数的确定。在综合考虑被评估企业在行业中的规模、所处经营阶段、主要客户情况、企业内部管理机制及控制机制、管理人员及人力资源水平等基础上，确定企业特定风险调整系数为 1%。

⑤ 股权资本成本。股权资本成本计算结果如下：

$$R_e = R_f + \beta \times (R_m - R_f) + R_s$$

$$= 4\% + 1.1494 \times 7.5\% + 1\% = 13.62\%$$

（2）债务资本成本。被评估企业评估基准日的债务资本成本率为 6%，基本反映了被评估企业的信用级别及其客观融资成本，因此，债务资本成本率按 6% 拟定。

第三章　收益法在企业价值评估中的应用

（3）加权平均资本成本。将上述确定的参数代入加权平均资本成本计算公式，计算得出被评估企业的加权平均资本成本。

$$WACC = \frac{E}{D+E} \times R_e + \frac{D}{D+E} \times R_d \times (1-T)$$
$$= 11.68\%$$

5. 评估结果的测算

（1）预测期折现值的测算。根据企业自由现金流量折现模型的两阶段模型，第一阶段（即预测期）折现值的计算过程如下：

$$预测期折现值 = \sum_{t=1}^{n} \frac{FCFF_t}{(1+WACC)^t}$$
$$= \frac{891.75}{(1+11.68\%)^1} + \frac{245.25}{(1+11.68\%)^2} + \frac{1\,245.00}{(1+11.68\%)^3}$$
$$+ \frac{1\,560.75}{(1+11.68\%)^4}$$
$$= 798.49 + 196.63 + 893.81 + 1\,003.30$$
$$= 2\,892.23（万元）$$

（2）永续期折现值的测算。根据企业自由现金流量折现模型的两阶段模型，第二阶段（即永续期）折现值也称为永续价值的折现值。其计算公式如下：

$$永续期折现值 = \frac{FCFF_{n+1}}{(WACC-g) \times (1+WACC)^n}$$

因为，永续价值 $\frac{FCFF_{n+1}}{WACC-g}$ 可演化为 $\frac{NOPAT_{t+1} \times \left(1-\frac{g}{ROIC}\right)}{WACC-g}$

因此，第二阶段（即永续期）的计算公式演化如下：

$$永续期折现值 = \frac{NOPAT_{t+1} \times \left(1-\frac{g}{ROIC}\right)}{(WACC-g) \times (1+WACC)^n}$$

为计算投入资本回报率（ROIC）和永续期的税后净营业利润（$NOPAT_{t+1}$），需要先计算出预测期各年度的投入资本情况。各年度的投入资本金额可以从资本占用（使用）的角度进行计算，具体如表 3-16 所示。

表 3-16　　　　　　　　　　投入资本预测表　　　　　　　　　　单位：万元

项目	2016 年	2017 年	2018 年	2019 年
期初投入资本	9 400.00	9 730.00	10 750.00	11 080.00
减：当期消耗的资本（即折旧和摊销）	470.00	480.00	490.00	500.00
加：当期新增投入资本（补充营运资金、追加投资）	800.00	1 500.00	820.00	533.00
期末投入资本	9 730.00	10 750.00	11 080.00	11 113.00

以 2019 年末的投入资本为基数，乘以投入资本回报率（ROIC），即可得到永续期的税后净营业利润（$NOPAT_{t+1}$）。假设永续期的投入资本回报率与 2019 年度的水平持平。

2019 年度的 $ROIC$ = 2019 年度 $NOPAT$ ÷ 2019 年初的投入资本

= （2019 年净利润 + 税后利息费用）÷ 2019 年初的投入资本

= （1 494.75 + 99.00）÷ 11 080

= 14.38%

则：

$$永续期折现值 = \frac{(11\,113 \times 14.38\%) \times \left(1 - \frac{2\%}{14.38\%}\right)}{(11.68\% - 2\%) \times (1 + 11.68\%)^4}$$

= 9 136.40（万元）

（3）上述尚未考虑非经营性资产、负债和溢余资产的价值的情况下，被评估企业的企业整体价值为 12 028.63 万元。

（三）非经营性资产、负债和溢余资产的评估

1. 非经营性资产

被评估企业的非经营性资产包括以下两项：

（1）其他应收款。被评估企业的其他应收款中有一笔与关联方的往来，账面金额为 100 万元，界定为非经营性资产。经评估，该项其他应收款预计能够在合理期限内收回，不会发生坏账损失。因此，该项其他应收款的评估价值为 100 万元。

（2）长期股权投资。被评估企业共有以下两项长期股权投资，均界定为非经营性资产。

① 持有甲公司 100% 的股权。被评估企业于 2005 年 6 月全资设立甲公司，注册资金为 300 万元，甲公司是一家汽车运输企业。截至 2015 年 12 月 31 日，被评估企业持有甲公司 100% 股权的账面成本为 300 万元，甲公司净资产为 -289.45 万元。甲公司近年经营困难，且难以在短期内扭转困境。因此，对甲公司采用资产基础法进行评估，甲公司净资产评估价值为 -182.38 万元，因此，根据有限责任公司的属性，被评估企业持有甲公司 100% 股权按零值评定。

② 持有乙公司 284.473 万股股份，占乙公司股权比例为 3.5559%，乙公司为上市公司。截至评估基准日 2015 年 12 月 31 日，被评估企业持有的股份为有限售条件的流通股，限售期截止日为 2016 年 10 月 23 日。截至评估基准日 2015 年 12 月 31 日，被评估企业持有乙公司 284.473 万股股份的账面价值为 1 146.84 万元，按账面价值计算的每股价格为 4.031 元。对被评估企业持有乙公司有限售条件流通股，系在乙公司股票价格基础上，考虑限售条件带来的缺少流通性折扣因素和大宗交易折扣因素后，得出被评估企业持有乙公司 284.473 万股股份的评估价值为 2 200.81 万元。其中，限售对应的缺少流动性折扣测算思路为：被评估企业持有乙公司股票处于限制流通期，不能自由流通，应测算缺少流通性折扣率，具体可通过估算一个时间长度与股权限制期相同，并且期满后执行价格的现值与评估基准日流通股交易均价相同的卖方期权的价值来估算限售股缺少流通性折扣率（具体过程略）。

2. 非经营性负债

被评估企业的非经营性负债为应付股利 223.5 万元，以账面价值作为其评估价值。

3. 溢余资产

评估基准日被评估企业的货币资金为 467.98 万元，综合考虑企业营业成本、销售费

用、管理费用及税金等综合分析计算确定,经分析,评估基准日货币资金金额均为企业正常经营所需的资金,则评估基准日被评估企业无溢余货币资金。

4. 非经营性资产、负债和溢余资产的账面价值及评估价值

被评估企业非经营性资产、负债和溢余资产的账面价值及评估价值如表3-17所示。

表3-17　　　　　　　　　非经营性资产、负债和溢余资产表　　　　　　　单位：万元

类别	具体科目	账面价值	评估价值
非经营性资产	其他应收款	100.00	100.00
非经营性资产	长期股权投资	1 446.84	2 200.81
非经营性负债	应付股利	223.50	223.50
非经营性资产、非经营性负债和溢余资产净额		1 323.34	2 077.31

（四）评估结果及分析

1. 评估结果

经评估,被评估企业的股东全部权益为12 106万元,具体计算如表3-18所示。

表3-18　　　　　　　　　　股东全部权益价值测算表　　　　　　　　单位：万元

序号	项目	金额
1	预测期折现值	2 892.23
2	永续期折现值	9 136.40
3	非经营性资产、非经营性负债和溢余资产净额	2 077.31
4	企业整体价值	14 105.94
5	付息债务价值	2 000.00
6	股东权益价值	12 105.94
7	股东权益价值（四舍五入取整）	12 106.00

2. 评估结果与账面价值比较变动情况及原因

采用收益法中的企业自由现金流量折现模型,对被评估企业的股东全部权益价值进行评估,截至评估基准日2015年12月31日,被评估企业的股东全部权益价值为12 106万元,评估价值比账面价值高4 706万元,高63.59%。评估结果比账面价值高的原因主要是：被评估企业拥有的账面未核算无形资产主要为企业的品牌、客户关系、销售渠道以及专有技术,这些表外无形资产的价值在账面净资产中没有反映,但收益法从企业的未来获利角度考虑,已将表内表外各项资产的价值均包含在内,因此,评估结果高于账面价值。

3. 股东部分权益价值的溢价（或者折价）的考虑等内容

本案例尚未对被评估企业由于具有控制权或者缺乏控制可能产生的溢价或者折价进行考虑。

三、案例分析

本案例较为完整地展示了运用企业自由现金流量折现模型中的两阶段模型评估企业股

东全部权益价值的全过程。在介绍评估项目基本情况和被评估企业未来收益预测情况的基础上，重点对企业自由现金流量、股权资本成本和加权平均资本成本、营运资金、非经营性资产的计算过程进行了说明。

对永续期折现值（即永续价值的折现值），本案例首先基于资本来源与资本运用相等的原理，从资本运用的视角计算预测期各年度的投入资本情况；其次，计算预测期最后一年的投入资本回报率；再次，在假设永续期的投入资本回报率相对于预测期最后一年的水平保持不变的前提下，将永续期的投入资本回报率与预测期最后一年的投入资本相乘，得出永续期的税后净营业利润；最后，再结合长期增长率和加权平均资本成本等数据，运用永续价值的计算公式得出永续期的折现值。这种做法避免了在长期增长率大于零的情况下简单地将预测期最后一年的企业自由现金流量作为永续期的企业自由现金流量的错误，其实质是，为了维持永续期预计的长期增长率，已在永续期的企业自由现金流量中扣除了需要增加的资本投入（包括资本性支出和营运资金净增加额）。

在计算资本结构的过程中，权益资本和债务资本的价值通常指市场价值。但在本案例中，对企业未来资本结构的预测是以评估基准日账面价值为基础计算的，且假设在收益期保持不变。这样做的原因主要有两点：一是被评估企业收益期债务资本变化不大；二是评估基准日的实际资本结构与目标资本结构较为接近。当然，如果以市场价值为基础计算资本结构，且预测期各年分别根据当年的债务资本和权益资本的市场价值计算当年的资本结构，则据此计算的预测期各年的加权平均资本成本一般更能反映其客观资本成本。本案例中，因评估基准日权益资本的市场价值（即股东全部权益评估价值）高于账面价值，若资本结构是以市场价值为基数且在预测期逐年动态计算，则得到的股东全部权益评估价值会略低于案例中得出的结论，但两者差异并不大。

值得一提的是，被评估企业的非经营性资产的评估中，对甲公司的长期股权投资系采用资产基础法进行评估的，其理由一方面在于甲公司经营陷入困境，另一方面在于甲公司与被评估企业并非相互依赖或相互关联的企业。在集团型企业的评估中，对于与母公司关联度高的子公司进行评估时，通常不能仅仅因为子公司亏损而单独对子公司采用资产基础法进行评估，并作为非经营性资产价值与母公司的收益法评估结果相加。除了要分析子公司产生亏损的原因以外，还要重点关注子公司与母公司的关系。

母公司与子公司之间，既有彼此关联度不大、依赖度低的情形，比如母公司和子公司处于不同的行业，经营范围不相关，彼此之间相互独立；也有彼此之间关联度高、相互依赖度紧密的情形，比如有些母子公司的业务类型是完全一样的，母子公司实施统一管理，子公司之所以成为一个独立法人，是基于管理的需要而并非是基于业务内容的差异。对于相互依存、紧密相关的母子公司采用收益法进行评估时，通常将母公司和子公司归集为一个业务单元，按照合并口径进行收益预测和评估。对于拥有众多子公司的集团型企业，可根据集团型企业母公司及各子公司的实际情况，将集团中经营业务关系紧密、企业风险因素基本相同的各法人主体归集为一个业务单元，一个集团型企业可划分为一个或多个业务单元，然后分别对每个业务单元选择一种或多种评估基本方法进行评估，并根据各评估方法所运用的数据质量和数量，分析确定各业务单元的评估结果，在此基础上确定集团型企业整体的评估结果。

第五节 收益法的适用性和局限性

一、收益法的适用性

收益法是从企业获利能力角度,根据资产价值的本质来评估企业价值,从理论上讲,该方法适用于所有的企业。当然收益法的运用还需要具备一定的前提条件。

(一) 被评估企业满足持续经营假设

被评估企业满足持续经营假设是收益法适用的基本前提,即该企业可以按照现状持续经营下去,或者是按既定的状态持续经营下去,在可预见的将来不会因企业经营管理本身的原因而破产或倒闭。换言之,企业未来发展的趋势要么按照现状保持不变,要么是按未来一个特定的状态保持不变,并且这个状态目前可被预测,只有满足这些发展状态的企业才可以使用收益法。

(二) 被评估企业未来收益可预测

收益法的应用需要能够对被评估企业未来收益进行合理预测,且能够对企业未来收益的风险程度相对应的期望收益率进行合理估算。被评估企业未来收益可预测情况是决定能否运用收益法进行企业价值评估的关键因素。

企业未来收益可预测情况包括三部分内容:一是企业未来收益期的判断;二是企业未来收益额的预测;三是收益风险的量化。三者缺一不可,任何一项无法预测时运用收益法都是不恰当的。比如,对于处于困境中的企业,若其现金流量为负数,且没有迹象表明企业能够扭转不利局面或无法对企业何时能够扭转不利局面做出判断,或虽然对企业未来现金流量做出了预测,但鉴于企业未来收益的波动性和不确定性很大,难以合理量化该等收益的风险,则收益法并不适用。

(三) 所获取评估资料的充分性

评估资料是一切评估工作的基础,评估方法的运用需要以评估资料的支持作为前提。评估方法本身再完善,若缺乏必要的评估资料,也会降低评估方法的适用性。在企业价值评估实务中,由于评估资料的不足和缺乏从而限制评估方法使用的情形经常发生。不过也应注意,不能人为地将资料限制作为不采用收益法的理由,也不能简单地将企业处于"利润亏损"状态作为不采用收益法进行评估的理由。对于处于"利润亏损"状态的企业,一般要具体分析该企业是属于"会计亏损"还是"实际亏损",要分析企业亏损的原因以判断企业的亏损是暂时性还是长期性的、是周期性的还是趋势性的,还要关注企业净利润与自由现金流量的差异,辩证地看待企业历史经营情况和未来经营预期之间的关系,然后才能对收益法是否具有适用性做出判断。

二、收益法的局限性

(一) 受市场条件制约

收益法的运用需要具备一定的市场条件。比如,在运用资本资产定价模型估算股权资本成本时，要求证券市场的发展比较完善，这样计算得出的股权资本成本的准确性才会高。如果市场机制不健全，计算得出的股权资本成本可能无法准确反映企业收益的风险水平。

（二）受企业营运期影响

企业历史营运期的不足和未来营运期的不确定性，都会对收益法的运用造成限制，或影响收益法评估的效果。若企业处于不同生产周期更替过程中，处于不稳定周期，对企业未来收益预测的难度加大，用来测算折现率或资本化率的市场数据也相对有限，在这种情况下，采用收益法做出的评估结果，其说服力和可信度不足。

（三）部分评估参数对评估结果的影响非常敏感

从收益法的具体评估模型看，折现率、长期增长率等评估参数对企业评估结果的影响很大，这些参数的微小变化可能引起评估结果的大幅波动，因此其准确性就显得尤为重要。折现率、长期增长率等评估参数的敏感性，对其测算准确性提出了更高的要求，而这些关键参数的取值往往需要以企业内部资料或外部信息为基础，由评估专业人员进行测算和判断而得出，具有较高的测算难度，且需要评估专业人员进行专业分析和判断，这在一定程度上会降低收益法评估结果的可靠性。

（四）具有较强的主观性

运用收益法评估企业价值的过程，不论是收益期的预测和未来收益额的预测，还是量化风险的折现率的预测，都需要评估专业人员进行一定程度上的专业判断。在基础资料不完备和评估专业人员缺乏经验的情况下，评估专业人员的专业判断可能会带有主观色彩，呈现较强的主观性。在评估实务中，可通过丰富和完善评估基础资料、提高评估专业人员运用评估方法和解决评估实际问题的能力、强化预测判断的理由剖析和逻辑推理、与历史或可比企业的数据进行对比分析等措施，降低评估过程的主观影响。

第四章 市场法在企业价值评估中的应用

第一节 市场法的评估技术思路

一、市场法评估的基本模型

企业价值评估中的市场法是指将评估对象与可比上市公司或者可比交易案例进行比较，确定评估对象价值的评估方法。市场法也被称为相对估值法，是国际上广泛运用的一种评估方法。

市场法依据的基本原理是市场替代原理，即一个正常的投资者为一项资产支付的价格不会高于市场上具有相同用途的替代品的现行市价。根据这一原则，相似的企业应该具有类似的价值。因此，具有相似性的被评估企业价值与可比对象价值可以通过同一经济指标联系在一起，即：

$$\frac{V_1}{X_1} = \frac{V_2}{X_2}$$

$$V_1 = \frac{V_2}{X_2} \times X_1 = \frac{P_2}{X_2} \times X_1$$

其中，$\frac{V}{X}$ 为价值比率，V_1 为被评估企业的价值，V_2 为可比对象的价值。X 为其计算价值比率所选用的经济指标。由于价值的体现较为复杂，不能直接观测到，而在有效市场中，企业的市场交易价格可以在一定程度上反映其价值。因此对于可比对象，评估专业人员一般使用其市场交易价格 P_2 作为替代，计算价值比率。因此价值比率的确定成为市场法应用的关键。

市场法常用的两种具体方法是上市公司比较法和交易案例比较法。

上市公司比较法是指获取并分析可比上市公司的经营和财务数据，计算适当的价值比率，在与被评估企业进行比较分析的基础上，确定评估对象价值的具体方法。交易案例比较法是指获取并分析可比对象的买卖、收购及合并案例资料，计算适当的价值比率，在与被评估企业进行比较分析的基础上，确定评估对象价值的具体方法。两种方法都是通过对市场上可比交易数据的分析得出被评估企业的价值，所不同的只是可比对象的来源不同，前者来源于公开交易的证券市场，后者来源于个别的股权交易案例。对于上市公司比较法而言,基本模型中的V_2可选取上市公司的股权价值或企业价值。对于交易案例比较法而言,基本模型中的V_2可选取案例的交易价格。

由于证券市场和产权交易市场在运行效率、价格形成机制、可比对象数量、信息透明度方面存在较大差异,因此评估专业人员应该清楚上述方法的适用情形、应用前提及调整重点。

二、市场法应用的基本原则

市场法评估的基本原则是评估人员在评估过程中应当遵循的基本思想,包括可比性原则、可获得性原则、及时性原则、透明度原则及有效性原则。

可比性原则是运用市场法进行评估的关键,该原则要求被评估企业及可比上市公司或并购交易案例在价值决定因素方面具有可比性,主要包括行业可比、规模可比、成长预期可比、经营风险可比、财务风险可比等几个方面。

可获得性原则是指案例的市场交易信息及可比对象的产品信息、财务信息等可以通过正常途径获取。

及时性原则是指评估人员运用市场法进行评估时应当将最新的市场情况纳入评估过程中。由于市场行情变化频繁,信息的及时性对评估结果的准确性至关重要。

透明度原则意味着信息的开放、良好的沟通及对信息的充分解释。市场交易信息及公司信息作为市场法评估的基础,其信息的透明度将影响市场法结果的可靠性。

有效性原则建立在市场合理有效的假设基础之上。有效市场假设认为,在一个活跃、有效的市场上有许多充分了解信息和理性的投资者,证券价格完全反映了所有可获取的信息,证券能够被合理定价。

三、市场法常用的两种具体方法

(一)上市公司比较法

上市公司比较法是市场法评估的一种具体操作方法。该方法的核心就是选择上市公司作为标的公司的"可比对象",通过将标的企业与可比上市公司进行对比分析,确定被评估企业的价值。

上市公司比较法的关键和难点是选取可比上市公司及选择恰当的价值比率。此外,上市公司比较法涉及的可比公司通常是公开市场上正常交易的上市公司,评估结果须考虑流动性对评估对象价值的影响。

1. 可比公司的选择

对比公司与被评估企业具有严格可比性的情况较为少见,因此评估专业人员需要分析比较各方面的差异,了解被评估企业自身的业务特性、市场情况、经营绩效以及其所在行业的、行业同类型公司的特点,以确定合适的可比公司。

在可比公司选择的数量方面,一般认为,若是采用主观调整法修正价值比率,则选择可比公司的"质量"重于"数量",当确定好可比标准后,若可供选择的可比公司较多,则可以进一步增加对比标准,选择更可比的可比对象;但若是采用回归法进行调整,且能将影响企业价值或价值比率的因素尽可能纳入考虑,则应当保证可比公司的数量,满足回归样本数量的充足性及覆盖范围的全面性。

2. 价值比率的选择和调整

价值比率的确定是市场法应用的关键，因此，对于上市公司比较法来说，价值比率的选择尤为重要。评估专业人员在选择和应用价值比率时应特别注意以下几点：

（1）价值比率的选择。价值比率种类众多，对于价值的最佳估计常常是通过运用最合适的价值比率得出的。一般选择价值比率的方法包括基本因素方法、统计方法及常规方法，具体将在本章第三节进行介绍。

（2）口径的一致性。在选择价值比率时应当考虑其内涵的一致性，即价值比率的分子、分母应匹配，当分子是权益类时，分母的指标也应当与其对应。如 P/S 指标的分母代表企业整体收入，分子代表权益类，匹配性较弱。

另外，计算价值比率采用的数据口径应保持一致性。可比公司之间可能会存在会计核算方式（如折旧方法）、计量方法（如公允价值计量）、税率、非经常性损益和非经营性资产等方面的差异，在计算价值比率时应当剔除差异因素的影响。

（3）应用价值比率时应进行调整。每个可比公司与被评估企业在成长性和风险性等方面都会存在差异，因此需要采用多种方法对价值比率进行分析调整，常用的方法包括主观调整、矩阵法及回归法，具体将会在本章第三节进行介绍。

3. 缺乏流动性因素的影响

在上市公司比较法中，可比公司的股份可以在证券市场上自由交易，而被评估企业若为非上市公司，则没有这样的交易平台，因此两者的股权在流动性上就会产生一定差异。上市公司比较法采用上市公司的股票交易价格计算股权市值，因此该市值代表的是流动性、少数股权的价值，故采用上市公司比较法对非上市公司进行评估时，需要调整缺乏流动性因素的影响。国际上对缺乏流动性折扣的研究主要有限售股交易价格法、IPO前交易价格法、新股发行定价法及期权定价法等；国内对于缺乏流动性折扣主要采用法人股交易价格法、股权分置改革支付对价法、新股发行定价法及非上市公司并购市盈率与上市公司市盈率对比法等。

（二）交易案例比较法

交易案例比较法是市场法评估的另一种具体操作方法。该方法的核心就是选择交易案例作为标的公司的"可比对象"，通过将标的企业与交易案例进行对比分析，确定被评估企业的价值。

运用交易案例比较法时，应当考虑评估对象与交易案例的差异因素对价值的影响。

1. 交易情况差异调整

交易案例比较法采用的可比公司一般为非上市公司，在流动性方面比较接近，一般不进行调整，对评估对象与交易案例的差异调整主要是对交易条件差异和时间性差异等因素进行定量和定性分析，并进行适当的调整。

交易条件差异调整主要包括交易条款调整和交易方式调整。对比交易案例中的成交价格往往与交易附带条款有关，这些条款对交易价格可能产生影响，因此需要进行交易条款调整。同时案例的交易方式可能会涉及公开或非公开市场交易，一般认为公开交易方式更可能产生公平交易价格，但也可能会是对于特定投资者的投资价值，此时便需要调整协同效应可能带来的影响；对于非公开的协议交易方式，则更可能会存在某些其他因素影响交易价格的公允性，因此需要对交易方式进行调整。

另外，交易时间可能与基准日相距时间较长，需要进行时间因素调整。时间因素调整可以参考市场相关价格指数。

2. 案例获取渠道

交易案例信息的获取难度相对较大，目前国际上信息获取的渠道主要有汤森路透、彭博、Capital IQ 和 Dealogic 等服务商。另外，国内的各产权交易所也是信息获取的途径之一。近年来，产权交易所内交易数量大幅提升，信息披露也逐渐规范。但最核心的问题是披露的财务、经营信息不够全面，因此产权交易所信息对市场法评估应用发挥的作用有限。相较之下，上市公司的收购案例对收购对象情况的披露较为全面，评估专业人员可通过上市公司披露的公告获取收购案例的财务、经营及行业数据，同时也可获取交易背景、协议安排等其他相关资料。

四、市场法应用的操作步骤

市场法评估程序一般包括以下九个操作步骤：

（一）选择可比对象

市场法作为一种相对估值法，第一步即需要找出市场上公开交易的可比公司或交易案例。选择可比对象的指导思想是力求现金流、成长潜力和风险水平方面的相似，可以从行业因素、规模因素、成长预期、经营风险、财务风险等角度加以考虑，分析比较。另外，评估专业人员在实务中还能通过特定因素回归等统计学方法，选择合适的可比对象。

（二）规范被评估企业和可比对象的财务报表

为了能顺利地进行对比分析，需要先为对比分析奠定一个基础，这个基础就是将可比对象和被评估企业的相关财务数据整合到一个相互可比的基础上。由于可比对象与被评估企业在采用的相关会计准则或会计政策等方面可能存在重大差异，针对这些差异所可能产生的财务数据上的差异，评估专业人员需要进行一定的调整和修正，主要包括会计政策差异调整和特殊事项调整两个方面。

1. 会计政策差异调整内容

可比对象和被评估企业财务报告中由于执行的会计政策不同会影响价值比率中各参数统计口径的一致性，在计算价值比率之前有必要对可比对象和被评估企业的财务数据进行模拟调整，统一会计政策。在会计政策差异调整时主要应关注以下几个方面：

（1）存货成本核算。存货成本核算主要包括先进先出法、后进先出法、移动平均法、加权平均法及个别计价法等多种方式，核算方法选择在企业间的差异普遍存在。对于特定的企业，采用后进先出法与先进先出法，企业的利润情况可能会有很大不同。如果该差异会影响到企业价值比率的可比性水平，则需要对存货成本核算的方法进行统一调整，计算调整后的净利润等盈利指标。

（2）收入确认。收入确认主要包括确认的时点和金额两个方面。确认时点可能涉及商品销售的售前、售中及售后确认，同时也会涉及劳务收入的完工百分比或者完成合同率确认。确认金额可能涉及商品销售的总额法或净额法确认。我国会计准则虽然对收入确认条件进行了规定，但仍给企业留下了较大的自由选择空间。不同的企业会计人员在不同的情境下可能会产生判断的差异，运用不同的收入确认方法。对于建筑行业这类有项目完成阶段的行业来说，收入确认上的差异尤为明显，因此评估专业人员应当对被评估企业与可比对象的收入确认原则进行统一。

（3）折旧差异。固定资产的折旧可以采用平均年限法，也可以采用工作量法、双倍余额递减法及年数总和法等，可能造成各企业之间折旧方法的差异。通常情况下，评估专业人员很难获取足够的信息来对此类差异进行调整，一旦折旧方法对企业业绩产生较大影响，评估专业人员就应当考虑选用折旧方法影响性较小的价值比率。

（4）税收差异。可比对象与被评估企业之间在税收水平上可能也会有较大差异，有些企业可能因为某方面的特殊原因而享受到税收优惠（如西部大开发等），税负水平较低甚至免税，而另一类企业只能按照正常水平纳税。评估专业人员应当通过相应的调整对税收差异的影响加以消除。

（5）其他问题。除上述方面外，差异调整可能还涉及股份支付、期权激励等成本费用、计提坏账准备政策以及其他特殊事项的调整。评估专业人员应通过阅读审计报告附注及企业公开信息披露等方式尽可能详细了解可比对象和被评估企业的主要会计政策差异，并进行必要的调整。

2. 特殊事项调整内容

（1）非经常性项目调整。对非经常性项目进行规范调整，是为了使历史财务报表能够更好地预测未来的经营业绩，同时也使不同企业之间更加具有可比性。就某些项目而言，如果未来不再发生，则应当将其从企业的财务报表中剔除。常见的非经常性项目包括停止经营业务、一次性重组成本、历史上形成的商誉的摊销、其他一次性费用等。

（2）非经营性及溢余资产调整。对于任一企业，其资产负债表可能既包括经营性资产、负债，又包括非经营性资产、负债和溢余资产；其利润表可能既包括与经营性资产相关的营业收入和支出，又包括与非经营性资产、负债和溢余资产相关的收入和支出。评估专业人员在运用市场法进行企业价值评估时，由于非经常性收入和支出，非经营性资产、负债和溢余资产及其相关的收入和支出的影响，可能导致基于财务报表计算的价值比率不具有可比性，进而导致评估结果有失公允。因此，在运用市场法进行企业价值评估时，通常将可比对象和被评估企业财务报表中的非经营性资产、负债和溢余资产及其相关的收入和支出进行剥离，然后在最终的评估结果中加回非经营性资产、负债以及溢余资产的价值。

关于非经营性资产、负债以及溢余资产的识别，已在本书的收益法章节进行了介绍，在此不再赘述。

（三）计算各种价值比率

计算价值比率首先应当考虑其内涵的一致性，分子及分母应匹配。其次，计算价值比率采用的数据口径应保持一致性，在计算时应剔除各类会计政策或会计估计方式差异因素的影响。另外，计算价值比率的方式应保持一致性，因为在不同的时间段，企业的经营绩效必然存在差异。因此，评估专业人员应当合理区分时点型价值比率与区间型价值比率，保证计算口径上的一致性。

（四）选择用于被评估企业的价值比率

选择及计算恰当的价值比率的过程是影响评估结果准确性的重要环节。价值比率有很多种。以分母的性质来分类，主要包括盈利比率、资产比率、收入比率和其他特定比率。评估专业人员需要结合企业的业务特点选择合适的价值比率。评估专业人员根据长期的经验总结，形成了一些价值比率选择的行业惯例。例如，制造业企业的评估一般选择市盈率乘数；银行业企业价值评估一般选择市净率乘数；服务业企业评估一般选择市销率乘数；医院一般选择单位床位收入乘数等。以分子的性质分类，主要包括权益价值比率及企业整体价值比率。一般若是评估少数股东权益，或是被评估企业与可比对象资本结构相似时，采用权益价值比率较为合适。而若评估控股股权价值，或被评估企业与可比对象资本结构差异较大时，则适合采用企业整体价值比率。

（五）将被评估企业与可比对象进行比较

每个可比对象与被评估企业在成长性及风险等方面会存在差异，评估专业人员应当采用各类定性和定量分析方法，对差异进行分析，常用的方法包括定性的SWOT分析、定量的财务经营状况分析等。

（六）对价值比率进行调整

根据对可比对象及被评估企业在成长性及风险等方面差异的分析，评估专业人员可以对价值比例进行适当调整。调整的方式主要有主观调整、矩阵法及回归法。在调整的内容上，应当全方位考虑财务绩效、规模风险、成长性以及其他风险因素对可比性产生的影响，核心的调整思路是需要找到各类影响因素与价值比率或企业价值的相关性，构建调整模型。

（七）将调整后的价值比率应用于被评估企业

根据被评估企业的财务经营指标或相关经济变量，将调整后的价值比率应用于被评估企业以获得各种评估结果。

（八）综合考虑市场法评估结果的差异

针对各种价值比率得到的不同评估结果，评估人员应当综合分析其中的差异，合理选择其中一个结果或者对各评估结果进行加权平均，作为评估结论。对于不同价值比率计算结果赋予权重的大小往往依赖于评估专业人员的评估经验，例如，服务性企业通常基于收入评估价值，资本密集型企业基于净利润或净资产，房地产企业基于毛现金流评估价值等。

（九）进行溢价和折价的调整

评估人员在确定评估结果时应当综合考虑各种溢价和折价因素的影响。例如对缺乏控制权及缺乏流动性的股权进行折扣调整。

第二节　可比对象的选择

采用市场法进行企业价值评估最关键的两个因素是可比对象的选择与调整以及价值比率的选择及确定。本节阐述可比对象的选择与调整，第三节阐述价值比率的选择及确定。

采用市场法进行企业价值评估时应当确信所选择的可比对象与被评估企业具有可比性。可比对象的一般关注点分为两个层次：首先，一般而言，可比对象应当与被评估企业属于同一行业，或者受相同经济因素的影响，并且在企业注册地与业务活动地域范围、业务结构、经营模式、企业规模、资产配置和使用情况、企业所处经营阶段、成长性、经营风险、财务风险等方面具备可比性；其次，上市公司比较法和交易案例比较法对于可比对象的选择有一些需进一步关注的要点。

一、一般关注要点

（一）行业性质或者经济影响因素

可比对象应当与被评估企业在相同或相似的行业，当在相同或相似的行业中难以找到足够的可比对象时，可将选择范围扩展到受相同经济因素影响的企业。

首先应尽量在相同或相似的行业中寻找可比对象。评估专业人员可以根据中国证券监督管理委员会划分的行业分类或其他证券公司划分的行业分类进行搜索，再进行细分，寻找最为相似的可比对象。例如，在钢铁行业下，根据生产钢种、生产工艺流程等方面的不同可进一步细分为多个子行业。为避免错误分类或了解是否跨多个行业，评估专业人员应当阅读招股说明书及年报资料中对于企业的描述，选择恰当的行业。若被评估企业为多元化经营企业，不宜简单地归入某一行业，而应对被评估企业各业务板块分别选取同行业可比对象进行评估并加总，然后在考虑多元化折价/溢价的基础上综合确定评估结果。

如果被评估企业属于新兴行业或很难找到足够数量的相同或十分相近的可比对象，评估专业人员可扩大范围，在受相同经济因素影响的行业中寻找可比公司。

（二）企业注册地与业务活动地域范围

在选择可比对象时，应当注意其注册地与被评估企业的可比性。可比对象注册地点不同，相应的会计、税收、产业政策可能也会有较大差异。

在不同的地域范围经营业务，其面临的经营风险、客户群体、政策优惠、行业壁垒均有较大差异，因此业务活动的区域范围也是可比对象选择的关注要点之一。

（三）业务结构

业务结构的可比性标准是指可比对象应当与被评估企业在主要业务收入、利润的结构上相似，并且已稳定经营一段时间。可比对象与被评估企业同属于一个行业，但是业务结构上存在较大差异或者在不同产品或服务的利润构成方面存在较大差异将导致可比性变弱。例如有色金属行业，被评估企业与同行业内的其他企业相比虽然都有铅、锌、银矿等，但是可能存在不同的产品结构，收入上就会产生巨大差异，不同产品的利润率不同也会导致利润上的巨大差异，进而影响企业整体的盈利能力。又如IT行业，有些企业以销售设备和提供技术服务为主营业务，销售设备的毛利率明显低于提供技术服务的毛利率。当被评估企业的销售收入90%来自于设备销售时，即使是同样的收入，利润差异也可能很大，会削弱可比性。

（四）经营模式

经营模式的可比性标准是指同行业的企业即使从事于同一业务，其中也会存在多种经营模式，而不同的经营模式可能导致财务指标上的巨大差异和经营风险的差异。例如传统的零售业和电子商务，两者可能都在进行同类产品的销售，但在经营模式上却存在很大的差异，导致企业发展速度和成本构成方面有所不同，简单按照零售行业进行比较是不妥当的。评估专业人员应当关注不同企业的经营模式，寻找经营模式最接近的可比对象进行比较。

（五）企业规模

企业规模大小可以按照其销售收入、资产总额、从业人员数量或产能等指标来判断，不同行业的划分标准略有不同。大规模企业具有更加深化的管理、更多的产品线和市场、地域分布更广等特点。而特大型企业多实行跨行业发展，不太可能处于单一行业。如果在规模上存在重大差异，则被评估企业与可比对象间可能还会存在业务结构、资产配置情况等方面的差异，影响可比性。

（六）资产配置和使用情况

资产配置和使用情况的可比性标准是指在选择可比对象时应当关注企业的资源配置是否合理以及资源是否有效使用。广义的资源是指自然资源、人力资源和财力资源。狭义的资源仅指自然资源。如何合理配置资源，使现有资源得到充分利用，对企业是否具有竞争力与发展潜力是至关重要的。资源越多，企业的发展不一定越好。资源如果不能得到合理的配置和充分使用，多余的资源就是浪费，发挥不了积极作用，反而会增长企业成本，降低经营效率。

（七）企业所处经营阶段

企业的经营阶段大致可分为初创、成长、成熟及衰退四个阶段。不同阶段的发展速度是不同的，在初创阶段发展速度比较缓慢，成长阶段属于快速发展期，成熟阶段发展比较稳定，衰退阶段开始走下坡路。另外，不同阶段的企业面临的风险也可能存在较大差异，比如，初创阶段的企业，未来发展的不确定性比成熟阶段的企业更大，面临的风险也更大。

（八）成长性

成长性是指公司实现可持续成长的能力，处于同一经营阶段的企业，其成长性也可能有较大差异。成长性的可比性标准是指，对于高成长性的公司，其市场占有率、总资产增长率、主营业务收入增长率、主营业务利润增长率和利润率指标均呈持续增长。因此，在选择可比对象时，评估人员即使无法找到与被评估企业有相同的预期成长性的企业，也应当保证可比对象与被评估企业有着相同或相近的发展方向；同时，在比较价值比率时，现实和历史的经营指标不能充分反映其价值，选择前瞻性指标可能更为恰当。

（九）经营风险

经营风险是指在企业经营的过程中，由于市场需求的变化、生产要素供给条件的变化以及同类企业间的竞争给企业的未来收益带来的不确定性的影响。影响经营风险的因素主要包括可控及不可控的风险。在选择可比对象时应当重点考察可控风险的差异，慎重确定。

（十）财务风险

可比对象应当在财务风险度上尽可能相似，在进行此比较前，应对可比对象和被评估企业的财务报表进行调整，使它们基于相似的编制基础。例如，应当消除非经常性项目以及存货核算方式的影响。同时，对于利润率、周转率、投资回报率等财务业绩指标上的差异也应当进行分析比较、加以考虑。另外，被评估企业与可比对象在资本结构方面的可比性也很重要。一个有较高财务杠杆与没有财务杠杆的公司在财务风险上差异很大。

最后，评估专业人员在选择可比对象时，应注意筛选标准的统一性、筛选对象的全面性。在选择可比对象时应根据上述一个或几个可比因素制定统一的筛选标准。标准越严格，所筛选出来的可比对象就越相似，数量也越少。因此刚开始时可以把标准放宽些，然后逐渐提高标准，以保证筛选出的可比对象的确具有可比性，并且还具有一定的数量。一旦标准确定后，应尽可能从所有满足标准的待选公司中进行筛选，否则会存在样本不完整、结果不客观的可能。筛选的手段可以多种多样，既可以通过表格形式，也可以通过正态分布图方式进行操作。

二、上市公司选择的关注要点

除了上述选择可比对象的一般关注要点以外，使用上市公司比较法时对于可比公司的选择还应当注意以下几点：

（一）股票交易历史数据充分性

在选择可比上市公司时，除了要有一定时期的经营历史以外，可比对象一般还需要有一定时期的上市交易历史，主要是考虑到进行上市公司比较法评估操作时需进行一定的统计处理，需要一定的股票交易历史数据。

（二）股票交易活跃程度

可比公司应当为股票市场上交易活跃的上市公司，上市公司股权交易活跃表明其股价形成是在竞价机制基础上对内在价值的反映，一旦股价偏离内在价值，则能够迅速向内在价值回归。因此，参考企业应当从那些交易活跃的股票中选取。

三、交易案例选择的关注要点

除了上述选择可比对象的一般关注要点以外，使用交易案例比较法时对于可比交易案例的选择还应当注意以下几点：

（一）交易日期应尽可能与基准日接近

收集的交易案例的交易日期可能并非评估基准日，因此会存在由于上述两个日期差异所产生的交易价格差异，因此为了便于对比，在选择交易案例比较法的评估对象时，应该尽量选择交易日期与评估基准日接近的可比交易案例。

（二）关注可比交易案例资料的可获得性和充分性

收集可比交易案例资料时，评估专业人员应当注意案例相关财务资料的可获得性以及资料的充分性。不同交易案例在企业经营、交易条款方面可能与被评估企业存在较大差异，如果未能充分收集案例资料，可能会无法消除相关差异的影响，引起价值判断上的偏差。

第三节 价值比率的选择及确定

一、价值比率的概念和分类

（一）价值比率的概念

价值比率是指以价值或价格作为分子，以财务数据或其他特定非财务指标等作为分母的比率。价值比率是市场法对比分析的基础，由企业价值与一个与企业价值密切相关的指标之间的比率倍数表示，即：

$$价值比率 = \frac{企业价值}{与企业价值密切相关的指标}$$

（二）价值比率的基本分类及其测算

1. 权益价值比率和企业整体价值比率

按照价值比率分子的计算口径，价值比率可分为权益价值比率与企业整体价值比率。

（1）权益价值比率。权益价值比率主要指以权益价值作为分子的价值比率，主要包括市盈率（P/E）、市净率（P/B）等。

（2）企业整体价值比率。企业整体价值比率主要指以企业整体价值作为分子的价值比率，主要包括企业价值与息税前利润比率（$EV/EBIT$）、企业价值与息税折旧摊销前利润比率（$EV/EBITDA$）、企业价值与销售收入比率（EV/S）等。

2. 盈利价值比率、资产价值比率、收入价值比率和其他特定价值比率

价值比率可以按照分母的性质分为盈利价值比率、资产价值比率、收入价值比率和其他特定价值比率。

$$盈利价值比率 = \frac{企业整体价值 / 股权价值}{盈利类参数}$$

$$资产价值比率 = \frac{企业整体价值 / 股权价值}{资产类参数}$$

$$收入价值比率 = \frac{企业整体价值}{销售收入}$$

$$其他特定价值比率 = \frac{企业整体价值 / 股权价值}{特定类参数}$$

常用的价值比率如表4-1所示。

表4-1　　　　　　　　　　　常用价值比率

价值比率分类	权益价值比率	企业整体价值比率
盈利价值比率	P/E PEG P/FCFE	EV/EBITDA EV/EBIT EV/FCFF
资产价值比率	P/B Tobin Q	EV/TBVIC
收入价值比率	P/S	EV/S
其他特定价值比率	P/研发支出	EV/制造业年产量 EV/医院的床位数 EV/发电厂的发电量 EV/广播电视网络的用户数 EV/矿山的可采储量等

评估专业人员在选择、计算、应用价值比率时，应当考虑以下几点：一是选择的价值比率有利于合理确定评估对象的价值；二是计算价值比率的数据口径及计算方式一致；三

是应用价值比率时对可比对象和被评估企业间的差异进行合理调整。

(1) 盈利价值比率。

① P/E (市盈率)。市盈率是市场比较法中运用最为广泛的价值比率。该价值比率等于每股市场价格与每股收益之比。其计算公式如下：

$$P/E = \frac{企业股权价值}{利润} = \frac{股价}{每股收益}$$

企业的实际市盈率是企业股票的市场价格与企业的每股收益相除的结果。而利用企业基本数据进行推导计算可以得出理论市盈率。通过理论市盈率的推导，可以对市盈率的本质有更深入的了解。

当公司收益以稳定的增长率 (g) 增长时，我们可以利用股利固定增长模型，得到稳定增长公司的股权资本价值：

$$P_0 = \frac{DPS_1}{r - g}$$

其中：

P_0——股权资本价值；

DPS_1——下一年预期的每股股利；

r——股权资本成本；

g——预期股息增长率。

同时，因为 $DPS_1 = EPS_0 \times b \times (1 + g)$，其中 b 为股利支付率，所以股权资本的价值公式可以写成：

$$P_0 = \frac{EPS_0 \times b \times (1 + g)}{r - g}$$

等式两边同时除以 EPS_0 后得到市盈率 P/E 的表达式，如下式所示：

$$P/E = \frac{P_0}{EPS_0} = \frac{b \times (1 + g)}{r - g}$$

市盈率指标的确定因素为企业的增长潜力、股利支付率、风险等。其中最主要的驱动因素是企业的增长潜力。

【例 4-1】A 公司 2016 年的每股收益为 1.65 元，股利支付率为 35%，收益和股利的增长率预计为 5%。该公司的 β 值为 1.2，市场风险溢价为 7%，无风险报酬率为 3%，求该公司的 P/E 值。

解：当前的股利支付率 $b = 35\%$

预期公司收益和股利的增长率 $g = 5\%$

股权资本成本 $r = 3\% + 1.2 \times 7\% = 11.4\%$

$$P/E = \frac{b \times (1 + g)}{r - g} = \frac{35\% \times (1 + 5\%)}{11.4\% - 5\%} = 5.74$$

市盈率是一个将股票价格与当前公司盈利状况直接联系在一起的价值比率。对大多数企业而言，该指标易于获得且容易计算，也可以作为公司成长性、风险性等特征的代表，最适用于连续盈利的企业，但若盈利类指标是负值，则失去了经济意义。

② PEG。PEG 指标 (市盈率相对盈利增长比率) 是公司的市盈率与公司的盈利增长速度的比率。其计算公式如下：

$$PEG = \frac{市盈率}{企业年盈利增长率 \times 100}$$

PEG 指标以市盈率指标为基础，弥补了市盈率对企业动态成长性估计的不足。该指标适用于生物制药、奢侈品及信息技术等高增长行业，对于成熟、亏损或正在衰退的行业则不适用。

③ EV/EBITDA。EV/EBIDA 是企业价值与企业息税折旧摊销前利润的比率。其计算公式如下：

$$息税折旧/摊销前(EBITDA)价值比率 = \frac{EV}{EBITDA} = \frac{股权价值+债权价值}{息税折旧摊销前利润}$$

EV/EBITDA 乘数被最广泛地运用于具备大量固定资产投资的资本密集型公司，且当折旧方法在各公司间差异较大时，使用该乘数更为合理。

④ EV/EBIT。EV/EBIT 是企业价值与企业息税前利润的比率，其计算公式如下：

$$息税前收益(EBIT)价值比率 = \frac{EV}{EBIT} = \frac{股权价值+债权价值}{息税前利润}$$

当企业与可比对象在税率、资本结构等方面存在较大差异时，采用 EV/EBIT 指标更为合理。

（2）资产价值比率。

① P/B。市净率（P/B）指的是每股股价与每股净资产的比率。其计算公式如下：

$$P/B = \frac{企业股权价值}{净资产价值} = \frac{股价}{每股净资产}$$

与市盈率一样，我们可以通过该价值乘数的计算公式推导，获知市净率这一权益乘数的决定因素。

根据戈登增长模型，一家稳定增长企业的权益价值可以表示为：

$$P_0 = \frac{DPS_1}{r-g}$$

其中：

P_0——股权资本价值；

DPS_1——下一年预期的每股股利；

r——股权资本成本；

g——预期股息增长率。

由于 $DPS_1 = EPS_0 \times b \times (1+g)$，其中，$b$ 为股利支付率，代入上式，股权资本的价值公式可以写成：

$$P_0 = \frac{EPS_0 \times b \times (1+g)}{r-g}$$

如果净资产收益率（ROE）= EPS/权益账面价值，即：ROE = EPS/BV（每股净资产账面价值），则 $EPS_0 = BV_0 \times ROE$，那么权益价值为：

$$P_0 = \frac{BV_0 \times ROE \times b \times (1+g)}{r-g}$$

由此可得出市净率（P/B）：

$$P/B = \frac{P_0}{BV_0} = \frac{ROE \times b \times (1+g)}{r-g}$$

市净率指标的驱动因素为净资产收益率、股利支付率、增长率及风险等。

【例 4-2】 A 公司 2016 年的每股净收益为 4 元,股利支付率为 50%。每股权益的账面价值为 40 元,公司在长期时间内将维持 5% 的年增长率,股票的市场价格为每股 66 元,公司的 β 值为 0.8,假设无风险报酬率为 3%,市场风险溢价为 7%。

1) 基于以上数据,估计该公司的市净率（P/B）。

2) 公司的净资产收益率为多少时才能证明公司股票当前价格计算出的 P/B 比率是合理的?

解:1) 计算 P/B:

当前的股利支付率 $b = 50\%$

预期公司收益和股利的增长率 $g = 5\%$

净资产收益率 $ROE = \dfrac{4}{40} \times 100\% = 10\%$

股权资本成本 $r = 3\% + 0.8 \times 7\% = 8.6\%$

$P/B = \dfrac{ROE \times b \times (1+g)}{r-g} = \dfrac{10\% \times 50\% \times (1+5\%)}{8.6\% - 5\%} = 1.46$

2) 由于公司股票当前的市场价格为 66 元/股,所以实际 P/B 计算如下:

$P/B = 66 \div 40 = 1.65$

根据上面的计算公式,求 P/B 为 1.65 时的 ROE:

$1.65 = \dfrac{ROE \times b \times (1+g)}{r-g} = \dfrac{ROE \times 50\% \times (1+5\%)}{8.6\% - 5\%}$

可得 $ROE = 11.31\%$

该价值比率极少出现负值,因此可运用于大多数企业,数据容易取得,且较为稳定,不像净利润那样容易被人为操纵。如果企业的会计标准合理且一致,市净率的变化可以反映企业价值的变化。因此该价值比率适用于拥有大量资产且净资产为正的企业。

但是,由于账面价值易受会计政策的影响,若会计政策不一致则会缺乏可比性。另外,对于固定资产较少的服务性企业和高科技企业,净资产与企业价值的关系不大,市净率就没有什么实际意义了。

② EV/TBVIC。EV/TBVIC 是企业价值与总投入资本资产（是指营运资金与长期资产之和）账面价值的比率。其计算公式如下:

$EV/TBVIC \text{ 乘数} = \dfrac{EV}{TBVIC} = \dfrac{\text{股权价值} + \text{债权价值}}{\text{总投入资本资产价值}}$

（3）收入价值比率。收入价值比率主要有市销率及 EV/S 等,计算公式如下:

销售收入价值比率 $= \dfrac{EV}{\text{销售收入}} = \dfrac{\text{股权价值} + \text{债权价值}}{\text{销售收入}}$

P/S 价值比率 $= \dfrac{\text{股权价值}}{\text{销售收入}}$

通过对 P/S 价值比率计算公式的推导,可以获知市销率这一权益乘数的决定因素。

根据戈登增长模型,一家稳定增长企业的权益价值可以表示为:

$P_0 = \dfrac{DPS_1}{r - g}$

其中：

P_0——股权资本价值；

DPS_1——下一年预期的每股股利；

r——股权资本成本；

g——预期股息增长率。

由于 $DPS_1 = EPS_0 \times b \times (1+g)$，其中，$b$ 为股利支付率，代入上式，股权资本的价值公式可以写成：

$$P_0 = \frac{EPS_0 \times b \times (1+g)}{r-g}$$

在此引入一个新的概念——销售净利率（Net Profit Margin on Sales/Net Profit Margin，NPM），将其定义为：

$NPM = EPS_0 /$ 每股销售额(S)

则：$EPS_0 = NPM \times S$

那么权益价值计算如下：

$$P_0 = \frac{NPM \times S \times b \times (1+g)}{r-g}$$

由此可得出市销率（P/S）：

$$P/S = \frac{P_0}{S_0} = \frac{NPM \times b \times (1+g)}{r-g}$$

市销率的驱动因素有销售净利率、股利支付率、增长率及风险等。

【例4-3】A公司2016年的销售收入是14 000万元，净利润是2 800万元，股东权益账面价值为3 500万元，股利支付率为35%，预计未来增长率为5%，公司的β值为1.2，无风险报酬率为3%，市场风险溢价为7%。计算A公司的P/S。

解：销售净利率 $NPM = \frac{2\ 800}{14\ 000} \times 100\% = 20\%$

股利支付率 $b = 35\%$

预计未来增长率 $g = 5\%$

股权资本成本 $r = 3\% + 1.2 \times 7\% = 11.4\%$

$$P/S = \frac{NPM \times b \times (1+g)}{r-g} = \frac{20\% \times 35\% \times (1+5\%)}{11.4\% - 5\%} = 1.15$$

市销率不会出现负值，因此对于亏损及资不抵债的企业，也能够计算出一个有意义的价值比率，体现销售规模及市场份额的影响。同时，它不易被人为操纵，且对价值政策和企业战略的变化敏感，可以反映这种变化的后果。因此市销率适用于销售成本率较低的服务类企业或者是成本与销售利润水平稳定的传统行业。但是，该价值比率不能反映制造及销售成本上的差异，因此也有一定的局限性。另外，由于P/S指标为非同口径指标，因此在评估过程中应用不是非常广泛，较为常用的为EV/S指标。

（4）其他特定价值比率。其他特定价值比率主要为资产价值与一些特定的非财务指标之间建立的价值比率，主要包括以下几种：

$$矿山可开采储量价值比率 = \frac{EV}{可开采储量}$$

$$\text{仓库仓储容量价值比率} = \frac{EV}{\text{仓储容量}}$$

$$\text{专业人员数量价值比率} = \frac{EV}{\text{专业人员数量}}$$

$$\text{市研率} = \frac{P}{\text{研发支出}}$$

3. "时点型"价值比率和"区间型"价值比率

计算价值比率时可采用某一时点的数据,称为"时点型"价值比率,也可采用某一区间时间段内数据的平均值,称为"区间型"价值比率。时点型价值比率可以较为充分地反映时点的现实价值,但是也容易受到市场非正常因素的干扰,使其丧失有效性;采用区间型价值比率可以利用时间区段的均价有效减少市场非正常因素的扰动,更加接近股票的内在价值,但这种计算方式可能会部分失去价值比率的时效性。

二、价值比率的选择

(一) 价值比率的选择原则

由于各类价值比率都有自身的长处,同时也会存在一些不足,通常需要选用多类、多个价值比率分别进行计算,然后进行综合对比分析判断才可以更好地选择出最适用的价值比率。

评估人员在选择价值比率时一般需要考虑以下原则:一是对于亏损企业,选择资产基础价值比率比选择收益基础价值比率效果可能更好;二是对于可比对象与目标企业资本结构存在较大差异的,一般应选择全投资口径的价值比率;三是对于一些高科技行业或有形资产较少但无形资产较多的企业,收益基础价值比率可能比资产基础价值比率效果好;四是如果企业所属行业的各类成本和销售利润水平比较稳定,可以选择收入基础价值比率;五是如果可比对象与目标企业税收政策存在较大差异,可能选择税后的收益基础价值比率比选择税前的收益基础价值比率更好。

另外,在选择价值比率时还需要注意价值比率的分子、分母对应的口径应保持一致。

(二) 价值比率的选择方法

价值比率的选择方法主要包括基本因素方法、统计方法及常规方法。

1. 基本因素方法

主要考虑运用与公司价值相关性最高的变量,例如,如果被评估企业的价值与其收益相关度最高,而该企业的收益预测也比较可靠,则选择盈利类价值比率进行评估将会比较准确、可行。

2. 统计方法

可以对各种价值比率进行回归,其中相关性最高的就是可以进行最佳解释的价值比率。通常情况下,资产比率相关因素主要有预期增长率、股息支付率、风险和净资产收益率;收入比率相关因素有预期增长率、股息支付率、风险和净利润。

3. 常规方法

常规方法就是根据多年来的实践和总结,评估某些行业常用的价值比率。各行业通常选择的价值比率如表4-2所示。

表 4-2　　各行业常用价值比率

行业		通常选用的价值比率
金融业	银行	P/B、P/E
	保险	财险：P/B
		寿险：P/EV（Embedded Value 的缩写，内含价值）
	证券	经纪：P/E、营业部数量、交易活跃账户数量
		自营：P/B
	基金	P/AUM（管理资产规模）
采掘业		EV/Reserve、EV/Resource、EV/Annual Capability
房地产业		P/NAV（净资产价值）、P/FCFE
制造业	钢铁行业	P/B、EV/钢产量
	消费品制造业	P/E
	机械制造业	P/E
	生物制药业	PEG
基础设施业		EV/EBITDA、P/B
贸易业		批发：P/E
		零售：EV/S
信息技术业		处于初创阶段：EV/S、P/B
		处于成长阶段：P/E、PEG
		处于成熟阶段：P/E

对于盈利容易发生显著变动的周期性行业，如航空、资源和钢铁等行业，各类以盈利为基础的价值比率均不太适用；而基于资产账面价值或重置价值的比率、基于营业收入的比率等，因其受周期性影响相对较小，可以结合行业情况进一步选择。但在能够相对准确地预测行业周期的前提下，也可采取周期平均的方法，使 P/E、EV/EBITDA 等盈利类指标重新具有适用性，使评估结果接近企业的内在价值。

对于盈利相对稳定、周期性较弱的成熟行业，投资者注重的往往是利润和现金流的增长，因此，选择盈利比率相对较为适合。

对于新兴行业，其近期的盈利预测可能较低，甚至为负，无法真实体现公司的价值，因此可以采用 PEG 等增长性指标，弥补 P/E 等对企业动态成长性估计的不足。此外，相对于利润，投资者对新兴行业通常更为注重收入及相关经营数据（如用户规模、网站点击数等），因此 EV/S 和其他特定比率在新兴行业也应用较广。

三、价值比率的调整

（一）价值比率的调整内容

评估专业人员需要对被评估企业和可比对象之间影响价值的定性及定量因素进行比较分析，确定对价值比率调整的方法。对被评估企业及可比对象价值进行比较的关键就在于两者风险性和成长性的差异。其中，定性的影响因素包括相对规模、市场竞争地位、管理深度、无形资产状况、产品线的多样化、市场区域的多样化、供应商或客户的依赖度、产品所处的生命周期。定量的分析因素主要体现在财务绩效方面，可以通过对财务指标的横向及纵向对比，分析企业在风险、成长性等方面的差异，将价值比率调整到合适水平。常用的调整方法主要有财务绩效调整（如净利润率、净资产收益率）、规模及其他风险因素差异调整、成长性调整等。

1. 财务绩效调整

财务绩效调整主要通过分析被评估企业与可比对象在盈利能力、运营能力等方面的差异进行调整，采用的财务指标如下：

盈利能力：销售净利率、营业利润率、主营业务净利率、总资产报酬率、净资产收益率、资本金利润率、主营业务收入、$EBIT$、$EBITDA$。

运营能力：总资产周转率、流动资产周转率、总资产、净资产。

偿债能力：资产负债率、速动比率、流动比率、风险控制能力（净资本/各项风险资本准备之和，评估对象为证券公司）。

成长能力：营业收入增长率、资本扩张率、股东权益增长率。

评估专业人员可将可比对象与被评估企业各项财务指标进行比较，按照一定标准计算相应得分，并结合各指标权重，计算出各公司的总分值，将该分值与被评估企业进行对比，可得出各可比对象的调整系数，最终可得出被评估企业的企业价值。

2. 规模及其他风险因素差异调整

企业规模偏小可能会包含一系列风险因素，包括管理缺乏深度、产品缺少多样性、业务缺少区域或全球化、融资渠道有限、研发能力与市场资源有限等。另外，企业过高的负债也会增加企业的经营风险及财务风险，因此需要对被评估企业及可比对象在风险上的差异进行调整。在风险方面的差异可以反映在被评估企业与可比对象的折现率 r 上，因此可以采用可比对象和被评估企业的相关数据估算折现率来进行必要的调整。

3. 成长性差异调整

另外，被评估企业与可比对象可能处于企业发展的不同期间，进入相对永续期的企业未来发展相对较为平缓，处于发展初期的企业可能会有一段发展相对较快的时期，因此也需要调整预期增长率的差异，一般采用增长率 g 来表示。

风险及成长性调整公式如下：

$$\frac{Value_S}{NCF_S} = \frac{1}{r_S - g_S} \Rightarrow \frac{NCF_S}{Value_S} = \frac{1}{M_S} = r_S - g_S = r_S + r_G - r_G - g_G + g_G - g_S$$

$$= r_G - g_G + (r_S - r_G) + (g_G - g_S) = \frac{1}{M_G} + (r_S - r_G) + (g_G - g_S)$$

因此：目标企业的 $M_S = \dfrac{1}{\dfrac{1}{M_G} + (r_S - r_G) + (g_G - g_S)}$

上式中的 $(r_S - r_G)$ 即为可比对象与被评估企业由于风险因素不同引起折现率不同需要进行的风险因素调整；$(g_G - g_S)$ 是可比对象与被评估企业由于预期增长率差异需要进行的成长性调整。

4. 其他风险因素调整

企业其他方面的风险因素包括对单一供应商及客户的过度依赖、竞争力脆弱、销售收入波动、高比例固定成本、过度依赖新产品、高财务杠杆等。这些调整目前尚未有实证研究成果，因此只能进行定性分析。

另外，在采用交易案例法时，还应当注意交易条款、交易方式、交易时间等方面的因素调整。

（二）价值比率的调整方式

每个可比对象与被评估企业在成长性和风险性等方面都会存在差异。采用波特的五力分析模型、SWOT 分析模型以及财务分析模型对可比对象和被评估企业进行定性和定量分析，据此对价值比率进行适当调整。

1. 因素调整

在比较各公司间价值比率之后，应该考虑影响价值比率的主要因素，并看看是否可以解释其中的差异。对于大多数公司来说，至少有一个因素可以解释价值比率为什么比行业均值要高或低。例如，当采用资产比率（P/B）比较时，就需要关注资本报酬率（ROE）与 P/B 之间的关系，合理解释为什么调整。

2. 矩阵法

在矩阵方法中，可以把价值比率根据因变量分成 4 块。例如，应用资产比率（P/B），可根据资产报酬率（ROE）将比率分块，如图 4-1 所示。

过高估价 高 P/B 比率 低 ROE 之间	高 P/B 比率 高 ROE 之间
低 P/B 比率 低 ROE 之间	过低估价 低 P/B 比率 高 ROE 之间

图 4-1　价值比率的调整方式——矩阵法举例

矩阵左下方和右上方均属合理区域，但如果处于左上方或右下方，则可能存在过高或过低估价。需要注意的是，上述判断是基于 ROE 与 P/B 基本上是保持线性关系的假设，如果风险因素等存在很大的差异，矩阵法就不一定完全正确。

3. 回归法

矩阵法的局限在于很容易识别极端值，但对于并没有过分高估或低估的公司不容易分辨。而回归法则是区分公司间差异更具有说服力、更通用的方式。回归法是通过采集一定数量的可比对象价值以及对价值比率有重大影响的独立变量，采用数理统计方法寻找它们之间的关系，据此判断公司是否存在高估或低估，并对被评估企业的价值比率进行调整的另一种方法。

此外，如果采用交易案例比较法，还应该比照交易条款、方式和时间对价值比率进行调整。

四、价值比率的确定

（一）价值比率计算的统计方法

对于任何一种价值比率而言，不同可比对象所计算出的价值比率都可能有较大不同。因此，来自可比对象的价值比率往往集中在一个区间内，需要使用统计方法对各价值比率进行分析,确定被评估企业的价值比率。

1. 中位数

我国股票市场上,许多微利的企业的股票交易价格较高,此时计算出来的市盈率可能高达数百、数千甚至更高。如果可比对象的价值比率包括该类极端值,那么采用平均数计算可能会产生较大偏差,因此采用中位数可以很好地避免极端值的影响。

2. 算术平均值

算术平均值可以用来反映一组数据的平均水平。价值比率的汇总分析,可以采用算术平均或加权算术平均等方式计算价值比率。

3. 调和平均值

调和平均值是算术平均的一种变形,指的是倒数的算术平均值的倒数。调和平均数虽不常用且易受极端值影响,但是在计算利润率或价值比率时不失为一个有益的方法。

4. 变异系数

变异系数反映观察值对于平均值的离散程度,也称为标准差系数,计算方法是用样本的标准差除以样本平均值。变异系数可以用来比较不同价值比率样本的离散程度,可以以此为依据选择最适合的价值比率,而非直接得到一个价值比率数值。

(二) 价值比率计算的时间区间

价值比率的计算一般可以选择评估基准日前12个月或评估基准日前几年价值比率的平均值。

若选择评估基准日前12个月为基础进行计算,可分情况进行:时点型价值比率可以选择评估基准日股票价值为基础计算价值比率的分子,以评估基准日前12个月的相关财务数据为基础计算价值比率的分母;区间型价值比率可以以评估基准日前若干日的交易均价为基础计算价值比率的分子,以评估基准日前12个月的相关财务数据为基础计算价值比率分母。同时,考虑到上市公司的财务报告是按季度披露的,当超过90天时可能会使价值比率包含因为上市公司新财务数据的披露对股票价格造成的系统性影响,因此在对区间型价值比率的分子进行计算时,建议选择30天或60天。如果在此期间可比对象发生突发事件,造成上市公司股价异常波动,则需要考虑是否应当调整日期,剔除可比对象股票价值异动的影响。

在实务中,评估专业人员考虑到股票的周期波动性,为更好地反映上市公司的内在价值,还可以选择评估基准日前几个会计年度分别计算时点型或区间型价值比率,并采用加权平均等方式合理处理后计算出平均值。采用这种方法时,应当结合可比对象股票价格的时效性以及可比对象股票价格由于非正常因素扰动可能产生的影响,选择合适的计算区间。

第四节 市场法评估案例

一、上市公司比较法评估案例

(一) 评估案例基本情况

甲公司拟转让乙公司9.8%的股权,委托评估机构对乙公司的股东全部权益价值进行评估。评估基准日为 2016 年 12 月 31 日。

被评估企业乙公司为一家总部设置于上海的证券公司，在全国范围内共拥有营业部 87 家，其中上海 33 家，江苏 12 家，浙江 8 家，山东 16 家，其他地区 18 家。企业主要经营证券经纪、自营、资产管理、证券承销等传统业务，同时也开展融资融券、股指期货等创新业务。被评估企业评估基准日净资产为 480 亿元。

根据本次评估目的，评估对象为被评估企业的股东全部权益，评估范围为被评估企业的全部资产及负债。本次评估的价值类型采用市场价值。

（二）评估过程和结果

本次评估采用上市公司比较法进行评估。

1. 可比上市公司的选择

首先选取与被评估企业同样属于证券行业的可比公司作为样本，分析被评估企业与可比公司在业务结构、经营模式、资产规模等方面的差异。从资产规模和营业规模来看，可比公司 A、可比公司 B、可比公司 C、可比公司 D、可比公司 E、可比公司 F 与被评估企业最为接近。但可比公司 D 的业务过于集中在特定区域，覆盖范围与被评估企业差异较大；可比公司 E 的经营业务主要集中在投行业务，经纪业务涉及较少，与被评估企业在业务结构上存在较大差异；可比公司 F 在评估期间正在进行重大资产重组，不适合作为可比公司。因此最终选择可比公司 A、可比公司 B、可比公司 C 作为可比公司。

2. 价值比率的选择

被评估企业属于证券行业，且其业务内容包含证券经纪、自营、资产管理、证券承销等多个方面，故根据各行业通常选用的价值比率，本次评估采用市净率 P/B 模型对被评估企业的股权价值进行评估。

评估公式为：

被评估企业股权价值 = 被评估企业总股本 × 被评估企业每股账面净资产 × 被评估企业 P/B

其中：

被评估企业 P/B = 调整后可比公司 P/B 的加权平均值
= 可比公司 P/B × 可比公司 P/B 调整系数 × 权重

可比公司 P/B 调整系数 = $\prod$ 影响因素 A_i 的调整系数

影响因素 A_i 的调整系数 = $\dfrac{\text{被评估企业系数}}{\text{可比公司系数}}$

3. 价值比率的计算

截至评估报告出具日，本次各项上市公司数据均取自各上市公司公布的 2016 年度审计报告数据。由于 2016 年第四季度我国证券市场交易非常活跃，各证券类上市公司的股价均大幅波动，故本次选取基准日前 30 日交易均价作为比较参数。评估专业人员首先通过万得（Wind）资讯系统查询获取各样本案例的财务数据，同时计算价值比率，具体如表 4-3 所示。

表 4-3　　　　　　　　市场法案例：可比上市公司市净率测算

项目	被评估企业	可比公司 A	可比公司 B	可比公司 C
基准日前 30 日平均收盘价（元/股）		18.60	15.80	15.60
2016 年 12 月 31 日总股本（亿元）		76.00	115.00	82.00
2016 年 12 月 31 日净资产（亿元）	480.00	960.00	1 080.00	500.00
P/B		1.47	1.68	2.56

4. 价值比率的调整

本次价值比率调整采用因素调整法对可比公司进行调整。参照常用的证券公司核心竞争力评价指标体系，一般在市场法评估时需要通过分析评估对象与可比公司在成长能力、经营能力、盈利能力及风险管理能力等方面的差异，从而对相关指数进行调整。本次设定的调整体系如表 4-4 所示。

表 4-4　　　　　　　　市场法案例：价值比率调整体系

指标类别	权重（%）	相关指标	指标权重（%）
盈利能力	20	ROE/COE（净资产收益率/股权成本率）	20
成长能力	20	净资本	10
		营业收入增长率	10
营运能力	20	资产管理规模	4
		经纪业务收入占营业收入比例	4
		市场占有率	4
		证券公司分类评级	4
		营业部数量及分布	4
风险管理能力	20	净资本/各项风险准备之和	5
		净资本/净资产	5
		货币类资金和变现能力较强的证券投资占资产总额（扣除客户交易结算金）的比例	5
		资产负债率（扣除客户交易结算金）	5
业务创新能力	20	研发人员占员工比例	4
		股指期货开展情况	4
		融资融券开展情况	4
		直投业务开展情况	4
		国际业务开展情况	4

（1）盈利能力比较。被评估企业属于金融服务企业，公司收益波动幅度较大，当采用市净率进行估值时，需要对盈利能力进行调整。P/B 的差异主要源于净资产收益率差异和公司股权成本差异，净资产收益率超过股权成本越多，市净率便越高，因此本次把 ROE/COE 作为盈利能力的一项重要指标来进行分析比较。被评估企业及可比公司的相关指标如表 4-5 所示。

表 4-5　　　　　市场法案例：价值比率调整——盈利能力

指标类别	相关指标	被评估企业	可比公司 A	可比公司 B	可比公司 C
盈利能力	ROE/COE（净资产收益率/股权成本率）	1.35	1.21	1.58	1.59

（2）成长能力比较。根据证券行业的特点，成长能力也是影响企业估值的关键因素。本次采用企业的净资本规模及历史年度的复合增长率反映企业所具有的成长潜力。净资本规模越大、历史增长率越高，企业的业务活动未来的成长性及竞争力便显得越好。被评估企业及可比公司的相关指标如表 4-6 所示。

表 4-6　　　　　市场法案例：价值比率调整——成长能力

指标类别	相关指标	被评估企业	可比公司 A	可比公司 B	可比公司 C
成长能力	净资本（亿元）	345.00	691.00	993.00	370.00
	营业收入增长率（%）	12.20	15.05	16.30	16.21

（3）营运能力比较。营运能力及企业规模对证券公司来说同样重要。本次选择资产管理规模、经济业务占营业收入的比例、市场占有率、营业部数量及分布。管理资产规模及营业部数量是反映企业规模的重要指标；市场占有率可以直接反映企业经营情况；经纪业务收入作为证券公司最为稳定的收入来源，体现了经营上的稳健性。同时，本次将中国证监会每年发布的证券公司分类评级作为指标之一，体现企业整体层面的合规管理、风险控制及经营能力。被评估企业及可比公司的相关指标如表 4-7 所示。

表 4-7　　　　　市场法案例：价值比率调整——营运能力

指标类别	相关指标	被评估企业	可比公司 A	可比公司 B	可比公司 C
营运能力	资产管理规模（亿元）	364.00	576.00	886.00	603.00
	经纪业务收入占营业收入比例（%）	56.91	45.51	54.66	35.45
	市场占有率（%）	1.43	2.00	2.09	1.29
	证券公司分类评级	BBB	AA	A	BBB
	营业部数量及分布	87	155	125	100

（4）风险管理能力比较。对于证券行业来说，净资本为风险控制指标的核心。一般而言，风险控制指标值越优秀，公司综合性风险控制越好，公司的盈利能力持续性、稳定性越好，业务扩张能力越强。

本次采用净资本/各项风险准备之和、净资本/净资产、货币类资金和变现能力较强的证券投资占资产总额（扣除客户交易结算金）的比例、资产负债率（扣除客户交易结算金）体现企业的风险控制能力。被评估企业及可比公司的相关指标如表 4-8 所示。

表 4-8　　　　　市场法案例：价值比率调整——风险管理能力

指标类别	相关指标	被评估企业	可比公司 A	可比公司 B	可比公司 C
风险管理能力	净资本/各项风险准备之和（%）	175.54	392.29	474.00	257.71
	净资本/净资产（%）	72.00	72.00	92.00	74.00

续表

指标类别	相关指标	被评估企业	可比公司A	可比公司B	可比公司C
风险管理能力	货币类资金和变现能力较强的证券投资占资产总额（扣除客户交易结算金）的比例（%）	86.58	82.68	93.13	75.26
	资产负债率（扣除客户交易结算金）（%）	55.32	62.24	52.74	55.05

（5）业务创新能力比较。业务创新是证券行业持续发展的核心，目前企业业务创新能力主要体现在融资融券、股指期货、直投业务和国际业务等几个方面。本次统计了被评估企业与可比公司的新业务开展情况。同时，也将研发人员占员工的比例纳入指标体系。被评估企业及可比公司的相关指标如表4-9所示。

表4-9　　　　市场法案例：价值比率调整——业务创新能力

指标类别	相关指标	被评估企业	可比公司A	可比公司B	可比公司C
业务创新能力	研发人员占员工比例（%）	1.23	1.72	3.64	1.31
	股指期货开展情况	有	有	有	有
	融资融券开展情况	有	有	有	有
	直投业务开展情况	有	有	有	有
	国际业务开展情况	无	有	无	有

各项指标均以被评估企业为标准分100分进行对比调整，可比证券公司各指标系数与目标证券公司比较后确定，低于目标公司指标系数的则调整系数小于100，高于目标公司指标系数的则调整系数大于100。P/B调整系数＝被评估企业得分/可比公司得分（如表4-10所示）。

表4-10　　　　市场法案例：价值比率调整——调整指标各项评分

指标类别	相关指标	被评估企业	可比公司A	可比公司B	可比公司C
盈利能力	ROE/COE（净资产收益率/股权成本率）	100	95	105	105
成长能力	净资本	100	110	110	103
	营业收入增长率	100	103	105	105
营运能力	资产管理规模	100	105	110	108
	经纪业务收入占营业收入比例	100	95	98	90
	市场占有率	100	105	105	98
	证券公司分类评级	100	110	105	100
	营业部数量及分布	100	110	108	105
风险管理能力	净资本/各项风险准备之和	100	92	90	98
	净资本/净资产	100	98	105	98
	货币类资金和变现能力较强的证券投资占资产总额（扣除客户交易结算金）的比例	100	98	105	92
	资产负债率（扣除客户交易结算金）	100	95	102	100

续表

指标类别	相关指标	被评估企业	可比公司A	可比公司B	可比公司C
业务创新能力	研发人员占员工比例	100	100	100	100
	股指期货开展情况	100	100	100	100
	融资融券开展情况	100	100	100	100
	直投业务开展情况	100	100	100	100
	国际业务开展情况	100	105	100	105

按照设置的调整指标权重情况，汇总计算各影响因素的得分（如表4-11、表4-12所示）。

表4-11　　市场法案例：价值比率调整——调整指标评分汇总

指标类别	被评估企业	可比公司A	可比公司B	可比公司C
盈利能力	100.00	95.00	105.00	105.00
成长能力	100.00	106.50	107.50	104.00
营运能力	100.00	105.00	105.20	100.20
风险管理能力	100.00	95.75	100.50	97.00
业务创新能力	100.00	101.00	100.00	101.00

表4-12　　市场法案例：价值比率调整——可比上市公司市净率调整

指标类别	可比公司A	可比公司B	可比公司C
P/B	1.47	1.68	2.56
盈利能力	1.0526	0.9524	0.9524
成长能力	0.9390	0.9302	0.9615
营运能力	0.9524	0.9506	0.9980
风险管理能力	1.0444	0.9950	1.0309
业务创新能力	0.9901	1.0000	0.9901
调整后P/B	1.43	1.41	2.39
调整后P/B的均值	1.74		

5. 评估结果的测算

由于选取的上市公司的价值是通过流通股的价格计算的，而被评估企业为非上市公司，因此对可比公司的流通市场的市值所计算出的P/B等价值比率，需要调整缺乏流动性折扣。本次采用新股发行定价方式估算缺乏流动性折扣。

根据实证分析统计结果，评估基准日金融保险行业缺乏流动性折扣的平均值为27.82%。

被评估企业价值评估结果 = 被评估企业基准日净资产 × 调整后的P/B
　　　　　　　　　　　× （1 - 缺乏流动性折扣）
= 480.00 × 1.74 × （1 - 27.82%）
= 603.00（亿元）（取整）

本次评估未考虑控制权溢价。

(三) 案例分析

证券金融行业上市公司较多，各方面的信息公开透明，易于获取，因此适用于市场法评估。评估专业人员从目前已上市证券公司中选取了部分具有可比价值的样本案例。在选取可比公司的过程中，应当考虑在规模、经营业务、成长性、财务业绩及业务结构等多方面的相似性。案例中，评估专业人员在保证规模及经营业务相似性的基础上剔除了部分在业务覆盖区域与业务结构有较大差异的公司，进一步提升了可比性。同时将基准日前后正处于重大重组停牌过程中的可比公司剔除，满足了对于可比公司股票交易活跃的要求。

确定可比公司后，评估专业人员通过价值比率选择的常规方法，证券行业一般可以采用 P/E 或 P/B 等价值比率。其中，经纪业务可采用 P/E、营业部数量、交易活跃账户数量；自营业务可采用 P/B 指标。案例中的证券公司业务类型较为综合，涉及经纪、自营、投行、资管等多方面的业务，不仅涉及经纪类业务，且 P/B 指标较 P/E 指标更为稳定，最终选择了以 P/B 为基础的评估模型。

在计算价值比率方面，由于 2016 年年末股价存在一定波动，因此案例对股价采用区间型指标，选取基准日前 30 日交易均价及基准日净资产作为基础，计算 P/B 价值比率，以消除股价波动的影响。

此后，评估专业人员按照证券公司常用的核心竞争力评价指标体系并结合财务绩效调整方法，分析被评估企业与可比公司在成长能力、经营能力、盈利能力及风险管理能力等方面的差异，从而对相关价值比率进行调整，确定被评估企业的估值。

鉴于评估选取的比较案例均为上市公司，而案例中的被评估企业尚未实现上市，因此评估专业人员以市场法评估值为基础，采用新股发行定价的方式，调整缺乏流动性折扣的影响；同时，由于案例中经济行为转让的股权比例较低，并不具有控制权，因此案例中并未考虑控制权溢价。

二、交易案例比较法评估案例

(一) 评估案例基本情况

甲公司拟收购乙公司 100% 的股权，委托评估机构对乙公司的股东全部权益价值进行评估。评估基准日为 2018 年 12 月 31 日。

被评估企业乙公司为一家位于中国北方某城市的化学原料药生产企业，主要经营 AA、BB、CC 三种化学原料药的生产和销售业务。被评估企业近年经营情况良好，盈利稳步增长，2018 年净利润 3 000 万元，评估基准日总资产为 28 000 万元，总负债为 10 000 万元，净资产为 18 000 万元。

根据本次评估目的，评估对象为被评估企业的股东全部权益，评估范围为被评估企业的全部资产及负债。本次评估的价值类型采用市场价值。

(二) 评估过程和结果

本次评估采用交易案例比较法评估。

1. 可比交易案例的选择

评估人员通过国内某知名金融数据库，筛选并收集了基准日近一年内中国市场上的 10 例化学原料药行业企业的股权交易案例作为备选可比交易案例。其中，案例 1~9 为 A 股上市公司收购非上市公司，案例10为非上市公司并购非上市公司，各交易案例的部分财务信息和非财务信息如表4-13和表4-14所示。

表4-13　　　　　　　　　　初步选取的交易案例财务信息　　　　　　　　金额单位：万元

序号	并购方	被并购方	并购完成时间	并购对价	并购股权比例	被并购方总资产	被并购方前一完整年度净利润
1	A公司	K公司	2018年11月	48 000.00	100%	36 000.00	4 000.00
2	B公司	L公司	2018年10月	46 550.00	70%	78 000.00	7 000.00
3	C公司	M公司	2018年12月	18 000.00	90%	19 000.00	2 000.00
4	D公司	N公司	2018年3月	36 000.00	40%	125 000.00	10 000.00
5	E公司	O公司	2018年5月	64 000.00	100%	84 000.00	8 000.00
6	F公司	P公司	2018年10月	7 800.00	60%	8 000.00	1 000.00
7	G公司	Q公司	2018年1月	643 968.00	80%	516 000.00	67 080.00
8	H公司	R公司	2018年11月	10 000.00	100%	15 000.00	-2 000.00
9	I公司	S公司	2018年9月	40 740.00	70%	52 000.00	6 000.00
10	J公司	T公司	2018年8月	23 000.00	100%	未披露	未披露

表4-14　　　　　　　　　　初步选取的交易案例非财务信息　　　　　　　　金额单位：万元

序号	并购方	被并购方	并购完成时间	并购对价	并购股权比例	被并购方主营业务	被并购方业务结构	并购目的
1	A公司	K公司	2018年11月	48 000.00	100%	化学原料药生产和销售	单一	财务投资
2	B公司	L公司	2018年10月	46 550.00	70%	化学原料药生产和销售	单一	财务投资
3	C公司	M公司	2018年12月	18 000.00	90%	化学原料药生产和销售	单一	财务投资
4	D公司	N公司	2018年3月	36 000.00	40%	化学原料药生产和销售	单一	财务投资
5	E公司	O公司	2018年5月	64 000.00	100%	化学原料药生产和销售	多元化	财务投资
6	F公司	P公司	2018年10月	7 800.00	60%	化学原料药生产和销售	单一	战略投资
7	G公司	Q公司	2018年1月	643 968.00	80%	化学原料药生产和销售	单一	财务投资
8	H公司	R公司	2018年11月	10 000.00	100%	化学原料药生产和销售	单一	财务投资
9	I公司	S公司	2018年9月	40 740.00	70%	化学原料药批发	单一	财务投资
10	J公司	T公司	2018年8月	23 000.00	100%	化学原料药生产和销售	单一	财务投资

接下来，分以下三个步骤对初步选取的交易案例进行筛选：

第一步，分析被评估企业与交易案例中的标的企业在业务结构、经营模式、企业规模、经营业绩等方面的差异。

从业务结构来看，被评估企业单一经营化学原料药的生产和销售业务，而案例5中的标的企业多元化经营，经阅读该案例的相关上市公司公告资料，被收购方历史及预计未来年度化学原料药的生产和销售业务收入仅占营业收入的60%，其余40%为医疗器械生产和销售业务，与被评估企业可比性有限，故将案例5从可比交易案例中剔除。

从经营模式来看，被评估企业经营化学原料药的生产和销售业务，而案例9中的标的企业经营化学原料药的批发业务，与被评估企业可比性有限，故将案例9从可比交易案例中剔除。

从企业规模来看,被评估企业总资产不到 3 亿元,而案例 7 中的标的企业总资产超过 50 亿元,与被评估企业可比性有限,故将案例 7 从可比交易案例中剔除。

从经营业绩来看,被评估企业近年来盈利稳步增长,而案例 8 中的标的企业近年出现亏损,未来能否扭亏为盈存在一定不确定性,与被评估企业可比性有限,故将案例 8 从可比交易案例中剔除。

第二步,分析本次经济行为与交易案例在交易背景、交易条件、控制权状态等方面的差异。

从交易背景来看,本次经济行为的收购方为药品零售企业,与被收购方处于不同的产业链,本次收购主要为财务投资,增强集团的盈利和抗风险能力;而案例 6 中的收购方为化学制剂生产企业,与被收购方处于同一产业链上下游关系,收购主要为了解决原材料供应瓶颈问题,具有较强的协同效应,其并购定价依据为评估机构出具的投资价值资产评估报告,并购对价中包含有协同效应的价值,故案例 6 的价值属性与本次评估的价值类型市场价值不符,将案例 6 从可比交易案例中剔除。除上述情况之外,各交易案例与本次经济行为在交易背景方面无其他重大差异。

从交易条件来看,本次经济行为与初步选取的各交易案例均为协议收购,且一次性付款,其余交易条款亦无特殊性,故无须从交易条件角度进一步剔除案例。

从控制权状态来看,本次经济行为系控股权并购,而案例 4 系少数股权并购,考虑到现有各版本控制权溢价数据测算结果差异较大,若进行控制权溢价修正可靠性有限,故将案例 4 从可比交易案例中剔除。

第三步,分析交易案例资料的可获得性和充分性。

案例 1~9 均为上市公司并购重组,相关资料披露较充分,而案例 10 为非上市公司并购非上市公司,相关资料披露不够充分,缺少计算价值比率必需的并购对价数据,故将案例 10 从可比交易案例中剔除。

综合上述分析,最终选择交易案例 1、案例 2、案例 3 作为可比交易案例。

2. 价值比率的选择

考虑到被评估企业及选取的可比交易案例中的标的企业近年来盈利稳步上升,本次评估选取市盈率(P/E)作为价值比率。

被评估企业股权价值 = 被评估企业净利润 × 被评估企业 P/E

其中:

被评估企业 P/E = 调整后可比交易案例 P/E 的加权平均值

= 可比交易案例 P/E × 可比公司 P/E 调整系数 × 权重

可比交易案例 P/E 调整系数 = $\prod$ 影响因素 A_i 的调整系数

影响因素 A_i 的调整系数 = $\dfrac{\text{被评估企业系数}}{\text{可比公司系数}}$

3. 价值比率的计算

本次选取的三个可比交易案例均为上市公司重大资产重组案例,交易对价均为根据《资产评估报告》中股东全部权益评估值结合拟收购的股权比例确定,即根据实际交易对价和收购的股权比例推算的企业股权价值与股东全部权益评估值相同。

评估人员通过阅读三个可比交易案例收购方在上市公司公告中披露的相关《重组报告书》《资产评估报告》和《审计报告》，获取三个可比交易案例的股权评估值、评估基准日、基准日前一完整年度净利润，以及评估基准日的非经营性资产、负债及溢余资产价值，并计算三个可比交易案例剔除非经营性和溢余资产后的市盈率（P/E），如表4-15所示：

表4-15　　　　　　市场法案例：可比交易案例市盈率测算　　　　　　金额单位：万元

项目	可比案例1	可比案例2	可比案例3
评估基准日	2018年7月31日	2018年6月30日	2018年8月31日
调整前股权价值	48 000.00	66 500.00	20 000.00
非经营性资产、负债及溢余资产价值	800.00	1 000.00	600.00
调整后股权价值	47 200.00	65 500.00	19 400.00
基准日前一完整年度净利润	4 000.00	7 000.00	2 000.00
市盈率P/E	11.80	9.36	9.70

经过评估人员分析，三个可比公司的非经营性资产、负债及溢余资产主要为非经营性资金往来，不涉及净利润中相应损益的调整，故计算市盈率时分母仍为报表净利润。

4. 价值比率的调整

由于非金融企业的非财务指标获取比较困难，本次价值比率的调整主要通过财务指标进行。

本次价值比率调整采用因素调整法对可比交易案例的价值比率进行调整。为了修正可比公司与被评估企业在盈利能力、资产质量、债务风险、经营增长等方面的差异对价值比率的影响，本次评估借鉴《企业绩效评价标准值2018》中的评价指标体系和评分标准，并结合医药工业企业的特点，建立价值比率调整体系，如表4-16所示。

其中，各项指标的评价标准划分为优秀（A）、良好（B）、平均（C）、较低（D）、较差（E）五个档次，对应五档评价标准的标准系数分别为1.0、0.8、0.6、0.4、0.2，较差（E）以下为0，如表4-17所示。标准系数是评价标准的水平参数，反映了评价指标对应评价标准所达到的水平档次。

表4-16　　　　　　市场法案例：价值比率调整体系

评价内容		评价指标		绩效评价标准值（医药工业）				
指标类型	权重（%）	指标名称	权重（%）	优秀值	良好值	平均值	较低值	较差值
盈利能力状况	34	EBITDA/营业收入（%）	17	30.10	20.30	10.00	2.20	-7.90
		净资产收益率（%）	17	20.90	14.90	9.90	2.90	-3.20
资产质量状况	22	应收账款周转率	11	11.90	8.00	5.60	4.00	1.80
		存货周转率	11	7.10	5.40	3.30	2.00	1.30
债务风险状况	22	资产负债率	11	50.00	55.00	60.00	70.00	85.00
		已获利息倍数	11	6.50	4.60	3.50	2.10	-0.10
经营增长状况	22	销售（营业）增长率	11	26.60	16.50	8.00	-1.40	-7.30
		资本保值增值率	11	121.00	114.90	110.00	103.40	98.60

表 4-17　　　　　　　　　市场法案例：评分标准

项目	达到优秀值	达到良好值	达到平均值	达到较低值	达到较差值	未达较差值
得分	1.0	0.8	0.6	0.4	0.2	0

可比公司及被评估企业相关财务指标数据如表 4-18 所示。

表 4-18　　　市场法案例：可比公司及被评估企业相关财务指标数据

评价内容		评价指标		可比公司财务指标数据			被评估企业财务指标数据
指标类型	权重(%)	指标名称	权重(%)	K公司	L公司	M公司	
盈利能力状况	34	EBITDA/营业收入（%）	17	15.00	9.00	11.00	9.60
		净资产收益率（%）	17	12.00	8.00	10.00	7.00
资产质量状况	22	应收账款周转率	11	6.00	5.80	5.00	5.70
		存货周转率	11	5.00	3.50	4.00	5.00
债务风险状况	22	资产负债率	11	56.00	60.00	65.00	55.00
		已获利息倍数	11	5.00	4.00	5.50	5.50
经营增长状况	22	销售（营业）增长率	11	18.00	9.00	12.00	8.00
		资本保值增值率	11	112.00	105.00	109.00	104.00

可比公司及被评估企业相关财务指标得分如表 4-19 所示。

表 4-19　　　市场法案例：可比公司及被评估企业相关财务指标得分

评价内容		评价指标		可比公司财务指标得分			被评估企业财务指标得分
指标类型	权重(%)	指标名称	权重(%)	K公司	L公司	M公司	
盈利能力状况	34	EBITDA/营业收入（%）	17	0.6	0.4	0.6	0.4
		净资产收益率（%）	17	0.6	0.4	0.6	0.4
资产质量状况	22	应收账款周转率	11	0.6	0.6	0.4	0.6
		存货周转率	11	0.6	0.6	0.6	0.6
债务风险状况	22	资产负债率	11	0.6	0.6	0.4	0.8
		已获利息倍数	11	0.8	0.8	0.8	0.8
经营增长状况	22	销售（营业）增长率	11	0.8	0.6	0.6	1.0
		资本保值增值率	11	0.6	0.4	0.4	0.4
指标加权平均得分				0.644	0.510	0.556	0.598

根据各项指标得分和权重，可计算得到各可比公司与被评估企业财务指标的总得分，进而计算出各可比交易案例的价值比率的修正系数，如表 4-20 所示。

表 4-20　　市场法案例：价值比率调整——可比交易案例市盈率调整

项目	可比案例 1	可比案例 2	可比案例 3
调整前市盈率（P/E）	11.8	9.36	9.70
交易案例得分	0.644	0.510	0.556
被评估企业得分	0.598	0.598	0.598
调整系数	0.93	1.17	1.08
调整后市盈率（P/E）	10.96	10.98	10.43
调整后市盈率（P/E）的均值	10.79		

5. 评估结果的测算

被评估企业 2018 年净利润 3 000 万元中，有 5 万元为购买货币基金理财产品获得的投资收益，由于相关理财产品已作为非经营性资产单独评估，故在计算评估值时将该部分投资收益从被评估企业净利润中剔除。

经过评估人员判断和分析，被评估企业的非经营性资产、负债及溢余资产为购买的货币基金理财产品（每日分配收益），按照核实后的账面值评估，评估值为 100 万元。

评估值 = 被评估企业调整后净利润 × 调整后 P/E
　　　　+ 非经营性资产、负债及溢余资产价值
　　　= 2 995 × 10.79 + 100
　　　= 32 416（万元）（取整）

本次采用交易案例比较法，由于可比公司与被评估企业均为非上市公司，故评估结论无须考虑流动性对评估对象价值的影响。

由于本次市场法评估选取的可比交易案例与本次交易均为控股股权的交易案例，故评估结论无须考虑控制权对评估对象价值的影响。

（三）案例分析

上市公司通常为行业内规模较大、经营业绩优秀的公司，且越来越多的上市公司业务结构复杂、多元化经营。相比于上市公司比较法，交易案例比较法更易于选择与被评估企业在业务结构、经营模式、企业规模、经营业绩等方面相近的可比公司，且能够避免缺乏流动性折扣选取的难题。

本次评估中，评估专业人员通过国内某知名金融数据库，筛选并收集了基准日近期同行业企业的股权交易案例作为备选可比交易案例，并从企业的可比性、经济行为的可比性以及交易案例资料的可获得性和充分性三个层次对备选案例进行了进一步筛选，最终得到可比性较强的交易案例作为可比交易案例。

在确定可比交易案例后，评估专业人员结合标的企业和可比公司在资产结构、经营业绩、行业特征等方面的特点选取价值比率。标的企业和可比公司均为重资产的医药工业企业，历史年度盈利稳定增长，可考虑采用的价值比率主要包括市盈率 P/E 和市净率 P/B。经评估专业人员初步测算，三家可比公司市盈率 P/E 的标准差明显低于市净率 P/B 的标准差，反映出市盈率 P/E 的数据分布集中程度比市净率 P/B 更高，即从统计推断理论的角度看，相比于市净率 P/B，采用市盈率 P/E 推断可比公司的平均价值比率的可靠性更强。因此本次评估最终选取市盈率 P/E 作为价值比率。

在价值比率的计算方面，本次评估在相关资料可获得的前提下，以交易案例中标的企业股权价值为分子、净利润为分母计算市盈率（P/E），且在计算时剔除了非经营性资产、负债和溢余资产的影响。

在价值比率的调整方面，评估专业人员借鉴《企业绩效评价标准值》中的评价指标体系和评分标准，并结合医药工业企业的特点，建立了包括盈利能力、资产质量、债务风险、经营增长四大方面因素的价值比率调整体系，从而对交易案例的相关价值比率修正至适用于被评估企业的水平。

在评估值的计算方面，评估专业人员考虑了非经营性资产、负债和溢余资产的调整。

本次评估在交易案例筛选阶段即选取了控股股权的交易案例，且可比公司均为非上市公司，故在评估值计算时无须再考虑控制权和流动性对评估对象价值的影响。

本案例中，为简便考虑，假设交易对价等于股权评估值与收购的股权比例的乘积。实际交易案例中，由于交易对价往往为在以市场价值为价值类型的资产评估结果基础上，由交易双方通过谈判确定，与资产评估结果有一定差异。在该种情况，考虑到最终的交易价格往往受到交易双方的交易地位、交易动机、交易时限等因素的影响，建议采用标的企业股权的评估值为分子计算交易案例的市盈率（P/E）。

本案例中，市盈率（P/E）采用的是静态比率，分母为基准日前一完整年度净利润，在计算 P/E 以及将 P/E 与被评估企业前一完整年度净利润相乘时，净利润均需要剔除非经营性因素的影响。若可比交易案例为上市公司重大重组等可从公开信息中取得可比公司未来利润预测数的交易案例，市盈率（P/E）可采用动态比率，即分母为预测期首年净利润，可更好地对公司未来成长性的预期，并且由于预测净利润不受非经营性因素影响，在计算 P/E 以及将 P/E 与被评估企业预测期首年净利润相乘时，净利润均无须再剔除非经营性因素的影响。

本案例中，由于被评估企业为重资产的制造型企业，资产负债和利润构成比较复杂，故每类评价内容选取了两个评价指标，具体评估项目中，若企业资产负债和利润构成比较简单，也可对每类评价内容仅选取一个评价指标。

最后需要注意的是，本案例对可比交易案例的选择以及差异因素修正方法只是实务中的常见做法之一，而非唯一方法。评估专业人员应根据评估项目的具体情况选择适当的方法。

第五节 市场法的适用性和局限性

一、市场法的适用性

（一）市场有效性

市场法首先需要市场对可比公司进行准确价值判断，然后才能通过类比分析得到被评估企业的价值。被评估企业价值评估的准确性在很大程度上取决于市场对可比公司的定价是否合理，这就需要市场具有足够的有效性，也就是说，市场法适用于资本市场发育比较成熟、市场有效性比较强的条件下。一个有效的市场一般具有以下特点：

一是存在大量以追求利润最大化为目标的理性投资者，个别投资者不能单独对市场定价造成影响。

二是市场信息充分披露和均匀分布，投资者所获取的信息是对称的。

三是投资者获取信息不存在交易成本。

四是投资者对信息变化会做出全面、快速的反应，且这种反应又会导致市场定价的相应变化。

（二）数据充分性

市场法的运用还要求公开市场上要有足够数量的可比上市公司或者可比交易案例，并且能够收集到与评估活动相关的，具有代表性、合理性和有效性的信息资料，进而可以量化可供比较和调整的各项差异指标。因为被评估企业评估结果的高低在很大程度上取决于参照企业的成交价格水平，可比对象成交价格不仅是其内在价值的市场体现，还受买卖双方的交易地位、交易动机、交易时限等因素的影响，数量足够多的可比对象可以避免个别交易中的特殊因素和偶然因素对成交价格和最终评估结果的影响。

（三）数据时效性

由于资本市场定价具有较强的波动性，运用市场法采用的市场数据的时效性就显得非常重要。在实务操作中，评估专业人员使用市场法时应当保持一定的谨慎度，对可比上市公司的历史定价波动情况做出分析预判，并通过一定的技术手段（如采用区间型价值比率）平滑价值的巨大波动。适当延长市场数据的时间期限，也有助于判断价格变化的长期趋势。

二、市场法的局限性

（一）资本市场波动较大

市场法的局限性在于其对资本市场有严格要求，所在的资本市场应充分有效或者接近有效。但是目前中国资本市场尚不完善，市场投机气氛比较浓厚，股票市场波动较为剧烈。在这样的资本市场中，运用市场法的前提条件受到限制，市场法的适用性受到影响。

（二）难以寻找与被评估企业相同或类似的可比对象

市场法的局限性还体现在难以寻找与被评估企业相同或类似的可比对象。我国并购市场起步较晚，市场规模有限，尤其是信息透明度非常欠缺，评估专业人员寻找合适的并购交易案例数据具有相当大的难度。

（三）价值影响因素难以考虑周全

目前市场法在企业价值评估中的使用是以可比公司或可比交易案例与被评估企业的相关财务经营指标为基础的，但是财务经营指标只是企业运营情况的一个方面的参考，并不能代表企业的全貌。在选择可比对象时，如果仅以财务经营指标为基础，没有更多考虑企业在核心竞争力、营销策略等方面的个体差异，评估结果将会与企业实际价值存在较大偏差。

（四）主观判断空间大

市场法在企业价值评估中的运用具有一定的灵活性，即评估专业人员可以根据被评估企业的具体情况选择可比对象及价值比率并进行适当的调整。但同时我们也可以看到，该种方法很难制定具体的评估程序，这样就为评价该种方法的效果制造了一定的障碍，同时市场法也容易被误用和操纵，相关监管部门对资产评估的监督也会遇到一定的困难。

上述局限性因素都是相对的。在市场数据不很完善的条件下，评估专业人员应当结合评估业务具体情况和评估专业人员的实务经验，分析判断采用市场法评估企业价值的可行性与评估结论的可靠性。

第五章 资产基础法在企业价值评估中的应用

第一节 资产基础法的评估技术思路

一、资产基础法的基本原理

资产基础法是指以被评估单位评估基准日的资产负债表为基础,通过评估企业表内及表外可识别的各项资产、负债的价值,并以资产扣减负债后的净额确定评估对象价值的方法。

资产负债表记录了企业资产和负债的账面价值,将企业资产扣除负债后的净额,就是企业所有者的权益。由于企业资产负债表中的账面价值多是企业拥有资产和负债的历史成本,而非现行取得成本,因此需要将企业资产和负债的历史成本调整为现行取得成本,进而估算评估对象在评估基准日的价值。当评估专业人员以资产负债表为基础,将企业各项资产的价值逐一评估出来,然后再扣除企业各项负债的价值就可以得到一个净资产的价值,这个净资产的价值就是企业所有者所能享受的权益价值。计算公式如下:

股东全部权益价值 = 表内外各项资产价值 − 表内外各项负债价值

资产基础法实质是一种以成本途径来评估企业价值的估价方法。从经济学的角度看,资产评估的成本途径是建立在古典经济学派的价值理论之上的,古典经济学派将价值归因于生产成本。如劳动价值论认为商品的交换价格反映了该商品所耗费的成本。资产基础法也是建立在这样的假设基础之上,即投资者在准备购买一家企业时,所能接受的价格通常不会超过重新建设该家企业的现行成本。

二、资产基础法应用的操作步骤

根据资产基础法的原理,该方法的主要操作步骤包括以下四点:

(一)确定评估范围

评估专业人员首先需要获得企业在评估基准日的财务报表,并根据评估对象所涉及的资产和负债范围,结合企业所采用的会计政策、资产管理情况等,分析判断企业是否存在表外资产和负债。如果存在对评估结论有重要影响的表外资产和负债,如账外无形资产、或有负债,应当要求企业将其纳入评估范围。

（二）现场调查、资料收集整理和核查验证

评估专业人员应当结合资产基础法评估思路和评估业务具体情况，对评估对象进行现场调查，获取评估所需资料，了解评估对象现状，关注评估对象法律权属。其中，对评估活动中使用的资料应当实施核查验证程序，并进行必要的分析、归纳和整理，形成评定估算和编制资产评估报告的依据。

（三）评估各项资产和负债

评估专业人员在对纳入评估范围的每一项资产和负债进行清查核实的基础上，应当将其视作为企业生产经营的构成要素，设定合理的评估假设，并采用适宜的方法分别进行评估。涉及特殊专业知识和经验的资产评估，可能需要使用专门的评估专业人员或者利用专家工作及相关报告。

（四）评估结论的确定和分析

在评估出企业各项资产和负债的价值之后，评估专业人员将编制一份新的资产负债表或者评估结果汇总表，进而分析得到股东全部权益价值。

三、评估范围的确定

采用资产基础法评估企业价值，评估范围包括被评估企业资产负债表表内和表外各项资产和负债。评估专业人员应当以被评估企业评估基准日的资产负债表为基础，根据会计政策、企业经营等情况，要求被评估企业对资产负债表表内及表外的各项资产、负债进行识别。识别出的表外资产与负债应当纳入评估申报文件，并要求委托人或者其指定的相关当事人确认评估范围。评估范围的确定应当遵循以下原则：

（一）评估范围与所涉及经济行为的一致性

评估范围的确定从根本上说是由评估目的决定的，评估范围应当与评估目的所涉及经济行为文件的相关决策保持一致。特别是在企业国有资产评估项目中，有的项目涉及资产重组，包括但不限于资产剥离、无偿划转等，此时企业提供的资产负债表可能是按照资产重组方案或者改制方案、发起人协议等材料编制的模拟报表，评估专业人员应当特别关注纳入评估范围的资产是否与经济行为一致，是否符合经济行为批准文件、重组改制方案、拟剥离资产处置方案等文件要求。

有的国有资产评估项目还可能涉及引用单项资产评估报告结论，即资产评估机构根据法律、行政法规等要求，引用其他评估机构出具的单项资产评估报告，如矿业权评估报告、土地估价报告等。此时企业价值评估报告关于评估范围的披露还应当补充说明哪些资产涉及引用其他单项资产评估报告结论。

评估专业人员在对不同评估目的、不同性质的企业进行评估的过程中，可能遇到一些对评估范围产生一定影响的特殊情形。此时，需要结合相关法律、法规和政策规定，合理确定和恰当披露评估范围。

（二）重要资产和负债的完整性

从理论上讲，只要是企业价值贡献要素的资产和负债都应当纳入评估范围，即资产基础法评估范围应当涵盖企业表内外的全部资产和负债。但是，从实务操作上看，并非每项资产和负债都可以被识别并用适当的方法单独进行评估。因此，评估专业人员应当要求企业对资产负债表表内及表外的各项资产和负债进行识别，确保评估范围包含企业表内及表外各项可识别的重要资产和负债。

1. 表外资产的识别

表外资产既包括有形资产，也包括无形资产。在实务操作中，经常发现企业由于各种原因存在账外无形资产，其价值未能体现在资产负债表之中，而这些资产往往是那些高新技术企业、文化传媒企业或者第三产业服务机构最核心的竞争力。如果存在重要的表外资产和负债，评估专业人员应当要求企业将识别出的表外资产纳入评估申报文件，并确认评估范围。

2. 表外负债的识别

表外负债主要是指或有负债。在一般公允会计准则的规定中，或有负债是不记入以历史成本为基础编制的资产负债表中的，但是重要的或有负债需要在会计报表附注中予以披露。采用资产基础法评估企业价值，应当关注评估范围是否包含或有负债。对于那些存在未决诉讼、税务争议或环境治理要求等情形的企业，或有负债对企业的经营风险有重要影响且能合理量化的，应当纳入评估范围。

采用资产基础法评估企业价值，当存在对评估对象价值有重大影响且难以识别和评估的资产或者负债时，应当考虑资产基础法的适用性。

（三）资产负债表范围的可靠性

依据企业资产负债表确定企业价值评估范围，应当关注资产负债表范围的可靠性。评估专业人员可以要求委托人提供经独立第三方实施专项审计的资产负债表。

如果评估基准日的企业财务报表已经通过符合评估目的的专项独立审计，评估专业人员可以查阅审计报告及其附注，判断能否根据资产负债表内的资产和负债项目确定评估范围。

如果委托人或企业管理层只提供相同基准日年审报告或其他目的的审计报告，资产评估专业人员应判断该类审计报告对于采用资产基础法评估资产负债项目的依据是否充分。如果委托方或企业管理层不能提供基准日任何审计报告，资产评估专业人员应参考最近时期的各类独立审计报告和其他资料，判断能否采用资产基础法进行企业价值评估。

（四）财务报表数据口径的恰当性

采用资产基础法评估企业集团的价值，评估专业人员应当关注财务报表数据口径。按照财务报表会计主体的不同，资产负债表可以划分为母公司口径的个别资产负债表和集团口径的合并资产负债表。母公司个别资产负债表反映企业在某一特定日期的财务状况。在母公司个别资产负债表中，母公司对子公司的权益是通过长期股权投资项目来体现的。合并资产负债表反映母公司和子公司所形成的企业集团在某一特定日期的财务状况，是在母公司和纳入合并范围的子公司个别资产负债表各项目加总数额的基础上，加减调整和抵销数额，分别计算资产项目、负债项目和所有者权益项目的合计数。

采用资产基础法评估企业集团的价值时，一般采用母公司口径的个别资产负债表，评估范围中包括对子公司的长期股权投资项目。

四、现场调查、资料收集整理与核查验证

（一）现场调查

采用资产基础法评估企业价值，应当对评估范围内的资产和负债进行现场调查。现场

调查手段通常包括询问、访谈、核对、监盘、勘查等。评估专业人员可以根据重要性原则采用逐项或者抽样的方式进行现场调查。

评估实务中，一般对价值量较大的机器设备、专业车辆、房屋建筑物、知识产权、往来款等资产进行逐项清查核实。大型企业固定资产的条目可能有数万条或数十万条，如果逐条勘查，现场工作量将是巨大的，按此方式测算、收取评估服务费用也难以为委托人接受。评估专业人员可以结合以下考虑因素，适当简化清查核实程序。

1. 被评估企业的财务管理、资产管理制度基础

被评估企业在财务管理上制度完善，资产管理制度细致，定期盘点核查制度明确，资产使用、维修、保养日志清晰，则可以从企业管理工作记录中发现委托评估资产的特点，选择重要的资产条目进行现场清查核实。

反之，企业资产管理粗糙，账上资产价值未按实务条目分类，资产使用人员更换频繁，使用记录简单。则可能需要评估专业人员对重要资产条目逐项现场清查核实，或根据情况要求企业、第三方或评估专业人员自行进行必要的技术监测。

2. 被评估企业制度执行和风险控制情况

被评估企业管理制度虽然健全，执行是否到位也是影响评估专业人员现场清查核实详细程度的影响因素。企业制度执行到位、对经营风险控制较好，将增强评估专业人员对于企业资产各项书面记录内容的信任程度。企业提供的各项信息资产的准确、详细程度，直接影响评估专业人员采用抽样方法的可行程度。

3. 采用各种抽样勘查的可能性

即使企业资产管理制度完善、执行到位，由于企业资产条目的类型、存放地点、使用环境的不同，评估专业人员应当分析，是否有统计上合理有效的采样方式，对大量资产条目进行抽样勘查。一般来说，同质化强、使用环境一致、启用年限一样的资产条目，可以采用随机抽样的方式抽查。按价值量划档，对价值量大的资产条目采用逐项勘查，价值量较小的资产条目随机抽查也是一种可行方案。按典型性（类型、地点、年限、使用）抽样也是资产按条目现场勘察常用的一种方式。

4. 可以利用的其他工作成果

其他工作成果主要是指对于资产条目的购买、使用、维修、保养、配件等有较详细记录的专业工作记录。如企业按有关规定近期进行的清产核资工作成果，上级部门进行的资产管理审计工作成果，船级社、航空器登记单位的资产登记维护记录等，专业服务机构对被评估企业的资产状况尽职调查等。

（二）资料收集整理和核查验证

采用资产基础法评估企业价值，评估专业人员应当根据资产评估业务具体情况收集、整理评估所需资料，并依法对企业价值评估活动中使用的资料进行核查验证。

评估专业人员应当根据资产评估业务具体情况收集资产评估业务需要的资料，包括委托人或者其他相关当事人提供的涉及评估对象和评估范围等资料，以及评估专业人员从政府部门、各类专业机构以及市场等渠道获取的其他资料。核查验证对象不仅包括评估对象企业股东权益的相关资料，也包括评估范围中各单项资产和负债的相关资料。核查验证的方式通常包括观察、询问、书面审查、实地调查、查询、函证、复核等。评估专业人员可以根据各类资料的特点，选择恰当的方式进行核查验证。

因法律法规规定、客观条件限制无法实施核查验证的事项，评估专业人员应当在工作底稿中予以说明，分析其对评估结论的影响程度，并在资产评估报告中予以披露。如果上述事项对评估结论产生重大影响或者无法判断其影响程度，资产评估机构不得出具资产评估报告。

五、评估各项资产的假设前提

采用资产基础法评估企业价值，通常需要对各项资产的状态进行假设，即设定资产评估的价值前提。

（一）常用的评估假设

目前比较常见的假设包括最佳使用假设、持续使用假设和清算假设等。

1. 最佳使用假设

最佳使用是指市场参与者实现一项资产的价值最大化时该资产的用途。具体是指如果一项资产存在多种用途，其中必定存在一种用途能使该资产价值最大化。最佳使用就特指该资产能使其价值最大化的用途。

在使用最佳使用假设时需要考虑资产确定其最佳用途的限定因素，这些限定因素包括法律上允许、技术上可能、经济上可行。

所谓法律上允许是指资产的该种用途不违反法律、法规的规定，不侵害社会公众利益。

所谓技术上可能是指资产的这种使用在目前社会技术状态下是可能的，不存在暂时无法克服的技术障碍。

经济上可行是指对于资产的这种用途，经济上的投入是合理的、可以承受的。

2. 持续使用假设

（1）现状使用假设。现状使用是指资产按照其目前的使用目的、使用状态持续下去，在可预见的未来不会改变。

在评估实务中，现状使用通常是指标的资产按照评估基准日该资产在企业中的使用目的、状态持续下去，这种假设是评估实务中最为常见的假设之一。

（2）原地续用假设。原地续用是指资产还会在原地继续被使用，但是使用的目的、状态等可能发生变化。这种假设经常发生在一个企业要收购另一个企业的部分资产，收购后可能还会继续使用该资产，但是使用目的、状态和方式等会有所变化的情况下。

（3）异地使用假设。异地使用是指标的资产可能还会被使用，不会被报废，但是需要将其从原安装的地点转移到一个新的地点使用。

3. 清算假设

（1）有序变现假设。有序变现是指相关企业不再使用标的资产，需要将该资产转让给其他方，并且这种转让是在资产所有者控制下，在公开市场上有序进行的。

（2）强制变现假设。与有序变现相比，强制变现的不同点在于资产所有者无法实际控制资产的变现过程，通常由法院或者债权人等实际控制，这个变现过程通常有时间限制，因此有时也称之为快速变现。

（二）评估假设的选择

评估各项资产时，通常需要根据评估目的以及相关法律、法规的规定恰当选择评估假设。如进行以财务报告为目的的评估,选择评估假设时需要考虑相关会计准则的规定,以确保所评估的资产价值能够满足相关经济行为的特定要求。

需要注意的是,在企业价值评估中,各项资产是企业整体资产的有机组成部分,必须与其他资产一起发挥作用,共同创造价值。每项资产的利用方式都取决于企业整体运营的需要,有别于其作为独立个体单独存在的情形。比如,同样是最佳用途的假设,一项资产在特定企业的使用方式可能有别于其单独存在时可以使用的方式,即企业价值评估中某项资产的最佳用途可能与其作为单项资产评估对象时的最佳用途不完全一致。此外,各项资产对企业价值的贡献与其作为单项资产评估对象的价值也不完全一样。比如,一台机器设备作为企业生产经营要素的组成部分,已经完成了从资产生产厂家到使用地点的运输,同时也完成了正常的安装调试工作,并与企业其他资产组合在一起开始发挥作用或准备发挥作用。该机器设备的重置成本、盈利能力与其作为一项单独的资产相比可能是不一样的。

六、各项资产的评估方法

企业的资产通常包括流动资产、固定资产和无形资产等。采用资产基础法进行企业价值评估,各项资产的价值应当根据具体情况选用适当的方法进行评估。评估方法的选择和应用可能有别于其作为单项资产评估对象时的情形。在对持续经营前提下的企业价值进行评估时,单项资产或者资产组作为企业资产的组成部分,其价值通常受其对企业贡献程度的影响。各单项资产评估所需采用的方法可以参考本套教材《资产评估实务(一)》,同时也可以参照各单项资产类型对应的评估准则,如《资产评估执业准则——机器设备》《资产评估执业准则——不动产》《资产评估执业准则——无形资产》《专利资产评估指导意见》《著作权资产评估指导意见》《商标权资产评估指导意见》《实物期权评估指导意见》等。需要注意的是,重要的单项资产如果适用于多种评估方法,应采用两种以上适用的方法进行评估,以增强评估结论的可靠性。运用资产基础法评估企业价值时,应关注长期股权投资和资产组的评估。

(一)长期股权投资的评估

长期股权投资是一种特殊的单项资产,其本身也反映了一个企业的价值。采用资产基础法进行企业价值评估,应当对长期股权投资项目进行分析,根据被评估企业对长期股权投资项目的实际控制情况以及对评估对象价值的影响程度等因素,确定是否将其单独评估。这里所说的单独评估,是指履行企业价值评估程序对被投资企业进行整体评估。

1. 需要进行单独评估的情形

在评估实务中,通常对企业长期股权投资项目进行单独评估的情形有:

(1)对于具有控制权的长期股权投资,应对被投资企业执行完整的企业价值评估程序。

(2)对于不具有控制权的长期股权投资,如果该项资产的价值在评估对象价值总量中占比较大,或该项资产的绝对价值量较大,也应该进行单独评估。

2. 可以不进行单独评估的情形

通常情况下,满足以下条件的长期股权投资可以不进行单独评估:

(1)对被投资企业缺乏控制权;

(2)该项投资的相对价值和绝对价值不大。

对于投资时间不长，被投资企业资产账实基本相符，不存在重要的表外资产的，可根据简化的评估程序，如按被投资企业资产负债表上的净资产数额与投资方应占份额确定长期股权投资的评估价值。

（二）资产组的评估

根据表内、外资产和负债项目的具体情况，可以将各项资产和负债采用资产组合、资产负债组合的形式进行评估。

例如，企业生产经营的产品单一，超额收益主要来自于企业的专利、专有技术和商标。采用资产基础法评估企业价值时，可将企业的专利、专有技术和商标作为无形资产组合，并采用超额收益法或利润分成法进行评估。

应特别注意，资产基础法中各项资产的价值取决于企业或具有独立获利能力的资产组合的整体价值及其贡献程度，即整体价值是按要素资产的贡献度在各构成要素中进行分配的。

当企业的超额收益是在所有无形资产共同作用下得到的，如果采用分成法或超额收益法分别对专利、商标、专有技术进行评估，经常容易犯错误的情况是，各项无形资产分成率总和远大于无形资产对企业价值的贡献，造成资产基础法评估结果高估了企业价值。

又如，企业就某项业务与供应商签订了双方互惠的协议，协议执行情况稳定。采用资产基础法评估企业价值时，可以把与该业务有关的优惠收益、相关成本和义务整体作为收益单元进行资产、负债组合评估。

七、利用专家工作及相关报告

评估专业人员执行企业价值评估业务，应当具备企业价值评估的专业知识和实践经验，能够胜任所执行的企业价值评估业务。执行某项特定业务缺乏特定的专业知识和经验时，应当采取弥补措施，包括聘请专家个人协助工作、利用专业报告和引用单项资产报告等。采用资产基础法评估企业价值，往往涉及利用审计报告或引用土地、矿业权等单项资产评估报告。

（一）利用审计报告

采用资产基础法评估，评估专业人员应当尽可能获取被评估企业经审计后的财务报表。评估专业人员利用审计报告作为评估依据时，通常应当判断其作为评估依据的时效性和可靠性，考虑其与资产评估的专业衔接关系，以及关注审计报告披露的、对审计报告结论存在重大影响的事项。

利用审计报告时，应当注意审计意见类型，并分析判断审计后的财务报表能否作为评估依据。按照审计意见类型，审计报告可以区分为标准审计报告和非标准审计报告，其中非标准审计报告包括带强调事项段的无保留意见的审计报告、保留意见的审计报告、否定意见的审计报告和无法表示意见的审计报告。如果企业提供的审计报告是保留意见的审计报告、否定意见的审计报告或无法表示意见的审计报告，评估专业人员贸然将其作为评估依据，将存在较大风险，可能影响评估结论的可靠性。如果企业提供的审计报告是带强调事项段的无保留意见的审计报告，则需对强调事项段披露的重大事项进行必要的了解，并分析判断其对评估结论是否存在重大影响，能否直接利用该审计报告，是否存在需要在评估报告中特别说明或披露的重大事项。按照国有资产评估的相关规定，国有企业评估项目在国有资产监督管理部门办理核准或备案时，应当提供与经济行为相对应的标准审计报告。如为非标准审计报告时，对其附加说明段、强调事项段或修正性用语，企业需提供对有关事项的书面说明及承诺。

采用资产基础法评估企业价值，无论财务报表是否经过审计，评估专业人员都应当对所采用的被评估单位于评估基准日的资产及负债账面值的真实性进行分析和判断，但对相关财务报表是否公允反映评估基准日的财务状况和当期经营成果、现金流量发表专业意见并非资产评估专业人员的责任。

（二）引用单项资产评估报告

1. 引用单项资产评估报告的情形

资产评估机构应当根据法律、行政法规等要求，确定是否引用以及如何引用相关单项资产评估报告。引用单项资产评估报告应当与委托人事先约定。

比如，根据我国关于土地估价报告备案相关管理办法，企业改制涉及的土地评估机构必须具有国土资源行政主管部门颁发的《土地评估机构资质证书》。企业改制时，委托人通常与资产评估机构约定，采用资产基础法评估企业价值涉及土地使用权评估的，由资产评估报告引用土地估价报告结论。

2. 引用单项资产评估报告关注事项

引用单项资产评估报告，不是简单地将单项资产评估价值加入资产评估结果汇总表中，应当结合企业价值评估的需要，有效防范和规避引用风险。具体而言，引用过程中应当关注以下事项：

（1）报告的获取与保存。评估专业人员应当获取正式出具的单项资产评估报告，全面理解单项资产评估报告以及相关附件，并将所引用单项资产评估报告作为工作底稿。

（2）评估结论的引用。评估专业人员应当关注拟引用单项资产评估报告的性质、评估目的、评估基准日、评估对象、评估依据、参数选取、假设前提、使用限制等是否满足资产评估报告的引用要求。如，涉及引用土地使用权评估结论的，应当关注资产评估报告中相关土地与房屋的房地匹配情况，避免出现重复汇总某项资产价值的情形。涉及引用矿业权评估结论的，应当关注相关固定资产和土地使用权投资参数与资产评估、土地使用权评估的对接情况。

【例 5-1】 A 公司评估范围内包括房屋建筑物 10 项，6 宗土地使用权。某资产评估机构采用资产基础法评估 A 公司股东全部权益价值时，对建筑物中的 9 项厂房，采用成本法进行评估，对建筑物中 1 项临街商铺采用市场法进行了评估，对 6 宗土地使用权拟引用土地估价报告的相关结果。根据土地估价报告，6 宗土地使用权评估价值共计 5 000 万元，其中临街商铺对应的宗地使用权价值为 1 000 万元。

资产评估机构在引用土地估价报告结论时，首先要做房地匹配的检查工作。由于采用市场法评估商铺得到的结果通常为房地合一的房地产价值，所以在引用土地估价报告时，不能再重复引用对应土地使用权的结果，而只需将其他 5 宗土地使用权价值即 4 000 万元汇总到企业价值评估报告中。

评估专业人员还应当分析拟引用单项资产评估报告载明的评估结论，判断其对应的资产类型与资产评估的资产类型的一致性；分析是否存在相关负债，并予以恰当处理。对于账面无记录的单项资产，应当考虑引用或者确认的资产类型是否符合相关规定；分析是否存在相关负债，并予以恰当处理。

【例 5-2】评估专业人员采用资产基础法对 A 公司股东全部权益价值进行评估时，发现企业拥有 1 宗划拨土地，评估基准日账面价值为 0，企业拟办理出让手续。截至评估报告出具日，企业已与当地国土部门签订该宗地的土地出让合同，已缴纳土地出让金，土地使用权证正在办理中。

资产评估报告引用了土地估价报告的相关结论，将该宗土地使用权价值确定为土地估价报告披露的宗地评估值。因土地估价报告将宗地性质设定为出让，所以同时将企业在评估基准日后缴纳的土地出让金确认为一项负债。

此外，评估专业人员还应当关注所引用单项资产评估报告披露的特殊事项说明，判断其是否可以引用及其对资产评估结论的影响，同时关注拟引用单项资产评估报告的相关备案审核文件资料，分析其可能对拟引用单项资产评估报告评估结论产生的影响。

八、评估结论的确定

对企业各项资产和负债分别进行评估后，应当按照资产基础法的基本公式分析计算企业价值。在汇总各项资产和负债评估价值的过程中，应当始终坚持将各项资产作为企业价值的组成部分，特别关注不同资产项目之间、资产与负债之间等必要的调整事项，确保股东全部权益价值不重不漏。

【例 5-3】评估基准日 A 公司流动资产账面价值 77 000 万元；非流动资产账面价值 18 000 万元，其中固定资产账面价值为 17 200 万元，在建工程账面价值为 800 万元；流动负债账面价值 66 000 万元；非流动负债账面价值 800 万元。

经评估，A 公司流动资产评估价值为 77 400 万元；固定资产评估价值为 20 200 万元，其中房屋建筑物评估价值为 8 200 万元，机器设备评估价值为 12 000 万元；流动负债评估价值为 66 000 万元；非流动负债评估价值为 800 万元。除此以外，评估专业人员还发现以下情况：

评估基准日 A 公司在建工程包括 1 项新厂房建设工程和 1 项原有生产线的技术改造工程，其中，按照评估基准日实际完工程度评估的在建厂房市场价值为 1 100 万元，未入账工程欠款 500 万元。原有生产线技术改造实际投入 400 万元，评估基准日设备已经改造完毕，未形成新的设备，但整条生产线的市场价值提升为 2 000 万元。

评估专业人员调查发现 A 公司注册了"Z 牌"商标，该商标资产虽然在 A 公司账上没有体现，但是评估基准日市场价值为 1 000 万元。

根据上述已知条件，评估基准日 A 公司股东全部权益的市场价值计算过程如下：

（1）计算在建工程评估价值。不调增负债的情况下，新厂房建设工程评估价值 = 1 100 − 500 = 600（万元）。

原有生产线的技术改造工程 400 万元评估为 0。因为固定资产评估价值为现场实际勘察状态下的价值，已经考虑了设备更新改造价值，所以此处不能重复评估。

在建工程评估价值 = 600 + 0 = 600（万元）。

（2）计算 A 公司股东全部权益的市场价值。商标资产虽然是账外资产，但是对企业价值有贡献，是企业价值的组成部分，应当纳入评估范围，评估值为 1 000 万元。

股东全部权益价值 = 表内外各项资产价值 − 表内外各项负债价值 = 77 400 + 20 200 + 600 + 1 000 − 66 000 − 800 = 32 400（万元）。

九、评估结论的合理性分析

对资产基础法评估结论合理性的分析，主要是分析是否较好地识别出表外资产或负债，并用适当的方法得到合理的评估价值。另外，可以结合其他评估方法得出的评估价值，分析、判断资产基础法评估结论的合理性。

（一）对表外资产和负债的检验

资产基础法的一个难点是判断表外资产、负债项目。评估专业人员需要运用相关企业财务和非财务信息，判断表外是否存在企业权益形成的资产或企业义务构成的负债。在采用不同方法评估出企业价值的初步结果后，可以根据资产基础法与其他评估方法的差异分析，再次检验表外资产和负债的识别是否完整和充分。常见的表外资产项目可能存在的方式有：

1. 有获得专利管理机关颁发证书的专利或专利申请；
2. 自创无形资产，该无形资产投入账面没有反映；
3. 企业毛利率明显高于同行业平均水平；
4. 存在某种形式的特许权利（有些特许权利法规可能不允许单独转让，但可以随企业权益一同转让）；
5. 企业持有较知名商标（可能被冠以驰名商标、著名商标等）；
6. 存在著作权；
7. 具有独特的经营模式；
8. 协议约定的企业获益形式，如优惠贷款利率、优厚供应条件等。

常见的表外负债存在方式主要有：

1. 法律明确规定的未来义务，如土地恢复、环保要求等；
2. 和其他经济体以协议形式明确约定的义务。

虽然评估专业人员可能分析判断出企业存在表外资产负债项目，但并非表外项目都能用适当的方法单独评估出来。如果定性判断不能用适当的方法单独评估的表外项目价值量占企业整体价值比重较大时，则资产基础法对该企业价值评估就是不适用的。

（二）与其他评估方法初步结果的比较分析

鉴于资产基础法中表外资产和负债项目往往很难穷尽，同时也并非所有的表外资产和负债都能单独进行评估，因此，对于持续经营的企业，一般不宜只采用资产基础法一种方法评估其价值。采用两种以上的基本评估方法进行评估时，可以对不同评估方法得到的评估价值进行比较，并分析产生差异的原因，进而检验评估结论的合理性。

根据企业价值评估准则的相关规定，对同一评估对象采用多种评估方法时，应当结合评估目的、不同评估方法使用数据的质量和数量，采用定性或者定量分析方式形成评估结论。

评估结论的确定主要取决于评估专业人员的判断，不一定是单纯数学方法处理的结果。评估结论可以采用单一评估方法得到的结果，也可以采用加权平均各种评估方法结果的方式得到。如果采用加权平均方式，评估专业人员可以根据评估目的、数据资料情况、各方法应用的优缺点等总体状况直接给出，也可以在某种逻辑下按数学运算的方式确定。例如，如若不能确定某种方法的评估结果最合适，国外评估机构经常按乐观、最可能、悲观三种情形,对折现现金流以不同的折现率进行敏感性分析,并与市场途径的结果、资产途径结果一起进行统计分析。根据评估目的,选择中位数、下四分位数或者上四分位数作为评估区间,或选择单一评估结果。

评估操作应注意以下几点:

1. 无论是依据多种方法得到的评估结论,还是依据单一方法得到的评估结论,无论采用定性方法,还是采用定量方法,都必须具备充分的依据,并进行独立的判断。

2. 不能将定性方法简单地理解为单纯的分析方法。在很多情形下,定性方法是一种定量基础上的定性确定思路。同样的道理,也不能将定量方法狭义地理解为简单算术平均或加权算术平均。在很多情形下,定量方法是充分判断分析基础上的定量化处理方式,如加权算术平均过程中"权重"的设置,也包含了对重要性程度的分析判断。

第二节　资产基础法评估案例

一、评估案例基本情况

A 集团公司拟转让其下属 B 公司的股权,委托资产评估机构对 B 公司的企业价值进行评估。评估基准日为 2018 年 12 月 31 日。

B 公司前身是某机械制造厂,始建于 1915 年,2006 年依据《公司法》进行公司制改造,并成为 A 集团下属全资子公司。B 公司是 PP 机械制造企业。PP 机械包括 PP 机和 PP1 机两个品种,PP 机涵盖 82 千瓦—227 千瓦多种型号,主要用于机场、码头、公路、铁路运输、堤坝、农业、林业等方面。PP 机作为 B 公司主导产品,在国内市场有较高的占有率。

本次评估范围根据 B 公司 2018 年 12 月 31 日资产负债表为基础进行确认。具体范围以公司提供的各类资产和负债项目评估申报表为准,包括评估基准日企业会计报表上载明的资产、负债,以及经清查核实列入表内的各项账外资产、盘盈资产。评估资产类型主要包括流动资产、固定资产(房屋建筑物、机器设备、在建工程)、无形资产(土地使用权、专有技术)等,以及相应的流动负债和非流动负债。

本次评估以 B 公司现有业务持续经营为前提,假设 B 公司仍按照原有的业务和管理模式稳定经营。价值类型为市场价值。选用的评估方法为资产基础法和收益法。本案例仅介绍其资产基础法的应用情况。

二、评估过程和结果

评估专业人员对企业表内、表外各项资产和负债进行了清查核实和评定估算,评估过程和结果具体如下:

(一) 流动资产

纳入评估范围的 B 公司流动资产包括货币资金、应收账款、预付账款、其他应收款、存货、待摊费用等。

评估专业人员对上述资产进行了现场调查,收集了评估需要的相关资料,具体措施包括:

一是核对账目。对 B 公司提供的评估申报表与资产负债表、总账及明细账相关科目评估基准日金额进行核对,以验证评估申报表的准确性,同时通过抽查部分凭证和查阅有关资料进行验证。

二是现场清查核实。与 B 公司有关人员共同到存货现场进行盘点,对重要的、价值量较大的存货进行抽查,并与库存台账进行核对。对现金进行监盘,对银行存款、各往来款项进行函证核实,同时逐项检查、核实银行对账单,抽查相关合同。

根据 B 公司流动资产的具体情况,主要采用成本法和市场法逐项进行评估。

1. 存货

存货包括原材料、在产品、产成品、委托加工材料及低值易耗品。B 公司对存货采用计划成本核算。对于正常周转的存货,以市场价格为基础进行评估,原材料、在库低值易耗品在市场价格基础上考虑适当的进货成本确定其评估价值。

(1) 原材料:经核查,库存原材料大都为近期购入,分库存放,专人保管,有严格的账、卡管理制度,能做到货卡相符、卡账相符、账账相符。由于原材料大都为近期购入,库存时间短,市场价格变化不大,其账面价值与现行市价基本接近,故本次原材料评估原则上以现场清查核实后的账面价值确认为评估价值。

(2) 在产品:包括生产过程中尚未加工完毕的在制品、已加工完毕但不能单独对外销售的半成品。B 公司在日常生产经营活动中实行严格的分级成本核算管理,各工序阶段在产品的账面价值已实际反映了其成本价值,另由于在产品生产周期较短,因此可以其发生成本作为价值估算依据,即以现场清查核实后的账面价值确认评估价值。

(3) 委托加工材料:主要为生产类外协加工款、物资类外协加工款,均为生产环节正常需要,近期发生,按账面价值确认评估价值。

(4) 产成品:主要为库存待销 CAT 及待销机械零配件,经现场清查核实账物相符,质量完好,调查分析其产成品无滞销压库状况。由于产成品完工时间与评估基准日较接近,成本变化不大,因此直接按产成品账面价值确定其评估价值。

(5) 低值易耗品:分为在库和在用两大部分。在库低值易耗品主要为生产用小型工具、夹具、刀具、模具等,单位价值大都在千元以下,近期购入,保存良好,评估方法同库存原材料,即以现场清查核实后的账面价值确认评估价值。

在用低值易耗品大都为已经在产品成本中摊销完的工具器具,小到百余元的刀具、夹具,大到千元的小型模具、专用工具、刀具、夹具等。由于该在用低值易耗品单位价值量低、数量大,难以逐项操作,本次评估中将这些在用低值易耗品按产品规格、用途、使用部门、使用年限等分项归类,评估方法采用重置成本法,即重置成本按原历史成本,增加 5%~10% 的模具设计、购置、保管费用等,再按机械工业产品出厂价格指数的定基指数作为调价系数,求得重置成本。成新率采用年限法,其经济寿命工具、卡具按 10 年左右,刀具、量具、工位器具、冲压模具按 8 年左右。

从待摊费用项内转入在用工装器具也采用上述方法操作进行评估。

2. 货币类流动资产

货币类资产包括现金、银行存款及其他货币资金。人民币货币资金以核实后的账面价值确定评估价值，外币货币资金按评估基准日汇率进行折算后确定评估价值。

3. 应收预付类流动资产

应收预付类资产包括应收账款、预付账款、其他应收款等。对应收类流动资产，主要是在清查核实其账面余额的基础上，根据每笔款项可能回收的数额确定评估价值；对预付款项根据所能收回的货物或者服务，以及形成的资产或权利确定评估价值。经核实，评估结果等于账面数值。

4. 其他流动资产

其他流动资产主要是待摊费用。经核实，全部为在用工装器具，将其转入低值易耗品评估。待摊费用评估价值为零。

（二）非流动资产

非流动资产包括房屋建筑物、机器设备、在建工程、土地使用权和其他无形资产，分别采用不同的评估方法进行评估。

1. 房屋建筑物

房屋建筑物包括 B 公司的办公用房、生产用房、辅助生产用房及其他附属设施等。

（1）房屋建筑物基本情况。委托评估的房屋建筑物主要有：总装车间、箱桥车间、结构件车间、备料车间、综合办公楼及理化计量楼等；构筑物主要有：试车场、厂区道路、围墙等。厂区现有建筑主要是在原有老建筑基础上通过多次技术改造完成的。主要生产用厂房多为连体多跨排架结构，大型屋面板，桩基础，每跨设有吊车。厂房内设有动力电、电气照明、采暖、给排水管线设施。综合办公楼为 B 公司行政管理部门集中办公的场所。生产用房主要有 Q1、Q2、Q3、Q4 车间、锻造厂房、金工厂房、仓库房、中央配电室、理化计量楼等，构筑物包括试验场、围墙、道路等。

经评估专业人员现场勘察，委托评估 B 公司生产厂房及辅助附属设施布局合理，配套齐全，能满足当前生产及近期发展的需要。

（2）主要评估现场工作。评估专业人员根据 B 公司提供的房产证、规划许可证和开工证，对于委托评估资产的权益归属进行了核实，对 B 公司提供的房屋建构筑物名称、建筑面积、结构特征进行了核实，并抽查了部分竣工图纸，与厂方工作人员一起对申报表中缺项或错误之处进行补充修正。在被评估企业有关人员陪同下，对建构筑物数量、结构形式、装修标准、使用情况、损坏程度等逐一进行现场勘察并填写勘察记录，做到账实相符。

此外，评估专业人员还调查了解了当地现行定额情况、市场材料价格情况、建设工程前期费用等，并取得了当地现行工程预算定额、取费标准和政策性文件。

（3）评估方法。评估方法根据被评估房屋建筑物的用途及特点加以确定。对通过自建方式取得的房屋建筑物主要采用重置成本法进行评估，对于房屋建筑物所占用的土地单独进行评估，即采用房地分估的方式；对于通过市场途径购置，且与被评估建筑物相类似的房地产交易案例较多，则采用市场比较法进行评估，即采用房地合估的方式。

① 重置成本法。被评估房屋建筑物的评估结果按以下公式计算：

评估价值 = 重置成本 × 综合成新率

其中：

重置成本 = 建安综合造价 + 前期及其他费用 + 资金成本 - 可抵扣增值税

建筑安装工程综合造价指建设单位直接投入工程建设，支付给承包商的建筑费用。

建筑安装工程综合造价 = 建筑工程造价 + 装饰工程造价 + 安装工程造价

评估人员根据被评估建筑物的不同特点，分别采用不同的方法确定其建安综合造价。其中，对于价值量较大，具有代表性的建筑物，采用重编预算法或决算调整法，即根据所收集的反映其工程量的设计、预决算及合同等资料，利用房屋建筑物所在地的建设工程概预算定额及工程造价信息，确定其在评估基准日的建筑安装工程综合造价。

其他房屋建筑物，则以评估人员计算的同类用途及结构有代表性建筑物的建筑安装工程造价，或评估人员收集的类似工程的建筑安装造价为基础，结合房屋建筑物评估常用的数据与参数，采用类比法，通过差异调整测算出这些房屋建筑物的建筑安装工程综合造价。

前期费用及其他费用指工程建设应发生的，支付给工程承包商以外的单位或政府部门的其他费用。分别根据国家和房屋建筑物所在地相关主管部门规定的计费项目和标准、专业服务的收费情况，以及被评估建设项目的特点加以确定。对评估基准日尚未履行建设项目报建手续的被评估房屋建筑物，评估时未考虑项目报建应缴纳的行政事业性收费，但根据被评估房屋建筑物的建设要求和评估基准日有效的标准计取了勘察设计等专业服务费用和建设单位管理费。

资金成本根据被评估建设项目的建设规模核定合理的建设工期，选取评估基准日有效的相应期限的贷款利率，并假设建设资金均匀投入加以计算。

综合成新率由年限法成新率和打分法技术测定成新率按以下公式确定：

综合成新率 = 年限法成新率 × 40% + 打分法技术测定成新率 × 60%

其中：

年限法成新率 = 尚可使用年限 ÷（已使用年限 + 尚可使用年限）× 100%

尚可使用年限，根据有关部门关于建筑物耐用年限标准，结合其使用维护状况加以确定。

打分法技术测定成新率，是根据房屋建筑物成新率评分标准，结合对被评估房屋建筑物结构、装修、设备（设施）现场清查核实情况确定的成新率。

打分法技术测定成新率 = 结构部分成新得分 × W_1 + 装修部分成新得分 × W_2
　　　　　　　　　　 + 设备（设施）部分成新得分 × W_3

W_1、W_2、W_3，分别是结构、装修和设备（设施）部分的造价权重。被评估房屋建筑物成新率的评分标准，根据国家和地方颁布的房屋完损等级、新旧程度评定标准，结合相关房屋建筑物的设计、使用要求确定。

② 市场比较法。市场比较法是将被评估房地产与评估基准日近期交易的类似房地产进行比较，并对一系列因素进行调整，以此估算被评估房地产市场价值的评估方法。

具体计算公式如下：

房地产评估价值 = 比较案例房地产价格 × 交易情况调整系数 × 市场状况调整系数
　　　　　　　　× 房地产状况调整系数

2. 设备

B 公司设备包括机械加工设备、动力设备、传导设备、运输设备、检测仪器、热处理设备、运营机具等。

（1）生产工艺与机器设备配置。Q3车间主要完成板件毛坯的下料、压型和焊接。其中薄板毛坯经剪切、手工气割、压型，中厚板毛坯则还需经表面抛丸处理，以去掉表面锈蚀和消除应力。厚板切割多在数控切割机上完成，其中典型零件，为CAT内齿圈，切割后表面光洁，不需再用机械加工，即可满足啮合传动的要求，其余的弯臂、箱体侧板等异形零件，也经数控切割机加工完成，保证了外形美观，精度合格。切割后的板状零件，在平台或焊接胎具（卡具）上完成焊接，而成为板料结构件，焊机多为高效的国产二氧化碳保护焊机。压形主要使用国外进口的数控压弯机。主要设备目前尚有一定富裕度，可满足年1 500台PP机械的生产需要，而钢板预处理工部设备的潜力则更大些。

Q4车间主要完成钢板焊接的毛坯、铸件毛坯的机械加工。除钢板焊接的毛坯由备料车间提供外，铸件毛坯均由外协厂提供，而圆（棒）料则由下料工段提供。零件的中间热处理工序如调质，渗碳淬火，中频淬火均在热处理工段完成。机械加工设备除一般通用的普通车、铣、钻、磨、刨床外，还有制齿用的滚齿机、插磨机、齿轮磨齿机、弧齿锥齿轮铣齿机；有加工花键的花键铣床，花键磨床、卧式拉床；热处理用井式渗碳炉、箱式电炉、中频淬火机，压力淬火机和盐浴炉；箱体、支架、大臂的轴孔加工，则在卧式加工中心和卧式镗床上完成。以上设备依小批量、多品种、轮番生产的角度考虑，按机群式排列。

Q2车间主要是并入B公司的原某通用设备厂的设备，该部分设备主要为通用金属切削加工设备。目前该车间正在进行世行贷款技术改造项目的实施，改造完成后，将成为PP机主结构及热处理加工的主要生产场地。

Q1车间主要完成PP机、PP1机的总装、调试。由各车间提供的零配件，汇总装配成部件，再进行总装出成品。由于目前年产量仅6 000台，平均每个工作班次仅生产2台，故采用装配站（台）和工作地总装配相结合的装配方式。全车总装后，在喷漆机工部经热水清洗、喷漆（外部）、烘干（后因用电量大且换用干燥速度较快的漆种后已停用）后，转试车试验和综合性能试验、爬坡试验。

与生产规模相适应的送变电设备、液气贮罐。压缩空气因需量有限，由各车间自备6立方米/分空压机供给。乙炔、二氧化碳气由外部瓶装供给。生产生活用水由市网供给。

（2）B公司机器设备构成特点。B公司存有大量的役龄较长的通用金属切削设备，有的役龄多达三四十年，但B公司设备的日常维护保养情况较好，定期进行检修和大修理，设备在公司和车间有两级管理机构和专职人员管理和维护，规章制度健全规范，档案管理清楚完好。工作地整洁，设备维护管理处于可控制状态。

绝大多数设备为通用的标准设备，能满足单件和批量生产的要求，部分引进的设备专用性较强，大都具备20世纪八九十年代国际技术水平。

B公司的生产车间中，设备能力与负荷基本正常，除Q1车间实行一班制外，其余均实行两班制。Q1车间还受配套件制约，生产安排时紧时松，但总的说来，能力尚属均衡。

（3）评估现场工作。

① 对委托评估方提供的设备明细表进行分析并对内容的完整性进行初步审查。

② 听取设备管理部门对B公司设备构成特点、管理制度、历史现状的介绍。

③ 进入现场，实地查看设备的技术状态、运行情况、工作精度、发生过的故障和停机待修情况。同时，向操作人员了解设备技术状态、设备开工率、完好率、利用率情况，

征求对尚可使用年限等问题的看法。对现场勘察发现的申报中的名称、规格、使用年限等方面的差异，要求其补充说明或予以修正。

④ 查看设备档案、大修记录，填写重点设备的鉴定记录。

⑤ 了解公司在设备更新速度方面的规定和计提折旧的情况，以作为制定经济寿命的参数。

（4）评估方法。根据评估目的和被评估设备的特点，主要采用重置成本法进行评估。

国产机器设备重置成本一般包括设备购置价、运杂费、安装工程费、前期及其他费用、资金成本等。进口设备重置成本除包含上述项目外，还包括一些从属费用，如国外运费、国外运输保险费、关税、消费税、增值税、银行财务费、公司代理手续费等。其中，对于通用机器设备购置价格，评估专业人员主要按下列顺序确定：①向制造厂商或经销单位询价；②选取相关价格目录提供的报价；③对无适当参照价的设备、老旧设备、旧的进口设备，比照同类设备的价格，做适当的调整；④对于数量较多金额较小的非重要设备，在市场价格不易查询时，根据掌握的相关设备价格变化趋势，采用价格指数调整法计算确定购置成本。

对于进口设备优先使用替代原则，即在规格、性能、制造质量相近的情况下，规格有所差异，但在现在和未来一段时间内，依继续使用原则，并不影响工艺要求时，用国产设备购置成本来代替原进口设备的购置成本。当不适宜使用替代原则时，可以原合同价格为参照，考虑出口国的通货膨胀率和该类设备的价格变动趋势，通过分析合理确定购置成本。

对于专业厂家生产的非标准设备采用类比法测算。对近期以来市场无成交价的非标准设备，收集近期同类设备的报价然后综合相关市场总的变化趋势，用调整系数计算其购置成本。

对于运杂费、安装工程费、前期及其他费用等，根据各类设备实际情况及具体取费标准，分析计算确定。资金成本根据项目合理的建设工期，按照评估基准日相应期限的贷款利率，以设备购置价及其他各项费用之和为基数确定。

对于运输车辆，重置成本按照评估基准日同类车辆现行市场价，并考虑其相应的购置附加税、牌照费及手续费等确定。

对于电子设备，重置成本主要查询评估基准日相关报价资料确定。

除运输车辆外，设备综合成新率采用年限法成新率和观察法成新率两种结果，按以下公式计算确定：

综合成新率 = 观察法成新率 × 60% + 年限法成新率 × 40%

观察法成新率，根据被评估设备满足生产使用要求情况，由评估专业人员通过对设备使用条件、运行维护记录和实际状态核实、勘查加以确定。

价值量较小设备，综合成新率按年限法成新率确定。

对于运输车辆，分别运用年限法和里程法计算出相应成新率，并按孰低原则确定理论成新率，在此基础上，依据对车辆的现场清查核实情况，确定对理论成新率的修正系数，以修正后的理论成新率作为其综合成新率。

综合成新率 = 理论成新率 × 修正系数

其中：

理论成新率 = Min(年限法成新率,里程法成新率)
年限法成新率 = (经济使用年限 – 已使用年限)/经济使用年限 × 100%
里程法成新率 = (规定行驶里程 – 已行驶里程)/规定行驶里程 × 100%

3. 在建工程

本次评估的在建工程可分为土建工程部分和设备安装工程部分。

(1) 基本情况。B公司获得了世界银行专项技术改造项目贷款，按技改设计方案和适产能力要求，近两年B公司先后投建扩建了Q5库、Q3车间、Q6车间，并对Q1车间、Q7车间、Q3车间及厂区动力管网线路等进行了技术改造。除Q6车间现仍为未完工程外，其余各项工程已经全部完工。

设备安装工程部分。经实地勘察了解，该部分设备大都是利用世界银行专项贷款进行技术改造以发展新产品而购置。其中有11项设备是从2017年年底至2018年3月陆续购入的，均已安装到位并已投入使用，因B公司考虑世行贷款项目的整体性而尚未转入固定资产。此外，另有15项22台（套）利用世行贷款购置的进口设备，虽已到货，但因国家关税政策的变动，B公司需办理有关手续而至今尚未开箱安装，评估专业人员不便开箱验视，仅依B公司提供的有关进口合同和设备清单核对箱号，并以其内装设备完好无损、质量符合要求为前提。

(2) 评估方法。通过现场勘察，依据B公司提供的委托评估资产清单，评估专业人员对再建工程的数量、位置、完工程度、付款方式及付款数额进行了清查核实。根据在建工程各评估对象的结构特征、技术质量状态、用工用料情况、工程完成程度等诸因素综合进行分析与鉴定。

本次评估，对已全部完工但尚未转入固定资产的在建工程项目，按固定资产的评估方法进行评估；对尚未完工的在建工程项目，采用重置成本法评估，即在评估基准日重新形成该在建工程已经完成的工程量所需发生的全部费用，计算确定重置成本。

对在建工程各单项资产的评估是以形成其实物资产所应付出的全部价格为基础依据进行的，未考虑工程欠款的因素，有关工程欠款转入负债评估中考虑。

部分在原厂房、设备的基础上改造、改建的项目，其价值在相应固定资产评估中予以考虑。

4. 土地使用权

本次评估范围内L1、L2两宗地，位于××市××区×××路×××号，土地用途为工业用地，性质为出让，级别为六级。待评估土地使用人为B公司，评估年限为法定最高年限50年。至评估基准日，待评估宗地未设定他项权利，土地权属具体见××市国有土地使用证X地字第×××号及X地字第××××号。

委估L1地块上建有办公楼、总装厂、结构件厂、毛坯库、板材库、备料库、试车场、喷漆车间、成品库、技校、活动中心等建筑物，总建筑面积约为77 165.68平方米，建筑物多为砖混结构及框架结构，层数多为平房，最高为四层。委估L2地块上建有箱桥厂、圆钢库、职工食堂等建筑物，总建筑面积约为25 531.07平方米，建筑物多为砖混及混合结构，多为平房，最高建筑物为四层。

(1) 地价内涵。此次土地评估的价格为评估对象在评估基准日，土地用途为工业用地，土地使用权评估年限为50年，土地实际开发程度达到红线内"六通一平"（包括通电、通讯、通上水、通下水、通热力、通路以及土地平整等），本次评估所设定的土地开发程度为宗地红线外"五通"及场地内平整条件下的土地价格。

（2）评估方法。在《城镇土地评估规程》中，通行的评估方法有市场比较法、收益还原法、剩余法（假设开发法）、成本逼近法、基准地价系数修正法等。本次评估时，根据当地地产市场发育实际状况，结合待估宗地的用途、特点及评估目的等，并在对委托人提供的，以及评估专业人员清查核实收集的资料进行分析的基础上，确定采用基准地价系数修正法和市场比较法分别对待估的宗地进行评估。其依据主要有以下几点：待估宗地均位于当地基准地价覆盖范围内，可采用基准地价系数修正法对其进行评估；当地房地产市场发育较成熟，同一区域或类似区域中的土地交易案例数量较多，因此可选用市场比较法进行评估。

将两种方法评估的结果同当地市场上同类用地的地价水平进行比较分析，两种评估方法所得结果接近并均较为客观地反映出相关地块的地价水平。评估专业人员最终采用简单平均的方法确定最终评估结果。

5. 专有技术

本次涉及的专有技术为 B 公司外购的 L52 和 L51B 型 DOG 机生产技术。根据 M 出口总公司、B 公司与 N 公司签订的 T/15MFG - 194（33）010CN《关于 L52 和 L51B 型 DOG 机的专有技术合同》的规定，由 M 进出口总公司代理 B 公司向 N 公司引进生产 L52 和 L51B 型 DOG 专有技术，N 公司向 B 公司收取技术转让费，并负责向 B 公司提供生产 L52、L51B 型 DOG 机的产品设计、制造、总装、质量控制和维修的专有技术和相关技术文件，还将培训 B 公司的技术人员并派员前往进行技术服务。

（1）专有技术基本情况。根据双方签订的合同规定，该项专有技术的转让/获取是通过发放技术文件、培训和技术服务的方式来实现的。N 公司转让的专有技术为：在 YA 生产的 L52 和 L51B 型轮式 DOG 的全部零部件；在相应的 N 集团工厂中生产的液压油缸。所有技术文件均指现在在 YA - WB 工厂和在其他 YA 工厂中现有的用于制造、组装、质量控制和维修合同产品所需的全部图纸、图表、明细质量标准、性能数据、技术参数、操作指南和任何其他文件。该公司是世界上生产 CAT 机械的大型公司，其生产的 DOG 技术先进、质量优良，此次转让的两种型号的轮式 DOG 生产技术先进，且在中国大陆地区仅转让给 B 公司，未向其他厂家转让。

根据技术转让合同的规定，受让方将对转让方提供的专有技术和技术文件进行严格的保密，不得泄露给任何第三方；在有转让方的事先书面认可后，受让方可使第三方获得专有技术和技术文件或其他有关合同产品的设计和制造信息；转让方也将对受让方的经济和技术条件进行保密。B 公司作为受让方，为维护本 B 公司今后的利益，对该项专有技术严加保密，由技术开发中心几名可靠的技术人员掌握。该技术的设计图纸实行分层、分级管理，试制、消化该项技术时，每位工人不同时掌握几项技术，以防止生产技术扩散外传。且从该公司以往的经历来看，没有发生技术图纸外传的事件。说明该公司的保密措施得当，效果明显，该项专有技术的保密也将是有保障的。

（2）评估方法。该项 DOG 机生产技术系 B 公司从 N 公司购入的定制性质的专有技术，据了解，该技术及相关生产工艺近年基本没有发生变化，适宜采用成本法进行评估。

据 B 公司技术部人员介绍，该项技术在国内处于领先水平，按照该项技术生产的产品要比国内现有的产品技术更先进。大型CAT的制造技术复杂，从引进消化、吸收将有一段较长的时间，其技术近期不会快速升级；另外，该公司引进该技术的过程没有结束，合同产品尚未生产。经评估专业人员讨论，该项技术可视同为全新技术，因此可以合同金额为基础，计算确定其重置成本；另无须考虑功能性贬值和经济性贬值，成新率确定为100%。

因B公司对该专有技术的剩余部分款项尚未支付，合同已明确支付进度，专有技术已按合同金额计算确定其重置成本，对该部分尚未支付的款项亦应相应列为B公司的负债。

6. 商标

"Z牌"商标为B公司所有，该商标在B公司账上没有体现。评估专业人员认为，B公司该商标具有一定的知名度和美誉度，对应产品历史经营业绩表现优异，且在B公司未来继续经营过程中，商标将持续为公司做出贡献，创造价值，因此该商标应作为账外无形资金纳入评估范围。

（1）基本情况。委估商标现使用于国际分类第7类商品，具体为DOG机、CAT机、CAT2机。目前，"Z牌"商标使用在B公司所生产的各类型的CAT机、DOG机上。"Z牌"商标作为CAT产品的主要商标，在CAT机行业内有相当知名度。

为了巩固和扩大市场份额、提高"Z牌"产品的知名度，树立"Z牌"商标的良好形象，B公司投入了较多的广告费，利用电视台、电台、报纸、行业刊物及路牌等各种媒介宣传其产品和"Z牌"商标，并组织各种售后服务活动，回访用户，解答用户的疑问，使"Z牌"商标及其产品在机械行业中具有较高的知名度和认同感。通过努力，该公司的产品和B公司本身获得了诸多荣誉称号或奖励。

（2）评估方法。从B公司前五年收入支出结构分析来看，其销售利润率均高于CAT机制造行业的平均水平，"Z牌"CAT机的获利能力要高于CAT机制造业的获利能力；同时从Z牌CAT机市场占有率分析，该公司生产的CAT机在全国占绝对优势。由于"Z牌"商标可以为B公司带来一定的预期收益，因此，适宜采用收益法进行评估。

$$商标资产评估值 = \sum_{i=1}^{n} \frac{R_i}{(1+r)^i}$$

式中，R为收益额，n为收益年限，r为折现率。

① 收益额的确定。本次评估中商标带来的预期收益，依赖于收益法企业价值评估对企业未来产品、价格、成本、费用的预测。由于B公司销售利润率要高于CAT机制造行业的平均利润水平，因此，可以相关品牌产品未来各期产生的超过同行业平均利润水平的增量收益，来确定商标的预期收益额。

② 商标收益年限的确定。一般商标的注册有效期为10年并可续展，对于正常持续经营企业，其使用寿命可推定为无限期长。本案例中，虽然B公司CAT机的市场占有率达85%且获利较丰，但因其目前无更多的获利产品，且CAT机市场其他厂家的产品日渐增多，正在逐步分化B公司的部分市场，直接影响到B公司的收益。考虑到未来经济存在诸多不确定影响，该商标并不是一定就能为商标持有人带来持续增量利润。结合本次评估目的，从谨慎性角度考虑，评估专业人员确定本次评估"Z牌"商标的经济寿命为10年。

③ 折现率的确定。

折现率 = 无风险报酬率 + 风险报酬率。

无风险报酬率主要根据评估基准日10年期国债到期收益率确定。风险报酬率主要通过分析商标资产及其对应产品所面临的政策风险、法律风险、市场风险、技术风险、财务风险和管理风险等，逐项打分判断。

（三）负债

负债包括应付账款、预收账款、应付职工薪酬、应交税费、应付股利、其他应付款等流动负债，以及长期借款、长期应付款、递延收益等非流动负债。评估人员根据企业提供的各项目明细表及相关财务资料，对账面价值进行了核实，以企业实际应承担的负债确定各项负债评估价值。

（四）评估结果及分析

按资产基础法评估，B公司总资产评估价值为34 392.54万元，负债评估价值为22 979.60万元，净资产评估价值为11 412.94万元，与B公司的收益法评估结果12 346.01万元，相差933.07万元，收益法结果比资产基础法结果高8.18%，具体如表5-1所示。

表 5-1　　　　　　　　　　资产评估结果分类汇总表

评估基准日：2018年12月31日

被评估企业：B公司　　　　　　　　　　　　　　　　　　　　金额单位：人民币万元

序号	科目名称	账面价值	评估价值	增减值	增值率%
1	一、流动资产合计	11 080.98	10 718.29	-362.69	-3.27
2	货币资金	888.10	888.10	—	0.00
3	应收账款	319.40	320.69	1.28	0.40
4	预付款项	1 390.23	1 390.23	—	0.00
5	其他应收款	821.42	821.42	—	0.00
6	存货	7 573.99	7 297.85	-276.14	(3.65)
7	其他流动资产	87.84	—	-87.84	-100.00
8	二、非流动资产合计	20 090.56	23 674.25	3 583.68	17.84
9	固定资产	7 300.02	9 581.93	2 281.90	31.26
10	在建工程	11 635.28	10 582.38	-1 052.90	(9.05)
11	无形资产	1 116.24	3 466.43	2 350.20	210.55
12	长期待摊费用	39.02	—	-39.02	(100.00)
13	递延所得税资产	—	43.51	43.51	
14	三、资产总计	31 171.54	34 392.54	3 221.00	10.33
15	四、流动负债合计	7 247.32	8 579.82	1 332.50	18.39
16	应付账款	3 052.87	3 052.87	—	0.00
17	预收款项	462.28	462.28	—	0.00
18	应付职工薪酬	568.47	568.47	—	0.00
19	应交税费	153.18	153.18	—	0.00
20	应付股利	1 676.34	1 676.34	—	0.00
21	其他应付款	1 334.19	1 334.19	—	0.00
22	其他流动负债	—	1 332.50	1 332.50	100.00

续表

序号	科目名称	账面价值	评估价值	增减值	增值率%
23	五、非流动负债合计	14 399.78	14 399.78	—	0.00
24	长期借款	13 043.29	13 043.29	—	0.00
25	长期应付款	75.00	75.00	—	0.00
26	递延收益	1 281.49	1 281.49	—	0.00
27	六、负债总计	21 647.10	22 979.60	1 332.50	6.16
28	七、净资产（所有者权益）	9 524.44	11 412.94	1 888.50	19.83

三、案例分析

本案例反映了评估专业人员采用资产基础法对企业价值进行评估的情形，其中对评估范围内不同类型的各项资产，分别采用了适用的评估方法。在学习本案例时，可以重点关注以下事项：

1. 评估范围的确定

识别表外资产和负债，是采用资产基础法评估过程中需要评估专业人员进行专业判断的重要事项。存在账外无形资产，这是持续经营企业常见的现象。本案例中商标资产就属于表外资产，需要评估专业人员在企业的协助下进行识别，并分析判断是否需要将其纳入评估范围。

2. 各项资产评估方法的选择和应用

在对各类资产进行评估时，本案例按照各类资产评估准则的要求，分别进行了现场调查和资料收集等清查核实工作，并结合各类资产的特点，分别选择了适宜的方法进行评估。

关于无形资产评估，本案例区分了商标资产和专有技术资产的不同特点和各自具备的评估条件，分别采用了不同的方法进行评估。对商标资产进行评估时，评估专业人员分析了使用该商标产品的平均价格、市场占有率、商标获得的荣誉，认为该商标与企业的整体收益存在较强的关联性，因此采用了收益法。对专有技术进行评估时，评估专业人员了解到被评估专有技术是外购的，能够取得相关进口合同资料，采购价格可以认为是经过谈判取得的公允价值。评估基准日点该技术合同尚未执行完毕，部分产品尚未生产出来，因此评估专员人员认为成本法是评估此类专有技术的适宜方法。

对固定资产采用成本法评估时，其中年限法成新率与勘察法成新率权重分别取40%和60%，权重的确定是依据国内评估行业的执业经验和惯例。如果有合理依据，权重可以根据实际情况进行有针对性的调整。当然，评估价值也可以根据重置成本扣减实体性损耗、功能性损耗和经济性损耗确定。

3. 评估结论的确定

采用资产基础法评估企业价值，虽然要对评估范围内各项资产和负债的价值分别进行评估，但是必须始终将企业作为一个整体来考虑各项资产和负债的价值。特别是在确定评估结论时，要关注资产和负债的口径是否匹配，确保资产权益和债务负担不重不漏。如本案例特别披露，对在建工程各单项资产的评估是以形成其实物资产所应付出的全部价格为基础依据进行的，未考虑工程欠款的因素，有关工程欠款转入负债评估中考虑；部分在原厂房、设备的基础上改造、改建的项目，相关价值在相应固定资产评估中予以考虑。这种操作方式，正是资产基础法应用过程中需要项目负责人或汇总人员特别注意的事项。

第三节 资产基础法的适用性和局限性

一、资产基础法的适用前提

根据资产基础法的特点，一般情况下，资产基础法主要适用于以下情况。

（一）在资产继续使用假设下进行的企业价值评估

资产基础法是从评估基准日重建企业并再取得企业的各要素资产的角度来反映企业价值的，只有当各项要素资产能继续使用，并且在继续使用中为潜在所有者和控制者带来经济利益，这种企业重建才有意义，各项资产的重置成本才能为潜在投资者和市场所承认，评估结果也才能较为合理。因此，资产基础法常用于继续使用假设下的企业价值评估。

（二）可以取得充分的历史资料情况下的企业价值评估

资产基础法是在被评估企业资产负债表的基础上，通过对企业的各项资产和负债价值进行评估，来估算被评估企业价值的。评估时需要收集大量的各项资产的历史数据资料，以反映被评估企业资产的实际数量、取得成本及使用等情况，为估算评估结果提供数据支持，如果缺乏必要的历史资料，则评估专业人员很难按照资产基础法估算出被评估企业的价值。因此，应用资产基础法评估企业价值需要企业有较为完善的财务数据资料。

（三）无法确定企业盈利状况并难以在市场上找到参照企业情况下的企业价值评估

如果无法确定被评估企业的盈利状况，则无法采用收益法评估企业价值；如果难以在市场上找到与被评估企业相似的可比对象，则无法采用市场法来评估企业价值。这种情况下，只能从成本途径入手展开评估工作。

资产基础法特别适用于以下情况的企业价值评估：

1. 无形资产较少，特别是不存在商誉的企业

资产基础法的不足之处就在于无法评估出企业的商誉，对企业各要素资产组合形成的整体效应难以反映出来，而企业的组合效应或超额收益一般情况下是由企业的无形资产带来的，如果被评估企业存在大量的无形资产，特别是商誉，运用资产基础法评估往往会忽视企业的综合盈利能力，低估企业价值。因此，资产基础法通常适用于评估那些不存在商誉或无形资产较少的企业。

2. 可能进入清算状态的企业

企业进入清算状态通常是因为已经失去整体盈利能力、达到资不抵债的状况或因其他原因企业不再持续经营下去了，这种情况下的企业价值评估往往是评估企业的清算价值，采用资产基础法可以估算出企业各单项资产的清算价值或市场价值，便于被评估企业处置现有资产。此外，当企业处于清算状态时，估算企业的清算价值可能会大于企业在持续经营假设下的价值，此时，采用资产基础法评估企业的清算价值，可以更合理地反映被评估

企业的价值。

3. 开发建设初期的企业

如果被评估企业创建时间不长，企业各要素资产的配合尚未达到最佳状态，难以判断企业是否可以产生组合效应，这种情况下采用资产基础评估企业价值，会使评估结果较为客观，风险也相对较低。

二、资产基础法的局限性

运用资产基础法评估企业价值，一般先从资产负债表中对构成企业的各项确指资产进行评估，然后将各项确指资产评估价值汇总以确定企业价值。这种方法无法把握一个持续经营企业价值的整体性，也很难把握各个单项资产对企业的贡献。对于有价值但在资产负债表中没有反映的资产项目，如企业的商誉，则很难进行有效衡量。对于一些高科技企业和服务性企业，资产基础法尤为不适用，其不足之处主要有以下几个方面。

（一）难以发掘某些无形资产对企业创造的价值

资产基础法的依据是企业的财务报表，而企业价值评估涉及的资产既包括财务报表上反映的有形资产，还包括如企业盈利能力等不可确指的无形资产。因此，采用资产基础法确定的企业评估价值，往往仅包含了有形资产和可确指无形资产的价值，作为不可确指的无形资产——商誉，却无法反映和体现出来。

（二）评估通常所用的时间较长、成本较高

运用资产基础法评估企业价值需要评估专业人员对企业运作及各方面资料有充分的了解，同时也需要有关方面人员广泛参与。对于一些资产量大且驻地分散的企业，由于资产基础法评估需要实施函证、询价、勘察等大量基础工作，评估时用的人力、时间和费用投入都较多，一些特殊的资产鉴定、估值还需要聘请某些专业的机构和技术人员，成本开支也较大。另外，由于所组织的工作人员队伍庞大，评估人员专业水平参差不齐，不同评估机构的人员调配难度较大，不但增加了审核的工作量，而且在评估质量上也会受到一定的影响。

（三）难以体现企业整体获利能力

由于企业是以追求利润最大化为目标的组织，盈利性是其主要特征之一，所以企业重建并不是对被评估企业的所有资产的简单复制，而是对其生产能力和获利能力的重建。企业所拥有的各项生产要素之所以能够组合在一起使企业具有整体获利能力，原因在于企业的流动资产、机器设备、房地产和无形资产等要素资产并非是简单地堆积在企业中，而是共同为实现企业的经营目标而有机地组合在一起，通过发挥各自的功能，形成一种整体效应，创造出企业整体获利能力。相反，如果企业各要素之间配合不协调、组合不恰当，则不但不能给企业带来整体效应，反而因资产难以全部达到最佳利用而出现生产能力闲置、资源浪费等现象，会导致企业整体获利能力下降。而资产基础法评估企业价值只是简单地将单项资产、负债的价值加和作为评估结果，很难反映出各项资产组合产生的整体效益，也就难以体现企业作为一个持续经营和持续获利的经济实体的价值，不能很好地体现企业价值的全部内涵。

正因为资产基础法在评估企业价值时存在一些不足，因此，国内外有关企业价值评估的准则中都明确规定，在持续经营假设下，资产基础法一般不应当作为评估企业价值唯一使用的方法。

参考文献

1. 姜楠：《无形资产评估》，中国财政经济出版社 2015 年版。
2. 刘德运，王爱国，梁美健：《无形资产评估》，中国财政经济出版社 2010 年版。
3. 罗伯特·F. 赖利，罗伯特·P. 施韦斯：《无形资产评估》，中国大百科全书出版社 2001 年版。
4. 汪海粟，王同律，汤湘希：《无形资产评估》，中国人民大学出版社 2002 年版。
5. 苑泽明：《无形资产评估》，复旦大学出版社 2005 年版。
6. 苑泽明：《无形资产评估》，高等教育出版社 2015 年版。
7. 余炳文：《无形资产评估案例》，经济管理出版社 2017 年版。
8. 刘伍堂：《专利资产评估》，知识产权出版社 2011 年版。
9. 王家新，刘萍等：《文化企业资产评估研究》，中国财政经济出版社 2013 年版。
10. 袁福美："影响专利价值的几个重要因素"，《企业导报》，2014 年第 19 期。
11. 马力辉，张润利，范昀阳："专利价值及影响因素"，《工程机械文摘》，2009 年第 5 期。
12. 俞明轩：《企业价值评估》，高等教育出版社 2016 年版。
13. 俞明轩：《企业价值评估》，中国财政经济出版社 2015 年版。
14. 张先治，池国华：《企业价值评估》，东北财经大学出版社 2013 年版。
15. 徐爱农：《企业价值评估》，中国金融出版社 2012 年版。
16. 曹中：《企业价值评估》，中国财政经济出版社 2010 年版。
17. 成京联，阮梓坪：《企业价值评估》，北京大学出版社 2006 年版。
18. 汪海粟：《企业价值评估》，复旦大学出版社 2005 年版。
19. 俞明轩：《企业价值评估》，中国人民大学出版社 2004 年版。
20. 郎茂祥，傅选义，朱广宇：《预测理论与方法》，清华大学出版社、北京交通大学出版社 2011 年版。
21. 宁秀君，李杰：《市场调查与预测（第三版）》，化学工业出版社 2018 年版。
22. 梅雨：《企业财务分析：报表审视、经营评价与前景预测》，暨南大学出版社 2018 年版。
23. 中国资产评估协会：《企业价值·著作权·商标·实物期权评估准则讲解》，经济科学出版社 2013 年版。
24. 赵立新，刘萍：《上市公司并购重组市场法评估研究》，中国金融出版社 2012 年版。

25. 中国资产评估协会：《资产评估理论发展与创新实践》，中国财政经济出版社 2014 年版。

26. 北京资产评估协会：《资产评估操作程序实用手册（一）》，经济科学出版社 2014 年版。

27. 杨志明：《资产评估实务与案例分析》，中国财政经济出版社 2015 年版。

28. 中国资产评估协会：《资产评估》，中国财政经济出版社 2016 年版。

29. 中国资产评估协会：《中国资产评估准则（2017）》，经济科学出版社 2017 年版。

30. （美）科勒，（荷）戈德哈特，（美）威赛尔斯：《价值评估：公司价值的衡量与管理》，电子工业出版社 2007 年版。

31. 香农·P. 普拉特：《市场法估值》，机械工业出版社 2017 年版。

32. 埃斯瓦斯·达莫达兰著；李必龙，李羿，郭海等译：《估值：难点、解决方案及相关案例（原书第 2 版）》，机械工业出版社 2013 年版。